Nociones históricas del derecho electoral en México

Introducción al régimen democrático

SERIE EL DERECHO

Nociones históricas del derecho electoral en México

Introducción al régimen democrático

Carlos Barboza Castillo

MAPorrúa
librero-editor • México

MÉXICO • 2019

324.0972
B238

Barboza Castillo, Carlos
Nociones históricas del derecho electoral en México : Introducción al régimen democrático / por Carlos Barboza Castillo -- 1ª ed. -- México : Miguel Ángel Porrúa, 2019.
381 p. ; 17 × 23 cm -- (El Derecho)

ISBN 978-607-524-325-2

1. Derecho electoral -- México -- Historia. 2. Historia constitucional -- México

Primera edición, octubre del año 2019

ISBN 978-607-524-325-2

Fotografía de portada: Blanca Charolet

IMPRESO EN MÉXICO *PRINTED IN MEXICO*

LIBRO IMPRESO SOBRE PAPEL DE FABRICACIÓN ECOLÓGICA CON BULK A 80 GRAMOS
www.maporrua.com.mx
Amargura 4, San Ángel, Álvaro Obregón, 01000, Ciudad de México

A todas las personas que luchan
por una democracia incluyente.

Advertencia

La presente obra se ha escrito con lenguaje incluyente y ha dejado constancia de la mujer en distintas etapas fundacionales del país, pretende contribuir en la lucha por la igualdad e impulso al cambio cultural que históricamente ha sido dominado por el sistema patriarcal.

El lenguaje ha sido herramienta de dominio, invisibilizando a la mujer y por ende discriminándola, esto se podrá advertir en la serie de documentos y citas que a lo largo de la presente obra se reproducen, y que, al respetar el texto original, queda constancia de ello.

En el escrito se intenta erradicar la exclusión de género en el lenguaje, utilizando expresiones incluyentes, no obstante en los cargos públicos donde no se hace la inclusión respectiva es porque se tiene la certeza (hasta los estudios realizados en este momento) que la responsabilidad era exclusiva para hombres.

Ofrezco disculpas anticipadas por si la intención de lograr una obra con lenguaje incluyente se incumple, pero no soy ajeno a la identidad cultural sexista que se ha introducido en nuestra palabra desde su creación. Pese a ello, el reto de escribir una obra con este tipo de vocabulario se asume en el presente ejemplar.

Primera parte

Modelos de organización política: sistema, régimen, soberanía y poder

Al explicar la estructura o relación política del Estado y gobierno es importante conocer los alcances de conceptos básicos como *forma, sistema, régimen, soberanía y poder,* para estar en aptitud de precisar la forma organizativa que puede experimentar el Estado, el gobierno, así como el tipo de interacciones que en estas entidades públicas se generan.

Bajo estas condiciones, la forma es el "modo o manera de estar organizado algo",[1] es un proceder que instrumenta la organización, en nuestro caso designa la manera en que habrá de organizarse el Estado y el gobierno dentro del sistema o régimen político. Y al ser el *régimen* y *sistema* interpretaciones sociales comunes e indistintamente utilizadas, el significado es importante diferenciarlo, pues describen condiciones disímiles.

Cuando nos referimos a *sistema* detallamos una forma de organización y al hacerlo del *régimen* sugiere una modalidad de relación; es decir, el conjunto de instituciones vinculadas con el ejercicio del poder integran un *sistema político,* en tanto que la interacción entre los gobernantes y los gobernados se identifican como *régimen político.* La organización y funcionamiento del poder político es un sistema, mientras que el régimen es la forma en que se ejerce dicho poder e involucra, invariablemente, las relaciones entre personas que son gobernadas y quienes las gobiernan.[2]

[1] Real Academia Española, *Diccionario de la Lengua Española,* 23ª ed., Madrid, España, 2014. Obtenido de http://dle.rae.es/?id=IEvo12v

[2] Valadés, Diego, "La República en México", en Zamudio-Fix, Héctor y Valadés, Diego (coords.), *Formación y perspectivas del Estado en México,* México, Colegio Nacional, UNAM, Instituto de

Bajo estas premisas, el sistema crea, organiza, actúa y vincula instituciones políticas, mediante las cuales el Estado cumple sus funciones y el régimen establece el modo de ejercer el mando y las relaciones que de ello se desprenden. Sin embargo, ambas circunstancias, ya sean como expresión organizacional o de interrelación, son objeto de estudio para la adecuada comprensión del sistema y régimen político mexicano, cuya introducción a su estudio obliga a realizar la diferencia respectiva.

Así como existen confusiones ordinarias en la aplicación de los conceptos de sistema y régimen, sucede lo mismo con las descripciones de Estado y gobierno, en cuyo caso la falta de claridad sobre los formatos de estas modalidades son de carácter milenario; el constitucionalista Elisur Arteaga Nava, justifica este desconcierto ligado al origen mismo de las sociedades; citando a Herodoto,[3] coincide que en la antigüedad la *forma de Estado y de gobierno* eran considerados sinónimos, pues eran organizaciones políticas parecidas con poca población que se ubicaban en territorios pequeños,[4] pero ambas entidades describen circunstancias jurídicas diferentes: el Estado es "una institución pública dotada de personalidad jurídica, es una entidad de derecho... [en tanto que el gobierno] es el conjunto de órganos estatales que ejercen las funciones en que se desarrolla el poder público que pertenece a una entidad estatal",[5] entonces, el Estado es también un orden jurídico de convivencia, una forma de asociación superior que como ente público soberano supone el monopolio y exclusividad del poder coactivo que se integra u organiza con una población, se asienta en un territorio y cuenta con un poder político,[6] estos elementos esenciales determinan al Estado.

A pesar de que así se explica, existe un concepto sin categoría donde "en ocasiones [el vulgo] pretende que el Estado sean las cosas materiales en las que se alojan los funcionarios públicos, como el palacio na-

---

Investigaciones Jurídicas, 2010, pp. 437-440. Obtenido de https://archivos.juridicas.unam.mx/www/bjv/libros/6/2873/22.pdf

[3] Historiador griego, se le atribuye la primera clasificación de gobiernos a partir de reseñar el debate sobre cuál sería la mejor forma de gobierno tras la muerte del rey persa Cambises. El mencionado debate se reproduce en el contenido de la presente obra.

[4] Arteaga Nava, Elisur, *Derecho constitucional*, 4ª ed., México, Oxford, 2013, p. 92.

[5] Burgoa, Ignacio, *Derecho constitucional mexicano*, 5ª ed., México, Porrúa, 1984, p. 397.

[6] Serra Rojas, Andrés, *Ciencia política, la proyección actual de la teoría general del Estado*, 23ª ed., México, Porrúa, 2012, pp. 284-285.

cional, los edificios de las secretarías de Estado... cuando no comete el dislate de confundir a los funcionarios públicos... con la misma organización política... es difícil convencer a las gentes de que el Estado no son las personas, los edificios o las demás cosas materiales, sino un orden jurídico de convivencia que organiza y combina elementos muy completos... para servir a la sociedad".[7]

Por lo que respecta al gobierno, al ser la forma de organización de la sociedad y en quienes se deposita el mando, constituye "la manifestación de las funciones del Estado y de los órganos que realizan dichas funciones, es el acto de dirigir una comunidad política";[8] bajo esta consideración el gobierno regula la relación de las y los gobernados y quien gobierna, es un acto de conducción social, jurídico y político que lo hace constitutivo del régimen; mientras que el Estado involucra donde convergen sociedad, gobierno y territorio y la forma en que éstos se organizan para cumplir las finalidades de la entidad jurídica, lo cual es inherente al sistema.

A pesar de las diferentes formas que se pueden ofrecer para explicar *Estado, Gobierno, sistema y régimen*, cuando se inicia el estudio de ellos, subsisten confusiones, algunos criterios para la aclaración es tomando en cuenta los elementos reales y los que se relacionan con la esencia de la organización de una comunidad,[9] de ahí la importancia de adentrarnos en cada uno de los elementos que involucra el estudio del fenómeno político electoral.

La *esencia* para la organización de una sociedad es la *soberanía* y el *poder*, estos elementos son los creadores del Estado, gobierno, sistema y régimen, pero una vez instaurados estos componentes políticos entran en un nuevo dinamismo para la organización y relación entre la ciudadanía y sus autoridades donde se involucran valores, cultura, usos, tradiciones, creencias, costumbres, principios, convicciones, entre otros muchos factores reales, prácticos y fundamentales para constituir una relación armónica y funcional del Estado y del gobierno, por tanto del sistema y del régimen.

[7] *Ibidem*, p. 283.
[8] Lescieur Talavera, Jorge Mario, *El derecho de la política*, 3ª ed., México, Porrúa, 2000, p. 70.
[9] *Ibidem*, p. 93.

Por lo que respecta a la *soberanía* y el *poder,* al ser elementos superiores en la creación de la cosa pública, también son expresiones ideológicas que al implementarse pueden desvirtuarse y entenderse a partir de conveniencias prácticas de integrantes de una sociedad que detentan poder público. Toda vez que un conglomerado social puede aceptar —inclusive— unánimemente el origen del poder, pero diferir substancialmente, al grado de la muerte, sobre a quién le corresponde el ejercicio del mismo.

Aun cuando soberanía y poder están estrechamente vinculados, una vez fusionados son *todopoderosas*, ante ello es importante iniciar la distinción entre los conceptos. Poder proviene del latín *posere* que se deriva del vocablo *posse,* que significa "ser capaz de"; esta definición nos permite tener una primera interpretación a partir de poseer la autoridad suficiente para imponer, ejercer o ejecutar determinadas acciones.

Mujeres y hombres, como individuos, tienen poder que es personal y único, lo que les permite realizar, inducir o influir en determinadas acciones privadas o públicas, pero cuando nos referimos a determinaciones que inciden en la cosa pública, el "poder es a la vez una fuerza moral y [*sic*] jurídica y una fuerza material. La primera lo encauza y lo justifica, la segunda lo organiza y la tercera le permite cumplir, realizar los fines de una comunidad política".[10]

El poder es connatural al ser humano, puede adquirirse y ejercerse por la fuerza o de manera consensuada, al referirnos a la cosa pública, cuando es ocasionado por la agresión impone determinadas acciones o incluso modalidades de gobierno, bajo esta premisa, el poder existirá, pero no será legítimo pues su origen es debido a la arbitrariedad y no al acuerdo derivado de la voluntad general, es decir, al deseo potestativo individualizado de transferírsele a otros, para crear un poder legítimo y superior dotado de autoridad para ejercer, imponer y obligar el cumplimiento de dictados generales, es entonces fundamental la concurrencia de diversas voluntades, libre de coerción alguna para que el poder sea legítimo y moralmnete aceptable.

Es la voluntad general creada por la aceptación y la libertad individual; la única facultada, dado el nacimiento genuino de su autoridad, de obligar a particulares a cumplir determinadas disposiciones; Rousseau

[10] Serra Rojas, Andrés, *op. cit.*, p. 380.

magistralmente lo define asegurando que la fuerza no hace al derecho y no se está obligado a obedecer sino a los poderes legítimos,[11] lo cual significa que no basta poder hacer o imponer, sino que se requiere además estar facultado para ello, mediante la legitimidad de quien es capaz de otorgar el mandato.

Cuando por la fuerza se imponga medidas que produzca efectos políticos, estaremos en presencia de un *poder adulterado,* ante lo cual las voluntades individuales están legitimadas para su desobediencia. En contraparte, cuando el *poder* es auténtico e integrador, puede instituir formas de Estado o gobierno que serán genuinas, y lo podrá hacer porque "lo ha aceptado una sociedad o porque así se ha consagrado en normas jurídicas facultando a un grupo de personas físicas para que manejen ese poder",[12] pero cuando la forma de Estado o de gobierno tenga un origen ilegítimo, la estructura organizativa que se adopte será por tanto espuria.

El poder entonces, aun cuando puede imponerse, solamente será cierto cuando es producto del acuerdo entre las voluntades individuales, que son constitutivas de la voluntad general, depositaria de la soberanía popular. La *soberanía* como poder superior legítimo, es entonces la fuente creadora de todo, e instituye la procedencia para crear entidades a través de las cuales se ejerce la autoridad; es decir, "designa a quien corresponde originalmente la potestad en una comunidad política".[13]

Esta capacidad para autodeterminarse, para crear la forma de organización, involucra al titular del poder, es decir a quien tiene la autoridad para dictarse una forma de Estado o de gobierno, y al reconocérsele esa autoridad, se reviste entonces también de legitimidad; esta dualidad permite que el diseño estructural que se adopte sea indiscutible dada su superioridad, pues "consiste en el derecho de mandar en última instancia en forma inapelable".[14] Entonces, el poder soberano será por tanto "independiente y supremo".[15]

[11] Rousseau, Juan Jacobo, *El contrato social,* México, Ediciones Leyenda, 2011, p. 9.
[12] Serra Rojas, Andrés, *op. cit.*, p. 383.
[13] Pereira Menaut, Antonio y Pereira Sáenz, Carolina, *Polis, política, poder y comunidad política*, México, Porrúa, 2015, p. 288.
[14] Serra Rojas, Andrés, *op. cit.*, p. 400.
[15] Tena Ramírez, Felipe, *Derecho constitucional mexicano*, 40ª ed., México, Porrúa, 2013, p. 6.

Al tener esta característica de supremacía, distintas maneras de entender esta *superioridad* entraron en colisión por ejemplo durante la Edad Media[16] y las primeras décadas de la edad contemporánea,[17] la titularidad de la soberanía es discutida entre dos *poderes universalistas* como los denomina la historiadora Patricia Galeana: por una parte la corriente política religiosa liderada por la Iglesia, más concretamente por el papa, y la fracción representada por la o el monarca cuyas posiciones ideológicas disputaban la cabecera del poder.

Durante esta lucha, distintos Estados se acogieron a alguna de estas filosofías para la instauración y ejercicio del gobierno; ante el antagonismo de estas posiciones, era imprescindible identificar a quién le corresponde el origen del poder, y por consiguiente a quién se le deposita su ejercicio.

Un impulso a la redefinición de la titularidad de la soberanía fue el surgimiento del Estado moderno en donde "a partir del siglo XVI, la institución estatal tuvo que disputarle la soberanía a ambos poderes universalistas mediante la unificación del poder en un territorio determinado sobre su respectiva población".[18] A pesar de ello, las corrientes divergentes y aun las unificadas coincidieron en la exclusión de la población como titular de la soberanía, hasta que surge en el siglo XVIII, el criterio de *voluntad general* del cual hace referencia Juan Jacobo Rousseau para relatar la soberanía popular[19] como "ejercicio de la voluntad general",[20] la cual no tiene que ser unánime, pero para tener la característica de *soberanía popular*, es indispensable que todas las voluntades (Rousseau lo llama votos) sean tomados en cuenta.[21] Ante ello tenemos que la soberanía popular es la voluntad general y ésta será la que se instituya con la suma mayoritaria de las voluntades individuales.

[16] La Edad Media inicia con la caída del Imperio romano en el siglo V (476 d. C.) y concluye con el descubrimiento de América en 1492.

[17] Inicia con la Revolución francesa (1789 d. C.) a la actualidad.

[18] Galeana, Patricia, "El concepto de soberanía en la definición del Estado mexicano", en Galeana, Patricia (comp.), *La definición del Estado mexicano 1857-1867*, México, Archivo General de la Nación, 1999, pp. 15-16.

[19] Rousseau, Juan Jacobo, *op. cit.*, pp. 21 y ss.

[20] *Idem.*

[21] *Ibidem*, p. 22.

Al ser la soberanía voluntad generalizada, creadora del poder supremo, será inalienable, imprescriptible, indivisible y con influencia suficiente para convertirse en fuente creadora del Estado, del gobierno y con atribución jurídica para hacer la distinción de ciudadanía en relación con población, porque la suma de voluntades individuales constituye un poder que no puede fragmentarse o renunciarse y mucho menos perder vigencia porque en su conjunto todo lo puede. Lo anterior implica *superioridad,* pero a quién le corresponde ejercerla es donde empieza a delimitarse las formas de gobierno.

La manera en que se ejerce la soberanía también nos ayudará a entender qué tipo de Estado o de gobierno se ha creado; por ejemplo, si la soberanía le corresponde a seres divinos o celestiales estaremos en presencia de una teocracia, si le corresponde a la población estaremos ante una democracia, si la soberanía es producto de la ley, ante una república.

La república podrá ser democrática cuando el gobierno se ejerza por representantes de las poblaciones o aristocrática cuando sea a través de un selecto grupo de personas; ante estas clasificaciones, la democracia y la aristocracia pueden ser consideradas como una sola especie.[22]

Sin embargo la *soberanía popular* es la legitimidad real del poder, pues la suma de voluntades libres e iguales es la autoridad auténtica y válida para dictar formas de Estado o de gobierno, pero también es "fundamental para comprender los conceptos de representación política",[23] es decir, la soberanía al ser la fuente productora del Estado, del gobierno, también lo es de la representación política y ésta, en su modalidad de parlamento, elabora leyes que organizan a la sociedad porque "el poder soberano es el poder supremo debido a que concentra las voluntades de una comunidad política".[24]

[22] Bobbio, Norberto, *Estado, gobierno y sociedad. Por una teoria general de la política*, trad. de José F. Fernández Santillán, México, Fondo de Cultura Económica, 1989, p. 193.

[23] M. Gilas, Karolina y Soriano Cienfuegos, Carlos, *Conocimiento y técnicas en materia electoral, manuales del* TEPJF, *derecho electoral,* México, TEPJF, 2018, p. 13.

[24] *Idem.*

Estas voluntades que son expresiones políticas y legales para establecer la dirección política de una entidad jurídica requieren de una sociedad responsable, comprometida y altamente participativa a partir de una ciudadanía evolutiva.[25] Es decir, la voluntad individualizada no solamente libre y autónoma, sino consciente e involucrada en las transformaciones sociales.

[25] Álvarez Cárdenas, Alejandro, *Poder democrático, el ciudadano evolutivo, como agente transformador*, México, Porrúa, 2015, *passim*.

Capítulo segundo

Formas de organización política: Estado y gobierno

Formas de Estado

Las formas de Estado son "el 'modo' o 'manera' de ser de la entidad o institución estatal, independientemente de cómo sea su gobierno, es decir sin perjuicio de la estructura de sus órganos y de la índole y extensión de las funciones que a cada uno de ellos competa dentro de esa estructura",[26] por eso el Estado tiene diversas clasificaciones, dentro de las cuales pueden existir formas de gobierno específicas.

Las formas de Estado han dividido también las opiniones de destacados juristas, por ejemplo, Ignacio Burgoa reconoce al Estado unitario y al Estado federal,[27] en tanto que Tena Ramírez incorpora adicionalmente la Confederación de Estados.[28] Es interesante observar en los textos de la Suprema Corte de Justicia de la Nación que examina al:

a) Estado unitario
b) Estado confederado[29]
c) Estado federal

[26] Burgoa, Ignacio, *op. cit.*, p. 398.
[27] *Ibidem*, p. 401.
[28] Tena Ramírez, Felipe, *op. cit.*, pp. 112-113.
[29] *Serie Grandes temas del constitucionalismo mexicano*, t. 2: *La división de poderes*, México, Suprema Corte de Justicia de la Nación, 2005, p. 14.

El *Estado unitario* es aquel cuya función legislativa, ejecutiva y judicial es concentrada en una esfera única de poder. En el caso del legislativo solamente existe un órgano creador de normas y éstas son de observancia obligatoria para todas las personas y en todo país, no existe la dualidad de ámbitos competenciales... sino la unidad legal.[30] Esta misma circunstancia se reproduce en las funciones gubernamentales, donde solamente el titular del Poder Ejecutivo ejerce dicha autoridad en todas las regiones, y para efectos prácticos delega dicho poder en representantes de su autoridad, los cuales carecen de autonomía, en esta encomienda "opera el fenómeno de la descentralización funcional en lo que atañe a la actividad administrativa y jurisdiccional".[31] Luego entonces en el Estado unitario existe "unidad política, constitucional donde el poder central ejerce hegemonía que impide a los demás territorios gobernarse hacia el interior; los Estados se desprenden de su autonomía y se rigen conforme a lo establecido por el gobierno central".[32]

Por lo que se refiere al *Estado confederado*, las entidades federativas conservan su autonomía y soberanía, no dependen de un poder central y pueden tener personalidad jurídica, establecen relaciones contractuales entre naciones, pues "conservan su soberanía interior y exterior, de suerte que las decisiones adoptadas por los órganos de la confederación no obligan directamente a quienes son súbditos de los Estados, sino que previamente deben ser aceptadas y hechas suyas por el gobierno de cada estado confederado".[33]

Por último, el *Estado federal* es una entidad jurídica compuesta por estados que se unen, entidades autónomas que deciden adherirse y dar nacimiento a una federación, este sistema "entraña un gobierno central que no priva a las entidades federativas de la autonomía suficiente como para darse una constitución y leyes ordinarias que, sin embargo, no deben ser contrarias a la Constitución del país, ni autorizar el establecimiento de relaciones internacionales".[34] Ésta es la forma existente en México y tiene su origen en los distintos levantamientos armados que fueron definiendo a la nación.

[30] Burgoa, Ignacio, *op. cit.*, p. 402.
[31] *Idem.*
[32] *Serie Grandes temas del constitucionalismo mexicano*, t. 2: *La división de poderes*, *op. cit.*, p. 14.
[33] Tena Ramírez, Felipe, *op. cit.*, p. 113.
[34] *Idem.*

Formas de gobierno

El término democracia, república o incluso monarquía son comúnmente utilizados en discursos, ensayos, conversaciones y discusiones, lo cual sucede debido a que se tiene una noción básica de dichas expresiones. Por ello es importante entenderlos como formas de gobierno para lograr adentrarnos en las particularidades que diseñan al sistema y régimen político; auspiciado por este razonamiento, las formas de gobierno las entendemos como "los modos, las técnicas e instrumentos en los que el Estado ejerce la soberanía",[35] es el "cómo se ejerce el gobierno de un Estado y en quién se deposita su ejercicio".[36] El gobierno es, entonces, la manera en que se organiza el poder público para desempeñarse dentro del Estado creando órganos o entidades públicas para su ejecución, operando por disposición de leyes y reglamentos para contar con un legítimo funcionamiento que permite al poder interactuar con sus gobernados.

En una definición práctica de fácil comprensión, establecemos que las formas de gobierno son el conjunto de instituciones u órganos del Estado creados para ejercer sus funciones. Los modos de gobierno "caracterizan al Estado por la forma en que se aplican las normas que rigen a los órganos públicos, en especial al ejecutivo y su relación con los gobernados".[37] En términos de Juan Jacobo Rousseau es un órgano intermedio que puede ser compuesto por gobernadores, magistrados o reyes y el cual es el encargado de la ejecución de las leyes y del mantenimiento de la libertad tanto civil como política; en este órgano recae la suprema administración, el legítimo ejercicio del Poder Ejecutivo.[38]

El Estado, a través de sus instrumentos operacionales, crea distintas formas de dirigirse y organizarse para cumplir sus fines, en esta lógica existen tres modalidades que son representaciones de la mayoría de los gobiernos en el mundo: monarquía, república y, por supuesto, la democracia; estas formas de gobierno han sido explicadas por la fi-

[35] Lescieur Talavera, Jorge Mario, *op. cit.*, p. 74.
[36] Burgoa, Ignacio, *op. cit.*, p. 463.
[37] Sánchez Bringas, Enrique, *Derecho constitucional*, 12ª ed., México, Porrúa, 2009, p. 298.
[38] Rousseau, Juan Jacobo, *op. cit.*, p. 46.

losofía política, ante lo cual es de gran valía recordar brevemente las posturas que sobre estas figuras gubernativas se han desarrollado a través del tiempo. Al hacerlo se contribuye no sólo a ampliar nuestra cultura política, sino que descubriremos cuán vigentes son las interpretaciones realizadas.

Capítulo tercero

Perspectiva filosófica y práctica. Formas de gobierno

PERSPECTIVA FILOSÓFICA

El punto de vista filosófico proporciona sentido sobre lo que es considerado como la mejor forma de un gobierno; sus aportaciones son fundamentales para entender el ejercicio del poder y sus miramientos han sido básicos para explicar algunos gobiernos establecidos o incluso para utilizarse como modelo de aplicación.

Bajo esta premisa recordaremos los planteamientos de Herodoto, Platón, Aristóteles, Cicerón, Maquiavelo, Montesquieu y Rousseau por citar algunos.

Herodoto (484-425 a. C.)

En su obra[39] aporta una de las primeras identificaciones de los modelos de gobierno, a través de la discusión que sostienen tres pensadores persas: Otanes, por la democracia o gobierno del pueblo; Megabyzo, partidario de la oligarquía, y Darío, defensor de la monarquía.

Estos enfoques se confrontan para acertar sobre la mejor forma de gobierno en el Imperio persa;[40] el duelo ideológico calificado por Norberto

[39] Su texto *Historias* fue escrita en nueve tomos a finales del siglo V o principios del VI a. C.
[40] Debido a la muerte del rey Cambises se desató una crisis política en el imperio.

Bobbio como una *célebre discusión*, da origen a la clasificación tradicional de formas de gobierno, no solamente por "transmitirse por los escritores clásicos sino porque se han vuelto verdaderas y propias categorías de la reflexión política de todos los tiempos".[41]

La disertación de Otanes, Megabyzo y Darío en la cual se discuten atributos y defectos de cada representación de gobierno, se desarrolla de la siguiente manera:

> Otanes propuso entregar el poder al pueblo persa y argumentó su propuesta de la siguiente manera: "Me parece que ninguno de nosotros debe ser hecho monarca: sería una cosa desagradable e injusta; pues visteis la insolencia de Cambises hasta dónde se levantó y también habéis participado de la insolencia del mago. Pero ¿cómo podría ser cosa ordenada un gobierno monárquico, si al monarca le está permitido hacer lo que quiera sin responder ante nadie?, la monarquía haría salir incluso al mejor de los hombres de su norma natural, cuando tuviese tal poder. La posesión de grandes riquezas genera en él prepotencia, y desde el inicio la envidia le es connatural; y teniendo esas dos cosas tiene toda la maldad: en efecto realiza las acciones más reprobables, unas dictadas por la prepotencia, otras por la envidia. Pareciera razonable que el monarca-tirano fuese un hombre sin envidia, desde el momento en que tiene todo. Pero se ha hecho al contrario de esto para con los súbditos, pues odia a los pocos buenos que han quedado, se complace con los peores, presta gran atención a las calumnias. Y lo más absurdo de todo: si en efecto lo admiras mesuradamente, está apesadumbrado, porque no es muy bien honrado: y si alguno lo honra mucho, está molesto como con un adulador. Pero ahora diré lo que es más grave: trastorna las leyes patrias, viola mujeres y mata por capricho.
> En cambio, el gobierno del pueblo lleva en primer lugar el más bello de los nombres: Isonomía (igualdad de derechos políticos); y, en segundo lugar, nada hace de aquellas cosas que un monarca hace. Pues por sorteo se ejercen los cargos públicos, los magistrados son obligados a rendir cuentas del ejercicio del poder, toda decisión es sometida al voto popular. Propongo, pues que nosotros rechacemos la monarquía para dar el poder al pueblo; pues todo es posible para el mayor número". Ésta fue la opinión de Otanes.

[41] Bobbio, Norberto, *La teoría de las formas de gobierno en la historia del pensamiento político*, 2ª ed., trad. de José F. Fernández Santillán, México, Fondo de Cultura Económica, 2013, p. 15.

Pero Megabyzo exhortaba a entregarse a la oligarquía, diciendo esto: "Lo que Otanes dijo para abolir la monarquía, eso también queda dicho por mí; pero lo que aconsejaba: conferir el poder al pueblo, se ha apartado de la mejor opinión pues nada hay más obtuso y prepotente que una multitud inepta. Y ciertamente, de ninguna manera es aceptable que unos hombres, huyendo de la insolencia de un tirano, caigan en la insolencia de un irresponsable populacho. Pues si aquel hace algo, lo hace dándose cuenta; pero a éste ni siquiera le es posible darse cuenta. Pues ¿cómo podría darse cuenta quien no ha sido instruido, ni ha visto ningún bien y se precipita, lanzándose sin inteligencia sobre los acontecimientos, semejante a un tormentoso río? Así pues, válganse de la democracia aquellos que piensan hacer daño a los persas; pero nosotros habiendo elegido a un grupo de los mejores hombres, invistamos a éstos con el poder, ya que en ellos estaremos nosotros mismos y es natural que de los mejores hombres sean las mejores decisiones".

Y Darío exponía el tercero su opinión, diciendo: "Lo que dijo Megabyzo acerca del gobierno popular me parece haberlo dicho correctamente, no así lo concerniente a la oligarquía. Pues propone tres cosas y siendo todas muy buenas en principio, es decir, la mejor democracia, la mejor oligarquía y la mejor monarquía, afirmo que ésta es muy superior. Pues nada mejor podría aparecer que un solo hombre, el mejor; ya que, utilizando tal criterio, administraría intachablemente al pueblo; así también se mantendrían más en silencio los planes políticos contra los hombres malévolos.

En una oligarquía, entre quienes practican la virtud para el bien público es fácil que nazcan graves enemistades personales: cada uno de ellos quiere ser el jefe y hacer prevalecer su opinión, por eso ellos llegan a odiarse recíprocamente; de aquí brotan las facciones, y de las facciones el delito. Del delito se llega a la monarquía, que por ello se muestra como el mejor gobierno. Y a la vez, cuando el pueblo gobierna, es imposible que no se origine la corrupción en la esfera pública; la corrupción no genera enemistades públicas, sino sólidas amistades entre malvados: los que actúan contra el bien común lo hacen conspirando; y tal cosa existe hasta que alguno, habiéndose puesto al frente del pueblo, calma a los tales. Y de entre ellos éste es entonces admirado por el pueblo; y siendo admirado, aparece siendo monarca. Y también por esto es claro que la monarquía es la mejor forma de gobierno. Y para, resumiendo todo, decirlo en pocas palabras: ¿de dónde ha habido libertad para nosotros y habiéndola otorgado quién? ¿Acaso de parte del pueblo o de la oligarquía o del monarca? Tengo, por tanto, la opinión de que nosotros habiendo sido liberados por un solo hombre, debemos mantener el régimen monárquico y conservar nuestras buenas instituciones patrias, pues no hay cosa mejor".[42]

Platón (427-347 a. C.)

Discípulo de Sócrates y maestro de Aristóteles, en su *República* reflexiona sobre la aristocracia, timocracia, oligarquía, democracia y tiranía; proclive a la aristocracia piensa que los Estados deben tener como gobernantes a hombres consumados en la filosofía y en la ciencia militar, pues una república bien gobernada, será porque sólo mandarán aquellos que sean ricos, no ricos de oro, sino de sabiduría y virtud, y el gobierno será malo si hombres pobres, ambiciosos [él lo describe como *gentes hambrientas de bienes y que por sí mismas no tienen nada*] aspiran al mando.[43] Obviamente estas expresiones fortalecen la idea de la aristocracia ya que para él, a un Estado bien administrado y protegido, "es preciso dar... por jefes a hombres consumados en la filosofía y en la ciencia militar".[44]

Por lo que respecta a la *oligarquía,* explica que es "una forma de gobierno... que corresponde a los ricos el mando, en el cual no tienen parte alguna los pobres",[45] en tanto que a la *timarquía* considera que es una degeneración de la aristocracia, donde la ciudadanía pasa de ser ambiciosa e intrigante a avaros y codiciosos y todo elogio o admiración son para la gente rica y el honor de gobernar lo disfrutarán quienes detentan determinados capitales, en esta modalidad de gobierno la dominación es de la clase militar, quedando prohibido aspirar a los cargos a aquellos cuya riqueza no llegue a la cifra que es señalada por las leyes.[46]

En la perspectiva de Platón se brinca de la *oligarquía* a la *democracia* por la pretensión de riquezas que tiene la población, pues al estar deseosa

[42] Apoyándose en la traducción que realizó la Universidad Nacional Autónoma de México de la obra *Historias II*, de Herodoto, el debate se presenta en Bobbio, Norberto, *La teoría de las formas...*, *op. cit.*, pp. 15-17.

[43] Platón, *La República*, México, Editores Mexicanos Unidos, 2002, pp. 266-267.

[44] *Ibidem*, p. 293.

[45] *Ibidem*, p. 301.

[46] *Ibidem*, p. 302.

de poseer fortunas ejecuta distintas conductas para obtenerlas, consiguiéndolo ya sea por el camino de las armas por parte del pueblo, o porque las personas ricas toman la decisión de retirarse de la cosa pública; entonces la democracia como gobierno de masas, se constituye cuando "los pobres, habiendo conseguido la victoria sobre los ricos, asesinan a unos, expulsan a otros, y se reparten por igual... los cargos de la administración... reparto que en este gobierno se rige de ordinario por la suerte",[47] en la democracia todos legislan y todos mandan.

En esta forma de gobierno, el filósofo subraya la existencia de la población como clase social poderosa, pero también le dirige fuertes reprobaciones:

> El pueblo bajo, compuesto de artesanos, ajenos a los negocios y que apenas si tienen con qué vivir. En la democracia, esta última clase es la más numerosa y la qué cuenta con mayor poder cuando está reunida. —Sí, pero raras veces se reúne, como no sea que haya de recibir por su parte, un poco de miel. —Así, los que presiden esas asambleas hacen cuanto está en su mano para facilitárselas.[48]

Con esta aseveración se coloca en la discusión tres circunstancias por demás sustanciales: la escasa participación ciudadana atribuida a la falta de interés de la cosa pública, la compra de voluntades y la manipulación de la población; en la actualidad las democracias enfrentan esta realidad, debido a que el voto libre constantemente se ve amenazado por la mercantilización de la voluntad, lo cual ha predispuesto que la democracia antigua y moderna parezca una institución inconsistente y frágil.

Platón supuso que por estas razones, la democracia era una forma degenerada de gobierno, con posibilidades de convertirse en tiranía cuando la población hecha gobierno se corrompe, abusa de su poder, y razonando que es la voluntad general, actúa desobedeciendo las leyes. Será tiránico el gobierno, entonces, cuando ese grupo de quien gobierne ha traicionado el mandato que le dio la población, actuando con base en sus propios intereses, sin justicia, sin derecho y sin valores, será así

[47] *Ibidem*, p. 309.
[48] *Ibidem*, pp. 319-320.

cuando el que defiende a la población abuse, motivado por sus propios intereses y ambición:

> Cuando el protector del pueblo, hallando en esta perfecta sumisión a sus caprichos, empapa sus manos en sangre de sus conciudadanos, cuando con acusaciones calumniosas, demasiado frecuentes, arrastra a sus adversarios a presencia de los tribunales y les hace expirar en el suplicio, cuando abreva su propia lengua y su impía boca en la sangre de sus allegados y amigos y diezma al Estado con el hierro o con el destierro...[49]

En coincidencia a lo señalado, la tiranía es la mayor enfermedad del gobierno, que puede producirse, lo mismo en una democracia, en una monarquía o incluso en una república; la tiranía será, entonces, siempre la peor expresión de cualquier forma de gobierno porque violenta de manera sistemática la dignidad humana.

¿Por qué Platón, a pesar de reconocerle a las poblaciones y a la democracia una fuerza importante, es crítico de ella?, quizá porque "vivió en una época de decadencia de la gloriosa democracia ateniense y por tanto investiga, analiza, denuncia, los fenómenos de la degradación de la *polis* más que los de su esplendor".[50]

Aristóteles (384-322 a. C.)

En su estudio Aristóteles primero examina qué es una ciudad y por consiguiente quiénes son ciudadanos[51] en sentido absoluto. En su tratado sobre *La Política* esboza que la comunidad suprema que comprende a todas las comunidades humanas es la comunidad política a la que le llama ciudad,[52] a la cual le corresponde un lugar, y forman parte de la ciudadanía quienes tienen parte en ella.

Al ser la ciudad una *colección de ciudadanos,* es importante considerar cuál es la naturaleza de éstos, pues para Aristóteles el ciudadano

[49] *Ibidem*, p. 321.
[50] Bobbio, Norberto, *La teoría de las formas*..., *op. cit.*, p. 23.
[51] Aristóteles se refiere al genérico masculino.
[52] Aristóteles, *Política*, 22ª ed., México, Porrúa, 2010, p. 209.

en una democracia no necesariamente lo es en una oligarquía. El ciudadano en sentido absoluto se define entonces por su intervención activa y pasiva en el poder deliberativo o judicial, es decir, en el gobierno de la ciudad que habrá de definirse atendiendo a su Constitución.[53]

Luego entonces, la Constitución como ordenamiento de la ciudad "es la organización de los poderes en las ciudades, de qué manera se distribuyen, y cuál debe de ser en la ciudad el poder soberano",[54] en su perspectiva, *Constitución y gobierno* tienen el mismo significado, ya que el gobierno es el supremo poder de la ciudad, establecido en una Constitución; al igual que Platón, Aristóteles establece dos ideales de gobierno: los *rectos* y los *desviados*.

Por lo que concierne a las formas de gobierno, *rectas* son cuando uno, los pocos o los más gobiernan para el bien público y alude a tres modalidades: monarquía, aristocracia y república. La narrativa de cada una nos la presenta de la siguiente manera:

> De las formas de gobierno unipersonales solemos llamar monarquía o realeza, a la que tiene en mira el bien público; y al gobierno de más de uno, pero pocos, aristocracia (bien ser por ser el gobierno de los mejores, o porque este régimen persigue lo mejor para la ciudad sus miembros). Cuando en cambio, es la multitud la que gobierna en vista del interés público, llámese este régimen con el nombre común a todos los gobiernos constitucionales, es decir república o gobierno constitucional.[55]

En seguida de la descripción, desarrolla las *desviaciones* del gobierno, que se crean cuando se actúa con base en intereses particulares, siendo de la monarquía la tiranía; de la aristocracia la oligarquía, y de la república la democracia.[56] Desempeños que suceden por la desorientación al momento de ejercer el poder, de tal suerte que la tiranía es una monarquía que actúa despóticamente; la oligarquía cuando la autoridad es de los poseedores de cuantiosas fortunas; en tanto que la democracia, como forma desviada de gobierno, lo es porque se apropian del poder

[53] *Ibidem*, p. 261.
[54] *Ibidem*, p. 293.
[55] *Ibidem*, p. 271.
[56] *Idem*.

las personas pobres e indigentes, que no cuentan con instrucción para la administración de la cosa pública.

El tratadista para figurar al gobierno, utiliza el ingrediente numérico (gobierno de muchos, gobierno de pocos, gobierno de uno) y no constituyen diferencia esencial, pues en lo que verdaderamente son distintos, democracia y oligarquía, es quien gobierna: personas ricas o pobres,[57] "dondequiera que un grupo de hombres, sean pocos o muchos, gobiernan por la riqueza, habrá necesariamente una oligarquía, y donde gobiernan los pobres, una democracia".[58]

En las apreciaciones Aristóteles hace énfasis en la *masa ciudadana*, la cual "ni son ricos ni poseen en absoluto ninguna excelencia valiosa",[59] pero son tantos que es importante permitirles formar parte de algunas instancias de gobierno, concretamente en la función deliberativa y judicial. Así lo explica:

> Que estos hombres tengan acceso a las más altas magistraturas (no deja de ser peligroso, toda vez que su injusticia e insensatez les llevaría respectivamente a obrar injusta o erradamente). Mas por otro lado es peligroso también no admitirlos ni darles parte en el poder, porque la ciudad donde son muchos los pobres y los privados de honores estará por fuerza llena de enemigos. No queda pues, sino que participen en la función deliberativa y en la judicial.[60]

Cuando razona sobre la monarquía, ilustra sobre la existencia de aquellas fundadas en la ley, las absolutas, hereditarias, vitalicias, electivas y las de *tiempos heroicos* que son las implantadas por guerreros protectores del pueblo en la guerra o son producto de territorios agregados o dotados (en ambos casos con el consentimiento de la población), pero también se refiere a la monarquía *despótica-electiva-no hereditaria y tiránica*, a la cual denomina *dictadura,* en ésta el rey puede durar toda su vida en el cargo, un determinado periodo o sólo en tanto se desarrolla y cumple un programa de acción,[61] pero la característica principal será el autoritarismo, la intolerancia y por supuesto la opresión.

[57] *Ibidem,* p. 272.
[58] *Idem.*
[59] *Ibidem,* p. 276.
[60] *Idem.*
[61] *Ibidem,* pp. 284-288.

Aristóteles concluye, después de argumentar sobre cada representación de gobierno y sus respectivas desviaciones, que la mejor *constitución recta*, "es aquella que es aplicada por los mejores".[62]

Marco Tulio Cicerón (106 a. C.-43 d. C.)

En su tratado[63] particulariza en el libro, primero, a la *república* como una forma de Estado, pero también a modo de *gestión pública*, es decir de gobierno, dividiéndolo en *puro* y *degenerado*. En el *gobierno puro* se encuentran la monarquía, aristocracia y democracia, en tanto que en el *degenerado* para la monarquía es la tiranía; de la aristocracia la oligarquía y finalmente de la democracia la anarquía.

A Cicerón le parece que la forma de gobierno perfecta es la monarquía, pues el soberano "gobierna a sus ciudadanos y los conserva como a hijos, con más cuidado",[64] mientras que la peor es la anarquía y por ello la democracia resulta insegura, sin embargo parece encontrar en una modalidad mixta la mejor manera de gobernar, es decir, Cicerón se "adhiere a la teoría [de] una forma mixta y armónica en la que exista un gobierno fuerte, como el de la monarquía, pero se respete la libertad de los mejores, como en la aristocracia, y se atienda los intereses de todo el pueblo, como debería de ocurrir en la buena democracia".[65]

Para el filósofo, la república le pertenece a las poblaciones; pero *pueblo* no es todo conjunto de hombres reunidos de cualquier manera, sino el conjunto de una multitud asociada por un mismo derecho que sirve a todos por igual.[66] Al pertenecer a la población, la república debe regirse por un gobierno y éste alcanza a atribuirse a una persona o a unas pocas escogidas, o puede, de igual forma, confiarse a muchos; con estas características Cicerón da carácter a los gobiernos, siendo monarquía cuando el gobierno es de un solo hombre que se llama rey y

[62] *Ibidem*, p. 291.

[63] *Sobre la República*, consistente en seis libros, escritos a manera de diálogos.

[64] Cicerón, *Sobre la república*, 2ª ed., trad. de Álvaro D'Ors, España, Editorial Gredos, 2015, p. 72.

[65] Consideraciones que hace en la parte introductoria Álvaro D'Ors en Cicerón, *op. cit.*, pp. 22-23.

[66] Cicerón, *op. cit.*, pp. 62-63.

reino a la república, cuando gobiernan nobles es una aristocracia y es ciudad popular aquella en la que todo lo puede la población,[67] "cualquiera de estas tres formas, sirve para mantener aquel vínculo que empezó a unir en sociedad pública a los hombres, no es perfecta... ninguna de ellas, en mi opinión, es la mejor, pero sí es tolerable, y cada una puede tener ventajas sobre las otras".[68]

Las desventajas, planteadas por Cicerón para el gobierno, se abrevian en que la ciudadanía en la monarquía queda apartada del derecho y del gobierno; en la aristocracia la multitud no puede participar de la libertad, pues carece de autoridad para el gobierno de la comunidad, y en las inconveniencias de la democracia dilucida que "cuando todo lo gobierna el pueblo, aunque éste sea moderado y justo, la misma igualdad es injusta pues no distingue grados de dignidad".[69]

Nicolás Maquiavelo (1469-1527)

El filósofo italiano plantea[70] divisiones gubernamentales o dominios en el proceder del poder público al concertar dos grandes maneras de gobernar: repúblicas o principados;[71] su escrito, además, propone procedimientos para la conquista, conservación o pérdida de una nación, en sus términos, de los principados. Como elementos para la dominación y el despliegue del poder es necesario la eliminación de contrariedades morales o prejuicios, lo estrictamente válido es obtener el imperio y conservarlo; para ello proyecta el conocimiento de los principados hereditarios y nuevos, donde los primeros son cuando "una misma familia ha reinado en ellos largo tiempo"[72] y los nuevos, al ser de creación reciente, los divide en *nuevos del todo* y en *agregados* al Estado hereditario.

[67] *Ibidem*, p. 64.
[68] *Idem*.
[69] *Idem*.
[70] Su obra *El Príncipe*, fue escrita en 1513.
[71] Maquiavelo, Nicolás, *El Príncipe*, México, Leyenda, 2011, p. 21.
[72] *Idem*.

Más que formas de gobernar, Maquiavelo revela maneras de obtener, conservar y perder el poder, su división de principados[73] es un catálogo de cómo cumplir con esas expectativas, sin embargo también aporta, al referirse al *principado civil,* una circunstancia de gobernanza donde participa la ciudadanía; para efecto de nuestro estudio este tipo de principado contiene un interesante testimonio, donde la ciudadanía "no por crímenes ni violencia sino gracias al favor de sus compatriotas se convierte en príncipe";[74] en su reflexión el poderdante en la elección de un príncipe, es la población, y llegar a esta circunstancia "depende más bien, de una cierta habilidad propiciada por la fortuna... que necesita, o bien del apoyo del pueblo, o bien de los nobles".[75] Es claro que se refiere a una configuración electiva del poder, que al conferirle a la ciudadanía la facultad de elegir a su gobernante, también esboza el inicio de los gobiernos democráticos.

Maquiavelo otorga mayor influencia a la población en la conformación de gobiernos, pues afirma que al ungir a un príncipe, ya sea por voluntad de la población o de la nobleza, siempre habrá de considerarse, por interés o no, a la población para la implementación del tipo de principado que les convenga y así lo explica: "Los nobles, cuando comprueban que no pueden resistir al pueblo, concentran toda la autoridad en uno de ellos y lo hace príncipe, para poder a su sombra dar rienda suelta a sus apetitos. El pueblo, cuando, a su vez, comprueba que no puede hacer frente a los grandes, cede su autoridad a uno y lo hace príncipe para que lo defienda".[76]

Actualmente existen naciones democráticas de tipo republicano o monárquico que incorporan en la designación de las y los titulares del Poder Ejecutivo o Legislativo mecanismos electivos, ante ello es importante recordar lo que el filósofo decía, al referirse al *principado civil* y más concretamente al príncipe, cuando se "adquiere un Estado nuevo mediante la ayuda de los ciudadanos, que examine bien el motivo que

[73] Entre las distintas clases de principados se encuentran los hereditarios, mixtos, eclesiásticos, civiles y nuevos, y dentro éstos, los que se adquieren con armas propias, con el talento personal, mediante crímenes, con armas y fortuna de otros.

[74] Maquiavelo, Nicolás, *op. cit.*, p. 48.

[75] *Idem.*

[76] *Idem.*

impulsó a éstos a favorecerlo, porque no se trata de afecto natural sino de descontento con la situación anterior del Estado, difícil y fatigosamente podrá conservar su amistad, pues tampoco él podrá contentarlos".[77]

Charles Louis de Secondat, Barón de Montesquieu (1689-1755)

El pensador francés, en *El espíritu de las leyes*,[78] idea que éstas son relaciones derivadas de la naturaleza, bosqueja la separación de poderes en Ejecutivo, Legislativo y Judicial[79] y cómo la relación entre éstos disputa el absolutismo y el gobierno despótico propio de la monarquía. La fortaleza de su pensamiento radica en la idea que al ser humano en su estado natural, lo primero que le acontece es la necesidad de conservar su ser, aprender y conocer.

Por esta necesidad natural de *ser, aprender* y *conocer*, se crean leyes que permiten su relación y convivencia, por ejemplo, al saberse débil por el entorno desconocido se vuelve tímido, "en ese estado, cualquiera se siente inferior, apenas igual. Por eso no se atacan; no se les puede ocurrir, y así resulta que la paz es la primera de las leyes naturales".[80] Pero en cuanto empiezan a vivir en sociedad nace el sentimiento de flaqueza, debilidad e igualdad que prevalecía, empieza el estado de guerra, y este estado de guerra hace inevitable que se regule la relación entre sus pobladores, naciendo las leyes que rigen a hombres y mujeres en la sociedad.[81]

[77] *Ibidem*, p. 89.

[78] Escrito en 1748.

[79] Si bien el modelo se basa en la Inglaterra de la época, donde el rey es depositario del Poder Ejecutivo; la aristocracia representada en la Cámara de los Lores es el Poder Judicial, y la de los Comunes donde se encuentra en la población, es el Poder Legislativo; la idea que prevalece es de la separación de poderes y la relación de contrapesos, lo cual permitió delinear una nueva forma de sistema político.

[80] Montesquieu, *El espíritu de las leyes, Grandes clásicos del derecho*, vol. 5, trad. de Nicolás Estévanez, México, Oxford, 1999, p. 3.

[81] El *derecho de gentes* como denomina Montesquieu a las leyes que regulan las relaciones de las poblaciones entre sí; en tanto que el *derecho político* vendrá a regular las relaciones entre quien gobierne y las y los gobernados.

Montesquieu al referirse a las leyes que se derivan de la naturaleza del gobierno, establece los de tipo *republicano, monárquico y despótico,* definiendo al primero como "aquel en que el pueblo o una parte del pueblo, tiene el poder soberano"; el monárquico donde "uno solo gobierna, pero con sujeción a leyes fijas y preestablecidas", y por último, el gobierno despótico, cuyo "poder está también en uno solo, pero sin ley ni regla, pues gobierna el soberano según su voluntad y sus caprichos".[82]

Una vez que explica la naturaleza general del gobierno, en la república aplica las leyes relativas a dos formas de gobierno: la *democracia* entendiendo a ésta cuando en la república, el poder soberano reside en la población, y la *aristocracia* aparece cuando dicho poder lo detenta tan sólo una parte de las poblaciones.[83] En esta particularidad, el poder de hacer y ejecutar está en manos de unas cuantas personas.

De las leyes relativas a la *democracia,* se desprende que la población es en ciertos conceptos el monarca y en otros las y los súbditos; esta dualidad mediante la cual se conceptualiza a la población se refiere realmente a la soberanía, que explica cuándo el monarca es soberano y cuándo las leyes otorgan esa condición.

Así lo desentraña Montesquieu:

> No puede ser monarca más que por sus votos; los sufragios que emite expresan lo que quiere. La voluntad del soberano es soberana. Las leyes que establecen el derecho de sufragio son fundamentales en esta forma de gobierno. Porque, en efecto, es tan importante determinar cómo, por quién y a quién se han de dar los votos, como lo es en una monarquía saber quién es el monarca y de qué manera debe gobernar.[84]

Las precisiones planteadas en la naturaleza del gobierno democrático son de vanguardia; por ejemplo, en lo concerniente a las asambleas representativas del Estado, Montesquieu se refiere a la importancia del número de ciudadanos que deben formar el órgano de representación, pues de no hacerlo "se ignoraría si había hablado el pueblo o sólo una

[82] Montesquieu, *op. cit.*, p. 6.
[83] *Idem.*
[84] *Idem.*

parte del pueblo".[85] De igual profundidad es el concepto de representación política y legitimidad social:

> El pueblo goza del poder soberano de hacer por sí mismo todo lo que él puede hacer; y lo que materialmente no puede hacer por sí mismo y hacerlo bien, es menester que lo haga por delegación en sus ministros.
> Los ministros no lo son del pueblo si él mismo no los nombra; por eso, una de las máximas fundamentales en esta forma de gobierno es que sea el pueblo quien nombre sus ministros, esto es, sus magistrados.[86]

En la república democrática, otro componente importante es el tipo de sufragio, el cual puede ser por sorteo y por elección, el primero lo será para la democracia, pues se le permite a todo ciudadano, y el segundo es para la aristocracia, pues solamente los nobles podrán ejercerlo; en las democracias los votos pueden ser públicos o secretos, lo cual constituye otra ley fundamental en esta forma de gobierno.[87]

Por lo que respecta a la monarquía, Montesquieu considera que es aquélla donde *uno solo gobierna,* pero con sujeción a leyes preestablecidas, en donde la naturaleza del gobierno permite la existencia de poderes intermedios, subordinados y dependientes, que aun cuando se reconoce al rey como fuente de todo poder político y civil, las leyes constituyen espacios para el adecuado ejercicio de su poder.

Dentro de los poderes subordinados que le son naturales a la monarquía se encuentra la nobleza y el clero, por lo que con respecto a la primera, es parte de una premisa básica, que termina siendo la "esencia de la monarquía, cuya máxima fundamental es ésta: 'sin monarca no hay nobleza, como sin nobleza no hay monarca' pero habrá un déspota".[88]

El contrapeso natural de la monarquía, que evita que se convierta en un gobierno despótico, es el clero y el *depósito de leyes* (una especie de consejo o asamblea) que son cuerpos políticos que enuncian las leyes cuando las hacen y las recuerda cuando se les olvida.[89]

[85] *Ibidem,* p. 7.
[86] *Idem.*
[87] *Ibidem,* p. 8.
[88] *Ibidem,* p. 11.
[89] *Ibidem,* p. 12.

El pensamiento de Montesquieu involucra elementos esenciales de una república; la división de los poderes, la emisión de votos para constituir representaciones, el sufragio público o privado y por supuesto la idea democrática que es la ley a la cual deben estar sujetos todos los poderes.

Juan Jacobo Rousseau (1712-1778)

Enciclopedista de la época, movilizó conciencias que fueron gestoras de la Revolución francesa. Su obra[90] aporta la noción de la *voluntad general,* y confiere al gobierno la calidad de persona pública, que desarrolla un papel importante en el ejercicio del poder, al grado tal de asemejarlo a la *unión del alma y del cuerpo*; para él, la fuerza pública y el cuerpo político necesita de un "agente propio que la reúna y que la emplee de acuerdo con la dirección de la voluntad general, que sirva como órgano de comunicación entre el Estado y el soberano".[91]

Ésa es la razón del gobierno para constituirse como un cuerpo intermediario entre súbditos y soberano, es responsable de la ejecución de leyes y del manteamiento de la libertad, es por tanto el gobierno el ejercicio legítimo del Poder Ejecutivo, y el príncipe[92] o magistrado son el hombre o cuerpo encargado de esta administración;[93] es el gobierno "un nuevo cuerpo del Estado, distinto del pueblo y del soberano, intermediario entre el uno y el otro".[94]

Aunado a lo anterior, Rousseau reafirma que la voluntad dominante debe ser la voluntad general (soberana) y presenta la división de los gobiernos en tres: aristocracia, monarquía y democracia, explicándolas a partir del número de personas que otorgan y ejercen el poder:

[90] *El contrato social* fue escrito en 1762.

[91] Rousseau, Juan Jacobo, *op. cit.*, p. 45.

[92] Rousseau conceptualiza al príncipe en la democracia y aristocracia como una persona moral colectiva, unida por la fuerza de las leyes y depositaria en el Estado del Poder Ejecutivo.

[93] Rousseau, Juan Jacobo, *op. cit.*, p. 46.

[94] *Ibidem*, p. 48.

El soberano puede, confiar el depósito del gobierno a todo el pueblo o a su mayoría, de suerte que haya más ciudadanos magistrados que simples particulares, a esta forma de gobierno se le da el nombre de democracia. Puede también reducir o limitar el gobierno, depositándolo en manos de los menos, de manera que resulten más ciudadanos que magistrados, este sistema toma el nombre de aristocracia. Puede por último concentrar todo el gobierno en un magistrado único de quienes los demás reciban el poder, esta tercera forma es la más común y se llama monarquía o gobierno real.[95]

Para Rousseau no existe ni existirá una verdadera democracia, pues es contra el orden natural que el mayor número gobierne y los menos sean gobernados, toda vez que la población no puede estar ininterrumpidamente reunida para ocuparse de los asuntos públicos y tampoco se puede delegar dicha responsabilidad porque entonces la forma de la administración cambia.

Para el filósofo reunir a la población a tomar decisiones implica dificultades, entre las que señala como *primer punto* la necesidad de ejercerse solamente en un Estado pequeño, donde la población pueda reunirse y la ciudadanía se conozca entre ellos; *segundo,* que exista una gran sencillez de costumbres que resuelva con anticipación los asuntos públicos y evite debates espinosos; *tercero,* igualdad de rangos y fortunas, sin la cual la igualdad de derechos y de autoridad no pueden existir; *cuarto,* poco o ningún lujo, pues las riquezas corrompen tanto al rico como al pobre: al primero por la posesión y al segundo por la codicia.

En definitiva, su desacuerdo por la democracia se apoya en que, en el gobierno popular, las guerras civiles y las agitaciones intestinas son constantes por el deseo de cambiar de forma de régimen, el cual es más frecuente que en otra modalidad de gobierno, por lo que se requiere mayor vigilancia y valor para sostenerse.

Por lo que toca a la aristocracia, la divide en tres tipos: *natural, electiva* y *hereditaria,* siendo esta última la peor de los gobiernos; en tanto que la mejor es la aristocracia electiva, pues cuenta con división de poderes, y sus magistrados surgen por elección. Las razones de su proclividad se fundan en que las asambleas son más cómodas, se discuten

[95] *Ibidem,* p. 51.

mejor y con mayor orden, lo más natural entonces es que los sabios gobiernen a la multitud[96] ponderada.

En *El contrato social*, Rousseau identifica al príncipe (tanto en la democracia como en la aristocracia) como una persona moral, unidad por la ley y depositaria del Poder Ejecutivo, no así en la monarquía; en ésta, el poder es concentrado en *una persona natural, de un hombre real*, único, al que se le llama rey o monarca, el cual representa la colectividad, concentra la fuerza del Estado y del gobierno, lo que genera que todos los reyes quieran gobernar de manera absoluta.[97]

También discrepa de la monarquía, la califica como una forma de gobierno defectuosa:

> Un defecto esencial e inevitable que hará siempre inferior al gobierno monárquico al republicano es que en éste el voto popular casi siempre lleva a los primeros puestos a hombres esclarecidos y capaces, que hacen honor a sus cargos, en tanto que los que surgen en las monarquías, no son a menudo sino chistosos, bribonzuelos e intrigantes, talentosos mediocres que una vez elevados a las altas dignidades de la corte, no sirven sino para demostrar al público su ineptitud.[98]

Estas configuraciones parten de la idea de quién o quiénes son los más preparados para ejercer el mando, pero también a quién le corresponde el derecho a integrar el poder, y si éste se ejerce por uno, unos cuantos o muchos. Es claro que cada una de las formas de gobierno exploradas, tiene características negativas, desviaciones o degeneraciones, así se han expresado desde la antigüedad y en la actualidad los gobiernos enfrentan estas impurezas.

La configuración política de las anteriores posturas filosóficas permite entender el modo organizativo del gobierno con sus virtudes y defectos; concluyendo que son tres las modalidades por excelencia de las formas de gobierno: monarquía, república y democracia, cada una de ellas con sus variantes, derivados o degeneraciones, pero que nacen a partir de la identificación de la administración de una persona, de unas cuantas, de muchas o de las leyes.

[96] *Ibidem*, pp. 52-55.
[97] *Ibidem*, pp. 56-57.
[98] *Ibidem*, p. 58.

En la perspectiva práctica e histórica, el estudio de estas tres formas de gobierno es de utilidad, ya que es importante averiguar su naturaleza y desarrollo por encima de la teoría doctrinal o ideológica.

Perspectiva práctica e histórica de las formas de gobierno

La monarquía

Como se observó desde la perspectiva filosófica, la monarquía tiene distintas formas de formularse, pero la monarquía antigua, independientemente de sus variantes, al ser de "base fundamentalmente religiosa e irracional"[99] enfrentó detracciones, incluso de partidarios de esta modalidad.

Al ser censurada por la doctrina liberal, adeptos de la monarquía crearon la ideología conservadora[100] donde la monarquía tendrá fundamento ideológico, sistematizado, razonamiento lógico y conceptual, generando un fenómeno interesante para el estudio del poder, pues la ideología conservadora, con monarquía o sin ella, logra prevalecer, incluso, el paso de los siglos.

La monarquía de carácter genérico será entonces "hereditaria, tradicional, conservadora, de clases privilegiadas que comparte con el monarca sus privilegios y consideraciones".[101] En ella y dado su componente fundacional religioso, las y los soberanos se convierten en "un personaje sobrehumano, casi un dios y, como mínimo un elegido de Dios".[102] Aprovechándose de estos argumentos, la nobleza habrá de elegir, designar o acceder al trono y con ello al ejercicio pleno del poder.

Es interesante encontrar similitudes de las monarquías europeas en las características genéricas con los imperios de las poblaciones prehis-

[99] Duverger, Maurice, *Instituciones políticas y derecho constitucional*, 6ª ed., trad. de Eliseo Aja *et al.*, España, Editorial Ariel, 1980, p. 339.

[100] *Idem.*

[101] Serra Rojas, Andrés, *op. cit.*, p. 582.

[102] Duverger, Maurice, *op. cit.*, p. 340.

pánicas en América, mismos que se estudiarán para encontrar sus oposiciones substanciales.

Tipos de monarquías

La monarquía registró a lo largo del tiempo distintas formas de expresarse, y aun cuando en todas tiene un componente clasista, se especificaron modalidades diferentes, por ejemplo la monarquía aristocrática se caracterizó por los contrapesos que la nobleza ejercía en el reino; para Maurice Duverger, el punto de quiebre fue cuando Europa se dividió en señoríos feudales, pues al estar las y los reyes fuera de sus posesiones, su poder se limitaba, en tanto que el de los titulares de aquellos otros territorios crecía, es entonces cuando la o el rey limitado por la aristocracia, desarrolla órganos de gobierno que fungen como contrapesos, garantes de los intereses de la clase aristócrata.[103]

A pesar de la existencia de estas *balanzas de clase*, el principal referente que se percibe de la monarquía es la forma absoluta; este tipo de regencia, por su propia naturaleza, fue transitoria y trajo consigo el debilitamiento de la monarquía; la fórmula para entender el absolutismo monárquico se sintetiza en *todo para el pueblo, nada por el pueblo*, siendo los mejores ejemplos de reinados los de Inglaterra con Isabel I, Prusia con Federico II, Austria de José II, Rusia de Catalina II, y Francia.[104]

Reyes y reinas, aun cuando tenían contrapesos entre nobleza y clero, lo cierto es que representaban los mismos intereses y sus pugnas, fundamentalmente lo eran, por el control y ejercicio del poder; los beneficios que lograban servían para conservar su condición de privilegio, la población no participaba de ellos y por tanto las oportunidades, justicia, libertades y el bienestar general se les había derogado.

El sobresaliente ejemplo del reinado absolutista es Francia, con los *Luises*, donde los monarcas desempeñaron con tal brutalidad su *señorío* que propició el surgimiento de novedosas propuestas para gobernar.

[103] *Ibidem*, pp. 342-343.

[104] Charles Seignobos (historiador de los años treinta) citado por y en Duverger, Maurice, *op. cit.*, pp. 345-347.

Los *Luises*, al margen de la narrativa de sus gobiernos, sus máximas en las cuales apoyaban su gobernanza identifican la tiranía que practicaban; el decir de Luis XIV, el llamado *rey Sol*, que pronunció ante el parlamento la célebre frase: *El Estado soy yo;* su sucesor Luis XV, al expresar: *Después de mí, el diluvio,* y qué comentar de Luis XVI, quien enfrentó la Revolución francesa y el cual dogmatizaba que *es legal porque es mi voluntad.* Todas estas locuciones, sin lugar a dudas, reflejaban el sentir y creer de un gobernante que filosofaba en ser todo poderoso.

Otro tipo de monarquía es la constitucional donde el contrapeso se encuentra en los distintos ordenamientos legales que dan orden a la convivencia social del reino, estas monarquías son el resultado de querellas populares para delimitar la actuación del monarca, y encuentran en la Constitución la ley suprema y contra de ella no sobresale ninguna voluntad real.[105]

El establecimiento de un régimen constitucional implica el nacimiento del asambleísmo entre pares, bajo esta condición surge la *monarquía parlamentaria* en la cual la práctica del poder le corresponde al parlamento y la o el monarca se convierte en un símbolo de unión y reconocimiento a las tradiciones.[106] La nobleza amparada en la ley bajo la modalidad de una entidad de gobierno permite que algunos segmentos de la población, generalmente también de la *nobleza*, se incorporen en la toma de decisiones a través de la representación política, ésta es una forma de seguir conservando sus costumbres, tradiciones y por qué no decirlo, también sus privilegios.

Actualmente el mundo cuenta con diversos países que tienen monarquías como forma de gobierno y aun cuando ésta se da en condiciones sumamente distintas a los modelos históricos, sigue vigente la suntuosidad en la conducción de un Estado tradicionalista y conservador.

Países con monarquías en el siglo XXI

Por extraño que parezca, en la actualidad existen modelos monárquicos de los tres tipos en los 26 reinos existentes que gobiernan 43 países,[107]

[105] Serra Rojas, Andrés, *op. cit.*, p. 582.

[106] *Ibidem*, pp. 582-583.

[107] https://www.washingtonpost.com/news/worldviews/wp/2013/07/22/meet-the-worlds-other-25-royal-families/?noredirect=on&utm_term=.08c7c7996a3c

ejemplos de monarquía parlamentaria es Noruega, Marruecos, Bélgica, Japón, Dinamarca (siendo ésta la más antigua del mundo), en tanto que monarquías constitucionales queda Reino Unido, Holanda, Suecia y España, por mencionar algunas; difícil de creer es la existencia de monarquías absolutas, pero continúan como el caso de Arabia Saudita, Kuwait, Qatar y Brunéi, entre otras.

Las monarquías actuales atienden una clasificación adicional, cuando son teocráticas o laicas, en las primeras la o el rey puede ser a la vez jefe de la Iglesia y en las segundas no detenta esa dirección, pero tiene un carácter casi sagrado;[108] bajo cualquier modalidad, la monarquía es desafiada por las teorías democratizadoras que iniciaron durante el siglo XIX, y que en el presente se han perfeccionado; el futuro de esta modalidad de gobierno dependerá de la vinculación que tenga la o el monarca con la población, del régimen de libertades que detenten y la eficiencia-eficacia de sus instituciones políticas; cualquiera que sea su destino corresponderá a estos tres factores reales de poder la determinación de la vigencia o no, de esta milenaria forma de gobierno.

La república

Marco Tulio Cicerón, antes de referirse a la república, hizo una precisión de gran relevancia al proclamar que "nunca podrá entenderse aquello de lo que se va hablar si no se entiende antes lo que es";[109] ante ello se tiene que conocer cuál es el *espíritu de la república*, su esencia, su naturaleza, ya que el simple título no la instaura.

A pesar de la advertencia muchos países se designan repúblicas, y solamente la entienden, en los términos de Maquiavelo, como una forma de gobierno contraria a la monarquía, alterando su verdadera naturaleza; nombran a sus naciones de esta manera, pero se apartan de su identidad. Y aun cuando en la república "la soberanía es de varios, en oposición a la soberanía de uno",[110] etimológicamente la palabra invoca a la *res publica*,

[108] Duverger, Maurice, *op. cit.*, p. 348.

[109] Cicerón, *op. cit.*, p. 62.

[110] Jellinek, Georg, *Teoría general del Estado*, Grandes clásicos del derecho, vol. 2, trad. de Nicolás Estévanez, México, Oxford, 1999, p. 425.

que infiere la cosa pública, es decir, lo opuesto a la cosa privada (*res privata*); el origen y significado de *república* trata entonces de los asuntos y hechos que son comunes a toda la población y cuya atención es importante para la armonía social.

La república ha tenido distintas interpretaciones dependiendo de la etapa histórica en que se aplique; Diego Valadés identifica diferencias conceptuales durante el periodo clásico, medieval, moderno y contemporáneo, reconociendo que existen características comunes en cada una de estas etapas, pero se encuentran, también, discrepancias importantes, por ejemplo, al referirse al periodo clásico muestra su adhesión al enunciado ciceroniano de que la *res publica res populi* (lo que es público es de la población), no sin antes advertir que el problema consiste en determinar el significado de pueblo o de comunidad; por lo que respecta a la idea medieval, la república no experimenta variantes importantes pues prevalece la idea de organización de la ciudad, pero la aportación complementaria se basa en la agregación del criterio demográfico.[111]

En la etapa reciente, la titularidad de la soberanía adquiere un cometido determinante, pues si ésta la posee la población, estaremos en presencia de una república la cual se relaciona con la legitimidad de los órganos del poder; esta argumentación vincula la expresión de Rousseau de que *todo gobierno legítimo es republicano*, es decir, no dando valor a la forma de administración del Estado, sino a su legitimidad.[112]

En definitiva la idea de república contemporánea gravita en que el poder debe de contar con una fuente de legitimidad que facilite e incluso auspicie la observancia de sus decisiones; bajo esta lógica se encuentra una distinción de fondo entre república y democracia, pues mientras la primera se entiende como la organización política en la que la población es titular de la fuente de legitimidad del poder, la democracia es la serie de procedimientos para escoger y controlar a los titulares de los órganos del poder.[113]

La república entonces como forma de administración o de gobierno, es un modo de organización política que reconoce y acepta la autoridad

[111] Valadés, Diego, *op. cit.*, pp. 441-443.
[112] *Ibidem*, p. 445.
[113] *Ibidem*, pp. 446, 447.

de la ley porque su legitimidad proviene de la población, siendo ésta la que decide la manera en que se ejerce el mando, evitando mediante la división de poderes, la concentración del mismo en una persona o entidad jurídica.

Son entonces, soberanía popular, ley, igualdad y derecho los primeros componentes que definen a una república, sus elementos constitutivos la explican, no así el simple apelativo, en tal situación lo que nos ilustra es quien detenta el poder. Esta evolución en la forma de gobernar, se convirtió pronto en fuente de inspiración de diferentes Estados, pues mientras que en el pasado, adoptar el republicanismo era un medio de beligerancia contra el tradicionalismo, en el presente "todas las formas de gobierno identificadas con el constitucionalismo pueden considerarse repúblicas",[114] en parte porque se convirtió en el "patrimonio económico, moral y cultural de todos los miembros del cuerpo social, sin distinción de clases y que tiene como base fundamental el interés de la patria, la igualdad, el derecho y la justicia".[115]

La "república es la cosa del pueblo; y se entiende por pueblo, no cualquier agregado humano informe, sino una colectividad unida por las leyes y el interés común".[116]

Otro de los principios que mayor fortaleza concede la república es el origen del poder, al tenerla la población, esta soberanía popular encuentra, no sólo la manera de organizarse políticamente, sino también de dictarse cómo aspira a que se ejerza el mando, descubriendo qué es, en la renovación constante de los integrantes de los poderes constituidos, dónde se reafirma dicha soberanía y por tanto su legitimidad.

En México por ejemplo, la titularidad del Poder Ejecutivo se cambia cada seis años sin posibilidad de ser reelecto, en tanto que el Legislativo su renovación es cada tres para las diputaciones y seis para las senadurías, en ambos caso, quienes integren las cámaras tienen la posibilidad de ser nuevamente electos;[117] por lo que respecta a las y los ministros de

[114] *Idem.*

[115] Burgoa, Ignacio, *op. cit.*, p. 489.

[116] Ignacio Burgoa, citando a Cicerón. *Idem.*

[117] De acuerdo al artículo 59 de la Constitución Política de los Estados Unidos Mexicanos (CPEUM), los diputados pueden ser electos hasta por cuatro periodos consecutivos y los senadores hasta por dos.

la Suprema Corte de Justicia de la Nación, no cuentan con menor calidad del republicanismo que inviste al régimen,[118] toda vez que son electos por la soberanía que confiere al Poder Legislativo.

Esta característica de consultar a la población para la integración de los poderes, es también el nacimiento de la democracia electoral, la cual permite que la voluntad general intervenga en la integración de la representación política, implementándose, con ello, una acción vinculante entre república y democracia.[119]

Cuando los países se denominan repúblicas desatendiendo el conjunto de elementos esenciales que la constituyen, estaremos en presencia de *naciones cosméticas* que cubren bajo una designación socialmente aceptada, otra manera de gobierno; toda vez que cuando lo inherente a todos se supedita o sucumbe ante lo privado, independientemente de quien lo someta (una persona o un cuerpo colegiado), tendremos repúblicas de carácter descriptivo mas no funcional.

Tipos de repúblicas

La división, equilibrio, control recíproco y renovación periódica de los poderes, así como la supremacía de la ley, la forma en que se eligen o designan a sus representantes son elementos esenciales que definen a la república. Cuando los órganos del Estado se conforman por una clase social privilegiada, estaremos en presencia de una república aristocrática, pues la titularidad de las instituciones del Estado será integrada por un grupo autodenominado *sobresaliente* o *superior*, concebida, en algunos casos, por títulos nobiliarios, estirpe o inclusive por autoproclamación, es entonces la *república aristocrática o soberanía de clases*, como la llama George Jellinek, aquélla donde la autoridad es profesada por un grupo privilegiado:

> Soberanía de un grupo profesional, sacerdotes o guerreros; soberanía de una raza victoriosa; de una clase por su estirpe, de los poseedores de la tierra, o de otras clases de propietarios... Jurídicamente concebida esta soberanía, consiste en que las personas dominantes salen de una parte del pueblo, y

[118] Tena Ramírez, Felipe, *op. cit.*, p. 88.
[119] *Idem.*

en virtud de ciertos privilegios quedan separados jurídicamente de la comunidad popular. La soberanía de las clases descansa en la situación política privilegiada de una parte del pueblo con respecto al resto.[120]

La Roma antigua es un buen ejemplo de la república aristocrática, toda vez que los *patricios*, al ser de la nobleza, tenían el dominio de las magistraturas, que eran el instrumento legal mediante el cual se ejercía el poder, en tanto que las otras clases sociales, entre ellas las y los plebeyos, aunque mayoritarios, no tenían atribuidos derechos políticos y por tanto no detentaban privilegios en la cosa pública.

Esta particularidad de la Roma antigua no fue siempre así, pues una vez obtenidos diversos derechos, los "plebeyos en cuanto ciudadanos (*civis*) podían aspirar al desempeño de algunos cargos públicos, puestos de representación en la monarquía y magistraturas en la incipiente república".[121] (Al respecto abundaremos al estudiar la Roma antigua y sus formas de gobierno).

Otra variante de república es la de tipo democrático, bajo esta modalidad "el origen de la investidura de los titulares de los órganos primarios del Estado es la voluntad popular mayoritaria sin distinción clasista alguna y la cual participa directa o indirectamente en la expresión de la voluntad estatal mediante la creación de normas jurídicas abstractas y generales o leyes".[122] Lo cual significa que, en una república democrática, la soberanía no sólo la detenta la población, sino que ésta tiene la potestad de elegir a quien funja como titular de los poderes, los cuales una vez proclamados son depositarios de la soberanía popular, en tal caso estaremos en presencia de una *república democrática representativa*.

Esta característica sólo tendrá vigencia en la medida en que se realicen elecciones continuas, populares, en tal caso, la ley ejerce la rectoría de voluntades y la ciudadanía no sólo puede expresar su deseo en quien lo represente, sino que además puede ser titular de la representación política. En estos supuestos se encuentran quienes integran la titularidad de

[120] Jellinek, Georg, *op. cit.*, pp. 427-428.
[121] Bravo, Gonzalo, *Historia de la Roma antigua*, México, Alianza Editorial, p. 30.
[122] Burgoa, Ignacio, *op. cit.*, p. 491.

los poderes Legislativo y Ejecutivo, los cuales surgen de entre las distintas opciones que se presentan en los comicios, en ese espacio de tiempo el electorado decide quién es su portavoz; sucede lo mismo con la o el jefe del Estado, que es elegido libremente por la ciudadanía con carácter temporal, ejerciendo su cargo en representación de la población.[123]

Un país con vocación republicana y demócrata encuentra su fortaleza en los elementos esenciales descritos, pero debe sumarse a la imperante necesidad de contar con un régimen que garantice la igualdad de derechos, el respeto a la libre expresión y decisión, un estado de legalidad; cuando se violentan estas convicciones se genera injusticia, irritabilidad, inestabilidad, parálisis y confrontación, es decir, caos social, el cual al paso del tiempo, el régimen se colapsa y eventualmente sucederá lo mismo con el sistema político; en términos de Rousseau, "cuando… el desorden sucede al orden y no obrando la fuerza y voluntad del acuerdo, el Estado disuelto cae en el despotismo o en la anarquía".[124]

La república en su *ser* interpreta principios, ideales, convicciones y una vez convertida en ideología, deposita la soberanía en la voluntad popular, se funda en la ley como fuente creadora de instituciones y reguladora de la armonía social; el Estado de derecho como piedra *angular*, permite que todas las acciones que tomen sus protagonistas, independientemente de las circunstancias políticas que existan, por igual se someten a la ley y al hacerlo se establece el orden y equilibrio común.

No obstante, no siempre las repúblicas organizan democracias, tenemos monarquías que pueden ser democráticas, donde la o el monarca *reina, pero no gobierna*, y contrario a ello, repúblicas que pueden ejercer el mando de manera totalitaria, absolutista o aristocráticamente; en la circunstancia actual "el adversario importante de la república en nuestra época no es ya la monarquía, sino el régimen totalitario cualquiera que sea la denominación o la forma que adopte o haya adoptado".[125]

[123] De Pina, Rafael y De Pina Vara, Rafael, *Diccionario de Derecho*, 37ª ed., México, Porrúa, 2015, p. 441.

[124] Rousseau, Juan Jacobo, *op. cit.*, p. 46.

[125] Tena Ramírez, Felipe, *op. cit.*, p. 88.

Quienes estudian el fenómeno político han incorporado elementos que nos ayudan a ampliar y comprender la diferencia entre república y democracia, dando incluso a la primera mayor relevancia, pues la "república es cosa de todos mientras que la democracia estaba en Aristóteles por cosa de una parte (el demos como parte del todo). Y si la democracia alude al poder de alguien (de una parte) *res publica* en cambio alude al interés general, al bien común, *res publica* designa entonces, un sistema político de todos en el interés de todos",[126] lo cual significa que a pesar que la democracia interpreta la voluntad general, no deja de ser *una parte de la totalidad* la que se expresa, pues solamente las mayorías, como voluntad dominante, constituyen la voluntad general; esta singularidad se agrava en la actualidad donde la mayoría dominante impone el mando a una comunidad que numéricamente es superior, pero que al no participar, es sometida por una ciudadanía activa, la cual constituye ante la ley una *mayoría relativa*, que se encuentra dotada de todas las facultades legales para hacer valer sus preferencias.

La república entonces alude a los intereses generales, garantizados bajo normas de conducta y convivencia. Aristóteles decía: "un montón de gente no es una república", en razón que la república tiene principios, valores, elementos y que aun cuando las naciones se integren por las mayorías, podrán denominarse democráticas mas nunca republicanas en el concepto amplio, que, a manera de reafirmación, se enuncian sus elementos:

- Imperio de la ley.
- Separación y equilibrio de poderes.
- Igualdad ante la ley.
- Vigencia y respeto a los derechos humanos.
- Renovación periódica de la representación política.

"Llamo República a todo Estado gobernado por las leyes... porque sólo así gobierna el interés público, todo gobierno legítimo es Republicano".[127]

[126] Sartori, Giovanni, *¿Qué es la democracia?*, 2ª ed., trad. de Miguel Ángel Rodríguez, México, Nueva Imagen, 2000, p. 146.

[127] Expresión de Juan Jacobo Rousseau citado en Sartori, Giovanni, *op. cit.*, p. 147.

El *espíritu* de la república se perfecciona cuando los órganos del gobierno publicitan y transparentan sus actos; al combatir la impunidad y otorgar garantías amplias para el ejercicio pleno de la ciudadanía, en una república, las instituciones que la forman deben ejercer la tolerancia como baluarte fundamental del régimen; respetar, proteger, el disfrute de libertades, de los derechos humanos y su plena vigencia, así como de disponer de todos los recursos necesarios para asegurar la gobernabilidad democrática.

En cualquiera de las formas de gobierno, el contar con una economía que derroque los índices de marginalidad y pobreza, es un imperativo no sólo moral, sino también de justicia e integración, la república por la valía de sus componentes esenciales encuentra en la materialización de un Estado socialmente aceptado, uno de sus principales desafíos, toda vez que en muchos de los casos, la carencia de estabilidad económica es el principal cuestionamiento que se le hace a esta modalidad de gobierno.

Algunos de los nuevos desafíos de la república moderna es regresar a lo que Montesquieu denominó *principios de un Estado popular,* donde "no basta la vigencia de las leyes, ni el brazo del príncipe siempre levantado; se necesita un resorte más, que es la virtud".[128] Entendiendo a la virtud como una cualidad positiva de la conducta, donde quien detenta la responsabilidad de servir, debe ajustarse a las normas, actuar con bien, con integridad, decencia, honestidad y justicia; la moralidad de las personas públicas debe ser políticamente las correctas.

Es entonces, el conjunto de valores lo que debe orientar la conducta de quien gobierna, de no hacerse habrá de constituirse una nueva desviación de la república, la *kratos-corruptio* (el poder de la corrupción), que como lo expresó Herodoto: "la corrupción no genera enemistades públicas, sino sólidas amistades entre malvados".

No obstante, es con integridad en el ejercicio del gobierno, respetando y garantizando los derechos de la ciudadanía, brindando educación de calidad, contando con órganos de gobierno que actúan por disposición de leyes justas, como se podrá combatir, no sólo el flagelo de la corrupción sino también de la pobreza; es claro que será más fácil enfrentarlos,

[128] Montesquieu, *op. cit.*, p. 13.

en aquellas formas de gobierno que engendren en su ser, los elementos esenciales que permiten el desarrollo pleno de las personas; en contraposición de aquellos otros gobiernos que no consideran estos factores donde es indudable que la segregación, corrupción y pobreza florecerán.

Ante estas precisiones, la mejor forma de concluir es con el pensamiento del barón Montesquieu que sobre la base moral de la república decía:

> Los políticos griegos que vivían en gobierno popular no reconocían otra fuerza que pudiera sostenerlo sino la de la virtud. Los de hoy nos hablan más que de manufacturas, de comercio, de negocios, de riquezas y aun de lujo...
>
> En otros tiempos, las riquezas de los particulares formaban el tesoro público, ahora es el tesoro público patrimonio de los particulares. La república es un despojo, y su fuerza no es ya más que el poder de algunos ciudadanos y la licencia de todos.[129]

La epístola de 1748 sigue sorprendentemente vigente. En conclusión podemos afirmar que a una república la conoceremos por sus componentes esenciales y no por las definiciones que se impongan.

Continuando con el estudio de las formas de gobierno, es obligado hacer un breve recordatorio de cómo funcionaba esta modalidad en la civilización romana.

Monarquía y república en la Roma Antigua

En el estudio de las formas de gobierno es común enfatizar en la organización social y política de Roma, no obstante, solamente haremos una breve descripción al no ser objeto de estudio aquella sociedad, pero al ser sus instituciones referentes del derecho mexicano, no puede pasar inadvertida la gestión del poder.

[129] *Ibidem*, p. 14.

En Roma se practicó, al igual que en algunos episodios de la historia mexicana, un sistema monárquico,[130] un régimen republicano[131] y un imperio absoluto[132] compaginado en cada una de estas etapas, con un creciente asambleísmo que dio origen al equilibrio del poder.

La ciudad fundada por los hermanos Rómulo y Remo en 753 a. C., se edificó sobre siete colinas[133] conformada por tres poblaciones distintas o por mejor decirlo, tribus.[134] En sus orígenes fue constituida fundamentalmente por los *patres, patricios, clientes y plebeyos*,[135] y aun cuando otras clases sociales se desprenden de estas estratificaciones, son fundamentalmente éstas las que integran la columna vertebral de la civilización romana.

Tanto patres como patricios se distinguían por ser súbditos notables, debido a su virtud, ancianidad y sus haberes, se les llamaba así por ser descendientes de los fundadores de la ciudad (los padres de Roma), aunado al rol comunitario que asumían mediante el cual tenían que hacer las veces padres, respecto de los demás.[136]

En la organización social y política, cada tribu se integraba por 10 *curias*; los miembros de las 30 curias eran los patricios (*patricii*), que, como ciudadanos romanos, eran los únicos con derecho a votar y ser votados, su calidad de ciudadano estaba determinada por la condición del padre o de la madre y no por el lugar del nacimiento, contaban con todos los privilegios y por tanto formaban parte de una clase privilegiada con infinidad de prebendas. El sentido organizacional fue estrictamente patriarcal y aun cuando el núcleo de la sociedad lo constituyó la familia, el poder era totalmente masculinizado; las familias patricias

[130] Tarquinio, el Soberbio, de la dinastía Etrusca, fue el último rey romano que gobernó del 534 al 509 a. C.

[131] En 509 a. C., el Senado romano elimina la monarquía para dar paso a la república, la cual se desarrolló por 500 años.

[132] El Imperio romano inicia en el año 27 a. C., siendo el primer emperador César Augusto, quien gobernó hasta el 14 d. C.

[133] Las siete colonias son: Palantino, Capitolio, Aventino, Quirinal, Viminal, Esquilino-Oppio y Celio.

[134] Los Ramnenses de raza latina, los Titienses de raza sabina y los Luceres de raza etrusca.

[135] Patres y patricios provenían de una misma clase de nobleza, en tanto que clientes y plebeyos lo eran de un mismo estrato social.

[136] Díaz, José Francisco, *Historia del Senado romano*, Establecimiento tipográfico de Luis Tasso, España, 1867, p. 21. Obtenido de http://fama2.us.es/fde/ocr/2006/historiaDelSenadoRomano.pdf

se agrupaban en *gens* que eran un gremio basado en el parentesco y en el reconocimiento que la sociedad les confería por destacar en algún tipo de actividad; los *gens* componían la nobleza e inicialmente sólo ellos podían participar del gobierno al gozar de todos los privilegios del ciudadano romano.[137]

Otro segmento social fue el de personas agrupadas en torno a una familia patricia que recibían la protección del *paterfamilias* (*patrón*) y que se le denominaba *cliente*, y aun cuando podía considerarse una persona plebeya que se sometía a la voluntad del patrón, la relación contractual entre ellos era para servicio mutuo, dándole otra calidad social.

> El patrón debe a sus clientes socorro y asistencia; toma su defensa en justicia y les concede gratuitamente tierras, para que puedan cultivarlas y vivir de su producto. Por otra parte, el cliente debe al Patrono, respeto y abnegación. Le asiste a su persona, siguiéndole a la guerra, y en su fortuna, bien para pagar su rescate en caso de cautiverio, bien para dotar a su hija, o bien para pagar las multas a que el patrón había sido condenado.[138]

Otra característica del *cliente* era que, si por cualquier razón lograba independizarse de su *patrón*, regresaba a su condición de plebeyo, siendo precisamente éstos, la *plebe* que como categoría social habrán de impulsar transformaciones trascendentes en la civilización romana.

Las y los plebeyos no pertenecen a los patricios y por tanto tampoco forman parte de un *gens;* "no tiene ninguna participación en el gobierno; está prohibido su acceso a las funciones públicas y no puede contraer matrimonio legítimo con los patricios",[139] esta última circunstancia cambió cuando se aprueba la ley *canuleia* mediante la cual se permitirá la unión de persona plebeya con patricios; este acercamiento de personas de estratos sociales distintos, propició el aceleramiento en la conquista de sus derechos.

[137] Petit, Eugéne, *Tratado Elemental de Derecho Romano*, 25ª ed., trad. de José Fernández Gonzáloz, México, Porrúa, 2014, pp. 29-30.

[138] *Idem.*

[139] *Idem.*

La plebe se percata del poder que detenta y realiza determinadas conductas que le permiten conquistar diversos derechos; entre los que destacan el retiro al monte sagrado, para ejecutar la llamada *secessio plebis* (huelgas laborales), obteniendo con ello privilegios diversos que anteriormente se les había negado, entre los que se distinguen poder contar con un tribuno de la plebe (*tribuni plebis*), es decir, magistrados plebeyos.

Los patricios por su parte entienden que sin las personas plebeyas es imposible continuar con su modo de vida y el crecimiento de Roma se vería afectado, tal vez por estas razones sus derechos crecen de manera importante durante los cinco siglos de ejercicio republicano.[140] Los distintos grupos sociales permiten conocer la evolución de sus instituciones de gobernanza y la manera del ejercicio del poder, fuente fundamental para la creación de instituciones similares en todo el mundo, dada la enorme influencia político-cultura de dicha civilización.

Desde su formación como *ciudad-Estado* y posterior evolución, Roma ejerció el gobierno mediante los dictados de un solo hombre y transitó magistralmente al ejercicio del poder mediante la ley para legitimar el actuar, esta circunstancia queda demostrada no sólo en la república sino incluso en el imperio; a pesar de ello, los modos en que se dirigió Roma fueron complejos, sus distintas facetas de gobernanza contribuyeron a su esplendor, pero también a su decadencia; Enrique Figueroa Alonso, de manera concisa y eficaz, nos auxilia a entender la movilidad política del gobierno romano:

> a) Monarquía (750-610), no era absoluta, el rey era jefe de una especie de república aristocrática, en la cual la soberanía pertenecía a los patricios, quienes formaban las curias y ejercían su poder en las asambleas o comicios. Además, el rey era elegido de manera vitalicia por los comicios que le conferían autoridad suprema y estaba asistido por el Senado.
> b) República (510-27): El rey era sustituido por dos magistrados patricios llamados cónsules, que tenían iguales poderes, al tiempo que la autoridad religiosa era separada de los poderes civiles y confiada al gran pontífice.
> c) Principado o diarquía (27-284): al principio del siglo VIII de Roma, la Constitución republicana de Roma fue remplazada por el Senado y por el

[140] *Cfr. La Serrata del Patriziato.*

príncipe o emperador y la labor de los comicios fue nula y casi desapareció, pero después de la batalla de Actium[141] quedó como único señor Augusto Cayo Octavio (61-14), quien reunió en sus manos todos los poderes tomando los títulos de imperator y Augustos.

d) Imperio absoluto o dominato (284-476): En esta etapa todos los poderes recaen en el emperador.[142]

En sus distintas etapas, Roma participó de la cosa pública, con asambleísmo en mayor o menor grado de autoridad, legitimando o dictando en autonomía distintas decisiones, esta actuación del colectivismo forma parte de un tipo de Poder Legislativo embrionario que a continuación estudiaremos.

Las comitias

Las *comitias* como forma del Poder Legislativo romano, fueron el punto de ebullición del derecho al ser el sitio de encuentro, donde los segmentos sociales reconocidos y a pluralidad de ideas, construían la forma ideal de mantener el orden y la gobernanza del Estado; estos foros deliberativos, si bien no del todo autónomo, pues sus decisiones debían de contar con el visto bueno del Senado, representaban órganos de significación popular.

En cualquiera de sus etapas, Roma contó con un cuerpo colegiado creador de instituciones y ordenanzas; en la monarquía, por ejemplo, a pesar de que la existencia del rey estimaba supremacía, en realidad era cuestionable, pues los patricios detentaban la soberanía a través de los "comicios por curia", es decir la *comitia curatia*, que es considerada "la forma más antigua del Poder Legislativo"[143] y donde evoluciona el concepto de poder y su ejercicio.

Los comicios por curia se integraban por los miembros de las 30 curias, con facultades de gran trascendencia para la sociedad; por ejemplo, tenían potestad para la elaboración de leyes, elección del rey, y podían —incluso— decretar la paz o la guerra; sin embargo, las deci-

[141] La batalla de Actium fue protagonizada por Cayo Julio César Octaviano y Marco Antonio el 2 de septiembre del año 31 a. C. Esta famosa batalla naval dio como resultado la finalización de la república y el nacimiento del Imperio romano.

[142] Figueroa Alfonzo, Enrique, *Derecho electoral*, México, IURE, 2006, p. 31.

[143] Petit, Eugéne, *op. cit.*, p. 31.

siones no se tomaban por votación directa de sus miembros, sino que el voto le correspondía a la *curia* y ésta obtiene la voluntad a través de la votación mayoritaria de sus miembros: cuando la mitad más uno, de las 30 curias, votaban a favor, se contaban entonces con una ley, la cual invariablemente tenían que tener la sanción del Senado,[144] a esta determinación se le conocía en el derecho romano como el *auctoritas patrum*.

La representación política de la sociedad romana en la monarquía es muy interesante, pues si bien es cierto no se obtiene la igualdad plena entre las y los plebeyos y patricios, la reforma de Servio Tulio[145] permite la incorporación de la plebe a la cosa pública, generando con ello asambleas más representativas y por tanto generadoras de productos legislativos que responden a los segmentos sociales que habían sido discriminados. La iniciativa de Servio Tulio representa una *reforma del poder*, la cual inicia con un nuevo seccionamiento de la sociedad, mediante la partición del territorio en urbano y rústico; se censa a sus habitantes para conocer sus bienes y se erradica la división antigua basada en la distinción de raza para convertirla en geográfica y administrativa, las nuevas tribus se integran por quienes eran plebeyos y patricios, logrando con ello la incorporación de la plebe a la estructura no sólo política sino también social del Estado.

La nueva división ya no se cimienta en la nobleza de raza, sino que, al ser de carácter administrativo, es la cantidad de dinero con que cuenta, lo que propicia una subdivisión de clases entre personas plebeyas pobres y ricas. Como ha de entenderse, la persona plebeya pobre constituye la inmensa mayoría y éstas contaban con el derecho de tener a su representante que por serlo pasaban a formar parte de las personas ricas de su comuna.

La plebe, dependiendo de la cantidad de dinero que poseían, adquieren el derecho a formar parte de una nueva figura, los *comicios por centurias*, que, al ser también una forma de asambleísmo, participan de la realización de leyes, prestan servicio militar y pagan impuestos.

[144] *Idem*.

[145] Sexto rey romano, gobernó del 578 al 535 a. C.

Pero se les excluye de las magistraturas,[146] es decir, del ejercicio pleno de los cargos públicos, circunstancia que logran cambiar cuando se manifiestan en el monte sagrado *Aventino* y aplican la *secessio plebis*, logrando con ello representación política en la figura del "tribuno de la plebe" (*tribuni plebis*), es decir, magistrados plebeyos, que si bien no contaban con todos las facultades de los magistrados patricios, detentaban el derecho de veto sobre las decisiones de los magistrados, de los cónsules y hasta del Senado, facultad suficiente para hacerse notar y prosperar en la conquista de derechos políticos y civiles.

La otra forma de congreso popular surge cuando se convoca a la creación de los comicios por tribus (*comitia tributa*), donde fueron sometidos a asesoramiento solamente los negocios menos importantes,[147] pero finalmente se ejercía una consulta a la ciudadanía a través de sus representantes.

En sus orígenes, los tribunos plebeyos no podían ni siquiera ingresar al Senado, "permanecían sentados a su entrada para enterarse de las deliberaciones, ponerlas en conocimiento de la plebe y aprobarlas si las conceptuaban favorables, o resistirlas si las juzgaban perjudiciales a la misma plebe",[148] pero esa circunstancia habría de cambiar, por ejemplo hacia el año 309 los "patricios comprenden que no podían impedir por más largo tiempo todavía a los plebeyos el acceso a la más alta magistratura: el consulado" y terminan otorgando estos privilegios.[149]

Eugéne Petit resume de una forma sencilla, logrando con ello una fácil comprensión, la evolución de los derechos políticos de los plebeyos al establecer en la línea del tiempo los logros obtenidos:

> En 307, se crean dos cuestores, a los que se confía, la gestión del Tesoro público; en 311, dos censores, encargados de las operaciones del censo, guardianes de las costumbres públicas y privadas, en 387 el Pretor, a quien pertenece en lo sucesivo la administración de justicia, y el mismo año, los ediles curules, encargados de la alta política de la ciudad. Desde el año 333, los plebeyos pueden ser cuestores, y el número de estos magistrados

[146] La magistratura era una institución que consiste en el ejercicio del ciudadano romano para el desempeño de un cargo público con facultades ejecutivas, legislativas y judiciales.

[147] Petit, Eugéne, *op. cit.*, p. 35.

[148] Díaz, José Francisco, *op. cit.*, p. 31.

[149] Petit, Eugéne, *op. cit.*, p. 39.

fue elevado a cuatro. Pero en el mismo año de la creación del pretor fue cuando, merced a los esfuerzos de los dos tribunos Licinio Stolo y Lucio Sexto, los plebeyos llegaron al consulado. Desde entonces, las demás magistraturas no tardaron en ser abiertas para ellos, y llegan a la dictadura en 398, a la censura en 403, a la pretura en 417. Por último, en 454 los plebeyos se colocan entre los pontífices y los augures, y en 500, uno de ellos, Tiberio Coruncanio, es elevado a la dignidad de gran pontífice.[150] La plebe había conquistado el poder y el *populus* por fin se hacía escuchar, respetar y temer.

El Senado como institución política

Recapitulando, diremos que la esencia deliberativa de las personas romanas se expresó a lo largo de su historia en tres tipos de organización política, los comicios por curias (*comitia curatia*), los comicios por centurias (*comitia centuriata*) y los comicios por tribus (*comitia tributa*); no obstante, el Senado era el órgano legislativo soberano y superior, el cual merece una mención especial, pues es una de las instituciones de mayor relevancia, la cual representa una de las aportaciones políticas de trascendencia para la humanidad.

El Senado tiene vigencia en la etapa monárquica, pero es de carácter estrictamente aristocrático al ser integrado por los jefes de familia *patricios* más viejos, y la cantidad de integrantes de la cámara, es difícil afirmarlo, pero es probable que en su origen hubiese 100 senadores.[151] Lo que es totalmente comprobable es que funge —esencialmente— como cámara asesora del rey.

Rómulo opta por la creación del Senado como institución de apoyo y "prefirió compartir con él y con su porción más ilustrada las prerrogativas, las ventajas y los cuidados también del mando, eligiendo para consejeros y magistrados a los que entre sus súbditos sobresalieran por limpio linaje, por alguna educación, por virtudes y comodidades"[152] e incluso la elección de los primeros senadores, no la realiza él, y aun cuando es de suponer la gran influencia que tenía para la decisión final,

[150] *Ibidem*, p. 40.
[151] *Ibidem*, p. 31.
[152] Díaz, José Francisco, *op. cit.*, p. 1.

permite que en las tribus y las curias se decida quienes habrán de ser sus representantes, demostrando con ello que no se vivió con la fundación de Roma una monarquía totalmente absoluta, sino por lo contrario, la forma de gobierno tenía un contrapeso natural, que si bien no era determinante, sí contribuía a equilibrar en algunas dimensiones al poder; pero la idea misma de tener voces distintas a la del rey, instituye una incipiente armonización de los poderes públicos.

La composición de la cámara senatorial fue relativamente simple, por cada tribu se elegía a tres senadores y tres más por cada curia; estableciéndose entonces que de las tres tribus habrá nueve senadores y de las 30 curias, 90 representantes; la cifra de 100 senadores a la que hace referencia Eugéne Petit, se complementa con la designación que hace el propio rey de un senador más, "para que fuera como el presidente del cuerpo y su lugarteniente en la ciudad, durante las ausencias del rey por causa de guerra".[153]

La asamblea, a su paso del tiempo, llegó a conformarse hasta por 1,000 senadores, la razón obedeció a dos circunstancias: por una parte, quienes detentaban el poder, suponían que al crecer era una manera de dominar al Senado, y por la otra, existió una verdadera exigencia social de ampliar el margen de participación política.

Dentro de las decisiones ampliatorias, destacan la del rey Tarquino Prisco,[154] quien elevó a *patricios* a los *plebeyos* y por tanto con el derecho a integrarse al Senado; la orientada por Augusto, que bajo su mandato se llegó a los 1,000 miembros mencionados, toda vez que integró a esclavos que "alcanzaron, por su sola voluntad triunviral, la dignidad senatoria";[155] al hacerlo, consolidó su poder como emperador absoluto de Roma y creó una forma de gobierno denominada *Principado*, que no era otra cosa que una versión moderna de una nueva monarquía, pero compartiendo poder con un Senado mucho más robusto y más representativo.

La decadencia del Senado está ligada a la propia caída del Imperio romano, la división en regiones denominadas de Oriente y Occidente y

[153] *Ibidem*, p. 2.
[154] Lucio Tarquino Prisco, quinto rey de Roma (616 a. C.-578 a. C.).
[155] Díaz, José Francisco, *op. cit.*, p. 6.

sus constantes conflictos internos, son el preludio de la estrepitosa caída del sistema, decisiones como la de Constantino, que determinó "ser hereditaria la dignidad senatoria"[156] o la de los propios "reyes godos, que más tarde ocuparon el trono… nombraban los senadores y comunicaban después sus nombres a la asamblea",[157] es decir, se había perdido la legitimidad de los cargos y por tanto su desaparición fue una consecuencia lógica.

[156] *Ibidem*, p. 20.
[157] *Idem*.

Segunda parte

Capítulo primero

Históricas formas de gobierno en México: monarquía, república y democracia

La monarquía, como forma de gobierno en México, tuvo vigencia en tres momentos distintos: durante la fase prehispánica, en el ciclo novohispánico y en la etapa poslibertaria; durante estos periodos, se tiene constancia de la existencia de la representación política colectiva, origen del asambleísmo mexicano, el cual contó con facultades suficientes para definir instituciones o incluso implementar políticas públicas funcionales para la forma de gobierno imperante en la época de aplicación.

Por lo que respecta a la república, ésta hace su aparición formal en 1824, pero su consolidación no será sino hasta 1857; sin embargo, durante cada uno de los periodos en que se diseñaron formas de gobierno, el ideal de contar con un instrumento normativo que interpretara el sentir nacional siempre estuvo presente entre las y los fundadores de nuestra nacionalidad, tal es el caso del primer esfuerzo normativo al suscribirse, por Ignacio López Rayón, el pliego *Elementos Constitucionales* en 1812; que si bien es cierto no establece una forma de gobierno distinta a la monarquía, sí plantea, formalmente, el principio de la soberanía popular, que los criollos en los cabildos novohispanos hicieron valer durante la crisis política del siglo XIX.

La Revolución de 1910, por su parte, último movimiento armado en México, origina una nueva vida constitucional con la creación y promulgación de la ley suprema de 1917, mediante la cual se engendra la democracia contemporánea.

Para entender la manera en que se organiza y desarrolla el gobierno mexicano, en su expresión *republicana, representativa, democrática, laica y popular*, es primordial estudiar cuáles fueron los modos de gobernar que precedieron al actual, qué instituciones políticas fueron creadas, para conocer el origen de la identidad nacional.

La monarquía prehispánica en las Indias de Occidente

Para ubicar las culturas prehispánicas y relacionarlas con alguna forma de gobierno, es importante adoptar la clasificación comúnmente conocida y examinar aquéllas donde se tiene algún tipo de evidencia científica de la forma en que ejercieron el poder; es así como las culturas que estudiaremos se ubican dentro de las etapas denominadas: Preclásica o formativo (2300 a. C.-1 d. C.), Clásica (1-1000 d. C.) y la Posclásica (1000-1521 d. C.).

Dado lo difícil de contar con evidencia, en algunos casos por el misterioso abandono de la civilización o en otros, a causa de la conquista que intentó borrar todo tipo de antecedente y legitimidad de nuestra civilización en aspectos como religión, cultura y por supuesto organización política, la fuente primaria serán los códices que perduraron, así como la interpretación y narrativa de sucesos que dejaron constancia algunos españoles.

Dentro de esta justificación, por demás razonable, es importante señalar que el establecimiento de las civilizaciones prehispánicas en nuestro país, eran de tipo imperial, ejercían el poder de manera masculinizada, toda vez que el dominio supremo se ejercía por un hombre, con una gran cantidad de atribuciones que devenían de su linaje.

El emperador desplegaba su autoridad en algunos casos de manera absoluta, y en otros se ha comprobado de la existencia de instituciones que ejercían contrapesos; en tales casos la integración era mediante procedimientos electivos que apoyaban el desarrollo de su gobierno; estas instituciones en algunas culturas, como la azteca, podían, incluso a la muerte del gobernante, participar en la selección del nuevo regente.

Para explicar estas modalidades, primero debemos erradicar la imagen que asociamos de la monarquía europea y su estereotipo; pues aunque son coincidentes de manera genérica, porque el linaje determina la atribución del poder, la soberanía dimana de la divinidad; las diferencias entre monarquía europea y la de los pueblos originarios del continente americano, estriban en que en la primera en algunos reinos tenía influencia importante la Iglesia, como institución política, en tanto que en las diversas culturas prehispánicas los emperadores depositarios del poder divino, son dioses mismos encarnados en la tierra, y las y los sacerdotes contribuyen solamente a su dominio.

La monarquía europea y la prehispánica se distinguen, también, en la práctica de la limpieza, el tipo de legislación, las creencias religiosas (las culturas prehispánicas eran de tipo politeístas, en tanto que las europeas creían en un dios único y verdadero), organización social y política, expresiones artísticas y culturales, la visión del universo, de la naturaleza, de la vida y su cosmovisión, esto por sugerir algunas. Sin embargo, a la llegada de los españoles (literal, sólo llegaron hombres) se construyó una monarquía novohispana que favoreció la definición de la nueva forma de gobernar, y crearon una innovadora identidad administrativa y política.

En lo que respecta a la población originaria, el poder se ejercía rigurosamente en orden jerárquico, donde la nobleza se constituía en aristocracias y la autoridad suprema procedía de lo divino, al reconocérsele parentesco con éstos y ser ésta la legitimidad del poder; bajo esta lógica el emperador cuenta con funciones religiosas adicionales a las civiles, en consecuencia esta filosofía "preside e impregna, toda la organización social de dichos pueblos en lo cual lo religioso y lo político aparecen a veces mezclados";[158] ante esta simbiosis, la expresión y materialización del poder será indiscutiblemente de carácter teocrático, no obstante, la jerarquización unida a la clara división social permitió hacer énfasis en quién tenía la facultad de mandar y quiénes de obedecer.

Los emperadores prehispánicos eran depositarios de una fuente de poder casi ilimitado, toda vez que las y los "súbditos no podían oponer

[158] Miranda, José, *Las ideas y las instituciones políticas mexicanas, primera parte 1521-1820*, 2ª ed., México, UNAM-Instituto de Investigaciones Jurídicas, 1978, p. 12.

derecho alguno... carecían de participación en el gobierno y debían obedecer ciegamente a sus rectores políticos. A los vasallos se les exigía ante todo obediencia y la desobediencia se castigaba con la muerte",[159] sin embargo, por contradictorio que parezca esta correlación de obediencia-subordinación, permitió el desarrollo de las distintas culturas prehispánicas; quizá el éxito se debió al establecimiento de clases sociales y el irrestricto cumplimiento del rol de cada miembro ocasionado por el proceso educativo y las severas sanciones impuestas para quienes incumplieran con sus responsabilidades.

Entre las culturas que destacan por su disciplina, jerarquización y régimen de convivencia se encuentra la olmeca, maya, teotihuacana y azteca, las cuales establecieron imperios y regiones metropolitanas, circunstancia que propició que se reconozcan mundialmente, no sólo por su arquitectura y cultura, sino también por su organización, dirección y gobierno. El objeto del presente estudio hará énfasis en aquellas figuras políticas que obtenían el mando y que dieron origen al derecho para normar las sucesiones o designaciones en sus entornos.

Cultura olmeca

Se desarrolla principalmente en el periodo Preclásico; considerada la primera civilización mesoamericana, tiene vigencia del año 2500 a. C. al 100 d. C.; es de donde se derivan prácticamente todas las culturas que habrán de desarrollarse en el continente, incluyendo la maya, azteca e inca; considerada, por su grado evolutivo y la importante aportación para la formación de distintas civilizaciones, como la *cultura madre*.

Olmeca es "una palabra náhuatl que se refiere a diversos grupos étnicos y lingüísticos que habitan la planicie costera del Golfo de México, famosa en tiempos prehispánicos por su producción de hule",[160] fue la organización azteca quienes nombraron a las y los habitantes de esa

[159] *Ibidem*. p. 14.

[160] González Lauck, Rebeca, *Lugares*, Instituto Nacional de Antropología e Historia. Obtenido de http://lugares.inah.gob.mx/es/zonas-arqueologicas/regiones-culturales/cultura/14352-olmeca-14352.html

región con dicho título, "no se sabe cómo se llamaban a sí mismos, qué lengua hablaban ni de dónde llegaron"[161] y mucho menos las razones de su desaparición, pero ha quedado constancia de su alto desarrollo como civilización a partir de los vestigios descubiertos.

Las figuras encontradas, los formidables monumentos, las cabezas colosales, sus altares, aun cuando muchos destruidos, nos revelan el dominio que tenían sobre el medio ambiente, su eficiente organización social y política indispensable para poder asentarse en territorios inhóspitos y lograr, a pesar de ello, expandir su cultura.

De la constancia descubierta, queda claro que la clase dirigente la constituían principalmente los sacerdotes y aun cuando los guerreros, nobles y arquitectos también formaban parte de la élite de la ciudad, eran los sacerdotes quienes detentaban el gobierno, controlando la comuna mediante el sometimiento del campesinado y de quienes se dedicaban a las artesanías, pues al tener el dominio de las actividades y de la mano de obra calificada, obtenían el mando sobre la producción y con ello el poder.

Este sometimiento en primer término de carácter religioso, aunado a las severas sanciones de la que eran acreedores las y los miembros de la comunidad por el incumplimiento del rol social que tenían, causó un *alineamiento* con la clase gobernante-sacerdotal que permitió, el florecimiento y declive de la civilización.

Los castigos, por fuertes, provocaron una cadena de rebeliones que ocasionó muerte entre los pobladores de la región y destrucción de toda muestra cultural, organizativa y política de la civilización olmeca; un ejemplo de ello es lo acontecido en la región de San Lorenzo, ubicada al sureste de Veracruz, donde tras prosperar durante 300 años, fue abandonado y deshecho por la clase dominada, la cual decapitó y enterró estatuas, destruyó monumentos, las cabezas colosales fueron dañadas, por lo que puede interpretarse como una revolución ocasionada por la ira contra los dirigentes,[162] pues "los monumentos y las estatuas simbolizan sin duda, a los ojos de un pueblo en rebelión, los amos que les habían impuesto inmensos esfuerzos".[163]

[161] Soustelle, Jacques, *Los olmecas,* 2ª ed., trad. de Juan José Utrilla, México, Fondo de Cultura Económica, 1984, p. 15.

[162] *Ibidem,* pp. 28-29.

[163] *Idem.*

Por lo que respecta a su forma de gobierno, ésta era claramente teocrática; promovían la adoración a diversos animales como el cocodrilo, la serpiente, pero destacaba en dicha devoción el jaguar, "este animal era tan importante que el jefe vestido como él era respetado como una entidad superior",[164] la veneración al *dios jaguar* se puede evidenciar con las diversas representaciones pictográficas y esculturales que han sobrevivido al paso del tiempo.

Este sistema de organización podría haber sido compatible con una forma colegiada de toma de decisiones o de asesoramiento, pues en La Venta, región ubicada en Tabasco y zona considerada como el centro de mando de la cultura olmeca, se encontraron 16 figurillas que representan personas sin indicación de sexo, de pie, con cabezas deformadas por ligaduras de cráneo durante la infancia, características que presuponen eran dignatarios.[165] Lo cual ha hecho suponer la existencia de instituciones colegiadas de asesoramiento político para el desarrollo de la civilización.

> ¿Se trata de conmemorar un consejo en el curso del cual se tomaron decisiones muy importantes? O bien ese grupo de nobles, o de sacerdotes, ¿está celebrando un rito ante la columnata en miniatura formada por las piezas de jade verticales? Acaso no sea inútil observar que esos personajes no llevan en las manos ningún objeto, no sostienen en brazos a ningún niño, no blanden ninguna arma, en lo cual se distinguen de numerosas esculturas olmecas. Esta comprobación parece más favorable a la tesis del "consejo" que a la del "rito".[166]

Las grandes sedes olmecas son *ciudades dispersas*, centros asociados, una especie de liga o confederación que cubría la región metropolitana (Veracruz-Tabasco).[167] La jefatura provenía del *Chichimecatl*, autoridad máxima, que según escrito de Fernando de Alva Ixtlilxochitl, fue el primer rey que se tuvo en las partes occidentales, reconocido por los *tultecas, aculhuas, mexicanos*, provenientes de la civilización chichimeca;

[164] Véase en *Todo sobre la cultura olmeca*, https://culturaolmeca.pro/organizacion-politica/
[165] Soustelle, Jacques, *Los olmecas, op. cit.*, p. 43.
[166] *Ibidem*, pp. 43-44.
[167] Alfonso Caso citado por y en Soustelle, Jacques, *Los olmecas, op. cit.*, pp. 122-124.

siendo el soberano *Chichimecatl* quien los trajo al nuevo mundo y el cual poblaron.[168]

Esta serie de asentamientos, ordenados por la máxima autoridad olmeca, permitió que se dominaran enormes extensiones territoriales.

> Colonizaron una región de aproximadamente 23,000 km^2 mediante la organización de unidades formadas por una gran aldea central y una serie de numerosos asentamientos menores dependientes. En este patrón "celular", los centros se encontraban relativamente equidistantes, en áreas con una mayor concentración de recursos naturales: ríos, lagunas y tierras de inundación. De este modo, separadas por distancias de unos 40 km, cada gran aldea operaba como centro para una subregión que abarcaba aproximadamente 1,400 km^2, en la cual se enconaban dispersos numerosos asentamientos menores o caserío.[169]

El esplendor de la civilización y las innovaciones culturales sorprendieron no sólo por su grado de conocimiento sobre el universo y la naturaleza, sino porque su gloria se estableció a pesar de no contar con la rueda o de cualquier forma elemental de metalurgia[170] y la ausencia —también— de animales susceptibles de domesticación:[171] "no había caballos, ni gatos, excepto los pavos (utilizados para comer), únicamente los perros pelones mexicanos eran la compañía del hombre en su vida cotidiana, y en la ultraterrena…".[172]

En la cultura madre, el régimen político se desarrolló bajo un sistema autoritario; la población, esencialmente rural, era sometida a pagar tributo, así como a la realización de trabajo para el desarrollo de la civilización,[173] esto explica el odio manifestado en la destrucción de sus deidades, arquitectura y abandono de sus territorios.

[168] Chavero, Alfredo, *Obras históricas de Don Fernando de Alva Ixtlilxochitl*, t. I, México, Secretaría de Fomento, 1891, p. 16. Obtenido de http://cdigital.dgb.uanl.mx/la/1080012502_C/1080012502_T1/1080012502_02.pdf

[169] Gómez Rueda, Hernando, "Los olmecas en Tabasco", *Arqueología Mexicana*, núm. 61, pp. 18-23. Obtenido de https://arqueologiamexicana.mx/mexico-antiguo/los-olmecas-en-tabasco

[170] No es sino hasta el año 950 a. C. cuando se tiene registro de las primeras influencias provenientes de los Andes de América central.

[171] León Portilla, Miguel *et al.*, "Mesoamérica antes de 1519", *América Latina en la época colonial*, t. I, trad. de Antonio Acosta, España, Crítica, 2002, p. 12.

[172] *Idem.*

[173] Soustelle, Jacques, *Los olmecas*, *op. cit.*, p. 126.

Por lo que respecta a la *pirámide social*, la cima era compuesta por la clase sacerdotal y la base por sirvientes de oficios varios:

> Una clase superior de sacerdotes-magos, observadores de los astros... adoradores del bebé-jaguar, a la vez urbanistas y arquitectos; al lado de este clero, o dependiente de él, comerciantes responsables en gran parte de la expansión hacia el Centro y el Pacífico, y quizás dignatarios militares; por último, en los propios centros, en el corazón de las ciudades dispersas, una muchedumbre de servidores, albañiles, pintores, escultores, cinceladores, artesanos de todo género.[174]

Dentro de las particularidades de la cultura está el rol social de la mujer; diversos vestigios dan cuenta de la posición de respeto y poder de la cual eran merecedoras, por ejemplo, el monumento conocido como *la abuelita* descubierto en la capital misma de la civilización olmeca La Venta; la efigie es la de un "rostro extremadamente ancho, y su boca, es de un felino. Una especie de capucha cubre la cabeza y se prolonga como capa sobre los hombros, desgastada por el tiempo y los elementos, esta estatua no por ello produce menos una singular expresión de fuerza concentrada, recogida".[175] Otra figurilla que demuestra este papel de la mujer olmeca es la *Estriba*, la cual se trata, "quizá, de una mujer en todo caso de un personaje sentado con las piernas cruzadas, que sostiene en las manos una barra cilíndrica apoyada sobre los muslos. También a esta obra le falta la cabeza. Su actitud es a la vez natural y majestuosa".[176]

Al ser las cabezas colosales, "fundamentalmente, rostros de gobernantes; son sus retratos",[177] se les atribuían poderes divinos tanto a las cabezas como a los modelos, por ello eran considerados sagrados;[178] a pesar de la falta de una pieza que represente contundentemente una imagen femenina, nos aleja del planteamiento de un gobierno donde la

[174] *Idem.*

[175] *Ibidem*, pp. 48-49.

[176] *Ibidem*, p. 52.

[177] De la Fuente, Beatriz, "Tres cabezas colosales olmecas procedentes de San Lorenzo Tenochtitlan, en el nuevo museo de antropología de Xalapa", *Revista Anales del Instituto de Investigaciones Estéticas*, vol. XV, núm. 58, México, Universidad Nacional Autónoma de México, p. 14. Obtenido de http://www.analesiie.unam.mx/index.php/analesiie/article/view/1352/1339

[178] *Ibidem*, p. 15.

mujer pudiera haber ejercido mando, sin embargo, al contar con la facultad de practicar el sacerdocio y ser la región metropolitana un territorio fértil para futuros descubrimientos, se tienen enormes posibilidades para revelar nuevas particularidades en la gobernanza, sin poder descartar por ello, el dominio femenino.

La segmentación de la sociedad, los roles laborales y políticos de cada miembro, así como el sistema de creencias, son elementos de su forma de gobierno; la ciudad Olmeca es por tanto "una teocracia, con aspectos marginales, mercantiles y guerreros",[179] permitiendo con ello que la estructura social se desarrollara como una verdadera metrópoli, convirtiéndola en una civilización inspiradora y admirada hasta nuestros tiempos.

Cultura teotihuacana

La civilización como tal se desarrolló durante el periodo Clásico (100 a. C. -850 d. C., pero la caída de la metrópoli debió registrarse en el 650 d. C.). El significado de la palabra *Teotihuacán*, hasta hace poco se conceptualizaba como *ciudad de dioses*, sin embargo "un nuevo estudio propone que la urbe debió ser nombrada *Teo uacan*, la 'Ciudad del Sol'...",[180] aludiendo al hecho de que ahí se proclamaba al sol, *legítimo gobernante de su civilización.*[181]

Teotihuacán llegó a convertirse en la localidad más grande del continente americano e incluso superior a otras civilizaciones europeas, su población pudo llegar hasta 150 mil habitantes, concentrados cuando máximo en 25 kilómetros cuadrados, pero controlando políticamente una región de aproximadamente 50 mil kilómetros cuadrados.[182] Esta visión de grandeza es comparable con ciudades europeas o incluso con la Roma antigua:

[179] Soustelle, Jacques, *Los olmecas, op. cit.*, p. 127.

[180] Ortega, Verónica *et al.*, *Teotihuacán no fue la ciudad de los dioses, sino la ciudad del sol*, México, Boletín núm. 19, INAH, 2018. Obtenido de http://www.inah.gob.mx/attachments/articlo/6850/2018_019.pdf

[181] *Idem.*

[182] Carballo, M. David y Paredes Cetino, Rodrigo Néstor, *La Obsidiana y el Estado teotihuacano, la producción militar y ritual en la pirámide de la luna,* trad. de Alexander J. Martin, Pittsburght-

> La ciudad de Teotihuacan resulta impresionante por su extensión y calidad: en su mejor época alcanzó la extensión de unos 20 kilómetros cuadrados, con cerca de 200,000 habitantes. Nosotros ahora acostumbramos a ciudades de millones de habitantes, tal vez veamos con desdén esta cifra, pero si recordamos que hace el año 1,000 d. C. Roma apenas alcanzaba los 10,000 habitantes y en toda Europa ninguna ciudad pasaba de 20,000 almas, y que tan sólo es posible que Constantinopla rebasara un tanto esa cifra...[183]

Pese a ello, a la llegada del personal aztecas y tras su larga peregrinación en busca de su tierra prometida, la ciudad ya se encontraba abandonada, las razones de la desaparición de las y los teotihuacanos siguen siendo un misterio, toda vez que personas especializadas en antropología, arqueología e historia, no logran definir con precisión cuál fue la razón de su decadencia.

Con independencia de ese y otros enigmas, es entendible que las primeras interpretaciones al vocablo, aludan al lugar donde vivieron las y los dioses, pues el origen de la urbe fue atribuido a la divinidad y quienes en ella mandaban fueron considerados semidioses; esta estrecha relación de gobernante con deidad es el sostén de la organización social y política, siendo consecuencia lógica de su sistema de creencias, estrictamente teocrático, luego entonces, las y los líderes político-religioso no tenían grandes divergencias, pues "no hay evidencia de que las autoridades sagradas y seculares se diferenciaran".[184]

Teotihuacán fue considerada una ciudad abierta, donde transitaban personas de distintas regiones con la finalidad, principalmente, de comercializar productos y servicios; la metrópoli permitió por consiguiente, el intercambio cultural y social, dando espacio a seres humanos que llegaban en completa libertad, inclusive quienes detentaron posiciones de poder, tal es el caso de una mujer cuyos restos fueron encontrados en la zona y que por las deformaciones en su mandíbula y cráneo es no-

---

México, University of Pittsburght Center for Comparative Archaeology-Instituto de Investigaciones Antropológicas UNAM, 2011, p. 18.

183 Pérez de los Reyes, Marco Antonio, *Historia del derecho mexicano,* México, Oxford, 2015, p. 46.

184 Carballo, M. David *et al.*, *op. cit.*, p. 18.

torio que pertenecía a la élite del sur de Mesoamérica, toda vez que los teotihuacanos no practicaban esas deformaciones culturales.[185]

Esta inusual actitud permite entender el engrandecimiento de la civilización, pues al posibilitar que sin distinción de clases se pudiera transitar, comercializar e intercambiar experiencias fortalece la hipótesis de ser ésta una de las razones de la expansión de la civilización; esta cualidad nos revela también, que no se temía a la competencia, demostrando con ello la solidez de su filiación, sistema de creencia y gobierno; de hecho acontece lo opuesto, la fuerte identidad cultural generó que su acentuado politeísmo influyera a otras culturas, pues varios de sus deidades "serían después invocados por otros pueblos de lengua náhuatl: *Tláloc y Chalchiuhtlicue*, dios de la lluvia y diosa de las aguas terrestres, respectivamente; *Quetzalcóatl*, la serpiente emplumada; *Xiuhtecuhtli*, el señor del fuego; *Xochipilli*, príncipe de las flores",[186] por mencionar algunos.

Es claro entonces que el gobierno tenía un origen teocrático donde quienes ejercían el sacerdocio, por consecuencia lógica, detentaban el mando:

> Controlaban todos los aspectos de la vida humana: prácticas religiosas y ceremoniales, funciones políticas y administrativas, actividades comerciales y manufactureras. Todo lo regulaban y todo lo ordenaban los sacerdotes porque representaban a los dioses, y en esta representación les aseguraba la fuerza política de que disponían ampliamente como reyes-sacerdotes.[187]

Por lo que respecta a su tipo de organización política, Linda Manzanilla, arqueóloga e investigadora mexicana, sugiere que en Teotihuacán se expresó un gobierno corporativo y funda su propuesta en la revisión del concepto de *palacio*, es decir, a partir de examinar el edificio, que puede ser la residencia de un gobernante, la sede de un gobierno, la representación material del poder político,[188] manifestación interesante para quienes desde la práctica tienen una concepción de gobierno.

[185] Instituto Nacional de Antropología e Historia, Boletín, *Estudian entierro de mujer de élite descubierta en Teotihuacán*, México, INAH, 2016. Obtenido de http://www.inah.gob.mx/es/boletines/5386-estudian-entierro-de-mujer-de-elite-descubierta-en-teotihuacan

[186] León Portilla, Miguel *et al.*, "Mesoamérica antes de...", *op. cit.*, p. 13.

[187] Pérez de los Reyes, Marco Antonio, *Historia del derecho...*, *op. cit.*, p. 45.

[188] Manzanilla, Linda, "Gobierno corporativo en Teotihuacan: una revisión del concepto 'palacio' aplicado a la gran urbe prehispánica", *Anales de Antropología*, vol. 35, México, 2002, p. 157. Obtenido de http://www.revistas.unam.mx/index.php/antropologia/article/viewFile/14804/14192

Para la investigadora, el tipo de jefatura practicada es colectiva debido a que la construcción misma de sus edificios demuestran que los *elementos* están centrados en la colectividad, como los mecanismos rituales de integración, contrario a aquellas sociedades que tienen cacicazgos individualizantes y sus *elementos* están centrados en la persona, como lo puede ser el palacio del gobernante, su tumba, un despliegue vistoso de bienes suntuarios, entre otras representaciones;[189] ante ello, presenta la hipótesis de un gobierno corporativo, en cuyo caso las "civilizaciones en las que hay un gobierno colectivo, no hay distinciones claras entre el sitio donde moran los gobernantes y las residencias de la élite, ya que quizá el *palacio* más que una residencia para los gobernantes, sea una sede donde se toman las decisiones políticas y administrativas".[190]

La sociedad de la *ciudad sagrada* "no glorificó un rey divino y una aristocracia guerrera sobre el pueblo agricultor. El concepto teotihuacano de la ciudad utópica incluía a toda la población en el mismo tipo de vivienda, teniendo siempre a la vista las grandes pirámides".[191] Sin embargo, la ordenación teotihuacana se dividía en niveles sociales de tipo económico y cultural, dependiendo del cual tenían un lugar donde habitar en la gran metrópoli, por ejemplo:

> En primer lugar, estaba la cúspide de la sociedad teotihuacana, que podría haber vivido en el Palacio de Quetzalpapálotl, el Palacio del Sol, los "palacios" al norte… y sur del Templo de Quetzalcóatl (Millon, 1976: 236). El segundo nivel estaba representado por miles de personas de muy alto estatus de segundo rango, es decir, sacerdotes que oficiaban culto en las pirámides principales de la ciudad; ellos podrían haber vivido en los diversos complejos departamentales del Gran Conjunto (Millon, 1981: 214). Después de un hiato grande, están el tercer, cuarto y quinto niveles de gente de estatus intermedio, representados por el Palacio de Zacuala… El sexto nivel comprende los conjuntos de estatus bajo como Tlamimilolpa…[192]

En Teotihuacán se expresan políticas públicas importantes, la forma en que desarrollan su gobernanza es una de ellas, su arquitectura evi-

[189] *Ibidem*, p. 158.
[190] *Idem*.
[191] *Ibidem*, p. 166.
[192] *Ibidem*, pp. 167-168.

dencia que el reconocimiento no es sobre el protagonismo de una persona, sino por el todo, es decir, la sociedad por encima del individualismo.

> Las manifestaciones más importantes de la economía política corporativa se desarrollaron en la Cuenca de México, particularmente en Teotihuacan. Ésta se caracteriza por la ausencia de mención de logros de individuos particulares y de cultos a gobernantes, favoreciendo en cambio una estructura gubernamental corporativa; los cultos estatales ponen énfasis en principios cosmológicos que relacionan la lluvia, la tierra y las serpientes con la fertilidad y la renovación de la naturaleza; la estandarización de convenciones artísticas y de la iconografía religiosa rechazan una base étnica para la ideología política... Cowgill (1997: 137) ha señalado que, en Teotihuacan, el énfasis está en los actos más que en los actores, en los oficios más en quienes los detentan. Las representaciones de seres humanos sólo están subordinadas a deidades, no hacia otros seres humanos, como en el resto de Mesoamérica.[193]

La hipótesis de un gobierno corporativo, y del ejercicio de un cogobierno, demuestra que esta civilización estaba integrada por seres humanos evolucionados.

Cultura maya

Se gestó en el periodo Preclásico (1500 a. C.-250 d. C.) alcanzando su esplendor en el horizonte Clásico (250-900 d. C.). En esta fase se consolidó la ciudad-Estado y la jerarquización del gobierno; el descenso de la civilización aconteció aproximadamente en el 900 de nuestra era, cuando las últimas poblaciones abandonaron las ciudades, siendo, hasta la fecha, un misterio las razones del alejamiento. A pesar de ello, en la actualidad sobreviven descendientes directos de esta civilización, quienes se encuentran diseminados en distintas regiones del mundo.[194]

[193] *Ibidem*, p. 182.

[194] Datos del Instituto Nacional de Antropología e Historia, dan cuenta de la existencia de más de 7 millones de mayas que viven en sus hogares originales de Mesoamérica y en países de todo el mundo. Obtenido de http://maya.nmai.si.edu

La prosperidad maya se caracteriza por el desarrollo de la escritura jeroglífica, la invención y utilización del cero, el desarrollo de uno de los primeros calendarios que se tiene registro y por supuesto la organización de la ciudad-Estado,[195] la cual contrastaba con la organización de *ciudades dispersas* que la civilización olmeca utilizó para ejercer su dominio.

Por lo que respecta a su forma de gobierno, la civilización maya transitó de una forma de gobierno teocrática a una militar con fuerte influencia religiosa; sus vestigios dan cuenta de ello, por ejemplo en el periodo Preclásico se construyeron centros ceremoniales que fueron sede del gobierno, en los cuales no sólo se asentaban las y los líderes religiosos, sino también políticos; durante este periodo se ejerció una teocracia como forma justificante del mando, pero luego fue sustituida por sociedades militaristas, debido a lo cual los centros anteriormente ceremoniales, cambiaron a sitios urbanos.[196]

A pesar de estas variaciones, el sostén del poderío gubernamental contó, en todo momento, con una clara división social; la población se seccionó de acuerdo al trabajo realizado en la colectividad, destacando las personas con funciones de empleados, quienes eran tributarios, las y los esclavos, quienes ejercían el sacerdocio, y por supuesto la nobleza, estos segmentos sociales se desplegaban en las ciudades realizando actividades inherentes a su condición social con eficacia y disciplina lo cual permitió el perfeccionamiento y crecimiento de la civilización.

Esta unión en torno a una clase determinada obedecía en gran parte a las características que le eran comunes, la razón del agrupamiento era en función de su forma de vida, actividad, educación, estatus económico, cultural y social; sus integrantes asimilaron un sentido de pertenencia inquebrantable, pues no sólo tenían conciencia de su inclusión, sino que además sabían de la existencia de otras categorías sociales, las cuales podían ser de mayor o menor jerarquía.

[195] La ciudad-Estado existe en diversos asentamientos y culturas del mundo, por ejemplo la griega, este modelo de organización consiste en establecer un Estado formado por una ciudad única

[196] Garza Tarazona, Silvia y Barba Kurjack, Eduardo, "Organización social y asentamientos mayas prehispánicos", *Estudios de cultura maya*, vol. LII, México, 2018, otoño-invierno, p. 20. Obtenido de https://revistas-filologicas.unam.mx/estudios-cultura-maya/index.php/ecm/article/view/563

Esta característica de jerarquización social o de *estructura clasista* como la denomina José Luis Soberanes, surge tras la división de los *clanes*, producto del desarrollo de sus regiones y el deseo de dominar diversas extensiones territoriales, para lo cual se requería de dos componentes esenciales: población trabajadora y guerreros; esta programación de grupos en la civilización maya no es de extrañarse, pues incluso la sociología moderna explica que la posición o rango social puede basarse en "diferencias de linaje, de riqueza, de profesión u oficio, de poder político, de pertenencia étnica o de mérito personal".[197] Es decir, a la suma de riqueza cultural, arquitectónica, su amplio conocimiento sobre las matemáticas, la naturaleza y el cosmos, se incorpora este conocimiento sociológico.

Al tener la civilización maya precisión en la actuación de las personas trabajadoras (en todas sus dimensiones y disciplinas), la actividad militar, permitió a la élite conservar el linaje del clan, y al hacerlo, formó parte de la nobleza, adquiriendo con ello, el derecho indiscutible de gobernar.

En la cúspide de la organización política se encontraba entonces el *Ahau* o *Ajaw* que significa: "señor", "gobernante"; al margen de la traducción literal de la palabra, el *Ahau* representa la más alta autoridad, la sabiduría, la luz, la nobleza y por supuesto el mando.

> La nobleza encabezada por el monarca (Ahau) como representante del clan más poderoso, se distinguió por las extensiones y prerrogativas de que gozaba. El Ahau ejerció un poder absoluto sin más limitación que su voluntad, teniendo como colaboradores a los jefes de los clanes que más lo habían ayudado a conservar su elevada posición social.[198]

La acción del poder recaía entonces en una monarquía hereditaria, la estructura política sucesoria se determinaba por lazos familiares; esta organización de *clanes* identificaba el parentesco sanguíneo y la adhesión al conjunto de deidades en que sustentaban su fe, elementos fundamentales para poder detentar la atribución como *Ahau*.

[197] Recasens Siches, Luis, *Tratado general de sociología*, 31ª ed., México, Porrúa, 2006, p. 451.
[198] Pérez Galaz, Juan de D., *Derecho y organización social de los mayas*, México, Diana, 1983, p. 40.

Los elementos que fueron fundamentales para la grandeza del gobierno del mundo maya son el *respeto y la aceptación* a la función desarrollada por quienes integraban la comuna, la *deferencia* al linaje del *Ahau* y la sucesión gubernamental hereditaria; estos componentes permitieron que las ciudades-Estado progresaran y lograran la alianza de Chichén-Itzá, Uxmal y Mayapán, que da origen a una de las coaliciones más importantes en Mesoamérica: la poderosa *confederación* o Liga del Mayapán.

Esta unión de ciudades se organiza políticamente, de tal manera que en lo individual contaban con cierta autonomía de gobierno, podían dividir su territorio en señoríos,[199] cada uno de éstos contaba con su propio clan gobernante y por supuesto su dignatario: el *Halach-Uinic* (el verdadero hombre), "de quien emanaban todos los poderes y a quien se entregaba el tributo pagado por los habitantes de los territorios sometidos";[200] no obstante, la autoridad superior de toda la confederación recaía en la figura del príncipe o gran señor, el *Ahau*; residiendo en él la autoridad de todo el territorio maya, una especie de "principal con facultades de monarca".[201]

El *Ahau*, al provenir de la nobleza, su poderío radica en su linaje, a su muerte, el poder se traslada a su parentela, recayendo en primer lugar al hijo mayor, en ausencia de éste al hermano del gobernante y si éste faltaba, los sacerdotes podían elegir a quien gobernara.

Esta manera de definir el derecho de gobernar, es la más empleada para explicar la organización política maya, a partir de ella, surge la hipótesis generalizada de ser la descendencia por vía paterna, la que concede el derecho sucesorio, sin embargo existen otras corrientes de opinión, que tras nuevas investigaciones han logrado acreditar que la mujer al contar con cualidad igualitaria llegaron a gobernar en regiones como Yaxchilán, Chiapas; Calakmul y Edzna en Campeche, por mencionar algunos.

El doctor en Ciencias Antropológicas, Marcos Noé Pool Cab, no comparte del todo el planteamiento sobre la sucesión de carácter paternal y apoya la postura de la equidad en la gobernanza maya.

[199] A la llegada de los españoles, las denominaron: Provincias.

[200] Soustelle, Jacques, *Los mayas*, trad. de Jorge Ferreiro, México, Fondo de Cultura Económica, 1988, p. 168.

[201] Pérez Galaz, Juan de D., *op. cit.*, p. 67.

> Este tipo de información ha sido utilizado para argumentar que los antiguos mayas estaban organizados por linajes o bien por clanes patrilineales... Aunque la hipotética patrilinealidad, no esté lo suficientemente sustentada en la información de Landa, lo que se percibe es que la herencia y la sucesión aplicaban más por la línea del varón. Sin embargo, la corporatividad al grupo parece venir por ambos lados. Si esto fue así entonces existe cierta equidad (que podría ser tanto social como simbólica) en la importancia manifestada tanto del padre como de la madre.[202]

Luego entonces la inclusión femenina en las instituciones políticas mayas no puede ser descartada; a pesar de que los estudios de parentesco y modelo antropológico de linaje han dado a las mujeres trato de inferioridad con respecto a los varones[203] empero en todos "los linajes ciertos individuos son incluidos y otros excluidos, el modelo ha resaltado más al varón. No obstante, aún en sociedades clasificadas como patrilineales, patrilocales o patrilaterales, las mujeres tienen una participación siempre activa".[204]

En relación con los casos que se tiene registro sobre mujeres con poder político, se han documentado algunos de ellos:

> Durante el periodo Clásico aparecieron en escena mujeres con roles políticos importantes. Algunas llegaron incluso a tener poderes políticos casi absolutos. Otras, por ser esposas de gobernantes aparecen representadas con vestimentas ostentosas. El ser esposas también les daba estatus y rol político, ya que algunas de ellas jugaron el papel incluso de representantes de los gobiernos de sus esposos. Otras más, tuvieron importancia ritual, éstas aparecen representadas practicándose algún tipo de autosacrificio (como la señora Xoc de Yaxchilán, esposa de Escudo Jaguar). La importancia simbólica se manifiesta también cuando otras mujeres aparecen como referentes que legitiman la autoridad y el poder de ciertos gobernantes varones.[205]

[202] Pool Cab, Noé, "Mujer y poder en el clásico maya. Entre realidad histórica y ficción antropológica", en Rodríguez-Shadow, María J. y López Hernández, Miriam (comps.), *Las mujeres mayas en la antigüedad*, México, Centro de Estudios de Antropología de la Mujer, 2011, p. 77.

[203] *Ibidem*, p. 74.

[204] *Ibidem*, p. 77.

[205] *Ibidem*, p. 80.

En esta condición, debe considerarse a la mujer maya en la esfera política desde dos clasificaciones: mujeres gobernantes y mujeres con poder simbólico.[206]

La cultura maya es entonces generadora de una aportación importante en los derechos de gobernanza de la mujer, por derecho propio o por ausencia del monarca: sucederlo al trono es un derecho que bien puede ser adquirido en su calidad de esposa como *Ix-Ahau* o bien por su propia condición de noble.

El catálogo de mujeres gobernantes incluye aquéllas con constancia de su reinado o incluso a otras que por tradición oral se conoce de su ejercicio de gobierno a pesar de la deliberada acción de eliminar su registro como dignatarias.

Entre algunas mujeres gobernantes se encuentra *Ix Une Balam* de Tikal, Guatemala, que gobernó en el 317 d. C. Y el caso de quien fue la primera soberana en Palenque, Chiapas, *Yohl Ik'nal*, la cual ejerció el mando poco más de dos décadas, del 583 al 604 d. C. Esta alta dignataria enfrentó a los guerreros de *Kalakmul*, principal ciudad hostil de su reino, convirtiéndola no sólo en gobernante sino también en líder guerrera; otro ejemplo del poderío femenino en la cultura maya es el caso —también en Palenque— de *Zac Kuc* (612 d. C.), quien a pesar de que las inscripciones jeroglíficas ubican a su esposo como "sagrado señor de palenque" (*Kau Bahlum Mo'*), es ella quien realmente gobernó; su historia es popular, pues se le conoce generalmente, por ser la madre de Pakal, a quien le hereda el poder cuando éste tenía 12 años de edad.

Son las epígrafes del sarcófago en el Templo de las Inscripciones de Palenque donde se narra su biografía y se da más información de las dos mujeres gobernantes: la señora *Kanal Ikal* (583 d. C.) y la señora *Zac Kuk*, quienes parecen haber gobernado por derecho propio en lugar de haber sido transmitido ese derecho por sus maridos.[207]

Un diferente caso, por demás enigmáticos, es el de la llamada reina roja,[208] que aun en el presente, no ha sido posible ubicar su papel en

[206] *Ibidem*, p. 81.

[207] Josserand, Kathryn, trad. de María J. Rodríguez-Shadow, "Las mujeres en los textos del maya clásicos", en Rodríguez-Shadow, María J. y López Hernández, Miriam (comps.), *Las mujeres mayas en la antigüedad*, México, Centro de Estudios de Antropología de la Mujer, 2011, p. 128.

[208] Esposa del gobernante maya Pakal, "el grande", sus restos enterrados en el 672 d. C. fueron descubiertos en 1994 en el interior del templo XIII, ubicado a un costado de la pirámide mortuoria

la pirámide de mando, lo cierto es que por la forma y lugar donde fueron encontrados sus restos, denota poderío dentro de la organización social y política. De hecho para la arqueóloga y maestra en estudios mesoamericanos Fanny López Jiménez, quien descubrió la tumba en 1994, confirma que la herencia del poder para descendientes directos o incluso para la esposa del gobernante, es de carácter incluyente, como lo demuestran los cargos y responsabilidades importantes que detentaron las mujeres en diversas ciudades mayas como Yaxchilán, Calakmul y Toniná y por supuesto Palenque, donde se ratifica la hipótesis de que en la civilización maya, sobre todo en el periodo Clásico, quien hereda el poder es aparentemente el primogénito, sin importar si es hombre o mujer.[209]

Cargos de dirección y mando en la cultura maya

La pirámide organizacional y de mando maya estableció distintos cargos de dirección, por ejemplo, en los *señoríos* o provincias (en la interpretación del castellano) el mando recae en el *Halach-Uinic* (el verdadero hombre), quien como gobernante, concentra poder no sólo administrativo sino también judicial, es auxiliado en su responsabilidad de gobernar por un consejo de ancianos, una especie de cámara senatorial, integrada por hombres sabios, de edad mayor, altamente respetados en la comuna, cuyo colectivo recibía el nombre de *Ah-Cuch-Cab*. Este consejo asesor era no sólo aceptado por el *Halach-Uinic*, sino que además atendía sus recomendaciones.

Otros órdenes de gobierno fueron productos de sistemas electivos, tal es el caso del *nacom* (jefe militar), cuya función "consistía en dirigir en el nivel más alto las operaciones militares".[210] El *nacom* elegido por tres años, era seleccionado entre sus iguales; los guerreros decidían por su

---

del rey en Palenque. Recibe el nombre de *reina roja* por el color con que se cubrieron sus restos. En la actualidad se sabe que su nombre fue Tz'-Akbu-Ajaw (Guacamaya blanca) que vivió aproximadamente 50 o 60 años y procreó tres hijos, de los cuales dos de ellos gobernaron la ciudad-Estado.

[209] Gutiérrez, Oscar, "Reina roja, constancia de la jerarquía de las mujeres mayas", *El Universal*, 4 de noviembre de 2015. Obtenido de https://www.eluniversal.com.mx/articulo/cultura/patrimonio/2015/11/4/reina-roja-constancia-de-la-jerarquia-de-las-mujeres-mayas

[210] Soustelle, Jacques, *Los mayas*, *op. cit.*, p. 169.

compañero a partir de los tributos que ellos le reconocían, entre los que destaca la valentía, la honorabilidad y el sentido de solidaridad en la lucha. Al *nacom militar* se le exige un comportamiento ejemplar y se le imponen distintas prohibiciones en su actuar cotidiano, lo cual demuestra el alto estándar moral que se esperaba de estos líderes guerreros.

> Durante el tiempo que desempeñaba su cargo... le estaba prohibido tener relaciones sexuales con alguna mujer, ni aun la suya; se alimentaba exclusivamente de pescados e iguanas; le estaba prohibido también emborracharse; igualmente le estaba prohibido ocupar a alguna mujer para sus atenciones y debía separar durante el término que estaba al frente del ejército, sus objetos personales, para que no le sirvieran a nadie más; era tenido en gran reverencia y procuraba en lo posible no entrar en trato con el pueblo.[211]

La civilización maya funda su organización política en jurisdicciones territoriales, quienes ejercían la autoridad tenían rangos diferenciados, mientras que en las ciudades-Estado se concentraba el *Halach Uinic*, el cual constituía la mayor autoridad en la ciudad; en las aldeas, la autoridad local recaía en el *Batab o Batabood*, gobernante designado por el *Halach Uinic*, el cual tenía como misión la función administrativa, judicial y militar,[212] era apoyado también por un consejo, una especie de cámara de representantes llamada *ah-Cuch-Caboob*, quienes definían las acciones públicas y judiciales en sus respectivas jurisdicciones.

Esta organización tiene una gran similitud a la estructura política territorial de la actualidad donde la nación es integrada por entidades federativas y dichos estados por municipios. En esa lógica comparativa el *Ahau* sería quien preside la nación; el *Halach Uinic*, quien gobierne un Estado; el *Batab o Batabood*, la autoridad municipal, y finalmente los *Ah-Cuch-Cab* y el *ah-Cuch-Caboob*, los congresos, consejos o parlamentos, es decir, la autoridad colectiva de apoyo a quien gobierne.

[211] Pérez Galaz, Juan de D., *op. cit.*, p. 62.
[212] Soustelle, Jacques, *Los mayas*, *op. cit.*, p. 168.

Se desarrolla entre los años 1200-1521 d. C., comprende desde el inicio de su peregrinación y hasta la Conquista;[213] de acuerdo con el *Códice Boturini*,[214] habrán de cambiar su nombre a *mexicas* por mandato del dios Huitzilopochtli. Este código muestra una primera interpretación de la concepción del poder de quienes habrán de convertir a este grupo de peregrinos en los fundadores del Imperio azteca; en la tira de la peregrinación como también se le conoce al códice, en el primer gráfico aparece *Chimalma,* diosa de la fertilidad, sentada con *Mixcóatl* quien es identificado como su esposo y a la vez dios de la caza y de la guerra; la trascendencia de esta pictografía es porque al ser el inicio de la narrativa fundacional de la cultura mexica, en ella se ubica al hombre y mujer en un plano de igualdad, se reconoce a *Chimalma* como deidad terrenal, guardiana, protectora e integrante del *Teomamaque* (portadores del dios), quienes durante la peregrinación trasladaban al dios *Huitzilopochtli*, honor y privilegio que no distinguió sexo.

En el mundo náhuatl, aun cuando el rol de hombres y mujeres estaba perfectamente establecido, al referirse a los mitos de la creación, la primera pareja humana no establece superioridad de uno sobre el otro;[215] en realidad la hipótesis de la creación plantea que mujer y hombre fueron hechos en las mismas condiciones, distinguiéndose de la narrativa bíblica donde Eva fue creada a partir de la costilla de Adán.

El relato azteca que fortalece el planteamiento, señala que a ambos se les encomendaron diferentes tareas, nadie por encima, sino con ocupaciones específicas.

[213] La migración azteca es una historia mítica, que se describe en el *Códice Boturini;* inicia en la isla de Aztlán, de donde emigran con la finalidad de encontrar la tierra prometida, logrando asentarse en el valle del Anáhuac en el 1325. La evolución política y cultural se desarrolla durante poco menos de 200 años, toda vez que fue hasta el 13 de agosto de 1521, cuando Hernán Cortés logra derrotar a Cuauhtémoc, último emperador azteca, fecha en la cual se data la Conquista de México.

[214] Conocida también como la *Tira de la Peregrinación*, es un manuscrito pictográfico que describe la historia fundacional de los aztecas o mexicas. Obtenido de https://www.codices.inah.gob.mx/pc/index.php

[215] Szoblik, Katarzyna, *Entre los papeles de ocelote entono mi canto, yo Quetzalpetlatzin. El lugar de la mujer dentro de la oralidad nahua*, Estudios de Género, México, Centro de Estudios de Antropología de la Mujer, 2016, p. 116.

> Luego hicieron a un hombre y a una mujer: al hombre le dijeron Uxumuco y a ella, Cipactonal. Y mandándoles que labrasen la tierra, y a ella, que hilase y tejiese. Y que de ellos nacerían los macehuales, y que no holgasen, sino que siempre trabajasen. Y a ella le dieron dioses ciertos granos de maíz, para que con ellos curase y usase de adivinanzas y hechicerías y, ansí hoy día facer las mujeres.[216]

La igualdad en esta comunidad originaria, aun cuando se manifiesta en diversas circunstancias, no puede desconocerse la masculinización del poder debido a que las oportunidades no eran las mismas para hombres que para mujeres, pues una de las características de lo femenino era su pasividad frente a la actividad masculina,[217] pero no por ello debe ignorarse el hecho que en la sociedad prehispánica la mujer poseía autoridad, además de tener en diversas eventualidades condición de iguales.

Esta circunstancia determina la condición de la mujer en la sociedad azteca, la cual dependía en gran parte de la actividad que realizaba en su comunidad. La clasificación de Bernardino de Sahagún, de *mujer principal*, *mujer noble* y la *señora principal,* contribuye a conocer el desempeño que tenían en la comunidad.

La *mujer principal* es aquella que rige su familia y tiene una enorme solvencia moral en su núcleo, el reconocimiento surge a partir de que su comportamiento en la conducción de la parentela: "si es buena, es sufrida, mansa, humana, constante varonil, bien acondicionada y gobierna tan bien como cualquier principal, en paz y en concordia",[218] entonces será obedecida, recocida y temida.

En el régimen político a la *mujer noble* se respeta y ante ella, acuden las y los desprotegidos en busca de amparo y solidaridad, cuando la mujer además de ser noble es *señora principal*, "gobierna y manda como el *señor*… si es buena, rige muy bien a sus vasallos y castiga a los malos; a ella se tiene respeto, pone leyes, y da orden en lo que conviene, y es obedecida en todo".[219]

[216] Cita de *Historia de los mexicanos por sus pinturas,* presentada por y en Katarzyna, Szoblik, *op. cit.*, p. 116.

[217] Katarzyna, Szoblik, *op. cit.*, p. 116.

[218] De Sahagún, Fr. Bernardino, *Historia general de las cosas de Nueva España*, 11ª ed., México, Porrúa, 2016, p. 543.

[219] *Idem*.

En lo referente al culto, las mujeres no estaban excluidas del sacerdocio, pues al nacer, los padres podrían comprometer la vocación de la menor y al convertirse en joven la novicia podía entrar al templo y ejercer como sacerdotisa, literalmente mujer-sacerdote, *cihuatlamacazqui*.[220]

Ésta es la última población originaria donde, brevemente, presentamos el sitial de la mujer en la organización social y política; en estas civilizaciones podemos demostrar que ellas preservaban un papel importante en la comuna y si bien es cierto que por su condición biológica se le confería determinada actuación, no era del todo excluida en las decisiones de poder, la idea de que la sociedad mexicana actual es producto de una cultura patriarcal, no puede ni debe ser descartada, pero en nuestros orígenes, las mujeres detentaban condiciones de igualdad en determinados eventos, con facultades para ejercer el poder. Será interesante estudiar si esto continúa cuando las culturas se fusionan ante el dominio español.

El sistema organizacional azteca

El sistema organizacional de la civilización azteca se apoyó en los *calpullis*,[221] que como territorio integrado por cierto número de familias, poseían una rudimentaria administración autónoma que gobernaba un jefe electo de por vida, por los habitantes de conformidad del soberano al que llamaban *calpullec*.[222]

Este grupo compacto familiar era incluyente, pues en determinados casos se incorporaban personas que no contaban con algún lazo sanguíneo; el *calpulli*, entonces, representaba una organización territorial, política, social, familiar, cultural, militar y religiosa en donde se crearon instituciones de impartición de justicia y gobernanza, sus orígenes se remontan al comienzo de la civilización azteca; el *Códice Boturini* previo

[220] Soustelle, Jacques, *La vida cotidiana de los aztecas en vísperas de la conquista*, 2ª ed., trad. de Carlos Villegas, México, Fondo de Cultura Económica, 2014, p. 67.

[221] El *calpulli* tiene distintas interpretaciones, desde quienes lo ubican como "barrio" o "clan" y aquellos otros que le dan la calidad de organización política asentada en un territorio; esta última acepción la tiene José Luis Soberanes Fernández, quien lo define como base de toda organización política, social y jurídica, difiere con aquellos que lo definen como categoría urbana territorial (barrio) toda vez que es una creencia propia de los españoles.

[222] Soustelle, Jacques, *La vida cotidiana de los aztecas...*, *op. cit.*, p. 25.

a la peregrinación, representa la existencia de seis *calpullis* en la isla de Aztlán, que al paso del tiempo, y debido a la expansión de la cultura, se incrementaron considerablemente; de tal forma que durante la procesión y hasta antes de arribar a Tula, es decir a finales del siglo XII, concurrían 15 de ellos,[223] en tanto que a la llegada de los españoles existían entre 20 y 50 comunidades con forma de gobierno propia, lo cual demuestra que el *calpulli* constituyó la base de la organización social, política y territorial de los aztecas desde su origen.

Después de la fundación de Tenochtitlan, se estableció una nueva división territorial, administrativa y gubernamental, la cual fue respetada, incluso por las autoridades españolas que a la Conquista solamente cambiaron a *nombre cristiano* las demarcaciones; fue así que la ciudad se dividió en cuatro secciones, todas ellas con relación al templo mayor: al norte, Cuepopan (Santa María Redonda), al oriente Teopan (San Pablo), al sur Moyotlan (San Juan) y al poniente Aztacalco (San Sebastián). Cada una de éstas se integró por una serie de *calpullis*, los cuales elegían a su dignatario, en tanto que en las secciones, el gobierno central designaba a su jefe.[224]

Pero quiénes ejercían el mando en dichas circunscripciones, cuál era la jerarquización del poder y cuáles los mecanismos para obtenerlo.

Inicialmente la estructura social y política en la cultura azteca era relativamente básica; debido a que su alta movilidad, la jerarquización y ejercicio del poder fue elemental, el *calpullec*, jefe del *calpulli*, detentaba el poder y contaba con un consejo de ancianos, los *huehuetque*, el cual tenía un jefe al que denominaban *Teachcauh* que significaba, entre otras acepciones: hermano mayor; aventajado en algo o primero de dos, la integración de este consejo se conformó "probablemente [por] los más viejos y notables entre los jefes de familia y 'ninguna cosa hace este principal que no sea con parecer de otros de los viejos...'".[225]

Al expandirse la civilización, la tradicional estructura fue evolucionando y las y los sacerdotes de Huitzilopochtli, *los que cargaban al dios*,

[223] *Ibidem*, p. 26.
[224] *Idem*.
[225] *Ibidem*, p. 55.

al unir sus funciones sacerdotales con el mando militar, adquirieron autoridad general y superior sobre cualesquier otra forma de organización política, dando inicio a una clase dirigente y núcleo del poder.[226]

Esta estructura vertical otorgó mando a partir de la clasificación social de sus pobladores: los *tecuhtli*,[227] *pipiltin* y los *macehualtin*,[228] los cuales se convertirán en usufructuarios del ejercicio del poder a partir del desarrollo de sus capacidades.

Los *tecuhtli* como dignatarios, son representantes de la población ante las autoridades superiores, y deben hablar por su gente, defenderla, resolver controversias litigiosas, como jefes militares conducen los combates, en su territorio es responsable del buen orden, pueden designar funcionarios para las tareas del gobierno.[229] Los *tecuhtli* son:

> Los principales comandantes de los ejércitos... los funcionarios de rango más elevado... (Por ejemplo el jefe de la administración de las finanzas) y en las provincias, a los jefes de barrio de la capital... los jueces, que en las grandes ciudades resuelven los procesos más importantes. El antiguo soberano de una ciudad incorporada al imperio, que conserva su categoría bajo la autoridad de Tenochtitlan, es un Tecuhtli. El emperador mismo lo es.[230]

Si bien es cierto, la autoridad del *tecuhtli* no es absoluta, el hecho de ser electo permite identificar la cultura electoral que desarrolló.

La descendencia de los *tecuhtli*, denominados *pilli* (hijo o hija de alguien), gozaban de distintas ventajas, entre las que destacan la fama de su madre o padre o la educación recibida, sin embargo en un principio no tenían derecho a nada y si querían subir de jerarquía en el ámbito militar, civil o religioso, tenían que realizar los mismos esfuer-

[226] *Ibidem*, p. 52.

[227] Los dignatarios, los "señores". Es la clase superior dirigente en el orden militar, administrativo o judicial.

[228] Las personas *pipiltin* son nobles, principales, en tanto que los *macehualtin* son las personas indias naturales, la gente del pueblo, el vasallaje. Véase en *Gran Diccionario Náhuatl* [on línea]. México, Universidad Nacional Autónoma de México [Ciudad Universitaria] 2012 [ref. del 15 de octubre de 2016]. Obtenido de http://www.gdn.unam.mx

[229] Soustelle, Jacques, *La vida cotidiana de los aztecas...*, *op. cit.*, pp. 54-55.

[230] *Ibidem*, p. 55.

zos que un *macehualli*, pues su condición de noble no se otorgaba por haber nacido de uno, sino por los esfuerzos realizados.[231]

¿Quiénes eran los *macehualli*? Ellos constituían el otro componente de la sociedad azteca, los *macehualtin*, como también se denominaban, su acepción "se deriva del verbo *macehualo* [que significa] *trabajar para hacer méritos*", invoca a la *gente común*, a las y los trabajadores, que a pesar que los españoles quisieron traducir la palabra como persona plebeya, los *macehualtin* tienen ciudadanía con plenos derechos sometidos a deberes que no podían eximir, pero que al cumplirlos y destacar podían aspirar a aumentar de categoría social, incursionar incluso a la milicia o el sacerdocio.[232] Y con ello alcanzar autoridad, riqueza y reconocimiento.

La cadena social se complementa con la incursión de personas con actividad comercial, sacerdotal, campesinado sin tierra o inclusive personas esclavas, siendo estos últimos los *tlacotli,* esclavos que "podían poseer bienes, acumular dinero, adquirir tierras, casas y hasta esclavos… podía casarse con una mujer libre… los hijos de los padres esclavos nacían libres… el emperador Itzcoatl… era hijo de Acamapichtli y de una esclava".[233] Es decir, la sociedad azteca concedía oportunidades de desarrollo y con ello reconocimiento a cualquier estrato social por más bajo que se considerara.

En la cúspide de la pirámide gubernamental se encontraban los *tlatoanis* previo a la Conquista, gobernaron 11 de ellos,[234] pero la clase dirigente, al arribo de los españoles, vivió momentos de tensión social y política que fue determinante para cambiar el rumbo de la historia y con ello la forma de organización política.

En esa época de crisis gobernaba el *tlatoani Huaytlatoani Tecpalcantecutli Motecuhzoma* (conocido por los españoles como Moctezuma);

[231] *Ibidem*, pp. 61-62.

[232] *Ibidem*, pp. 80-83.

[233] *Ibidem*, p. 84.

[234] Véase la obra de fray Bernardino de Sahagún que en este mismo texto se cita, en la cual enuncia a los siguientes gobernantes: Acamapichtli, quien ejerció durante 21 años, Huitzilihuitl también 21 años, Chimalpopoca 10 años, Itzcoatzin 14 años, Huehuemoteccuzoma 30 años, Axayacatl 46 años, Tizocicatzin cuatro años, Ahuitzotl 18 años, Moteccuzoma 19 años, Cuitláhuac fue quien menos tiempo duró en el encargo con tan sólo 80 días, sin embargo a él se le atribuye el triunfo sobre los españoles en la llamada Noche Triste, y finalmente Cuauhtémoc con cuatro años.

sus decisiones, muchas de ellas altamente cuestionadas, trasformaron y definieron la forma de administración; esta nueva definición gubernamental, provocada con la llegada de los españoles, está inmersa en un conjunto de creencias, tradiciones y presagios de la población originaria, pero es concluyente que Moctezuma y su cuerpo gobernante, entre los cuales se integraban militares y religiosos, estaban convencidos que Hernán Cortés era el dios Quetzalcóatl (serpiente de plumas de Quetzal),[235] prueba de ello es la actitud sumisa que adopta el gobernante mexica, a tal grado que al darles la bienvenida, les ofrece oro, piedras preciosas, plumajes exóticos y todo aquello que el emperador consideraba fuera del agrado de los recién llegados. Esta actitud habrá de ser una de las principales causas generadoras de la Conquista.

En el primer encuentro, los mensajeros de Moctezuma le dicen a Hernán Cortés que la decisión del emperador es reconocerle autoridad superior y degradarse en el mando, al autonombrarse lugarteniente del colonizador; Miguel León Portilla, de acuerdo con el testimonio de Alvarado de Tezozómoc, relata la conversación descrita, iniciando con la reverencia y juramento que hacen los indígenas, para luego expresar, "dígnese oírlo el dios: Viene a rendir homenaje su lugarteniente Motecuhzoma. Él tiene en cargo la ciudad de México".[236] Este sometimiento político se reafirma cuando se encuentran por vez primera y así se desarrolla la entrevista.

> —¿Acaso eres tú? ¿Es que ya tú eres? ¿Es verdad que eres tú Motecuhzoma?
> Le dijo Motecuhzoma: —Sí, yo soy.
> Inmediatamente se pone en pie, [Moctezuma] para para recibirlo, se acerca a él y se inclina, cuanto puede dobla la cabeza, así lo arenga, le dijo:
> —Señor nuestro: Te has fatigado, te has dado cansancio: ya a la tierra tú has llegado. Has arribado a tu ciudad: México. Aquí has venido a sentarte en tu solio, en tu trono. Oh por tiempo breve te lo reservaron, te lo conservaron, los que ya se fueron, tus sustitutos...[237]

[235] Montemayor, Carlos (coord.), *Diccionario del Náhuatl en el espanol de México*, 2ª ed., México, Gobierno del Distrito Federal-UNAM, 2013, p. 336.

[236] León Portilla, Miguel, *Crónicas indígenas. Visión de los vencidos*, 3ª ed., España, Historia 16, 1988, pp. 67-60.

[237] *Ibidem*, p. 98.

Mediante este breve relato se revela que Hernán Cortés ejerció el poder en las tierras conquistadas mucho antes que las autoridades españolas lo designaran como capitán general; es claro que su poderío militar sustentado en las armas de fuego y el uso de caballos, aunado a las creencias religiosas, las crecientes pugnas internas entre las poblaciones y el sometimiento del soberano azteca, facilitó que éste se convirtiera en el depositario del poder novohispano; entre tanto los invasores sin mostrar respeto alguno, se dedicaron a saquear cuanto objeto de valor encontraban, teniendo una conducta totalmente intolerante ante las creencias de las y los nativos.

Al consentir todo ello, Moctezuma fue repudiado y rechazado por la nobleza azteca, guerreros y sacerdotes, sin embargo, Hernán Cortés, sin darle importancia a ello y aún prisionero, lo mantiene en el pseudo mando.

Es la *fiesta de Tóxcatl,* celebración en honor a Tezcatlipoca y Huitzilopochtli donde se sacrifican prisioneros, la que habrá de convertirse en el parteaguas de la Conquista, pues los españoles al no conocer ni compartir el sistema de creencias, inician un cruel asesinato en masa encabezado por Pedro de Alvarado; la respuesta de la civilización agraviada no se hizo esperar, reaccionaron valientemente, repelieron las agresiones y lograron, en una cruenta batalla, derrotarlos en lo que se conoce (indebidamente) como la Noche Triste.

Durante el desarrollo de las hostilidades, Moctezuma envía un mensaje con la finalidad de persuadirlos para que la batalla concluyera, diciéndoles:

> —mexicanos, tenochcas, tlatelolcas: os habla el rey vuestro, el señor Motecuhzoma: os manda decir: que lo oigan los mexicanos:
> —Pues no somos competentes para igualarlos, que no luchen los mexicanos. Que se deje en paz el escudo y la flecha...
> —Pues no somos competentes para hacerle frente, que se deje de luchar...[238]

Esta actitud del tlatoani lo aleja cada vez más de sus gobernados, contrastando con el comportamiento del guerrero Cuitláhuac, quien ejerciendo liderazgo y motivando a sus compañeros de armas, logró que la

[238] *Ibidem,* p. 110.

dignidad azteca no fuera mancillada; por ello se le atribuye la victoria de la mal llamada Noche Triste y es la razón misma de su asunción como nuevo emperador azteca.

La muerte de Moctezuma es sin duda la consecuencia de su actuar, la falta de firmeza para detener los abusos de los conquistadores generó el enojo de la población. Cuentan los relatos que, viendo la determinación de las y los aztecas, Moctezuma se dirige a ellos para recriminarles su comportamiento, los cuales, molestos, "le trataron mal de palabras llamándole cobarde, y enemigo de su patria, y aun amenazándole con las armas, en donde dicen que uno de ellos tiró una pedrada de lo cual murió, aunque dicen sus vasallos que los mismos españoles lo mataron, y por las partes bajas le metieron la espada".[239]

A la muerte de Moctezuma siguió en el trono Cuitláhuac, pero el imperio, como tal, iniciaba su declive; es la caída del último emperador azteca Cuauhtémoc, con lo que se da por terminada una época gloriosa; no sin antes dejar constancia de su arrojo y dignidad, merecedora, incluso, del reconocimiento del propio Hernán Cortés quien describe, en su tercera *carta de relación*,[240] el comportamiento del último emperador, dando constancia de su valentía y dignidad:

> Garci Holguín me trajo allí a la azotea donde estaba, que era junto al lago, al señor de la ciudad y a los otros principales presos, el cual, como le hice sentar, no mostrándole rigurosidad alguna, llegóse a mí y díjome en su lengua que ya él había hecho todo lo que de su parte era obligado para defenderse así y a los suyos hasta venir a aquel estado, que ahora hiciese de él lo que yo quisiese; y puso la mano en un puñal que yo tenía, diciéndome que le diese de puñaladas y le matase. Y yo le animé y le dije que no tuviese temor alguno; y así, preso este señor, luego en este punto cesó la guerra, a la cual plugo a Dios Nuestro Señor dar conclusión en martes, día de San Hipólito, quien fue el 13 de agosto de 1521.
>
> De manera que desde el día que se puso cerco a la ciudad, que fue el 30 de mayo del dicho año, hasta que se ganó, pasaron 75 días.[241]

[239] *Ibidem*. p. 119.

[240] Es la correspondencia con la cual Hernán Cortés informaba de lo que acontecía en la Nueva España al rey Carlos V.

[241] Cortés, Hernán, *Cartas de Relación*, México, Grupo Editorial Tomo, 2014, p. 209.

La conquista se había consumado, no sin antes demostrar al Nuevo Mundo que la población mexica con integridad, rectitud, honor, valentía y carácter enfrentó agresiones y adversidad; el imperio cayó, pero la cultura azteca nunca perdió su esplendor, sus valores; para beneplácito de la humanidad queda su arquitectura, sus instituciones y sus principios filosóficos de existencia y dignidad.

Pero antes de la conquista, durante el México sin españoles, hubo principios e instituciones que involucraron la voluntad electiva de las y los aztecas, la cual se ejercía por la definida división de clases[242] como se ha hecho referencia.

La forma de gobierno teocrática, propiciada por las creencias religiosas, principalmente en la figura del dios-gobernante: Quetzalcóatl, y que para Bernardino de Sahagún se le daba trato de deidad a pesar de ser humano, toda vez que a "Quetzalcóatl, aunque fue hombre teníanle por dios",[243] y por tanto, el dios-hombre, recibía grandes ofrendas, adoraciones y edificaciones, como se desprende de la siguiente relatoría:

> Fue estimado y tenido por dios y lo adoraban de tiempo antiguo en Tulla, y tenía un Cu muy alto con muchas gradas, y muy angostas que no cabía un pie: y estaba siempre echada su estatua y cubierta de mantas, y la cara que tenía era muy fea, la cabeza larga y barbudo; y los vasallos que tenía eran todos oficiales de artes mecánicas y diestros para labrar las piedras verdes, que se llamaban Chalchihuites, y también para fundir plata y hacer otras cosas, y estas artes todas hubieron origen del dicho QUETZALCÓATL.[244]

De forma similar se refiere Miguel León Portilla cuando define el perfil del dios-hombre:

> Una especie de héroe cultural, cuyo nombre procede a un dios (la serpiente emplumada) a quien se le había rendido culto desde los tiempos de Teo-

[242] La sociedad azteca se dividía en *tlatoani*, *Huaytlatoani*, *Tecpalcantecutli* (gobernante supremo), *tlatoani* (gobernantes menores o caciques), *Tecuhtli* (señores principales), *Pillis* (nobleza subordinada), *Pochtecas* (personas comerciantes), *Macehuales* (persona artesana y campesina), *Tamemes* (persona cargador), *Mayeques* (persona tributaria de los pueblos vencidos) y Tlacollis (persona esclava). Véase el cuadro 2.4, "Estratificación Social de los Aztecas", del doctor Juan Antonio Pérez de los Reyes en su libro, *Historia del derecho mexicano*.

[243] De Sahagún, Fr. Bernardino, *op. cit.*, p. 30.

[244] *Ibidem*, p. 189.

tihuacan. Varios antiguos libros y textos indígenas, escritos en Náhuatl, relatan su presagiado nacimiento, su vida y sus hazañas. Se dice que, cuando Quetzalcóatl era todavía joven, se retiró a Huapalcalco, un antiguo asentamiento de los Teotihuacanos, para dedicarse a la meditación. Allí fue escogido por los Toltecas para que fuese su gobernante y sumo sacerdote. Se construyeron palacios y templos y muchos pueblos aceptaron el gobierno de Quetzalcóatl.[245]

La cercanía con sus deidades, en la cultura azteca, era soporte esencial para ejercer el gobierno, estos elementos influyen de manera determinante al momento de tomar la decisión de quien será el gobernante, pues creían que el mando en la tierra era por albedrío y sabiduría de las y los dioses; el poder no le pertenecía al electo, sino que el trono era un especie de préstamo de la divinidad "para que rija este señorío, o reino por el tiempo que viviere".[246] Al ser depositario de este poder divino, el monarca tiene como responsabilidad llevar justicia, desarrollo, crecimiento y felicidad a la población.

La enorme responsabilidad que asumía el electorado, al tomar la decisión respecto a quien habrá de gobernarlos, se desprende de sus oraciones, en las cuales pedían se les iluminara para elegir a una buena persona, y una vez hecho rezaban por la misma para que actúe correctamente en su nueva responsabilidad. A continuación, un segmento de una de las muchas plegarias que profesaban:

> Hacedle, señor, como verdadera imagen vuestra, y no permitáis que en vuestro trono y en vuestro estrado se ensoberbezca o altivezca, más antes tened, señor, por bien que a sosegadamente y cuerdamente rija y gobierne a aquellos de quien tiene cargo, que es la gente popular, y no permitáis, señor, que agravie ni veje a sus súbditos, ni sin razón, y sin justica eche a perder a nadie; y no permitáis, señor, que mancille y ensucie vuestro trono y vuestro estrado con alguna injusticia o agravio...[247]

[245] León Portilla, Miguel *et al.*, "Mesoamérica antes de...", *op. cit.*, p. 16.
[246] De Sahagún, Fr. Bernardino, *op. cit.*, p. 297.
[247] *Ibidem*, p. 295.

La principal preocupación en la población azteca era que a quien le correspondiera el gobierno actuara arrogante, soberbio, altanero, que sus decisiones fueran injustas y que con ello manchara el concepto de buen gobierno que tenían; pedían en oración que no cayeran en estas debilidades, que los apartaban de la semejanza a la divinidad. Es curioso que esta plegaria, ahora como aspiración legítima, sigue vigente en el deseo de las y los mexicanos.

Por su parte, el *tlatoani* antes de aceptar rechazaba el cargo, por considerarse indigno, solicitaba a su deidad que eligiera a otra persona, pues sus capacidades y sus atributos eran insuficientes para lograr la encomienda divina, dejar de ser miembro de la humanidad para ser dios era una pesada loza que la monarquía aztecas inicialmente rechazaba pero que invariablemente aceptaban, la siguiente oración nos ilustra el proceso de incertidumbre del futuro *Huaytlatoani Tecpalcantecutli:*

> Lo que yo merezco, señor, es ceguedad de los ojos y tullimiento y pudrimiento de los miembros, andar vestido de un andrajo y de una manta rota; éste es mi merecido y lo que se me debía dar, y yo soy el que tengo necesidad de ser regido y de ser traído a cuestas, pues que tenéis muchos amigos y muchos conocidos a quien podéis encomenzar este cargo.
> Pero pues que ya tenéis determinado de ponerme en escarnio y risa del mundo, hágase vuestra voluntad y vuestro querer, y cúmplase vuestra palabra.[248]

Al ser electo, daba gracias a *Tezcatlipoca* (Espejo Humeante),[249] considerado un dios supremo, al cual se le atribuían dones suficientes para designar a los altos mandatarios en las denominadas —por los españoles— *provincias*, es decir, los *señoríos* o reinos. La gratitud del nuevo monarca no tenía límites, su devoción permitía que, incluso, delante de sus súbditos se humillase para complacer a su dios, cedía todo tipo de autoridad ante la divinidad, y en su profesión de fe, se declaraba nuevamente indigno del cargo.

> En vuestras manos me pongo totalmente, porque yo no tengo posibilidad de para regirme ni gobernarme, porque soy ciego y soy tiniebla, y soy un

[248] *Ibidem*, p. 306.
[249] Montemayor, Carlos, *op. cit.*, p. 336.

rincón de estiércol; tened por bien, señor, de darme un poquito de lumbre, aunque no sea más de cuanto echa de sí una luciérnaga que anda de noche, para ir en este sueño, y en esta vida dormida que dura como espacio de un día, donde hay muchas cosas en que tropezar y muchas cosas en que dar ocasión de reír y otras cosas que son como camino fragoso, que se han de pasar saltando; todo esto ha de pasar en esto que me habéis encomendado, en darme vuestra silla y vuestra dignidad.[250]

El señor, emperador, rey o gobernante, o en terminología hispana, *el cacique*, una vez que ha asumido dicho papel, tiene como responsabilidad, civil y divina, conducir a la población adecuadamente y ejercer un tipo de paternalismo extremo, por consiguiente, lo ve como un semidiós que todo lo puede y debe reverenciarlo, apreciarlo y temerle.

Otro soporte de la monarquía y monarca azteca era su milicia, pues una forma de conmemorar la elección del *tlatoani*, después de cuatro días de penitencia y de adoración al dios *Huitzilopochtli*, era la realización de una fiesta, la cual podría prolongarse durante semanas o hasta meses y al término de ésta, el monarca recién electo se enlistaba con su ejército prestos a conquistar alguna nueva provincia. Las columnas que soportaban el imperio eran entonces: sus creencias religiosas y la milicia.

Los soberanos aztecas

El México-Tenochtitlan estuvo bajo la dominación del rey Tezozómoc de Azcapotzalco, hasta que en 1376 lograron la autorización para contar con un rey propio, el primero fue *Acamapichtli* (haz de cañas),[251] "al rey lo denominaron *tlatoani* y con el tiempo, cuando este funcionario ya era poderoso señor de un enorme territorio, se hizo llamar *tlatoani Huaytlatoani Tecpalcantecutli* (el que habla)".[252] *Acamapichtli* muere hacia 1390, y no designó sucesor pues consideraba que los ciudadanos debían elegirlo.[253] "Al principio era el conjunto del pueblo —los jefes de familia en todo caso— quienes designaban al soberano: la ciudad todavía era

[250] De Sahagún, Fr. Bernardino, *op. cit.*, p. 308.
[251] Montemayor, Carlos, *op. cit.*, p. 332.
[252] Pérez de los Reyes, Marco Antonio, *Historia del derecho…*, *op. cit.*, p. 74.
[253] Soustelle, Jacques, *La vida cotidiana de los aztecas…*, *op. cit.*, p. 95.

pequeña y los habitantes poco numerosos… a medida que la ciudad y el imperio se hacían más grandes, el cuerpo electoral del soberano se fue reduciendo".[254]

Después de su deceso de *Acamapichtli* habrían de seguir al trono tres tlatoanis más,[255] dos de ellos: *Chimalpopoca* (Escudo humeante)[256] y *Huitzilihuitl* (Pluma de colibrí),[257] estuvieron sometidos todavía a los *Tepanecas* de Azcapotzalco, pero el tercero habría de cambiar la historia de los aztecas: Izcóatl.[258]

Izcóatl fue considerado el emperador libertador, pero para lograr la plena independencia tuvieron que vencer resistencias internas, que desembocaron en una guerra entre nobles y trabajadores.

Al estallar las hostilidades contra los señores de Azcapotzalco, tenían posturas encontradas: mientras los *macehualtin* planteaban la rendición, los *pipiltin* afirmaban que era el momento de obtener la libertad plena. Esta deliberación y la manera en que se resuelve la disputa, es magistralmente presentada por el historiador Miguel León Portilla, quien aporta un relato por demás interesante, al citar a Diego Durán, en *Historia de las Indias de la Nueva España*, que representará —en el futuro— la supremacía de la clase social de los *pipiltin* por encima de los *macehualtin*. El pacto entre nobles y trabajadores mediante el cual aceptaron ir a la guerra consistió en que "si no eran capaces de vencer a Azcapotzalco, obedecerían a los *macehualtin* eternamente, pero, si los *pipiltin* lograban vencer a los Tepanecas, los *macehualtin* les obedecerían ciegamente".[259]

Al triunfo mexica sobre Azcapotzalco y una vez reafirmado el rol social de los *pipiltin* como grupo dominante, y tras la muerte de tlatoani Izcóatl, resulta interesante el rediseño en la estructura política y jurí-

[254] *Ibidem*, p. 96.
[255] Huitzilihuitl (1396-1417), Chimalpopoca (1417-1427) y finalmente Izcóatl.
[256] Montemayor, Carlos, *op. cit.*, p. 333.
[257] *Ibidem*, p. 334.
[258] Gobernó de 1427 a 1440, es quien consolida la triple alianza Texcoco, Tacuba y Tenochtitlan y le da un sentido histórico, filosófico a la región, su nombre significa Serpiente de Obsidiana.
[259] León Portilla, Miguel *et al.*, "Mesoamérica antes de…", *op. cit.*, p. 20.

dica, demostrando capacidad de adaptación e innovación ante los conflictos.

La historia narra que a la muerte de Izcóatl, sus parientes: Moctezuma Ilhuicamina y Tlacaélel, disputan el trono; con la finalidad de evitar rupturas en el clan sucesorio, se determina mediante un amplio ejercicio político, incorporar en la pirámide de mando, la figura de una especie de primer ministro o vicepresidente con facultades específicas de administración y gobierno, denominado Cihuacóatl, adjudicándosele a Tlacaélel este nombramiento, con el cual le confería una especie de cogobierno de autoridad e influencia en la civilización.

El Cihuacóatl tenía diversas facultades, pero destaca como juez supremo, operador de la hacienda del soberano; era quien concedía reconocimiento y recompensa a los guerreros destacados, convocaba a los electores a la muerte del emperador y desempeñaba el cargo en tanto se decidiera sobre la sucesión.[260]

Esta representación administrativa y política demuestra el avance que tenían en el diseño de la administración pública, ya que independientemente de que la figura resolvió el conflicto de la sucesión, también representó una forma de gobernanza ordenada y planificada, que, incluso, en la actualidad algunos países adoptan para que unos sean jefes de Estado y otra persona la de gobierno. Para la civilización azteca esta forma de cogobierno resultó exitosa y funcional, tanto, que en los futuros reinados se repetiría la modalidad.

> El Cihuacóatl Tlacaélel resultó ser un verdadero estadista, su capacidad, audacia y responsabilidad contribuyeron a hacer de Tenochtitlan una hermosa capital, en donde destacaba el cultivo de las artes y de la ciencia y con todo ello respaldó de manera significativa el gobierno de su hermano, Moctezuma Ilhuicamina. De esta suerte en lo sucesivo, a la muerte del Cihuacóatl, el Tlatoani en turno nombraba a un sustituto, de hecho, ya siempre hubo un Tlatoani (Jefe de Estado) y un Cihuacóatl (Jefe de Gobierno).[261]

[260] Soustelle, Jacques, *La vida cotidiana de los aztecas...*, *op. cit.*, pp. 97-98.
[261] Pérez de los Reyes, Marco Antonio, *Historia del derecho...*, *op. cit.*, p. 76.

La confederación azteca

La alianza formada por Tacuba, Texcoco y Tenochtitlan originó el nacimiento del poderoso Imperio azteca, cuya dominación en la región[262] permitió la expansión y desarrollo de la cultura azteca, incorporando en cada una las entidades a un *tlatoani:*

> Era la más alta autoridad. Su poder provenía directamente de Huitzilopochtli, el dios principal, con el que incluso estaba emparentado, si bien era elegido por un cuerpo especial. Él era el responsable del buen gobierno y de dictar la ley al pueblo. El Tlatoani era el gobernador vitalicio y concentraba en sus manos gran poder político, judicial, religioso y militar. Era el más alto funcionario del llamado Tlatocáyotl (palabra equivalente al Estado).[263]

La base estructural de la hegemonía política de la confederación, fue la profesión de fe y su milicia; esta dualidad de acción permitió someter a cuanta población enfrentara; la clase gobernante, al conquistar algún territorio de manera inmediata, establecía la obligación de pagar tributo a sus habitantes, que podía ser en bienes, servicios o incluso aportando parte de su producto agrícola, simultáneamente se obligaba a que eligieran a quienes los gobernarían, destacando entre sus responsabilidades la de organizar, mantener el orden y lealtad al imperio.

Esta elección recaía invariablemente de entre los conquistadores, toda vez que a los originarios de las poblaciones conquistadas no les asistía dicho derecho, sin embargo la estructura administrativa del imperio previó la figura de una especie de contralor, supervisor, mayordomo mayor, el cual daba instrucciones a nombre del emperador, incluso a los propios jefes de barrio, denominado *Huey Calpixqui.*

Este proceso selectivo sumaba otras instituciones creadas igualmente determinantes para el buen funcionamiento de las ordenanzas en los *señoríos* conquistados, tal es el caso del jefe de los funcionarios de la Ciudad de México, el *Mexicatl Achcauhtli,* la clase sacerdotal fundamental para la armonía social era representada por el *Tecuhtlamacazqui* ante el

[262] A excepción de las y los purépechas, tarascos de Michoacán y de las y los tlaxcaltecas, quienes nunca fueron sometidos por el poderoso Imperio azteca.

[263] Pérez de los Reyes, Marco Antonio, *Historia del Derecho..., op. cit.*, pp. 75-76.

Estado, y por supuesto el portavoz del emperador en las regiones conquistadas como se explicó que lo era el *Huey Calpixqui.*

Los dignatarios debían reunir una serie de requisitos, entre los que destacaban la prudencia, la solvencia moral, el conocimiento de las cosas de la guerra y en muchos de los casos haber sido criados en los *Calmécac,*[264] que eran escuelas para aprender a ejercer el mando; en estos centros educativos se les instruía que fuesen justos y dentro de los atributos personales debían no ser "borrachos, ni amigos de tomar dádivas, ni fuesen aceptadores de personas, ni apasionados".[265]

El Tlatocáyotl,[266] como región o reinado, al contar con su *tlatoani* como autoridad máxima, gobernaba "un conjunto de *Calpullis*, que integraban una unidad política denominada *Tlatocáyotl* (o *hueitlatocáyotl* si era más importante)",[267] y era "escogido entre los hijos del *tlatoani* anterior, o sea, los *tlazopipiltín*; a partir de su elección adquiría un carácter sobrenatural, casi divino".[268] El propio Marco Antonio Pérez de los Reyes, en su obra "Evolución del derecho electoral en México", citando a Lucio Mendieta y Núñez con base en Francisco Clavijero, afirma que los tlatoanis, que integraban la triple alianza, eran nombrados por elección indirecta, y en cada ciudad, los ancianos, soldados viejos y la nobleza elegían al nuevo rey.[269]

Dentro de los *pipiltin* se registraba un tipo de subclase social a partir de sus rangos, posiciones y títulos, por ejemplo los *tlazo-pipiltin*, que eran descendientes de gobernantes supremos y por tanto contaban con el derecho de votar y ser votados para aspirar a convertirse en Hueytlatoani; otro subgrupo lo constituían los *cuauh-pipiltin* (nobles águila), que eran individuos que por sus actos en las batallas eran asimilados

[264] El menor ingresaba a esta especie de escuela cuando tenía entre 10 y 12 años y era adiestrado en la cultura y las artes de guerra por parte de los nobles sacerdotes.

[265] De Sahagún, Fr. Bernardino, *op. cit.*, p. 452.

[266] Diversas traducciones coinciden en señalarlo como Estado, reino o señorío. Véase en *Gran Diccionario Náhuatl* [en línea]. México, Universidad Nacional Autónoma de México [Ciudad Universitaria], 2012 [ref. del 24 de octubrede 2016]. Obtenido de http://www.gdn.unam.mx

[267] Soberanes Fernández, José Luis, *Historia del derecho mexicano*, México, Porrúa, 2015, p. 34.

[268] *Ibídem*, p. 35.

[269] Pérez de los Reyes, Marco Antonio, "Evolución del derecho electoral en México, de la época prehispánica a la Constitución de 1857", *Anuario Mexicano de Historia del Derecho*, vol. X, México, UNAM-Instituto de Investigaciones Jurídicas, 1998, pp. 697 y ss. Obtenido de http://historico.juridicas.unam.mx/publica/librev/rev/hisder/cont/10/cnt/cnt33.pdf

por el grupo dominante, y finalmente los *Tequihuaque*, que eran los hijos de los que desempeñaban importantes funciones administrativas como los *Teteuctin* (señores).[270]

Para poder ser electo *tlatoani* se tenían que cumplir con distintos requisitos, entre los cuales se encontraba, "pertenecer a la casa real, ser varón, valiente y temperante, contar con 30 años de edad, y en caso de que no fuera así, se le nombraría un regente",[271] otros requisitos establecidos era que su linaje fuera de los señores antepasados y que "no supiese beber vino, que fuese prudente y sabio, que fuese criado en *Calmécac*, que supiese bien hablar, fuese entendido y recatado, animoso y amoroso".[272]

Es de entender que para la civilización azteca ejercer el mando representaba una doble responsabilidad: la asumida con la divinidad y la que exigía un gobierno recto en lo terrenal; el honor de dirigir la comuna implicaba por tanto un sacrificio para el electo, sin embargo, la asunción le permitía representar a un dios en la tierra con lo que obtenía prácticamente un poder absoluto.

El electorado se componía de cuatro segmentos sociales: los *Tecutlatoque* (jueces, impartidores de la justicia), los *Achcacauhtin* (ancianos), los *Yaotequiuaque* (capitanes y soldados viejos) y los *Tlenamacazque* (sacerdotes), quienes se reúnen, discuten y mediante un amplio consenso, toman la decisión de quién será el emperador, "cuando todos, o los más, concurrían en uno, luego le nombraban por señor. No se hacía esta elección por escrutinio, o por votos, sino que todos juntos, confiriendo los unos con los otros, venían a concertarse en uno".[273] Imaginemos este mecanismo de selección, donde en el proceso de discusión prevalecía el respeto, pero, sobre todo, el reconocimiento y tolerancia de las partes involucradas, era claro que, para llegar a un consenso, los electores sabían decidir, pero principalmente sabían escuchar.

Este cónclave constituyó un gobierno teocrático con una aristocracia electiva de gran influencia militar que excluyó en la toma de decisiones a la población baja, a quienes practicaban el comercio, a las y los artesanos,

[270] León Portilla, Miguel *et al.*, "Mesoamérica antes de…", *op. cit.*, p. 22.
[271] Pérez de los Reyes, Marco Antonio, "Evolución del derecho electoral…", *op. cit.*, p. 698.
[272] De Sahagún, Fr. Bernardino, *op. cit.*, p. 454.
[273] *Idem.*

esclavos, pues la elección del emperador estaba en manos de una estrecha oligarquía[274] a la cual se accedía por méritos propios, pues estar en una determinada clase social no impedía acceder a otra, como se estudió.

Junto con el emperador se elegían cuatro nobles que fray Bernardino de Sahagún denomina senadores los cuales acompañarán al monarca en la toma de decisiones trascendentes durante su gestión.

Dentro de las ciudades como se ha estudiado, se decidían diversas responsabilidades públicas por elección; los cargos eran irrenunciables, pues solamente por salud o por deshonestidad, se autorizaba el abandono de éstos y en el supuesto que la razón fuera la falta de ética y honradez, tal conducta era sancionada con la muerte. A pesar de ser considerado un honor la representación política, muchos de los posibles electos se ocultaban para no merecer tal privilegio, incluso el *tlatoani* principal, dentro del ritual de ascenso, rechazaba el gobierno pero se le insistía argumentándole que era voluntad divina y por tanto obligatoria su aceptación.

El *calpulli*, al contar con su propio gobierno, exploró mecanismos para lograr una adecuada convivencia, el orden era fundamental para poder vivir en armonía, el estatus religioso y el linaje de los electos garantizaba el cumplimiento de las distintas ordenanzas; las y los ancianos jugaban un rol importante en sus comunidades, el respeto que proyectaban y el culto que se les tenía como seres sabios y de fe, permitía que las decisiones fueran en su mayoría avaladas por la población y el monarca.

La unión de ancianos en una especie de asamblea, se le denominaba consejo de *tahtli* o *tatahtli* (en su acepción española significa *tata*, pero en México no deriva del latín sino del náhuatl),[275] fue un órgano auxiliar de gobernanza azteca, de orientación política y de interpretación de la cosmovisión, podían nombrar a funcionariados que atendieran situaciones de la cosa pública, su constitución contribuyó al engrandecimiento del imperio por la sabiduría con que se conducían.

[274] Soustelle, Jacques, *La vida cotidiana de los aztecas…*, *op. cit.*, p. 96.
[275] Montemayor, Carlos, *op. cit.*, p. 119.

Este sistema de electores legitimados socialmente y su mecanismo de consenso fue aplicado en la designación de diversos cargos, ponderando la solvencia moral y el reconocimiento de sus pares, elementos fundamentales para otorgar y merecer el mando.

> Tenía su propio gobierno, integrado por un consejo de ancianos o tatas, jefes de los clanes o patriarcas, encabezados por el de mayor prestigio, llamado Teachcauh, quien era elegido por los propios ancianos. Además, también elegían al Calpulleque o jefe de barrio, entre las cabezas de familia más destacadas por su capacidad y por su honestidad. Igualmente era electo el Tecuhtli, guerrero famoso por sus hazañas y al que encargaban la vigilancia del Calpulli y el adiestramiento militar de los varones que debían prestar servicios en el ejército azteca.[276]

El *consejo de tatas* es trascendente puesto que al desplegarse una especie de monarquía resulta aleccionador que aun con la inacabable fuente de poder del *tlatoani*, sabía del valor de tener opiniones alternativas o inclusive delegar facultades para que la marcha del gobierno fuera exitosa.

Actualmente el modelo de *consejo de ancianos* se continúa utilizando en algunas poblaciones originarias de México, por ejemplo, las etnias *tzeltales-tzotziles* en donde las familias que forman un linaje fundan barrios, los cuales al integrarse establecen su comunidad, en la cual la autoridad suprema corresponde a las personas adultas mayores.

> Las autoridades de una comunidad son los "principales", los cuales son electos entre los principales de cada paraje. Para obtener el rango de principal es necesario ante todo prestigio y años de trabajo y de servicio a la comunidad, así como también poderes mágicos que permitan tener trato con lo sobrenatural, ya que los cargos de los principales son de carácter sagrado. Los principales son necesariamente ancianos, ya que el prestigio por los servicios dados a la comunidad sólo se adquiere con el paso de los años.

[276] Pérez de los Reyes, Marco Antonio, *Historia del derecho…*, *op. cit.*, p. 83.

El "katinab" o principal de principales, es electo por los principales de cada barrio y dura toda la vida en ese cargo. Interviene en todos los asuntos de la comunidad, religiosos y profanos.[277]

Estos sistemas electivos apoyados en usos y costumbres se aplican contemporáneamente en distintos grupos étnicos, "una quinta parte de nuestra población se autorreconoce como integrante de uno de los 62 pueblos indígenas (casi 26 millones de personas) y 6.5% habla alguna lengua indígena".[278]

Las poblaciones indígenas son "aquellas que descienden de poblaciones que habitaban en el territorio actual del país al iniciarse la colonización y que conservan sus propias instituciones sociales, económicas, culturales y políticas, o parte de ellas".[279] En tanto que "son comunidades integrantes de un pueblo indígena, aquellas que formen una unidad social, económica y cultural, asentadas en un territorio y que reconocen autoridades propias de acuerdo con sus usos y costumbres",[280] entre estas culturas se encuentran los yaquis, tarahumaras, huicholes, otomíes, mixtecos, zapotecos, por mencionar algunos; los cuales —al momento de aplicar principios democráticos constitucionales vigentes— entran, en muchos de los casos, en conflicto con su concepción cultural, principalmente al momento de designar o elegir a sus autoridades.

Lo anterior significa que las comunidades indígenas tienen el derecho de la libre autodeterminación, es decir de autogobernarse, lo cual expresa poder vivir bajo sus representaciones de organización social, económica, política y aplicar sus métodos normativos para el nombramiento de sus autoridades, así como elegir representantes ante los ayuntamientos en los municipios con población indígena.[281]

[277] Tello Díaz, Carlos, *Formas de gobierno en las comunidades indígenas de México*. Obtenido de http://www.ine.mx/documentos/DECEYEC/vgn_ivestigacion/formas_de_gobierno_comunidades.htm

[278] Tribunal Electoral del Poder Judicial de la Federación, *Manual sobre los derechos político-electorales de los pueblos y las comunidades indígenas*, México, 2017, p. 13.

[279] *Ibidem*, p. 15.

[280] Artículo 2°, tercer párrafo, de la CPEUM.

[281] Tribunal Electoral del Poder Judicial de la Federación, *Manual sobre los derechos político-electorales de los pueblos y las comunidades indígenas, op. cit.*, p. 10.

Durante los 300 años de dominación española, surgen nuevas formas de relaciones sociales e instituciones políticas desconocidas en los territorios conquistados, leyes que regularon el diario convivir y por supuesto una nueva forma de gobierno, todo ello se concentró en un conjunto de ordenanzas, al que se le denominó derecho indiano.[282] La nación mexicana era el experimento español para imponer su religión y su manera de gobernar, aniquilando el sistema de creencias y nuestra forma de organización política.

Adicional al choque religioso, el novedoso conjunto de ordenamientos que se aplicarían en el nuevo mundo impactó la forma de convivencia y la armonía; núcleos sociales y familiares se dividieron por los sistemas de creencias religioso y político; la civilización ancestral resistió el embate de la conquista, pero el nacimiento de nuevas generaciones, la religión y leyes, fue mermando la resistencia y formando a la vez una nueva ciudadanía.

Al asentarse los conquistadores toman una decisión simple, pero culturalmente devastadora, las extraordinarias ciudades dispersas, las ciudades-Estado y los gloriosos imperios habrían de identificarse, a partir de la nueva organización administrativa y política, como la Nueva España.

Para hacer *legal y efectiva* la dominación, impusieron normas como el Código Partidas, el Fuero Viejo de Castilla, la Ley del Estilo, el Especulo, los Fueros de León y de Castilla, los Ordenamientos de Alcalá, las Leyes de Toro, la Bula del papa Alejandro VI, el testamento de la propia reina Isabel, los escritos del fray Bartolomé de las Casas y por supuesto las Leyes de Indias,[283] estas últimas constituyen el conjunto de leyes de mayor relevancia y aplicación en la Nueva España.[284]

[282] Su origen es la fusión de dos tipos de ordenamientos jurídicos: el derecho prehispánico, aplicado por las distintas culturas de la región antes de la llegada de los españoles, y el derecho castellano, conocido y ejercido en España, cuya ordenanza jurídica pretendió ser la dominante en los nuevos territorios.

[283] El recuento de las disposiciones legales puede verse en Ortiz de Montellano, Manuel María, *Génesis del derecho mexicano. Historia de la legislación de España en sus colonias americanas y especialmente en México*, México, reimpresión de Collections of The University of California Libraries, 1899.

[284] Recopilación de las Leyes de Indias consta de nueve libros, 118 títulos y contiene 6,447 leyes. Fueron aprobadas por el rey Carlos II de España y publicadas el 18 de mayo de 1680.

Las legislaciones mencionadas, al ser disposiciones expresas, crearon las bases para el nuevo orden, establecieron innovadoras instituciones políticas, entre las cuales se encuentran:

- Gobernación y capitanía general.
- Virreinato.
- Ayuntamiento y sus cabildos.
- Corregimiento.
- Gobierno superior y comandancia general de las provincias internas.
- Las Cortes.
- El Real y Supremo Consejo de Indias.
- Intendencias del continente americano.
- La Audiencia y Cancillería Real.
- La Audiencia Real de la Ciudad de México.
- La Audiencia Real de Guadalajara.

Por lo que respecta a las disposiciones, cuyo contenido privilegiaba el trato respetuoso a la población indígena, algunas de ellas simplemente fueron ignoradas por conveniencia de quienes ejercían el poder en los nuevos territorios; por ejemplo, la reina Isabel en su testamento prescribe que los miembros de los pueblos originarios fueran tratados bien y que con dádivas y buenas obras se les hiciera interesar por la religión católica, además, establece que el español que los trate mal será castigado severamente[285] y se complementa con la orden de "que todos los indios de los españoles fuesen libres de servidumbre, y que no fuesen molestados de alguno. Sino que viviesen como vasallos libres, gobernados y conservados en justicia como lo eran los vasallos de los reinos de castilla".[286] En ese mismo sentido, el rey Carlos V en 1555, mediante cédula real, ordenó que las leyes que antiguamente tenía la población indígena fueran vigentes en cuanto no se opusieran a la religión católica y a las nuevas leyes; redacción que quedaría asentada en la ley 4º, título 1, libro 2, de la recopilación de las Leyes de Indias.[287] Sin embargo,

[285] Ortiz de Montellano, Manuel María, *op. cit.*, p. 21.
[286] *Idem.*
[287] *Ibidem*, p. 3.

y a pesar de las buenas intenciones, el maltrato a indígenas fue recurrente durante la Conquista.

El contexto social, religioso y político de la Nueva España

Al Nuevo Mundo arribaron personas de todas las tendencias políticas, religiosas, de formación militar y con actividades económicas de distinto calado legales y algunas otras con desempeños ilícitos, por ello es importante contextualizar y tratar de entender la dinámica social, política, religiosa y económica que se vivía.

Un dato que nos ayuda en ello son los censos de la época, en los cuales establecían que en toda Hispanoamérica existían poco más de 13.5 millones de habitantes, de los cuales solamente en la Nueva España se concentraban 6 millones de ellos, para ponerlo en perspectiva. En España su población alcanzaba tan sólo 10.5 millones de personas,[288] lo cual demuestra la importancia no sólo cultural y sociológica de las regiones hispanoamericanas, sino también su trascendencia comercial.

El barón de Humboldt, considerado *el padre de la geografía*, en su viaje exploratorio al nuevo continente estudió la forma de vida de quienes ahí habitaban y, en sus memorias, afirmó que no existió ningún censo antes de 1794, pero el resultado del que ordenó, el conde de Revillagigedo dio como resultado 4'837,000 de personas que habitaban la región, y consideró que ese "resultado ofrece el *mínimum* de la población que se podía admitir en aquella fecha. Yo adopto [escribió en su obra] más probable el número de 5'837,000 habitantes en el año 1804";[289] él mismo aporta un dato adicional al señalar que "personas instruidas se inclinan a creer que la población ha hecho progresos mucho más rápidos. Tengo por muy probable que en 1808 la población en México fue superior a 6'500,000 almas",[290] de los cuales "el número de españoles asciende probablemente en toda la Nueva España a 1'200,000".[291]

[288] Sánchez-Albornoz, Nicolás *et al.*, "La población de la América colonial española", en *América Latina en la época colonial,* trad. de Amalia Diéguez, Neus Escandell y Montserrat Iniesta, España, Crítica, 2002, t. II, pp. 9-32.

[289] De Humboldt, Alejandro, *Ensayo político sobre el reino de la Nueva España*, México, Compañía General de Ediciones, p. 56.

[290] *Ibidem*, p. 58.

[291] *Ibidem*, p. 79.

¿Quiénes componen este importante número de habitantes de la Nueva España? Por su origen, Humboldt hace una clasificación importante, porque será la lucha entre éstos —ocasionada por el deseo de reconocimiento de unos sobre otros— lo que vendrá a definir la nueva identidad nacional, mediante el derrocamiento de una forma de gobierno (la monarquía) y la instauración de otra (la república). Esta categorización social se compone:

1. Las y los nacidos en Europa, que son personas llamadas gachupines.
2. La descendencia directa de españoles nacidos en América, a los que se les denominan criollos.
3. La persona mestiza es la descendiente de indígena y blanca.
4. La o el mulato es el descendiente de persona blanca y negra.
5. La o el zambo es el descendiente de indígena y persona negra.
6. La población indígena.
7. Persona negra africana.
8. Persona zamba prieta es la que nace de una persona negra y zamba.
9. La y el cuarterón es aquel descendiente de persona blanca y mulata.
10. Hijo o hija de persona blanca o cuarterona se llama quinterón.
11. La y el hijo de persona quinterón y blanca se considera persona blanca.[292]

Esta distinción de clase define el tipo de actividad que pueden desempeñar; en lo relativo al gobierno, éste se deposita en *gachupines*, siendo las personas criollas relegadas al desempeño de funciones inferiores y alejadas de funciones políticas de relevancia, ante ello, las instituciones creadas para facilitar la operación política se convirtieron en espacio exclusivo de dominio español.

Lo que observó y plasmó Alejandro de Humboldt en su obra *Ensayo político sobre el reino de la Nueva España*, fue que el gobierno desconfiaba de las personas criollas y por tanto los empleos eran otorgados a los españoles, "el más miserable de éstos, sin educación y sin cultivo intelectual se cree superior a los criollos";[293] esta actitud discriminante generó división y resentimientos pero también un sentido de identidad,

[292] *Ibidem*, pp. 64-88.
[293] *Ibidem*, p. 79.

a tal grado que quienes nacían en el nuevo continente se definían orgullosamente como [personas] *americanos.*

Asociado a la segregación de la población criolla e indígena para efectuar responsabilidades públicas, se añadió la desigualdad económica, toda vez que las y los llamados gachupines concentraban la mayor parte de las riquezas, pero incluso entre ellos existía lo que Humboldt menciona como *desigualdades de fortuna*, por ejemplo: "en Caracas los jefes de familia más ricos tienen unos 10,000 pesos de renta; en Cuba hay quienes tienen más de 30 a 35,000; en el Perú nadie llega a una renta fija y segura de 6,500. Por el contrario, en Nueva España hay sujetos que, sin poseer minas, juntan una renta anual de 200,000 pesos fuertes".[294]

Aunado a lo anterior, el *clero político* que también ostentaba riquezas extremas, contrastaba con el religioso de la iglesia pueblerina, quien sufría de escasez al no poseer recursos para su labor eclesiástica. El *clero político* lo componían sacerdotes venidos de España también gachupines, y el religioso de barrio era integrado en su mayoría por criollos; esta desigualdad económica se expone con los siguientes datos: mientras la renta anual de ocho obispos mexicanos asciende a 539 mil pesos, de los cuales 130 mil se adjudica el arzobispo de la capital; en su misma diócesis existen curas de pueblos indios que reciben de 100 a 120 pesos al año.[295] Esta distribución inequitativa de la riqueza, de la misma manera la hacían valer para con España, pues contrario a lo que se pudiera pensar, tan sólo un 30 por ciento de los ingresos que se generaban eran enviados a la Corona española. En 1804 el virrey José de Iturrigaray previno al reino español lo siguiente:

> La renta anual de México, que está calculada en 20'000,000 de pesos, se distribuye del modo siguiente:
> I. Gastos del interior del reino: 10'500,000 pesos; de ellos se destinan a guerra 4'000,000.
> II. Situados que anualmente se remiten a otras colonias españolas: 3'500,000.
> III. Dinero que como renta líquida de la colonia entra en la tesorería real de Madrid: 6'000,000 de pesos.[296]

[294] *Ibidem*, pp. 84-85.
[295] *Idem.*
[296] *Ibidem*, pp. 270-271.

Es decir, a pesar que la Nueva España contaba con una fuente inagotable de recursos, los mismos al ser destinados en su inmensa mayoría a la administración interna, ocasionó el enriquecimiento de sus autoridades regionales, incluyendo las religiosas, en donde aquellos que habían llegado con la finalidad de evangelizar e integrar a la población indígena al nuevo sistema de creencias, al ver la riqueza que el nuevo mundo generaba, propició que al poco tiempo "el misionero, el amigo del indio estaba convertido en señor feudal, rico y omnipotente".[297] Cuán distinta era la integridad moral de quienes tenían la representación política y sacerdotal en los pueblos originarios mexicanos que como se estudió, su rectitud en el comportamiento público era su principal baluarte.

Instituciones de gobierno novohispánicas

El sistema político creado y formalizado en España tuvo como soporte las siguientes instituciones de gobierno: el Consejo Real de Indias (con sede en España) y subordinados a éste, la Audiencia, y dentro de éstos los gobiernos, corregimientos y alcaldías mayores,[298] adicionalmente la figura de Gobernación y capitanía general, el *virreinato* y mención especial, para efectos de este estudio, el Ayuntamiento y cabildos.

Este sistema político lo agrupa José Miranda en cuatro secciones, que denomina *dispositivos*: el primero de ellos, proveniente de España, llamado *central-peninsular*, integrado por el rey, sus secretarios y el Consejo de Indias; el segundo es el *central novohispano* ejercido en la Nueva España, constituido por el virrey y la Audiencia; el tercero es el *provincial y distrital*, formado por los gobernadores y los corregidores o alcaldes mayores, y posteriormente el llamado *dispositivo local*, compuesto por los cabildos y sus oficiales.[299]

La figura de Gobernación y capitanía general fue el origen del gobierno en la Nueva España, el cargo de gobernador era una designación directa del monarca, el cual tenía el poder de actuar en nombre y con la

[297] Ortiz de Montellano, Manuel María, *op. cit.*, p. 54.
[298] *Ibidem*, p. 35.
[299] Miranda, José, *op. cit.*, pp. 100-101.

representación del rey, por tanto concentraba un excesivo poder, pues asumía y ejercía facultades no sólo militares sino civiles, el cargo era hereditario y perduraba hasta la muerte del titular o en su defecto por remoción o ratificación del monarca; se tiene el registro en esta etapa de la historia novohispana de cinco gobernadores[300] previo a la instauración de la presidencia de la Real Audiencia de México, la cual se aborda a detalle en el apartado de: "El virreinato" y "Las Cortes" en esta misma obra.

Pero antes de estas instituciones o incluso de la conquista formal y del nombramiento de Hernán Cortés como primer gobernador y capitán general de la Nueva España,[301] nace el municipio novohispano, al fundarse la Villa Rica de la Vera Cruz, donde, emulando el sistema de gobernanza de España, que involucra a alcaldes y regidores, el conquistador instaura el primer ayuntamiento en el continente americano.

El primer ayuntamiento

En su análisis de las legislaciones, Ortiz de Montellano expresa que "el elemento municipal... no fue trasplantado a América por la ley española, sino por los aventureros conquistadores",[302] como se prueba con la narrativa contenida en la *carta de relación* que envía el primer ayuntamiento de la Nueva España al rey Carlos V, donde el conquistador explica la fundación de la ciudad, la incorporación de alcaldes, regidores y la integración de inmediato del ayuntamiento y cabildo respectivo.

La nueva autoridad municipal conoce y emite como primer acto, el nombramiento de Hernán Cortés como representante de la Corona española, capitán de las reales armas y cabeza de la recién villa fundada. Es el cabildo de la Vera Cruz quien informa a la monarquía española sobre su primer acto de autoridad, consistente en los nombramientos otorgados a Cortés, los cuales justifican por su experiencia, lealtad a la Corona y por la inversión económica que realizó en la encomienda real.

[300] Díaz del Castillo, Bernal en *Historia verdadera de la conquista de la Nueva España,* obra aquí mismo citada, relaciona a: Hernán Cortés (él lo llama Hernando, gobernó dos veces), Alonso de Estrada (gobernó en tres ocasiones), Gonzalo de Salazar, Luis Ponce de León y Marcos de Aguilar.

[301] Si bien es cierto, Hernán Cortés ejercía como gobernador desde 1519, es mediante Provisión real de fecha 24 de abril de 1523, expedida por el rey Carlos V, cuando se formaliza su nombramiento.

[302] Ortiz de Montellano, Manuel María, *op. cit.,* pp. 40-41.

La explicación de este conjunto de designaciones se describe en la mencionada primera *carta de relación* que expresa lo siguiente:

> Por haber gastado todo cuanto tenía por venir como vino en esta armada en servicio de vuestras majestades, y por haber tenido en poco, como hemos hecho relación, todo lo que podía ganar e interés que se le podía seguir, si rescatara como tenía concertado, le proveíamos en nombre de Vuestras Reales Altezas de justicia, y alcalde mayor del cual recibimos el juramento que en tal caso se requiere y hecho como convenía al real servicio. De Vuestras Majestades lo recibimos en su real nombre en nuestro ayuntamiento y cabildo por justicia mayor y capitán de vuestras reales armas y así está y estará hasta tanto que vuestras majestades provean lo que más a su servicio convenga. Hemos querido hacer de todo esto relación a Vuestras Reales Altezas, por que sepan lo que acá se ha hecho y el estado y manera en que quedamos.[303]

El ayuntamiento se integró por dos alcaldes (Alonso Hernández Portocarrero y Francisco de Montejo), cuatro regidores (Alfonso Dávila, Pedro de Alvarado, Alonso de Alvarado y Gonzalo de Sandoval), un alguacil mayor (Juan de Escalona), un procurador general (Francisco Álvarez Chico), un tesorero (Gonzalo Mejía) y dos alguaciles (Ochoa Vizcaíno y Alonso Romero);[304] este cuerpo edilicio toma dos decisiones más, prácticamente al mismo tiempo de la investidura otorgada a Hernán Cortés, cuando deciden en las personas de Alonso Fernández Portocarrero y Francisco de Montejo darles la encomienda de visitar a los reyes de España y llevarle una serie de presentes, así como solicitar y regresar con el *visto bueno* en las recientes decisiones políticas; este primer ejercicio de autodeterminación con sujeción a la Corona, habrá de reproducirse cuando se legislen ordenanzas municipales (reglamentos) que requerían la confirmación del rey, incluso, hasta los momentos más difíciles, cuando se busca la independencia nacional, se pretendió continuar con un sistema de dependencia a la monarquía española.

[303] La carta se tituló *De la justica y regimiento de la Rica Villa de la Vera Cruz a la reina doña Juana y al emperador Carlos V, su hijo,* enviada el 10 de julio de 1519, véase en Cortés, Hernán, *op. cit.*, pp. 26-27.

[304] Pérez de los Reyes, Marco Antonio, *Historia del derecho…, op. cit.*, p. 285.

La elección de Hernán Cortés, así como la fundación de la Villa de la Vera Cruz, son hechos que no podrían existir uno sin el otro; en las crónicas de Bernal Díaz de Castillo, se plantea que la fundación de la ciudad es producto del descontento y la disputa por el mando entre el conquistador y el gobernador de Cuba, Diego Velázquez, quienes se disputaban el dominio de las recientes tierras descubiertas.

Hernán Cortés necesitaba alianzas para acreditarse como autoridad en la Nueva España; sabedor de la importancia del municipio como forma de gobierno, y por la experiencia adquirida al haberse desempeñado como alcalde de Santiago de Cuba tras la conquista de la isla, decide fundar una de las instituciones más sólidas en el continente americano: el ayuntamiento.

A pesar de ello, la legalidad de esta figura se reafirma principalmente a través de las Leyes de Indias,[305] donde se instrumentan instituciones de corte monárquico español y se desdobla una estructura política europea, que tiene como consecuencia la instauración de figuras e instituciones jurídicas, administrativas, de gobierno y de procuración de justicia. Destacando entre ellas, los ayuntamientos.

Los cabildos

La autoridad en los ayuntamientos la constituyen los cabildos, los cuales cuentan con influjo suficiente para emitir actos de índole administrativos y de procuración de justicia.

En este sistema destaca la figura de los regidores, donde los propietarios generalmente españoles, eran designados por el monarca, y su gestión era a perpetuidad; el otro tipo de regidor eran los denominados suplentes o interinos, a quienes se les tenía prohibida la reelección y por tanto su gestión era temporal. La duración en el cargo variaba, aun cuando el régimen jurídico ordenaba que fueran anuales, el regidor suplente podía ser indígena, criollo o español y serían electos por los propios habitantes de la región, de acuerdo a la "gracia" del rey Carlos V, que otorgó a los "vecinos el derecho a elegir, cuando no se hubiera

[305] Ordenamientos jurídicos, compuestos por nueve libros y 6,377 leyes que regulaban la vida en sociedad, en aspectos económicos, sociales, políticos y religiosos, dentro las tierras conquistadas.

concedido este derecho en las capitulaciones a los adelantados";[306] por su parte, la Ley de Indias confiere el derecho de nombrar a los regidores, al principal poblador o adelantado de la localidad, situación que aconteció en distintas regiones del país.

Los cabildos, entonces como cuerpos colegiados, podrían ser de españoles, indígenas o mixtos, y aun cuando José Miranda describe un tipo de cabildo adicional, al que llama *cabildo abierto*, al no ser vinculante sus determinaciones, son en realidad consultas que tiene su auge en el siglo XVI y su objeto fue "que el ayuntamiento conociera el parecer de los vecinos acerca de un asunto de extraordinaria importancia";[307] el *cabildo abierto* no contó entonces con facultad resolutoria o decisoria[308] por lo que solamente fue una herramienta para conocer las opiniones de la población respecto de asuntos como la aplicación de un reglamento municipal. Este mecanismo de consulta, que realiza la autoridad municipal sobre temas de trascendencia, es el antecedente de la consulta popular o referéndum que actualmente existe en nuestro sistema de democracia directa.

El *cabildo indígena*, por su parte, se integró de acuerdo con la Provisión real de Felipe III, tomando en consideración el número de habitantes, en cuyo caso será de un "alcalde y un regidor los pueblos de menos de ochenta indios y de más de cuarenta; dos alcaldes y dos regidores si pasaren de ochenta casas, y dos alcaldes y cuatro regidores los pueblos mayores".[309]

Para determinar quiénes eran integrantes del cuerpo edilicio, se practicaba dos tipos de comicios: "la *elección restringida*, por concederse el derecho activo y/o pasivo, sólo a determinadas personas, nobles (principales), gobernantes (los antiguos y los actuales), ancianos, un número reducido de Macehuales, etc.; otro el de la *elección amplia*, por concederse aquel derecho a todos los vecinos".[310] En este tipo de cabildo se respetaba la organización política original y era de aplicación exclusiva para poblaciones indias, los integrantes recibían el mandato, general-

[306] Ortiz de Montellano, Manuel María, *op. cit.*, p. 41.
[307] Miranda, José, *op. cit.*, p. 134.
[308] *Idem.*
[309] *Ibidem*, p. 132.
[310] *Ibidem*, p. 133.

mente por la comunidad, aun cuando existían algunas otras formas indirectas de obtenerlo, pero "normalmente, los jueces y regidores eran elegidos por el mismo cabildo del pueblo o por un grupo de votantes indios, los vecinos o vocales de la comunidad indígena".[311]

Los *cabildos indígenas,* como nueva forma de gobierno, continuaron con la tradición prehispánica de incorporar a la representación política a los ancianos de la comuna, por el respeto y sabiduría que se les reconocía, pero indistintamente del tipo de elección por el cual se integraran, invariablemente se requería de la confirmación del rey o del virrey, lo que constituyó durante la vigencia de los cabildos una excesiva intromisión de la realeza, incluso de la clase política eclesiástica; esta injerencia, definitivamente, debilitó la figura.

Por lo que atañe a los *cabildos de españoles*, sus integrantes podrían ser criollos o peninsulares y "tuvieron una composición casi idéntica a la de los peninsulares. Como a éstos, integrábanlos las dos grandes ramas de la gestión pública concejil: la justicia, es decir los alcaldes ordinarios, y el regimiento —o administración—, es decir, los regidores".[312]

En el *cabildo de españoles*, los regidores representaban a la comunidad de donde vivían, en la cual cohabitaban indígenas, personas criollas y peninsulares, una vez fundados esta modalidad de cabildo, se convertían en la autoridad más cercana a quienes habitaban en estas regiones, podían ser electos y los alcaldes podían fungir como juzgadores, de ahí que muchas investigaciones históricas los equiparan a un juez o responsables de la función judicial; en contraparte los regidores actuaban, por su carácter deliberativo, como asesores y contribuían a la implementación de determinados actos fiscales y administrativos. Cuando se incorporaban a miembros de la nobleza indígena, se constituían los *cabildos mixtos.*

Por lo que respecta a la figura de la sindicatura, que también se le llamó procuraduría, quien fuera titular actuaba con la representación legal de los asuntos del ayuntamiento debiendo ser una persona conoce-

[311] Sánchez-Albornoz, Nicolás *et al.*, "Las sociedades indias bajo el dominio español", *América Latina en la época colonial*, trad. de Amalia Diéguez, Neus Escandell y Montserrat Iniesta, España, Crítica, 2002, t. II, p. 107.

[312] Miranda, José, *op. cit.*, p. 128.

dora de las leyes y del entorno político regional e internacional, principalmente de lo que acontecía en España.

Lo cierto es que independientemente del tipo de cabildos, el grado de intrusión llegó al extremo de que la monarquía española podía designar, confirmar regidores e inclusive, una vez integrados los cuerpos edilicios, tenían que aceptar la presencia en sus asambleas de gobernadores, corregidores, alcaldes mayores, oidores reales y clérigos, y soportar, también, el llamado *derecho de aprobación,* que no es otra cosa más que *la aceptación* del monarca a las determinaciones legislativas en la creación, modificación o adición de reglamentos municipales; este conjunto de dictados violentó su autonomía.

Con el paso del tiempo, las libertades de los ayuntamientos y sus cabildos empeoró, ya para 1786 a través de los intendentes[313] podían designar alcaldes ordinarios y si no los hubiera de convocar a elecciones para nombrarlos, en caso de que no hubiera ayuntamiento constituido, podían designarlos directamente, circunstancia peor en los cabildos indígenas, pues simplemente nombraban a un subdelegado para cada pueblo, el cual ejercía las facultades que le eran propias a los mismos intendentes.

Composición de los ayuntamientos

Los ayuntamientos novohispanos podían ser de dos y hasta cuatro alcaldes, igual número de síndicos y de dos hasta 15 regidores, dependiendo de la dimensión e importancia económica de la ciudad; un criterio podría haber sido "doce a las ciudades principales y seis a las demás villas y pueblos, nombrando los cabildos por elección, cada año, personas para ocupar los regimientos aun no cubiertos por los soberanos".[314] En el ayuntamiento de la Ciudad de México, por ejemplo, coexistían regidores perpetuos que eran personajes de alto reconocimiento en la comunidad, casi todos americanos, y dado el alto grado de intelectualidad de los mismos, fue considerado de los más importantes en la región y de conformación amplia:

[313] De acuerdo a la Ley de Intendentes y la Ordenanza Real de Intendentes y de la provincia de España, ambas de 1786, los intendentes que eran designados por el rey, atendían los asuntos bajo su mando estaba los de policía, justicia, hacienda y guerra, además de que bajo su mando estaban los corregimientos y alcaldes mayores.

[314] Miranda, José, *op. cit.*, p. 128.

Se integraba por 15 regidores perpetuos y otros hereditarios que nombraban, a su vez, dos alcaldes y seis regidores (incluso el síndico) cada dos años. Los regidores perpetuos eran antiguos titulares de mayorazgos, por lo general de pocas luces y en su mayoría sin grandes fortunas. Los alcaldes y regidores electivos recibían el nombre de honorarios y se escogían entre los personajes notables del reino. El síndico debía ser, además, abogado. Estos últimos, por sus letras, solían ejercer enorme autoridad sobre el resto de los miembros del ayuntamiento.[315]

Como se estudió, la instauración del ayuntamiento fue antes que el idioma, la religión y la conquista, por ello la subrayada tradición municipalista en la nación, donde la participación vecinal y la confianza en esta institución política han contribuido a su vigencia y adhesión.

Infinidad de relatos señalan que en sus orígenes, la ciudadanía se juntaba al salir de misa los domingos para tratar asuntos comunitarios de interés general, estas asistencias deliberativas también forjaron el asambleísmo mexicano, pues éstas eran reuniones democráticas, directas, donde participaban mujeres y hombres con la finalidad de atender sus problemas de uso de montes, tierras y aguas, funcionamiento de mercados, mejoramiento de caminos,[316] por mencionar algunos de los muchos temas que trataban; por ello no es casualidad y no debe sorprendernos que funciones como agua, rastros, mercados, sigan siendo reservadas como facultad exclusiva para los gobiernos locales.

El ayuntamiento es una de las mejores formas de gobierno que existen, su cercanía con la gente y la diversidad de funciones y facultades con la que cuenta, tienen que ver con la atención cotidiana de los quehaceres de la ciudadanía, por estas razones es una institución política altamente reconocida y funcional.

Desde su nacimiento, la composición de los ayuntamientos reflejó el poder de la ciudadanía; Ignacio Burgoa considera que en la integración de estas autoridades se da origen a *una especie de democracia*, que tiene su expresión mucho antes de que se estableciera la democracia como

[315] Fernández Delgado, Miguel Ángel, *El virrey Iturrigaray y el ayuntamiento de México en 1808*, México, INEHRM, 2012, p. 37. Obtenido de https://inehrm.gob.mx/work/models/inehrm/Resource/439/1/images/iturrigaray.pdf

[316] Pérez de los Reyes, Marco Antonio, "Evolución del derecho electoral…", *op. cit.*, p. 700.

forma de creación de institución política alguna; a pesar de esta cualidad formativa, la desviación de la institución inicia cuando el rey Felipe II decreta la venta de cargos u oficios para pagar diversos gastos de la Corona, aunado a permitir que los puestos fueran hereditarios, con lo cual se "contribuyó a la desaparición del origen popular de los citados organismos que de ese modo se convirtieron en verdaderas oligarquías".[317]

Con sus complicaciones evolutivas, el ayuntamiento-cabildo sirvió no sólo como división territorial, delimitación administrativa o para la debida aplicación de la justicia, sino también como unidad política, célula social básica que definió el rumbo del virreinato, tal fue el caso del ayuntamiento de la Ciudad de México en 1808, donde su cabildo tomó determinaciones que sembraron la semilla del México independiente y soberano, y que se estudiará en lo particular. En esta progresión de los ayuntamientos, la figura subsistió a guerras, disputas ideológicas, invasiones, para finalmente fortalecerse, con el municipio libre que se adopta en 1917.

El corregimiento

Los corregimientos fueron agrupaciones de poblaciones, que constituían una especie de tribunal para resolver conflictos de orden civil y penal, tenían competencia para actuar como segunda instancia y resolver en definitiva las sentencias que emitieran los ayuntamientos. Su función primordial fue de administrar y procurar justicia, esta potestad constantemente traba conflicto con los cabildos, toda vez que en los corregimientos la Corona española influía permanentemente en los asuntos a través de sus titulares: los *corregidores*.

Los corregidores, al ser *jueces mayores*, eran procuradores de justicia, pero representando a la Corona en las decisiones de los cabildos, y al ser éstos la expresión vecinal, generaba inconvenientes a la autoridad española por el conflicto de intereses que se manifestaban, pues la función del corregimiento pertenecía al ámbito civil y penal de primera instancia, en tanto que en segunda, actuaban para *resolver* las resoluciones de los cabildos que, en la mayoría de las ocasiones, era para *corregir* lo que consideraban *malas decisiones;* en ese sentido, el nombre de

[317] Burgoa, Ignacio, *op. cit.*, p. 71.

corregidor corresponde a la acción de "corregir los abusos"[318] que la Corona consideraba se cometían por parte de la representación vecinal.

Era claro que lo considerado *abuso*, eran en realidad medidas que atendían los problemas comunes de la ciudad, en tanto que el corregidor, al representar a la Corona, pretendía constantemente conservar los privilegios de la monarquía, por ello el corregimiento llegó a ser una entidad que justificaba mediante la ley, lo que de hecho era la voluntad del gobernante español: la nobleza siempre por encima de los vecinos, es decir, el poder de la monarquía sobre el poder de la ciudadanía.

La integración de esta institución política esclarece esta tendenciosa actuación de los corregidores, los cuales llegaban al cargo por la designación directa del rey en cuyo caso la duración de la responsabilidad era de hasta cinco años, sin embargo, cuando la elección recaía en el virrey, el cargo era de carácter provisional y podría ser de dos a tres años, hasta en tanto fueran confirmados por el monarca o éste enviara a un nuevo corregidor para sustituirlo en tal función.[319]

Los cabildos, como autoridad del ayuntamiento, tuvieron un desarrollo eficaz pero difícil, la inserción permanente de la Corona a esta forma de mando fue en principio una amenaza a su desarrollo, pero no impidió que se diseñaran sistemas electivos en tanto se daban las confirmaciones reales, los regidores insistieron constantemente mediante la *petición-súplica* de contar con mayor autonomía, no obstante, la respuesta nunca fue la deseada, a pesar de ser una forma de organización política, sólida y de gran utilidad; la intención de minar los ayuntamientos tuvo efectos que mermaron su expansión ocasionando que luego de la Conquista "tan escasa fue su importancia... que impidió a los municipios adquirir mayor significado político";[320] sin embargo, la figura, habiendo variado fundamentalmente en la forma de elección de quienes podían fungir como regidores y alcaldes, así como de los

[318] *Idem.*

[319] González, Refugio María del, A. Lozano, Teresa, "El alcalde mayor o el corregidor como jueces", *Revista de la Facultad de Derecho de México*, t. XXXV, núms. 142-143-144, México, UNAM, p. 568. Obtenido de http://historico.juridicas.unam.mx/publica/librev/rev/facdermx/cont/142/dtr/dtr6.pdf

[320] Fernández Delgado, Miguel Ángel, *op. cit.*, pp. 35-36.

requisitos de elegibilidad, duración en la responsabilidad y número de integrantes, subsistió.

El virreinato

En la Nueva España ejercieron desde principios del siglo XVI hasta la consumación de la independencia 63 virreyes,[321] la duración del cargo era de tres años, siendo facultad del monarca español acortar o prolongar el tiempo.

Los virreyes, al ser representantes legales y legítimos del rey, contaban con facultades administrativas, fiscales, judiciales y eclesiásticas amplias; "eran jefes de todas las grandes secciones del aparato gubernamental de la colonia, de la militar, como capitán general; de la política y administrativa, como gobernador del reino; de la judicial, como presidente de la Audiencia; de la espiritual o religiosa, como vicepatrono de la iglesia, y de la fiscal como superintendente de la real hacienda";[322] en lo que respecta a sus tareas políticas y administrativas, tenían entre otras, la de modificar o suspender cédulas reales, establecer reglamentos, ordenanzas, otorgar licencias o autorizaciones en nombre del rey y confirmar las elecciones municipales y las ordenanzas de los concejos;[323] en materia política sus facultades eran prácticamente absolutas, sólo en las Cortes tenían el único contrapeso, pero a menudo podían controlarlo a través de favores económicos que realizaban a sus integrantes.

De los virreyes de América, el titular del virreinato de la Nueva España es sin lugar a dudas quien goza de mayor poderío en Europa, su influencia se debe a la distribución de la riqueza, que aun cuando en comparación con los ingresos que se generan en la tierra conquistada, es relativamente poco lo enviado; el manejo de la administración regional le permite acrecentar su poderío económico con lo cual logra conseguir, a través de la dádiva, de la compra de voluntades, de dar presentes onerosos o realizar favores en la Corte española, una red de protección suficiente para imponerse en las tierras invadidas.

[321] El primer virrey de las tierras descubiertas fue Cristóbal Colón, también denominado virrey indiano, quien ejerció de 1492 a 1500 en la isla de La Española (Santo Domingo); en la Nueva España, el primero fue Antonio de Mendoza, que ejerció de 1535 a 1550, y el último Juan de O'Donojú y O'Ryan en 1821.s

[322] Miranda, José, *op. cit.*, p. 104.

[323] *Idem.*

Para ubicar una perspectiva global, diremos que mientras el virrey en Nueva Granada o Buenos Aires tenía un sueldo de 40 mil pesos al año, en la Nueva España es de 60 u 80 mil anuales; asociado al costo que representa su corte, compuesta de pajes, batidores[324] y por "familias cuyas rentas son tres o cuatro veces mayores que la suya".[325]

El enriquecimiento del virrey y la familia real permitió que tuviera control político durante una etapa, donde el poderío eclesiástico lograba hacerse presente en la cosa pública; al tener fortuna imponía su voluntad, y sus decisiones frecuentemente eran con la finalidad de seguir aumentando sus riquezas, pues ello le representaba el verdadero dominio. Es así como, con poder económico, logró tener ascendencia en las Cortes españolas y mantener, por otra parte, la armonía en la nueva región.

El Gobierno Superior y Comandancia General de las Provincias Internas

Paralelamente al periodo en que se ejerció el virreinato, se crea una especie de gobierno alterno que ejerció y se denominó Gobierno Superior y Comandancia General de las Provincias Internas, dependiente 100 por ciento de la Corona española y con relativa independencia del virrey; este gobierno se practicó sobre las llamadas *provincias internas*, que fueron regiones incorporadas posteriormente a las tierras originalmente conquistadas y de gran lejanía para con la metrópoli novohispana, entre las que se encontraban los estados de Texas, Coahuila, Nuevo México, Nueva Vizcaya, Sonora, Sinaloa y las dos Californias.

La distancia es la razón por la cual surge la idea de un *virreinato norteño*, sin embargo no prosperó, inverso a ello se diseñó una estructura de gobierno que mantuviera la unidad política, el sentido de identidad y la integración como territorio.

> La idea de separar las tierras más alejadas del centro de Nueva España creando otro reino o virreinato al norte de México apareció ya en el siglo XVI.

[324] La Real Academia Española define al *batidor* como un explorador que descubre y reconoce el campo o el camino para ver si está libre de enemigos, también como la persona real o generales en revistas y solemnidades.

[325] De Humboldt, Alejandro, *op. cit.*, p. 271.

Y llegó al XVIII con un buen número de adeptos. La circunstancia que lo hacían deseable eran las riquezas que se creían encerraban las tierras vírgenes septentrionales e intereses locales. Pero no fue sino hasta después de la guerra de los siete años (1756-1763) cuando el rey español decidió prestar atención al asunto e iniciar la organización administrativa del Septentrión de la Nueva España.[326]

Esta organización administrativa del llamado Gobierno Superior y Comandancia General de las Provincias Internas se concretó mediante cédula real de fecha 22 de agosto de 1776, la decisión de integrar esta nueva institución política seguramente fue impulsada como una forma de cuidar los territorios españoles tras las ideas de independencia que existían en la Unión Americana. Esta nueva modalidad habría de desarrollarse juntamente con las facultades de los virreyes, los cuales no perdían autoridad mas sí interés, toda vez que las tierras interiores no contaban con la riqueza que originalmente se pensaba existía en la zona.

Las Cortes

Las Cortes eran asambleas representativas, que funcionaron en España a partir del siglo XII para coadyuvar con el monarca en su cometido legislativo, administrativo y tributario; éstas eran convocadas por el rey para intervenir en los asuntos graves de Estado; José Luis Soberanes arguye que las Cortes eran "reuniones de los tres estamentos del reino (nobleza, iglesia, burguesía)",[327] lo cual constituye un órgano representativo y de gobierno dado que sus atribuciones incidían directamente en la gobernanza española.

Estos *tres brazos* simbolizan los principales segmentos, reconocidos por la casta monárquica: quienes representaban a la nobleza eran convocados por su linaje, estados, dignidad u oficios, en tanto que quienes representaba al clero lo eran por ser portavoces de iglesias o monasterios, el tercer grupo, al que Soberanes llama *burguesía*, José Miranda los denomina *representantes del estado llano o de las ciudades.*[328]

[326] Velázquez, María del Carmen, "La comandancia general de las provincias internas", *Historia mexicana*, México, El Colegio de México, vol. XXVII, núm. 2. Obtenido de http://codex.colmex.mx:8991/exlibris/aleph/a18_1/apache_media/55SA3M4D5DR3ESTU4MAMUS5EGA4GLE.pdf

[327] Soberanes Fernández, José Luis, *op. cit.*, p. 71.

[328] Miranda, José, *op. cit.*, p. 20.

Este órgano representativo poseía la característica de salvaguardar los intereses económicos de la Corona, pues las Cortes podían celebrarse sin la representación eclesiástica o nobleza, pero nunca sin la presencia de la representación de las ciudades, debido a una conveniencia práctica pues el pago de contribuciones y subsidios era de exclusiva aplicación para quienes habitaban de las ciudades, de ahí la importancia de la presencia de sus representantes para que una vez adoptado el acuerdo, tuviera legitimidad.

La representación de las ciudades recaía en los llamados *procuradores o personeros* y "sólo algunas ciudades tenían el derecho de enviar procuradores a las Cortes, pues la representación de los concejos no era un derecho común, sino un privilegio de ciertos pueblos".[329]

En las reuniones, cada uno de los sectores integrantes, dado el poder de representación, legitimidad y legalidad que tenían para asesorar al rey, "controlaban o moderaban el poder del monarca siempre en atención a la justicia y al bien común, debiendo advertir que cuidaban de la observancia de los fueros y derechos de los súbditos del monarca, quien ante ellas prestaba solemne juramento en el sentido de cumplirlos y obedecerlos".[330]

Dentro del Consejo de Castilla, surge una sección, una especie de cámara especial para tratar los temas de las nuevas tierras conquistadas,[331] el Real y Supremo Consejo de Indias,[332] institución que se convirtió en la de mayor influencia en la región conquistada, funcionaba como jefatura legislativa, judicial, administrativa, militar y aun cuando sus resoluciones eran enviadas al rey para su autorización final, contaba con gran autoridad en sus determinaciones.

Entre sus jurisdicciones destacamos la gubernamental, por ser la materia de estudio, que "englobaban todo lo referido a la organización política desde nombramiento de las principales autoridades hasta la división del territorio";[333] en el marco de esta facultad, le proponía al rey la designación del virrey de la nueva tierra conquistada.

[329] *Ibidem*, p. 21.
[330] Burgoa, Ignacio, *op. cit.*, p. 56.
[331] Se formaliza el 14 de septiembre de 1519.
[332] Para 1524 se separa del Consejo de Castilla.
[333] Soberanes Fernández, José Luis, *op. cit.*, p. 75.

El primer Consejo de Indias fue presidido por fray García de Loaiza e integrado por los siguientes consejeros: Luis Cabeza de Vaca, Gonzalo Maldonado, Diego Beltrán y Pedro Mártir de Angleria. El Consejo de Indias deja de funcionar en 1809, para luego reestablecerse en 1810.[334]

La Audiencia e intendencia

La Audiencia en el continente americano fue un tribunal administrativo y de justicia,[335] poseía facultades de revisión de los actos gubernativos de los virreyes, conocía y resolvía situaciones del ámbito civil y penal; en materia gubernamental llegó a detentar el gobierno antes del establecimiento del virreinato. La Audiencia reemplazó la figura de Gobernación y Capitanía General y, al establecimiento del virreinato, podía asumir el mandato por incapacidad o falta del virrey en tanto el monarca nombrara al sustituto, "en caso de gobernar la Audiencia, el oidor más antiguo —decano— hacía las veces de presidente".[336] La Audiencia, aun cuando acotaban el poder del virrey, sus facultades propiamente para la administración de la justicia permitió que el representante del monarca tuviera mando en el ejercicio gubernamental.

En la Nueva España se instituyó la Audiencia y Cancillería Real, también llamada Real Audiencia, que determinó que en el territorio novohispano se establecieran dos: la Audiencia Real de México y la de Guadalajara, esta segunda supeditada a la primera.

Por lo que respecta a la Audiencia Real de México, al ser la cabecera de la Nueva España, se completaría con el virrey; en esta Audiencia, una de las facultades más trascedentes, por el rumbo que habría de tomar la región en su lucha por la independencia, es que ante la imposibilidad del virrey de ejercer el mando, toman decisiones de gobierno.

Respetando la ortografía de origen, reproducimos la integración de la Audiencia Real de México por su importancia histórica:

> Con vn Virrey, Governador y Capitán General y Lugar-Teniente nueftro, que fea Presidente: ocho Oidores: quatro Alcaldes del Crimen: y dos Fis-

[334] *Ibidem*, p. 73.

[335] La primer Audiencia en el continente fue en Santo Domingo y se le llamó Juzgado de Apelaciones.

[336] Miranda, José, *op. cit.*, p. 118.

cales: vno de los Civil, y otro de lo Criminal: vn Alguazil mayor: vn Teniente de Gran Chanciller: y los demás Miniftros y Oficiales neceffarios, la qual tenga por diftrito las Provincias, que propiamente fe llaman de la Nueva Efpaña, con las de Yucatán, Cozumel y Tabafco: y por la Cofta de la Mar del Norte y Seno Mexicano, hafta el Cabo de la Florida: y por la Mar del Sur, defde donde acaban los términos de la Audiencia de Guatemala, hafta donde comiencan los de la Galicia, según les están señalados por las leyes de efte título, partiendolos con ellas por el Levante y Poniente: con el Mar del Norte y Provincia de la Florida por el Septentrion: y con el Mar del Sur por el Mediodía.[337]

Los llamados *oidores* eran propiamente jueces de gran prestigio y gozaban de fuero; los *alcaldes del crimen*, por su parte, eran los encargados del área penal; los *fiscales* representaban la hacienda y funcionaban como órgano acusador en materia civil y penal; el *alguacil mayor* era el ejecutor de las resoluciones de los oidores y de los virreyes, tenía como obligación recorrer la ciudad de día y de noche, y el *teniente de gran canciller* era el encargado del sello real, que servía para validar todas las actuaciones.[338]

La primera Real Audiencia de México fue presidida por Nuño Beltrán de Guzmán; al respecto, Bernal Díaz del Castillo señala:

> A pocos días mandó su majestad que viniese Audiencia real, y por presidente de ella vino un Nuño de Guzmán, natural de Guadalajara, gobernador que en aquel tiempo era de la provincia de Pánuco. También vinieron por oidores cuatro licenciados que se decían: Delgadillo. Natural de granada y Matienzo, decían era de hacia Vizcaya, y un licenciado Parada..., estar en la isla de Cuba, y un Maldonado, de Salamanca, no lo digo por el licenciado Alonso Maldonado, el Bueno, que así le llamamos, que fue gobernador de Guatemala y adelantado de Yucatán.[339]

Nuño Beltrán de Guzmán se caracterizó por su desmedida ambición, benefició a parientes y amistades en la designación de los cargos públicos

[337] Leyes de Indias, libro II, Título XV, *De las Audiencias y cancillerías reales de las Indias*, véase en http://www.leyes.congreso.gob.pe/Documentos/LeyIndia/0102015.pdf

[338] Véase el cuadro 4.11. *Integrantes de la Real Audiencia*, en Pérez de los Reyes, Marco Antonio, *Historia del derecho...*, *op. cit.*, p. 249.

[339] Díaz del Castillo, Bernal, *op. cit.*, p. 706.

y prácticamente instituyó la corrupción en la Nueva España. Su codicia lo hacía aspirar a la conquista de nuevas tierras imponiendo maltrato y prácticamente esclavitud a la población indígena, con la única finalidad de ampliar riqueza y privilegios, este comportamiento trajo consigo la creación de una fuerza opositora a su gobierno; reaccionaron aquellos que se pronunciaban por un trato digno para la comunidad originaria y quienes siendo españoles y teniendo la posibilidad de ejercer cargos públicos o realizar diversos negocios fueron desplazados por sus incondicionales o familiares; esta suma de inconformidades ocasionó que se integrara una segunda Real Audiencia, presidida por Sebastián Ramírez.

Es de resaltar que a pesar de ser Bernal Díaz del Castillo clérigo e historiador, que por sus narrativas conocemos del mal trato a la población indígena; sobre esta sucesión solamente escribió: "porque su majestad fue informado que no hacían lo que eran obligados, los mandó quitar redondamente; y luego vino por presidente don Sebastián Ramírez de Villaescusa, obispo que en aquella sazón era de la isla de Santo Domingo, y cuatro oidores...".[340]

El gobierno que ejerció la segunda Real Audiencia "estableció las bases para la organización política, administrativa y social de la Nueva España y sobre las cuales se sentaría el régimen virreinal";[341] es precisamente al término de esta segunda Real Audiencia de México[342] cuando la figura principal del gobierno será el virrey, cargo que recayó por vez primera en la persona de Antonio de Mendoza y Pacheco.

En el virreinato, la división territorial de intendencias, provincias y gobernaciones estableció también formas diferentes de apoyo para ejercer el gobierno; citando la Ley de Intendentes de 1786, Ignacio Burgoa recuerda que las intendencias en la Nueva España desde 1718 eran 12 (la de México): Puebla, Veracruz, Mérida, Antequera de Oaxaca, Valladolid de Michoacán, Santa Fe de Guanajuato, San Luis Potosí, Guadalajara, Zacatecas, Durango, Sonora y Sinaloa. En cuanto a las provincias se registran dos: la de Oriente que comprende a Nuevo León, Nuovo Santander (Ta-

[340] *Idem.*
[341] Burgoa, Ignacio, *op. cit.*, p. 62.
[342] Inicia funciones el 12 de enero de 1530 y concluye el 14 de noviembre de 1535.

maulipas) Coahuila y Tejas, y la de Occidente que abarcaba los gobiernos de Nueva Vizcaya y Nuevo México; por lo que respecta a las gobernaciones, que dependían directamente del virrey, eran la de Tlaxcala, Vieja California y Nueva California.[343]

Es de mencionar que en esta división territorial y política, no se sustituye la autoridad del virrey, pero se consideró que en lo relativo a la *superintendencia* y la *real hacienda* en todos los ramos y productos estaría bajo la dirección de la Intendencia General de Ejército y Hacienda.

> Ha de continuar el Virrey de la Nueva España con todo el lleno de la superior autoridad y omnímodas facultades que le conceden mi Real Título e Instrucciones, y las Leyes de Indias, como a Gobernador y Capitán General en el distrito de aquel mando, a cuyos altos empleos está agregado el de Presidente de la Audiencia y Chancillería de la Capital Metropolitana de México; pero dejando la Superintendencia y arreglo de mi Real Hacienda en todos los ramos y productos de ella al cuidado, dirección y manejo de la Intendencia General de Ejército y Hacienda que se ha de crear en dicha Capital, y a que estarán subordinadas las demás de Provincia que en el mismo Reino mando también erigir por esta Instrucción. Real Ordenanza para el establecimiento e instrucción de Intendentes de Ejército y Provincia en el reino de la Nueva España.[344]

Es decir, el virrey conserva sus facultades como capitán general, gobernador y presidente de la Audiencia y Cancillería, pero los intendentes designados por el rey adquieren poder sobre los ayuntamientos al tener la posibilidad de atender los asuntos de policía, justicia, hacienda y guerra, además de realizar designaciones directas en los cabildos. Estas acciones modificaron el régimen económico municipal, restando autonomía al concejo en la administración de sus propios recursos, pues podía ser intervenida la hacienda local por la junta superior de hacienda y el intendente respectivo.[345]

[343] Burgoa, Ignacio, *op. cit.*, p. 66.

[344] Carmona Dávila, Doralicia, "Ordenanza Real de Intendentes y de la provincia de España de 1786", *Memoria Política de México,* Selección de textos y documentos. Obtenido de http://www.memoriapoliticademexico.org/Textos/1Independencia/1786ORI.html

[345] Miranda, José, *op. cit.*, p. 209.

En los hechos, el rey había realizado una reforma estructural de aplicación en la Nueva España, nuevas formas de gobernar estaban emergiendo, y aun cuando se respetaba la figura del virrey, en los hechos iniciaba el ocaso de su poderío, pero también con esta reforma la intromisión en los ayuntamientos era mayor; ante esta suma de medidas el descontento irrumpió en las distintas clases sociales, quienes habitaban la región empezaban a arriesgarse a pensar que era tiempo de redefinir la soberanía en la Nueva España.

Ante la serie de instituciones que debilitaban el poder del virrey, la influencia de pensamientos políticos de vanguardia y la fuerte influencia de clérigos ilustrados e involucrados en actividades políticas, se construyó un contrapeso natural de las ideas que sobre soberanía tenían quienes eran seguidores de la monarquía; en ese contexto se promovió la discusión sobre tres situaciones trascendentales:

1. La soberanía en las tierras conquistadas.
2. El trato a la población indígena.
3. Las alternativas de un nuevo gobierno.

Estas nociones se convertirían en lo sucesivo, en principios e ideología fundamental para consolidar la nación mexicana.

Soberanía en la Nueva España

Para instituir un gobierno es importante primero, saber a quién le corresponde definir la forma de organización, el establecimiento de las instituciones de gobernanza, las reglas de convivencia, las acciones disciplinarias en caso de ruptura del orden social y por supuesto el ejercicio del poder.

Al estudiar las formas de gobierno, concluimos que la soberanía, como poder supremo, es quien puede crear estructuras de gobierno y de Estado, de ahí la importancia de saber a quién le corresponde la titularidad de la soberanía. Ésa es, precisamente, la nueva discusión en el México novohispano.

En el caso de las monarquías el poder soberano dimana de Dios, y es la condición de consanguinidad lo que determina quién detenta el mando; la particularidad que surge en las tierras conquistadas es que el dios al cual se le tiene obediencia y respeto en la monarquía española, le es totalmente ajeno a su profesión de fe, luego entonces al establecerse una forma de gobierno que tiene sustento en el poder de Dios, los pueblos originarios no lo reconocían y mucho menos aceptaban.

Ante esta realidad, la intelectualidad de la época debatía sobre dos criterios, por demás encontrados: el primero establecía que es derecho y privilegio exclusivo de la Corona imponer el mando, en tanto que la segunda reconocía en los pueblos originarios capacidad de autogobernarse; entre quienes piensan que la soberanía es atribución de los reyes de Castilla se encuentran diversos teólogos que expresaron sus ideas en las llamadas Leyes de Burgos;[346] los principios políticos y legales que utilizan es que América es parte de la Corona española y por tanto la Nueva España es una extensión del reino español y no separable del dominio del rey, que sólo podía haber Cortes o juntas cuando lo autorizara el monarca; ante ello, la consecuencia lógica es considerar a la comunidad indígena al servicio directo de la Corona.[347]

Tal fue el deseo de justificar la dominación que se llegó a la implementación de ordenamientos absurdos, como el *requerimiento o amonestación,* documento que se leía en latín a la población indígena antes de combatirla, en donde se les explica la existencia de un Dios, único y verdadero, de un papa y la necesidad de someterse a la Corona, de no aceptar esas condiciones, entonces se tenía legitimado el uso de la fuerza.

La tesis de Matías de Paz era concluyente: "Es, pues, muy conveniente que a estos infieles antes de declararle la guerra, se les amoneste... para que abracen la fe...".[348]

[346] También denominadas ordenanzas para el tratamiento de los indios, fueron promulgadas el 27 de diciembre de 1512 por el Consejo de Burgos, en la ciudad del mismo nombre, y consta de 35 disposiciones.

[347] Miranda, José, *op. cit.*, p. 94.

[348] Castañeda Delgado, Paulino, *La teocracia pontifical en las controversias sobre el Nuevo Mundo*, México, UNAM, Instituto de Investigaciones Jurídicas, 1996, pp. 378-388. Obtenido de https://archivos,juridicas.unam.mx/www/bjv/libros/2/725/16.pdf

Las agresiones continuaron durante siglos, pues las y los nativos se resisten a adoptar las creencias religiosas, la forma de gobierno impuesta y la aceptación de obediencia a un rey al cual no conocen y mucho menos entienden. El grado de sometimiento fue tal que, incluso, si la persona indígena se convierte a la fe católica y aceptan todas las condiciones que la nueva gobernanza les obligaba, se creaban nuevas sujeciones, pues consideraban a la comunidad indígena de inferior categoría social o incluso racional.

De entre los principales exponentes de esta aberrante postura se encontraba el jurista Juan López de Palacios, quien afirmaba que al convertirse al cristianismo el dominio político de las y los indígenas pasaba a manos de la Iglesia; otro expositor, no menos agresivo, era el teólogo Matías de Paz, quien en materia de gobernanza plantea que sólo con autorización del sumo pontífice, será lícito al rey católico gobernar a las personas indígenas y anexarlas *perpetuamente* a la Corona española, atribuyéndole facultades al monarca para que, una vez logrado el sometimiento de la colectividad indígena, contribuya para sufragar gastos administrativos y conservar la paz en los territorios conquistados. Es la segunda conclusión del planteamiento de Matías de Paz, en su *Tratado de dominio,* donde expone todo el suplicio:

> Una vez convertidos, será lícito, como en todo gobierno político, exigirle algunos servicios, aunque sean mayores que los exigidos a los cristianos de estos reinos, siempre que sean equitativos, para sufragar los gastos de viajes, mantenimiento de la paz, buena administración y afianzamiento del dominio del rey católico...[349]

Amparándose en el poder que tiene España, su rey y la Iglesia sobre las tierras descubiertas, se incorpora el pensamiento del cardenal Enrique de Suza, quien asigna suficientes atribuciones al papa para donar tierras a la Corona española, otorgándoles poderes absolutos e ignorando la autoridad natural que se ejercía en los territorios invadidos, se llegó incluso a señalar que las personas indígenas eran de raza inferior, incapaces de gobernarse, siendo prueba de ello, que fueron los propios nativos los que aceptaron y cedieron el poder.

[349] *Ibidem.*

Esta ideología concluía que la soberanía de la Nueva España tendría que ignorar a la población originaria y desconocer no sólo sus creencias, sino también su organización política al considerarse a la persona indígena sin voluntad y por tanto sin derecho de autogobernarse.

La corriente progresista

En las tierras conquistadas como se aludió, dos corrientes de opinión sobre la soberanía entraron en conflicto; antagónica a la descrita anteriormente, el planteamiento progresista establece que las y los indios son gente de razón, que debe respetarse su organización política, su manera de gobernarse; este pensamiento reformista exhorta a las autoridades eclesiásticas españolas a solamente realizar trabajos de evangelización y, por su condición de *hombres de Dios*, es un deber moral el buen trato a la población indígena, debiendo ser impulsores de la abolición de la esclavitud y la erradicación de la explotación; entre sus principales exponentes se encuentran los frailes Antonio Montesinos, Bartolomé de las Casas y Francisco de Vitoria.

Como pioneros de las ideas de soberanía popular y autogobiernos, se encuentran el fraile Melchor de Talamantes, el abogado Francisco Primo de Verdad y Juan Francisco Azcárate, ellos constituirían más adelante, el pensamiento central en el proyecto libertario de la Nueva España.

Antonio Montesinos, como teólogo y filósofo, cimbra las estructuras novohispanas con su sermón dominical[350] denominado *Ego Vox Clamantis in deserto* (*Soy la voz que clama en el desierto*), también conocido *sermón de adviento*,[351] donde se manifiesta vigorosamente contra la esclavitud, la tiranía y crueldad con la que trataban a la población indígena, llegando incluso a aseverar que quienes tengan este comportamiento se encuentran en pecado mortal; la siguiente trascripción se hace respetando la ortografía de origen:

[350] Pronunciado en la isla de La Española, hoy Santo Domingo, en diciembre de 1511.

[351] El adviento es el ciclo litúrgico que realizan los católicos durante los cuatro domingos previos al nacimiento de Jesús para conmemorar su llegada.

> Todos estáis en pecado mortal y en él vivís y morís, por la crueldad y tiranía que usáis con estas inocentes gentes. Decid, ¿con qué derecho y con qué justicia tenéis en tan cruel y horrible servidumbre aquestos indios? ¿Con qué autoridad habéis hecho tan detestables guerras a estas gentes que estaban en sus tierras mansas y pacíficas, donde tan infinitas dellas, con muertes y estragos nunca oídos, habéis consumido? ¿Cómo los tenéis tan opresos y fatigados, sin dalles de comer ni curallos en sus enfermedades, que de los excesivos trabajos que les dais incurren y se os mueren, y por mejor decir los matáis, por sacar y adquirir oro cada día? ¿Y qué cuidado tenéis de quien los doctrine y conozcan a su Dios y creador, sean baptizados, oigan misa, guarden las fiestas y domingos? ¿Estos, no son hombres? ¿No tienen ánimas racionales? ¿No sois obligados a amallos como a vosotros mismos? ¿Esto no entendéis, esto no sentís? ¿Cómo estáis en tanta profundidad, de sueño tan letárgico, dormidos? Tened por cierto, que en el estado que estáis, no os podéis más salvar, que los moros o turcos que carecen y no quieren la fe en Jesucristo.[352]

Por su parte, el también miembro de la orden de Santo Domingo, fray Bartolomé de las Casas, a la postre obispo de Chiapas, se caracterizó por su defensa y exigencia para un trato justo hacia los habitantes de los pueblos originarios, influenciado por las teorías de Antonio Montesinos, el también cronista de los sucesos en la Nueva España, levantó su voz para que se respetara su organización de origen en la gobernanza prehispánica y se combatiera las injusticias; en su *Brevísima relación de la destrucción de las Indias*, escrita en 1552, la cual dirigió al príncipe Felipe de España, deja constancia —entre otros muchos documentos— de su humanismo, en ese pliego relata las atrocidades cometidas en distintas regiones del llamado Nuevo Mundo con el pretexto de evangelizar e implementar la monarquía española.

Entre las descripciones, se hace una crónica del genocidio en Cholula:

> Entre otras matanzas hicieron ésta en una ciudad grande de más de treinta mil vecinos que se llama Cholula, que saliendo a recebir todos los señores

[352] Domínguez Chávez, Humberto y Carrillo Aguilar, Rafael, *Los indígenas en la nueva sociedad colonial*, 2008, p. 1. Obtenido de http: //portalacademico.cch.unam.mx/materiales/prof/matdidac/sitpro/hist/mex/mex1/HMI/IndigenasCol.pdf

de la tierra y comarca, y primero todos los sacerdotes con el sacerdote mayor a los cristianos en procesión y con grande acatamiento y reverencia y llevándolos en medio a aposentar a la ciudad y a las casas de aposentos del señor o señores della principales, acordaron los españoles de hacer allí una matanza o castigo (como ellos dicen) para poner y sembrar su temor y braveza en todos los rincones de aquellas tierras. Porque siempre fue esta su determinación en todas las tierras que los españoles han entrado, conviene a saber: hacer una cruel y señalada matanza porque tiemblen dellos aquellas ovejas mansas. Así que enviaron para esto primero a llamar todos los señores y nobles de la ciudad y de todos los lugares a ella sujetos, con el señor principal, y así como venían y entraban a hablar al capitán de los españoles, luego eran presos sin que nadie los sintiese que pudiese llevar las nuevas. Habíanles pedido cinco o seis mil indios que les llevasen las cargas; vinieron todos luego y métenlos en el patio de las casas. Ver a estos indios cuando se aparejan para llevar las cargas de los españoles es haber dellos una gran compasión y lástima, porque vienen desnudos en cueros, solamente cubiertas sus vergüenzas, y con unas redecillas en el hombro con su pobre comida; pónense todos en cuclillas, como unos corderos muy mansos, todos ayuntados y juntos en el patio con otras gentes que a vueltas estaban; pónense a las puertas del patio españoles armados que guardasen, y todos los demás echan mano a sus espadas y meten a espada y a lanzadas todas aquellas ovejas que uno ni ninguno pudo escaparse que no fuese trucidado. A cabo de dos o tres días salían muchos indios vivos llenos de sangre, que se habían escondido y amparado debajo de los muertos (como eran tantos), y van llorando ante los españoles pidiendo misericordia que no los matasen, de los cuales ninguna misericordia ni compasión hubieron, antes, así como salían los hacían pedazos. A todos los señores, que eran más de ciento y que tenían atados, mandó el capitán sacar y quemar vivos en palos hincados en la tierra.[353]

Otro precursor de la defensa de la soberanía indígena y del derecho de gentes, es fray Francisco de Vitoria; en su obra *Relecciones sobre los indios y el derecho de guerra*, enfrenta las posturas clásicas de la época y defiende a la población indígena afirmando que antes de la llegada

[353] Casas, Bartolomé de las, *Brevísima relación de la destrucción de las Indias*, Biblioteca virtual Miguel de Cervantes, 2006. Obtenido de http://www.cervantesvirtual.com/obra-visor/brevsima-relacin-de-la-destruccin-de-las-indias-0/html/847e3bed-827e-4ca7-bb80-fdcde7ac955e_18.html#I_12_

de los españoles, quienes integraban estas comunidades eran dueños de las cosas, posesiones, había príncipes y señores y nadie tiene el derecho de considerarlos infieles o pecadores al no adoptar la fe cristiana y, mucho menos, amparándose en ello, la cristandad ocuparles sus bienes.

También cuestiona la supremecía atribuida al emperador y aun cuando afirma que la monarquía es la mejor forma de gobierno, discrepa de aquellos que le otorguen al monarca poder sobre la humanidad, concluyendo que el rey no es señor de todo el orbe, porque el dominio no puede existir sino en virtud del derecho natural, del divino, o del humano. Pero por ninguno de esos derechos hay señor del mundo.[354]

Francisco de Vitoria, aunque es un precursor de los derechos humanos y sin lugar a dudas un hombre avanzado en su época, cuando expone la tesis del hombre que nace libre, su concepción es literal, pues se refiere al sexo masculino, ya que para él, "por derecho natural los hombres son libres, exceptuándose los dominios paterno y marital, porque, según el derecho natural, el padre tiene dominio sobre los hijos y el marido sobre la mujer. Por lo tanto, no hay nadie que por derecho natural tenga el dominio del orbe".[355]

Si bien es cierto que niega el dominio del monarca sobre el hombre como soberano de mundo, también desliza una creencia de la época, que padres y esposos tienen derechos sobre hijos, hijas y esposas, siendo esto un planteamiento excluyente de igualdad.

Otra de las conclusiones del también catedrático de la Universidad de Salamanca, España, es que el monarca no puede, aunque tuviera toda la autoridad del mundo, ocupar las provincias de la población indígena, poner gobernantes e imponer tributos:

> El emperador, aunque fuese amo del mundo, no podría por ello ocupar las provincias de los bárbaros, instituir nuevos señores, deponer a los antiguos e imponer tributos. Esto se prueba: Porque ni aun los que atribuyen el dominio del orbe al emperador, dicen que sea él dueño con dominio de

[354] Vitoria, Francisco de, *Relecciones sobre los indios y el derecho de guerra*, 3ª ed., España, Espasa Calpe, 1975, p. 56. Obtenido de http://www.uv.es/correa/troncal/resources/Relectio-prior-de-indis-recenter-inventis-Vitoria.pdf

[355] *Idem.*

propiedad, sino tan sólo con el de jurisdicción, el cual no se extiende hasta darle derecho para utilizar las provincias en lo que a su provecho personal convenga, ni para donar a su arbitrio plazas y también haciendas. De todo lo dicho se deduce que por este título no pueden los españoles ocupar aquellas provincias.[356]

Aun cuando otros pensadores justificaban la guerra para intervenir en la forma de vida, propiedades, organización y creencias de las comunidades de origen, De Vitoria concluye que no es causa para una guerra justa la diversidad de religión, el deseo del conquistador de ampliar su imperio o la gloria del príncipe:

> Esto es también evidente. Porque el príncipe debe ordenar tanto la paz como la guerra al bien común de la república, y así como no puede invertir en gloria o provecho suyo las rentas públicas, mucho menos puede exponer a sus súbditos al peligro. Ésta es precisamente la diferencia entre el rey legítimo y el tirano: éste ordena el gobierno para su propia utilidad y conveniencia, mientras que el rey lo dirige al bien público... En segundo lugar, porque el príncipe recibe su autoridad de la república, luego debe emplearla para el bien de ella. Además, las leyes no deben procurar el provecho particular, sino la utilidad común de los ciudadanos.[357]

La única "y sola causa justa de hacer la guerra es la injuria recibida".[358] En el viejo continente, pensadores como Tomás Moro cuestionaban la teoría clásica de la dominación de los reyes sobre las tierras conquistadas, la implementación de la fe por la fuerza y la monarquía misma; su obra *Utopía*, visualiza en *su república* una sociedad tolerante a la diversidad religiosa, donde en sus templos no se ven imágenes de dios para que la ciudadanía pueda concebirlo conforme a su religión, y donde las leyes utópicas disponen que nadie sea molestado a causa de sus creencias.[359]

[356] *Ibidem*, p. 61.
[357] *Ibidem*, p. 118.
[358] *Ibidem*, p. 119.
[359] Moro, Tomás, *Utopía*, trad. de Agustín Millares Carlo, México, Fondo de Cultura Económica, 2016, p. 151.

> Juzgó tiránico y absurdo exigir a la fuerza y con amenazas que todos aceptasen una religión tenida por verdadera, aun cuando una lo sea en efecto y falsas las restantes… la fuerza de la verdad tiene que brotar e imponerse al fin por sí misma. Si, por el contrario, se recurre a las armas y al tumulto, resultaría que, como los peores son los más obstinados, la religión, por santa, y mejor que fuese, perecería ahogada por la vana superstición, como se agosta el fruto entre espinas y abrojos.[360]

Esta *república utópica* plantea una organización de Estado distinta a la monarquía, con contrapesos al poder de los monarcas, donde se elige embajadores, magistrados y de entre éstos se opta por un jefe, mediante votación secreta, cuya postulación de candidatos es de la población; se estable como delito capital el deliberar los asuntos del Estado fuera del Senado o de los comicios públicos, "para impedir que, conjurándose el príncipe y los traníboros[361] pudiesen tiranizar al pueblo o cambiar el régimen del Estado".[362]

Lo anterior es una crítica real, mediante una narrativa ficticia al poder absoluto de los monarcas y la presentación de una forma de gobierno donde participa la población en la elección de quienes habrán de representarlos. Es decir, en el Viejo y Nuevo Mundo la intelectualidad de la época aleccionaban sobre un proceso de transformación necesario, que sin lugar a dudas influyó para la redefinición del sistema político en América.

Un nuevo régimen político: la crisis de 1808

La visión del México independiente, incluyendo un modelo constitucional y más aún su forma soberana de gobierno, inicia en 1808 y habrá de concluir en 1821, dando como resultado la creación de un nuevo sistema político.

[360] *Ibidem*, p. 152.

[361] En la república utópica de Tomás Moro, el Traníboro es el magistrado electo por cada 10 magistrados llamados Sifograntes, los cuales, cada uno de ellos, son electos anualmente por 30 familias. Es decir, es una especie de magistrado en jefe, el cual tiene la más alta representación política de la república.

[362] *Ibidem*, p. 83.

En el tiempo del México anhelante de independencia, se crean instituciones y derechos políticos que empiezan a definir la progresividad del régimen democrático. Este proceso ocasionado por la inestabilidad política que enfrenta España, tras la invasión francesa, tuvo serias repercusiones en el nuevo continente.

El desequilibrio político que vivió España en 1808, propició que personas de distintas ideologías discutieran un novedoso ideario político para el nuevo continente, a esta revolución ideológica se sumaron habitantes de la región conquistada, al considerar injusta la restricción de derechos y libertades tan sólo por no haber nacido en España o de quienes siendo originarios de aquel país, repudiaron la invasión francesa.

El ideal de autogobernarse en unos y la idea patriótica de crear resistencias civiles contra el invasor francés en todas las provincias españolas fueron algunos estímulos para pensar en una nueva forma de gobierno, más autónoma, creando un concepto de identidad nacional entre las y los habitantes de la Nueva España.

Esta unión, producto de la fusión de dos culturas, propició la conjunción de una modalidad distinta en la organización política y sobre todo innovación en el estilo de obtener y ejercer el poder, había surgido una idea que definiría a la nación mexicana; tal como lo expresa Ernesto Lemoine: "la aspiración era implementar un régimen autónomo, de corte republicano y democrático, basado en el principio axial de la soberanía popular a cambio del virreinal sustentado por una metrópoli monárquica, ya desfasada y vencida de su vocación imperial".[363]

Esta visión incubadora de las ideas libertarias, generadora de la aspiración legítima del autogobierno, es clara muestra de que el mundo estaba cambiando, y en las tierras conquistadas y quienes en ellas vivían sabían de la insurgencia de las 13 colonias británicas en la Unión Americana que produjo su independencia y de la Revolución francesa que terminó con la monarquía, aunado al personal pensante de la época que hacían de la división de poderes, la soberanía popular, la libertad

[363] Lemoine, Ernesto, "Insurgencia y república federal", en Porrúa, Miguel Ángel (comp.), *Documentos para la historia del México independiente 1808-1938*, México, MAPorrúa, 2010, p. 18.

e igualdad, el estandarte de movilidad social en el mundo, convirtiendo el momento en una oportunidad histórica.

La crisis política en España

Para facilitar el entendimiento de la creación de las instituciones políticas en la Nueva España, es necesario revisar los acontecimientos políticos en España, en donde la inestabilidad se acciona por la combinación de dos elementos: la intervención francesa y la pugna interna propiciada por la ambición de poder en la familia real española al rivalizar Carlos IV, rey legítimo de España, con su hijo Fernando VII, disputa que propició un golpe de Estado que es consagrado históricamente como el *motín de Aranjuez*, y que al ser exitoso, logra la abdicación del rey en favor de su hijo, hecho *legalizado* mediante decreto real del 19 de marzo de 1808, el cual señaló:

> Como los achaques de que adolezco no me permiten soportar por más tiempo el grave peso del gobierno de mis reinos, y me sea preciso para reparar mi salud en clima más templado de la tranquilidad de la vida privada; he determinado, después de la seria deliberación, abdicar mi corona en mi heredero y mi muy caro hijo, el PRÍNCIPE DE ASTURIAS. Por tanto, es mi real voluntad que sea reconocido y obedecido como rey y señor natural de todos mis reinos y dominios.[364]

No habían pasado dos días después de esta inusual renuncia, cuando el rey Carlos IV realiza una reveladora protesta al declarar que todo lo que había manifestado en el decreto anterior fue por verse obligado, "por precaver mayores males, y la efusión de sangre de mis queridos vasallos, y por tanto de ningún valor…".[365] Ante esta circunstancia y después de la evidente intervención francesa, Fernando VII se ve en la

[364] *Gaceta de Madrid*, 25 de marzo de 1808, núm. 25, pp. 297-298. Obtenido de http://www.cervantesvirtual.com/obra/gazeta-de-madrid-25/

[365] Carlos IV manifiesta que su previa renuncia al trono fue forzada, 1808. Obtenido de http://fernandez-xesta.es/DOCUMENTOS/GUERRA%20DE%20LA%20INDPENDENCIA/6-%20Carlos%20IV%20manifiesta%20que%20su%20previa%20renuncia%20al%20Trono%20fue%20forzada%20(1808).pdf

obligación de devolverle el trono a su padre a través de una carta que demuestra la hipocresía, la intriga y la crisis no sólo política sino moral que se vivía; la carta firmada el 6 de mayo de 1808 expresa lo siguiente (se respeta la ortografía original):

> En este día he entregado una carta á mi amado padre concebida en los términos siguientes: =Señor. =Mi venerado Padre y Señor=Para dar á V. M. una prueba de mi amor, de mi obediencia y mi sumisión, y para acceder á los deseos que vuestra majestad me ha manifestado reiterada veces, renuncio mi Corona en favor de V. M. deseando que V. M. pueda gozarla por muchos años. Recomiendo á V. M. las personas que me han servido desde el 19 de Marzo. Confió en la seguridad que V. M. me ha dado sobre este particular. = Dios guarde á V. M. felices y dilatados años.[366]

Ante este hecho, el rey y su *monarquía devuelta*, emite una segunda abdicación en menos de dos meses, pero ahora para Napoleón, emperador francés, que, mediante convenio firmado en Bayona en mayo de 1808, considera nulos y sin ningún valor los actos emitidos, desde lo que llama la *revolución de Aranjuez*. El artículo primero del convenio citado establece la renuncia de la siguiente manera:

> Su majestad, el rey Carlos que no ha tenido en toda su vida otra mira que la felicidad de sus vasallos; constante en la idea que todos los actos de un soberano deben únicamente dirigirse a este fin; no pudiendo las circunstancias actuales ser sino un manantial de disensiones tanto más funestas cuanto las desavenencias han dividido a su propia familia; ha resuelto ceder, como cede por el presente, todos sus derechos al trono de las Españas y de las Indias a su majestad, el emperador Napoleón...

En ese documento se pacta, adicionalmente, que será Napoleón el que colocará al príncipe que habrá de reinar España; ante esta facultad, el francés designa a su hermano José Bonaparte como monarca en España, quien para legitimar su mandato crea la Constitución de Bayona.

[366]Fernando VII renuncia a la Corona, que devuelve a su padre, 1808. Obtenido de http://fernandez-xesta.es/DOCUMENTOS/GUERRA%20DE%20LA%20INDPENDENCIA/5-%20Fernando%20VII%20renuncia%20a%20la%20corona,%20que%20devuelve%20a%20su%20padre%20(1808).pdf

La crítica situación entre España y Francia ocasionó —como era de esperarse— que las y los patriotas españoles leales a Fernando VII, establecieran resistencias no sólo militares sino gubernamentales; en ese contexto surgen las *juntas provinciales*, auténticos sitios de reunión clandestinos de españoles leales a la Corona, que en nombre de su monarca, lo mismo financiaban ejércitos que designaban a autoridades; en estas juntas es donde empieza a discutirse la idea de la representación popular y el sistema cameral, el cual, ante la ausencia del rey, le correspondería definir el tipo de gobierno que necesitan.

José Miranda, citando a la Junta de Sevilla, menciona que su proclama fue "un pueblo que carece de rey, tiene el derecho a darse el gobierno que le acomode", y respecto a las Juntas de Castilla y León, señala que éstas expresaban que la obra de la reforma del gobierno en España debería confiársele a las Cortes, proponiendo que la integración debería ser por personas en quienes las provincias tuviesen la confianza que no habían hallado en las autoridades del antiguo gobierno.[367]

Ante la ausencia del monarca, las *juntas provisionales* crearon y se coordinaron en la Junta Central, organismo rector, centro de operación política y depositario de manera temporal de la soberanía de la población española. La Junta Central se integró originalmente por dos representantes de cada Junta provincial, con la intención de tener representatividad de los distintos territorios, lo que puede considerarse el primer escaño del parlamentarismo y separación de poderes en la debilitada monarquía española.

La Junta Central como instancia de gobierno, se hace denominar: Junta Suprema Gubernativa del Reino[368] o también llamada de Aranjuez, integrada por 35 representantes de las provincias, asumiendo facultades legislativas y de gobierno; para presidir los trabajos de este organismo se designa al conde de Floridablanca, José Moñino.

De estas determinaciones políticas, diversos aspectos impactan en las tierras conquistadas, por ejemplo la decisión de reconocer igualdad

[367] Miranda, José, *op. cit.*, p. 214.
[368] Se crea en la Villa de Aranjuez, el 25 de septiembre de 1808.

entre España y los territorios americanos, es decir, no son colonias, sino parte integrante de la monarquía española; enfoque que habrá de estimular a distintos personajes del independentismo, pues llegaban a una conclusión hasta cierto punto lógica, aceptar la monarquía española no implica consentir la dominación francesa, y por consiguiente estaba legitimada la resistencia.

La junta concibió para la organización y operación, una *junta ejecutiva* que se encargaría de los asuntos de gobierno y un Supremo Consejo de España e Indias, que atendería los contenidos de las tierras conquistadas, ante lo cual se solicitaba que el nuevo continente tuviera un representante para atender los intereses propios, ante ello, el virrey Francisco Javier de Lizana y Beaumont y la Real Audiencia de México sortearon, entre los candidatos designados por los ayuntamientos de la Nueva España, al que sería el representante de este reino, resultando vencedor Miguel de Lardizábal y Uribe.[369]

La inestabilidad política continuaba en toda Europa, la existencia de la Junta Suprema Central Gubernativa del Reino, por tanto, se situó en riesgo toda vez que España, al encontrarse en medio de constantes levantamientos y la privación de la libertad de Fernando VII, obligó a que la junta, en nombre del monarca aprisionado, trasladara sin limitación alguna, sus facultades a un Consejo de Regencia[370] donde los integrantes actuarían en nombre del rey Fernando VII. El consejo estaba obligado a convocar a las Cortes y permanecer todos ellos en el cargo hasta la celebración de asambleas, las cuales tenían que determinar la clase de gobierno que habría de adoptarse en el reino de España e Indias.

El Consejo de Regencia compuesto por cinco miembros, de los cuales uno era nombrado por las regiones de Américas, suscitó para la Nueva España una oportunidad de contar con un representante político ante dicha instancia colegiada de gobierno, la responsabilidad recayó en Esteban Fernández de León, que si bien es cierto no era de nacionalidad mexicana, fungía hasta entonces como ministro del Consejo de España e Indias y por tal razón se le otorgó la representación; en esta

[369] Pérez de los Reyes, Marco Antonio, "Evolución del derecho electoral...", *op. cit.*, p. 703.

[370] Creación mediante real decreto de la Junta Suprema Central, en la isla de León, el 29 de enero de 1810.

primera parte lo importante fue que el órgano deliberativo y colectivo que tendría como responsabilidad definir la forma de gobernar en España y América, fundaba una representación del nuevo continente.

Al entrar en funcionamiento el citado consejo, no fue necesario que pasara mucho tiempo para que la discusión política y los intereses de la comunidad novohispánica se hicieran sentir y se concretara la sustitución del representante americano, responsabilidad que recayó finalmente en Miguel de Lardizábal y Uribe,[371] quien desde su elección por parte de las autoridades de la Nueva España para formar parte de la Junta Central, tenía toda la legitimidad para integrarse al Consejo de Regencia, convirtiéndose en el primer representante político ante una asamblea española con legitimidad de origen.

Al tener un comisionado en el órgano deliberativo español, las y los criollos habían conseguido uno de los triunfos más importantes de la época, contar con un agente nacido en la Nueva España, sin embargo no sería la única victoria política, también obtuvieron del Consejo de Regencia, que los territorios americanos y asiáticos contaran con diputados que representaran la voluntad de sus naturales,[372] para ello se incorpora un procedimiento electivo, que otorga legitimidad al diputado electo para integrar las Cortes extraordinarias en cuyo organismo se depositará la representación nacional. Marco Antonio Pérez de los Reyes cita a Ernesto Lamoine, quien manifiesta que "por supuesto quedaron muy lejos de ser la expresión literal de la *vox populi*, pero algo tuvieron de ella y, en todo caso, significaron el comienzo de una prometedora perspectiva".[373]

En ese contexto habrían de elegir un diputado por cada provincia, capitanías generales y virreinatos. Por el virreinato surgirían representantes de la Nueva España, Perú, Santa Fe y Buenos Aires; de las capitanías generales sus portavoces serían de Puerto Rico, Cuba, Santo Domingo y Guatemala, en tanto que de las provincias internas los delegados serían de Venezuela, Chile y Filipinas.

[371] Nace en San Juan del Molino, Tlaxcala, en 1744.
[372] Decreto real de fecha 14 de febrero de 1810.
[373] Pérez de los Reyes, Marco Antonio, "Evolución del derecho electoral...", *op. cit.*, p. 703.

Por lo que respecta a la Nueva España, las provincias fueron 16: Alta California, Baja California, Nuevo México, Sonora, Coahuila, San Luis Potosí, Zacatecas, Jalisco, Guanajuato, Valladolid (Michoacán), México, Tlaxcala, Puebla, Veracruz, Oaxaca, Yucatán.[374]

Proceso electivo de los diputados americanos

La convocatoria para integrar la representación política de América es de gran valía porque en ella nacen los primeros instrumentos normativos de los procesos electorales, toda vez que en dicho documento se señala, entre otros aspectos, el método electivo, la manera de calificar la elección y se establecen medios de impugnación. El decreto real enuncia lo siguiente:

> Su elección se hará por el Ayuntamiento de cada Capital, nombrándose primero tres individuos naturales de la Provincia, dotados de probidad, talento e instrucción, y exentos de toda nota; y sorteándose después uno de los tres, el que salga a primera suerte será Diputado en Cortes.
> Las dudas que puedan ocurrir sobre estas elecciones serán determinadas breve y perentoriamente por el Virrey o Capitán General de la Provincia en unión con la Audiencia.
> Verificada la elección recibirá el Diputado el testimonio de ella y los poderes del Ayuntamiento que le elija, y se le darán todas las instrucciones que así el mismo Ayuntamiento como todos los demás comprehendidos en aquel partido quieran darle sobre los objetos de interés general y particular que entiendan debe promover en las Cortes.
> Luego que reciba sus poderes e instrucciones se pondrá inmediatamente en camino para Europa por la vía más breve, y se dirigirá a la Isla de Mallorca, en donde deberán reunirse todos los demás Representantes de América a esperar el momento de la convocación de las Cortes.[375]

Con el objeto de dar claridad a los elementos fundacionales del derecho electoral en la formación del México independiente, se detallan las siguientes premisas:

[374] *Ibidem*, p. 704.

[375] Real decreto del 14 de febrero de 1810. Obtenido de http://www.banrepcultural.org/sites/default/files/92543/M20JULIO_PUR5770-real-decreto-feb-14-1810.pdf

a) *En cuanto a los requisitos de elegibilidad.*
Primero: que sean de origen y residentes de la región que pretenden representar.
Segundo: ser personas con preparación, capacidad y conducta moralmente aceptable.

b) *En cuanto al método electivo*. El ayuntamiento elige a tres posibles representantes, de entre los cuales, y por sorteo, se escoge a uno, el cual detentará la representación del ayuntamiento y asumirá el cargo de diputado.

c) *En cuanto a los medios de impugnaciones*. Le corresponde al virrey o al capitán general de la provincia en unión con la Audiencia, resolver sobre las inconformidades o dudas que se presenten con relación al proceso.

d) *En cuanto a la calificación de la elección*. Es competencia del virrey, capitanía general o incluso la propia Audiencia, resolver lo conducente.

En la actualidad se vive una severa crisis en la representación política, pues quien es titular del mandato de la ciudadanía en muchos casos se desvía, abusando del poder conferido, son diversos casos donde la soberbia, los privilegios, la corrupción y la desatención social, aunado a la frivolidad, ha tenido como consecuencia que la ciudadanía rechace y critique severamente a quien los representa; por ello es relevante la recomendación, adoptada por unanimidad que hizo el Consejo de la Regencia, depositario de la soberanía popular tanto de España como de los territorios de América, a los representantes de la región, la cual se convierte en una lección ética y política, por demás vigente, donde manifiestan que los diputados deben tener una conducta honorable, toda vez que "nada contribuye tanto a hacer respetar a un representante del pueblo como la moderación y la templanza, combinadas con el decoro".[376] Este exhorto constituye la primera ordenanza de un código ético, que evidentemente al paso del tiempo muchos han pretendido olvidar.

El trabajo político de las Cortes inició el 24 de septiembre de 1810 en la isla de León, para posteriormente trasladarse a Cádiz y dar origen a la Constitución que se le conocerá por dicho nombre; de los 21 diputados

[376] *Idem.*

novohispanos a dichas asambleas, 15 fueron propietarios y seis suplentes, la diferencia fundamental entre unos y otros es que los primeros fueron electos, en tanto que los suplentes podían ser designados directamente por las Cortes.

Diputados americanos en las Cortes de la isla de León y Cádiz

En estos parlamentos, los diputados americanos tuvieron una participación digna, sus posturas fueron firmes y defendieron en todo momento la causa liberal, también lograron formar parte de las mesas directivas e incluso dirigir las asambleas. El primero en fungir como presidente fue el diputado por Puebla, Antonio Joaquín Pérez Martínez, incluyéndolo habrían de dirigir cinco mexicanos dicho organismo.

DIPUTADOS PROPIETARIOS DE LA NUEVA ESPAÑA A LAS CORTES DE CÁDIZ EN 1812

	Nombre	*Representación*	*Comisión*	*Aporte*
1	José Ignacio B. Cisneros Prado	Ciudad de México	Reglamento de las guerrillas	Defensor de la insurgencia mexicana
2	José Eduardo Cárdenas y Romero	Tabasco		Defendía y justificaba los movimientos de independencia
3	José Cayetano Foncerrada y Ulibarri	Michoacán	Comercio, marina, honor, de poderes, de prebendas, eclesiásticas	Se oponía a la desaparición de la Santa Inquisición
4	Miguel Mariano González Lastiri	Yucatán		Pugnaba porque el estado pudiera enajenar las grandes haciendas para allegarse de recursos
5	José Miguel Gordoa y Barrios	Zacatecas	Presidente de la Corte en 1813	Dirigió los debates y tuvo nutrida participación en diversos temas
6	Juan José Ignacio Guereña y Garayo	Durango	Presidente de la Corte en 1811	Partidario del autogobierno en los territorios de América
7	José Miguel Guridi y Alcocer	Tlaxcala	Presidente de las Cortes	Se pronunció porque las y los americanos españoles e indígenas, así como los descendientes de ambas clases, tuvieran las mismas oportunidades de empleo que la población española-europea. También propuso que el imperio se transformara en federación
8	Joaquín Maniau Torquemada	Veracruz	Presidente de las Cortes	Se distinguió por su ideología liberal
9	Mariano Mendiola	Querétaro	Vicepresidente de las Cortes	Presentó exposición en torno a bienes de mayorazgo para que el Estado pudiese adquirir grandes haciendas y venderlas para obtener recursos.
10	Manuel María Moreno	Sonora y Sinaloa		Fue cuestionada la legitimidad de su elección
11	Octaviano Obregón y Gómez	Guanajuato	Honor, comercio, empleo, pensiones, comercio y bibliotecas	
12	Antonio Joaquín Pérez Martínez	Puebla	Primer presidente americano de las Cortes (24 de enero al 23 de febrero de 1811)	Apoyó el plan independentista de Agustín de Iturbide del 24 de febrero de 1821
13	Pedro Bautista Pino	Nuevo México		Destacó por defender la libertad de comercio ultramarino
14	José Miguel Ramos Arizpe	Coahuila		Defendió la autonomía de las provincias internas y el derecho a un gobierno representativo
15	José Simeón Uría y Berrueco	Guadalajara	Vicepresidente de las Cortes (10 de noviembre de 1815)	Defendió los derechos raciales y precursor del agrarismo mexicano

Fuente: Elaboración propia con base en información de Barragán, José, *Los diputados novohispanos en las Cortes de Cádiz.* Obtenido de https://archivos.juridicas.unam.mx/www/bjv/libros/8/3525/5.pdf

DIPUTADOS SUPLENTES DE LA NUEVA ESPAÑA
A LAS CORTES DE CÁDIZ EN 1812

1	José María Couto e Ibea	Guadalajara	Libertad de imprenta, hacienda, negocios de ultramar	Promulgó la libertad de imprenta
2	Francisco Fernández Munilla		Comercio, marina, honor	Participó en la exclusión de las castas
3	José María Gutiérrez Terán	Nueva España	Presidente de las Cortes	Leyes electorales y proyectos de ley Madrid
4	José Máximo Maldonado López	Nueva España		Defensor de las causas de las y los americanos
5	Salvador San Martín y Cuevas	Chiapas		Tuvo poca participación en las Cortes. Firmó el Manifiesto de los Persas
6	Andrés Savariego y Colonia	Nueva España		De escasa participación

Fuente: Elaboración propia con base en Barragán, José, *Los diputados novohispanos en las Cortes de Cádiz*. Obtenido de https://archivos.juridicas.unam.mx/www/bjv/libros/8/3525/5.pdf

El Estatuto Bayona

El Estatuto Bayona[377] es un elemento referencial importante; si bien es cierto, no fue aceptado ni tampoco aplicado; es un antecedente significativo por el procedimiento planteado por Francia respecto al derecho de representación política novohispánica. Como ley fundamental regula la organización política de los territorios conquistados, dando origen a organismos colegiados, de concepción ideológica francesa, de aplicación en España y América, que determinan una nueva forma de ejercer el poder.

En esta carta de derechos se derroca el absolutismo español, al originarse un Consejo de Estado[378] y las Juntas de la Nación o también denominadas Cortes,[379] explícitamente el ordenamiento regula la sucesión real,

[377] El Estatuto Bayona fue la Constitución política que promulgó el emperador francés José Bonaparte, como rey de España y de las Indias, para regir en España y América, se popularizó con ese nombre, porque fue dada en la ciudad de Bayona, Francia, el 6 de julio de 1808, se integró de 146 artículos.

[378] El Consejo de Estado se dividió en seis secciones, de las cuales una de ellas es de atención exclusiva para América.

[379] Las Juntas de la Nación o Cortes, fue un parlamento integrado por 172 miembros, compuesto por nobleza, pueblo y clero.

teniendo como particularidad la exclusión permanente de la mujer y reafirmando la monarquía, pero intervenida por Francia.

En esta ordenanza la facultad de gobernar le corresponde al emperador francés, a sus herederos y descendientes varones naturales y legítimos o adoptivos, por tanto la Corona de España y de las Indias, como consecuencia lógica, será hereditaria en descendencia directa, natural y legítima, de varón en varón, por orden de primogenitura y con exclusión perpetua de las mujeres.[380]

Esta redacción eliminó de manera contundente los derechos políticos de cualquier descendiente de nacionalidad española (de Europa o América), que pretendiera aspirar al sitial de honor; es concluyente el mandato que niega la posibilidad de gobierno a la mujer, aun y cuando poseyera linaje real, esta exclusión literal de la Constitución permite una primera comparación entre la visión que tenían las civilizaciones prehispánicas, a la implementada por los exponentes del Viejo Mundo con relación al derecho de gobernar de las mujeres.

Las Juntas de la Nación es la visión parlamentaria del Estatuto Bayona, la cual incorpora en la representación a tres sectores integrantes de la sociedad: nobleza, clero y pueblo, dentro de los cuales se distribuyen las posiciones.[381]

En el caso del clero, los legisladores saldrán de entre los arzobispos y obispos, en tanto que los emanados de la población serán personas con actividad comercial o de negocios, así como las denominadas sabias o distinguidas por mérito personal en las ciencias, las artes, de las universidades; también de las ciudades principales, provincias de España e Indias, así como de las islas adyacentes, saldrá otro grupo de diputados de ese segmento, sin embargo, el detalle de la representación política que le corresponde a la población, es que al rey se le entrega las listas de las propuestas y éste finalmente los nombra.[382]

[380] Estatuto de Bayona, artículo 2°, Título II, De la Sucesión de la Corona. Obtenido de http://www.cervantesvirtual.com/obra-visor/constitucion-de-bayona-6-de-julio-1808/html/437fe325-fb92-48b7-a963-a36d6a8fd6af_2.html

[381] Estatuto de Bayona, artículo 61, Título IX, De las Cortes, *op. cit.*

[382] Estatuto de Bayona, artículos 73-74, Título IX, De las Cortes, *op. cit.*

El siguiente cuadro nos ayuda a entender la distribución e integración de la junta:

COMPOSICIÓN DE LA JUNTA DE LA NACIÓN

Segmento		*Pueblo*				*Total*
Nobles	Clero	Provincias de España e Indias	Ciudades de España e islas adyacentes	Negociantes o comerciantes	Universidades	
25	25	62	30	15	15	172

Fuente: Elaboración propia con base en los artículos 62 al 64 del Estatuto Bayona.

Las provincias de España e Indias tienen el derecho de nombrar a 62 personas que los representen; de este segmento, al continente americano le corresponden 22 diputados, de entre los cuales a México se le otorgan cinco espacios, distribuyéndose de la siguiente manera: dos para la Nueva España, uno para la provincia de Yucatán, uno para Guadalajara y, finalmente, para las Provincias Internas de Occidente, uno.[383]

El procedimiento electivo señala que la renovación del parlamento será cada ocho años y los ayuntamientos serán la base del trámite electoral. Los posibles diputados para poder ser elegibles, deben ser potentados de bienes raíces y naturales de las respectivas provincias.

En este mecanismo para nombrar legislador, se determina que cada ayuntamiento elegirá a pluralidad de votos a un representante, logrando ser diputado aquel que reúna el mayor número de sufragios de entre los individuos elegidos en los ayuntamientos, en caso de empate decidirá *la suerte*.[384]

Al momento de promulgar la Constitución, los franceses pretendieron que la norma suprema se cumpliera gradualmente para que en 1813, fuese de observancia general y vigente en su totalidad, pero los acontecimientos políticos que habrían de suscitarse impidieron que este objetivo se cumpliera.

[383] Estatuto de Bayona, artículo 92, Título X, De los Reinos y Provincias españolas de América y Asia, *op. cit.*

[384] Estatuto de Bayona, artículos 93-94, Título X, De los Reinos y Provincias españolas de América y Asia, *op. cit.*

Sin embargo y a pesar de la falta de autonomía que la carta de derechos de Bayona contenía, al impedir una representación política americana legítima, la clase política francesa y española consideró inaplazable que el nuevo continente contara con representación ante las asambleas que habrían de constituirse; el Estatuto Bayona no prosperó, pero la nueva Constitución signada de Cádiz habría de consolidar el sistema de representación americano que empezaba a conceptualizarse.

La Constitución de Cádiz

Aun cuando el Estatuto Bayona contenía un conjunto de obligaciones y derechos para los reinos, fue en realidad una imposición legal de la monarquía francesa para continuar su dominación, por lo cual la auténtica Constitución española sería la de Cádiz, que también se convierte en el origen del primer sistema constitucional adoptado en la Nueva España.

La Constitución Política de la Monarquía Española o Constitución de Cádiz,[385] promulgada cuatro años después del Estatuto Bayona, fue juramentada por las autoridades en la Nueva España seis meses después de su decreto en lo que hoy conocemos como el Zócalo de la Ciudad de México, en razón de ello, dicho lugar se denomina Plaza de la Constitución.

Sobre este juramento se escribió: "En la tarde… ante un inmenso concurso, y al pie de la estatua ecuestre de Carlos IV… se leyó la Constitución por uno de los miembros del ayuntamiento, y la lectura fue acogida con repetidos aplausos…"[386]

La Constitución juzgó conveniente establecer como forma de gobierno la *monarquía moderada, hereditaria,* a pesar de que en lo general, contenía elementos de corte liberal, entre los que destacan la división de poderes, libertad de imprenta, secrecía del voto, prohibición de

[385] La *Constitución de Cádiz* fue conocida así por ser promulgada en dicha ciudad, el 19 de marzo de 1812.

[386] Zárate, D. Julio, "La guerra de Independencia", en Riva Palacio, Vicente (coord.), *México a través de los siglos,* 8ª ed., México, Editorial Cumbre, 1971, t. III, p. 363.

reelección inmediata, acogimiento de la nación española como tierra libre e independiente y proclamación de soberanía, la cual reside en la nación, rechazando ser patrimonio de ninguna familia o persona.[387] Con esta última definición se elimina el poder soberano del rey, para transferírselo a la nación.

La Constitución simbolizó la integración de principios, valores, normas de conducta, que se desprenden de la opinión legítima de la representación política acreditada; la conformidad a este régimen constitucional da origen al desmantelamiento del viejo sistema, pues la Audiencia que "había sido hasta entonces [un órgano] consultivo de los virreyes... con gran participación en la administración y la política, quedaba reducida a ejercer funciones puramente judiciales".[388]

No obstante, el virrey de la Nueva España, debido a la distancia e intereses creados en la región, continúa ejerciendo el poder indiscutiblemente; la Constitución de Cádiz dictaba rumbo, pero lo que hacía el gobernante distaba sustancialmente de lo decretado, sin embargo ello no impidió que las Cortes, que disponían de la facultad de hacer leyes (con el rey), se convirtieran en el punto central de las transformaciones políticas y administrativas; había nacido un régimen representativo que reconocía en América el derecho de contar con quien los interprete, pues los diputados serían nombrados en sus regiones a través de juntas *electorales de parroquia, de partido y de provincia*,[389] que constituían un procedimiento indirecto electoral para determinar los cargos públicos.

Con legitimidad constitucional, las Cortes se tornaron en el centro de la operación política novohispánica, fue el espacio de la representación nacional y por tanto de la expresión ciudadana, implantando un cambio trascendente en la organización política medieval, pues las normas de conducta ya no obedecerían a la directriz absoluta del rey, a partir de ese momento es "la nación la que legisla y no los monarcas".[390]

[387] Constitución Política de la Monarquía Española, 1812, *passim*. Obtenido de https://archivos.juridicas.unam.mx/www/bjv/libros/5/2210/7.pdf

[388] Zarate, D. Julio, *op. cit.*, p. 364.

[389] Constitución Política de la Monarquía Española, artículos 27-34, Capítulo II, Del nombramiento de diputados de Cortes, *op. cit.*

[390] Ortiz de Montellano, Manuel María, *op. cit.*, p. 58.

Procedimiento electoral para integración de las Cortes

El número de diputados a las Cortes fue con base en criterios poblacionales, por cada 70 mil habitantes habrá un legislador, y por cada 35 mil más se elegirá otro; cuando en alguna provincia no se llegue a los 70 mil habitantes, pero la cantidad de pobladores no descienda de 60 mil, se contará con un representante.

El procedimiento electoral para la integración del parlamento es confuso, pero refleja un primer intento por lograr que el diputado surja de los segmentos sociales reconocidos y aceptados en la época; la primera figura que entra al juego electoral son las *juntas electorales de parroquia*,[391] que son aquellas integradas por la ciudadanía avecindada y residente en el territorio de la parroquia, y los eclesiásticos seculares.

En este tipo de juntas, los vecinos (exclusivamente varones) eligen a los *compromisarios*, que son electores primarios en quienes recae la responsabilidad de nombrar al ciudadano, mayor de 25 años, vecino y residente de la parroquia que habrá de representarlos como *elector parroquial.*

Para saber cuál es la cantidad de electores parroquiales, se utiliza la medida electiva poblacional, donde el criterio genérico estableció que una parroquia de 150 a 299 vecinos tiene derecho a un elector, que debe ser elegido por 11 compromisarios; de 300 a 499 vecinos le corresponden dos electores y serán votantes 21 compromisarios, cuando la parroquia tenga de 500 a 600 vecinos, le corresponderán tres electores parroquiales que deberán elegirlos 31 compromisarios.

Pero el interés político de la época era que todas las poblaciones, independientemente de su tamaño, tuvieran la posibilidad de incidir en quién sería su representante como *elector parroquial,* por ello se adicionó al criterio general poblacional uno de carácter incluyente, que determinó que las poblaciones pequeñas accedieran a tener compromisarios y se observó la siguiente regla: que aquella parroquia que tuviera 20 vecinos, elegirá un compromisario; si es de 30 a 40, elegirá dos, y la que

[391] Todo el procedimiento para la elección de los *electores de parroquia*, están comprendidos en la Constitución Política de la Monarquía Española, artículos 35-58, Capítulo III, De las juntas electorales de parroquia, *op. cit.*

tuviere de 50 a 60, tres, y así progresivamente. Cuando los compromisarios de las parroquias de las poblaciones pequeñas se junten y logren de nueve a 11 compromisarios, podrán nombrar un elector parroquial; si se reunieran por lo menos 17 a 20, nombrarán dos electores parroquiales, y si fueren de 25 a 31, nombrarán tres electores, o los que correspondan.

EL SIGUIENTE CUADRO APOYA LA COMPRENSIÓN

Núm. de vecinos	*Compromisarios votantes*	*Núm. de elector parroquial que eligen*
150-299	9-11	1
300-499	17-21	2
500-600	25-31	3

Fuente: Elaboración propia con base en Constitución de Cádiz. Obtenido de https://archivos.juridicas.unam.mx/www/bjv/libros/5/2210/7.pdf

Las *juntas de parroquia*, de acuerdo con la Constitución eran presididas por el jefe político o el alcalde de la ciudad, villa o aldea en que se aglutinen, y si en un mismo pueblo por razón del número de sus parroquias se tuvieren dos o más juntas, presidirá cada jefe político o alcalde una u otra. Los asistentes a la junta proceden a votar por sus compromisarios y éstos eligen al elector o electores de la parroquia, que serán aquellos que hayan obtenido más de la mitad de los sufragios.

El elector o electores parroquiales triunfantes tienen el derecho de participar en la siguiente instancia: la *Junta electoral de partido*.

La *Junta electoral de partido* se integra por los *electores parroquiales*, los cuales nombran mediante voto secreto y por cédula, al *elector de partido*, que puede ser algún miembro de la junta o incluso alguien fuera de ella, pero debe ser mayor de 25 años, residente del partido de donde pretenda ser electo, del estado seglar o eclesiástico y ganará quien alcance la mitad más uno de los sufragios parroquiales; si ninguno consigue la *pluralidad de votos* exigida por la Constitución, los dos con más alta votación participan en una segunda vuelta, y será electo el que haya logrado el mayor número, en caso de empate decidirá la *suerte*.

El triunfador adquiere el derecho de participar en la siguiente etapa procesal electoral: la Junta de Provincia, que es finalmente ésta la que elige a los diputados que participan de la cámara como representantes de la nación.

Las *juntas electorales de provincia* se integran de todos los electores de partido de la provincia de que se trate, los cuales se reúnen con la única finalidad de elegir a los diputados propietarios y suplentes; puede ser legislador todo aquel ciudadano que se encuentre en el ejercicio de sus derechos, mayor de 25 años, que haya nacido en la provincia o avecindado en ella con residencia de por lo menos siete años, puede ser del estado seglar o eclesiástico secular, integrante de la junta o no; otro de los requisitos de elegibilidad particularmente singular, es la de contar con una renta anual de dinero procedente de sus bienes propios, es decir, la representación política no debe ser su fuente única de ingresos.

La manera de votar es simple, el elector de provincia anota en un papel el nombre de la persona que desea que sea su diputado, se cuentan los votos y será parlamentario representanto de la provincia a las Cortes quien haya reunido la mitad más uno de los votos, si nadie obtuvo esta votación absoluta, se realiza una segunda vuelta con aquellos dos que hayan alcanzado el mayor número de sufragios, quedando electo el de mayor número de votos. Nuevamente, en caso de empate, decidirá *la suerte.*[392]

El procedimiento electoral descrito tiene un componente esencial: lo religioso, ya que la Constitución de Cádiz, a pesar de su corte liberal, implica en el modo electivo la profesión de fe de los involucrados, pues antes de cada elección, deben escuchar misa y el discurso del cura u obispo, ritual que forma parte del mandato constitucional.

El nuevo régimen, sin embargo, tenía en la Corte el escenario legal y legítimo para la discusión de la nueva filosofía política a implementar en los territorios conquistados, en ese contexto dos facciones discutían dentro del parlamento; identificados unos como los *reformistas o liberales* y otros como *los enemigos de las reformas o serviles,* ambos grupos

[392] El procedimiento electoral completo para la integración de los diputados está comprendido y puede consultarse en el Título III, De las Cortes, capítulos I, II, III y IV de la Constitución Política de la Monarquía Española de 1812, *op. cit.*

impulsaban su percepción sobre la cosa pública. A pesar de la colisión de estas visiones, de la existencia de una ley fundamental y la dominación de ideas liberales, la Constitución política siguió considerando territorio español al nuevo continente, la forma de gobierno una monarquía moderada hereditaria y el virrey, por tanto, seguía ejerciendo su poder sin contrapeso normativo.

Reacciones en la Nueva España

Los hechos descritos (iniciados en 1808 y hasta lograrse la Independencia) son relevantes porque explican los levantamientos en el nuevo continente. La formación y creación de las instituciones políticas de la nueva nación mexicana deben analizarse a través de una misma línea del tiempo, pero relacionándose en paralelo con las instituciones políticas españolas, pues en tanto México no logra su independencia, la forma de gobierno no se altera y con ello, el conjunto de ordenamientos e instituciones políticas en las cuales se sustenta el régimen.

Pero también es cierto que, durante las más de dos décadas que duró la lucha por la Independencia, la insurgencia creó sus propios códigos, instituciones y representaciones políticas que fueron reconocidas y aceptadas en sus ámbitos de influencia.

Ante cada acción española, en México se establecían reacciones que intentaban dar sustento a las nuevas figuras políticas en América, por ejemplo, una de las primeras reacciones fue de las autoridades virreinales y sectores más influyentes al abrir el proceso de análisis y discusión sobre a quién le asiste el derecho a gobernar en las tierras conquistadas.

Bajo esta interrogante dos posturas entran en conflicto, la criolla, representada por el cabildo de la Ciudad de México, que se manifestaban a favor de convocar a una junta con personalidades representativas del virreinato, y la de los peninsulares españoles, que eran proclives a mantener las cosas como estaban, para evitar, con ello, una posible independencia y perder con ello sus privilegios.[393]

[393] Soberanes, José Luis, *op. cit.*, p. 94.

La discusión de estos enfoques se medían en función a quién le corresponde el soberano derecho de gobernar: ¿al monarca de origen? ¿A una junta que actúa en nombre del monarca sin la autorización del mismo? ¿Al emperador invasor? ¿Al pueblo? Y en cuyo caso, ¿a través de quién? Estas disyuntivas propiciaron el debate ideológico sobre la nueva estructura jurídica, política y administrativa a realizar en el territorio novohispano, con lo cual la chispa del cambio había iniciado.

Los acontecimientos en España, la disputa ideológica en el continente americano, asociado a la decisión política de las nuevas autoridades francesas de intentar dominar al *nuevo mundo* a través de comisionados políticos, incrementaron la inestabilidad social en la Nueva España, siendo *punto de quiebre* un circular enviado por el gobierno francés[394] comunicando el nombramiento de Joaquín Murat, duque de Berg,[395] como lugarteniente del rey (que ya no era español, sino francés) para gobernar la Nueva España. Esta determinación levantó inconformidades en la clase política y religiosa como era de esperarse, ante lo cual los españoles asentados en la ciudad, rechazan la *intrepidez* a través de una resolución de la Real Audiencia de México[396] que desconoce dicha designación.

Quienes tenían identidad criolla y peninsular aprovechan la facultad que tiene la Real Audiencia de proporcionar *asesoría* al monarca con carácter obligatorio para el adecuado desempeño de la Corona, esta atribución se hizo valer en la crisis social y política, suscitada en España en 1808:

> En una época en la que no era aceptada la teoría de la separación de poderes en las funciones de gobierno, la Audiencia realizaba no sólo funciones administrativas a través de comisiones desempeñadas por los oidores, sino, además, actividades ejecutivas, como sustituir al virrey en sus ausencias perentorias, y prestarle asesoría, con carácter corporativo y obligatorio, en los asuntos de mayor alcance.[397]

[394] De fecha 14 de julio de 1808.

[395] Militar francés, rey de Nápoles y cuñado de Napoleón.

[396] La Real Audiencia de México fue un tribunal de justicia con determinaciones en materia civil, penal y administrativa, cuyas resoluciones se tomaban en nombre del rey. Fue presidida por el virrey; al desarrollarse el organismo, la función de virrey como presidente no fue necesaria ni tampoco su presencia. Se conservó, exclusivamente, el derecho de presenciar las sentencias para que éstas tuvieran validez.

[397] Fernández Delgado, Miguel Ángel, *op. cit.*, pp. 64-65.

La notificación y arribo del duque de Berg, además de los problemas en España, fue considerado un *asunto de mayor alcance* y por tanto la Audiencia se pronunció desconociendo el nombramiento del duque francés y declarando nulas las abdicaciones de los reyes españoles, a esta declaratoria se añade el ayuntamiento de la Ciudad de México, que si bien es cierto, reconocen como única y verdadera a la Corona española para ejercer el gobierno en la Nueva España; también deslizan, producto del vacío del poder, una nueva teoría en el continente americano: *la soberanía popular.*

La soberanía popular en la Nueva España

El Ayuntamiento de la Ciudad de México se había convertido en cabecera de la metrópoli novohispana, sus actos tienen impacto en todo el virreinato, su importancia e influencia es reconocida y respetada por quienes habitan el reino, de ahí que las opiniones de sus integrantes orientaban a la opinión pública.

En ese contexto, uno de los miembros de reconocida autoridad era el regidor y síndico Juan Francisco Azcárate y Lezama, abogado, de origen mexicano, el cual exterioriza la principal preocupación de la ciudadanía: si llegara a ocurrir que el monarca legítimo estuviera secuestrado —muerto civilmente por la fuerza, en términos jurídicos— e impedidos sus legítimos sucesores, ¿quién debe ser el depositario de la soberanía? La respuesta de Juan Francisco Azcárate es contundente: por ausencia o impedimento, la soberanía reside en todo el reino.[398] El regidor había referido un principio esencial de los gobiernos legítimos: la soberanía popular, al mencionar a *todo el reino,* significaba a toda la población, pues no excluye a ningún habitante, en ninguna circunstancia.

Los sucesos movilizan a las autoridades de la época, el virrey José de Iturrigaray convoca a la Junta General del Reino[399] con la finalidad de que en su conjunto se decida qué camino tomar. La junta habrá de integrarse con 82 miembros, en ella participaron los magistrados de la Real Audiencia de México, el arzobispo y su cabildo, el tribunal de la inqui-

[398] *Ibidem,* p. 78.

[399] Se convoca el 9 de agosto de 1808.

sición, el consulado de la capital, la nobleza, clero, gobernadores y el Ayuntamiento de la Ciudad de México.[400] Sin saberlo quizá, los integrantes de esta institución establecieron la apertura por la lucha de la independencia, al defender los principios ideológicos de las y los que habían adoptado como bandera la convicción del *soberano poder popular*.

El jalisciense, Francisco Primo de Verdad y Ramos, síndico del Ayuntamiento de México, es uno de los portadores de esta convicción, pues asegura que son quienes habitan en la Nueva España los que deben tener el mando, cuidado y defensa del territorio cuando el rey no pueda ejercer. Así lo expresó:

> Los soberanos son autorizados por Dios, de donde emana su suprema potestad, y el pueblo el instrumento por donde se les confiere haciendo sus personas sacrosantas, en inviolables. Y cuando por las terribles crisis en que suelen verse por efecto de la humana vicisitud se miran impedidos, o hay una especie de interregno extraordinario para poder ejercer su alta potestad, cuidar y defender sus dominios ¿a quién corresponderá mejor custodiárselos sino a los que han concurrido a su erección? ¿Quiénes con más amor que sus vasallos habitantes de aquella misma tierra por lealtad y aun por conveniencia propia?[401]

Primo de Verdad avanza en sus ideas sobre soberanía y tratando de influir en la decisión de la Junta General del Reino, insiste: "habiendo desaparecido el gobierno metropolitano, el pueblo fuente y origen de la soberanía, debería reasumirla para depositarla en un gobierno provisional; propuesta que fue rápidamente impugnada por el inquisidor decano, Fernando de Prado y Ovejero, asegurando que el principio de soberanía popular era una herejía";[402] a la postre se acuerda reconocer a Fernando VII y al virrey Iturrigaray como autoridad en la Nueva España y entretanto se restituya la monarquía, no obedecerán órdenes directas o indirectas del emperador francés, ni de ninguna otra autoridad que no surja de su legítimo soberano, desconociendo también la autoridad a la denominada Junta de Sevilla.[403]

[400] Soberanes, José Luis, *op. cit.*, p. 96.

[401] Fernández Delgado, Miguel Ángel, *op. cit.*, p. 111.

[402] Soberanes Fernández, José Luis, *op. cit.*, p. 96.

[403] Asamblea que surgió en Sevilla para gobernar en nombre de Fernando VII, la cual se autonombró depositaria del poder soberano de España y de las Indias, y que fue presidida por Francisco de Saavedra.

Ante los problemas surge la figura del también fraile Melchor de Talamantes,[404] quien objeta el mando del virrey diciendo:

> No habiendo rey legítimo en la nación no puede haber virreyes. No hay apoderado sin poderdante... el que se llamaba... virrey de México, ha dejado de serlo desde el momento en que el rey ha quedado impedido para mandar en la nación, Si tiene... alguna autoridad, no puede ser otra que la que el pueblo haya querido concederle; y como el pueblo no es rey, así como tampoco es república, el que gobierne por consentimiento del pueblo no puede llamarse virrey.[405]

Era evidente que quienes se identificaban como criollos impulsaban, con gran fervor, la idea del autogobierno, de darle a la población la facultad de decidir, discutían de manera desinteresada o no, quién tiene la atribución de prescribir y ejercer una nueva forma de gobierno, es decir, a quién le corresponde el poder soberano.

El planteamiento impulsado por los munícipes de la Ciudad de México no prosperó, pues las autoridades españolas consideraron que el ayuntamiento no era la voz de la Nueva España y mucho menos arrogan la representación de los reyes, por tanto, no podían imponer criterio alguno.

Este infortunio político adquirió distintas consecuencias, una de ellas, la destitución del virrey Iturrigaray a quien le adjudicaron dos posiciones: la de ser partidario de la independencia y la de querer convertirse en rey de la Nueva España ante su posible independencia; al respecto, José Luis Soberanes escribió: "no creemos que Iturrigaray compartiera en lo más mínimo los principios de la 'soberanía popular', es más, se cuenta que cuando llegó la noticia, el virrey, junto con su familia, se encontraba de descanso en el pueblo de San Agustín de las Cuevas —hoy Tlalpan— y que entonces permitió que personal del servicio doméstico lo llamase 'majestad'".[406]

[404] De nacionalidad peruana, cuya aportación a las ideas de soberanía popular tiene sustento en sus diversos escritos, entre los que destacan la propuesta de crear un Congreso Nacional del reino de la Nueva España (Congreso americano), su postura sobre *una legítima representación política de la colonia y el Proyecto de Plan de Independencia de México*.

[405] Lemoine, Ernesto, "Insurgencia y república...", *op. cit.*, p. 18.

[406] Soberanes Fernández, José Luis, *op. cit.*, p. 95.

En un punto coincidieron las y los detractores del virrey, había dejado de ser confiable para los intereses de las facciones. Aprovechándose de la coyuntura, se optó por quitarle el poder[407] mediante el primer golpe de Estado en la historia de nuestro país, con el asalto al palacio, que tuvo como consecuencia su destitución.[408]

El Congreso Nacional Americano de Talamantes

En agosto, justo un mes antes de la crisis que propició la destitución del virrey, fray Melchor de Talamantes concibe la creación del Congreso Nacional Americano, a través del Proyecto de Plan de Independencia de México, donde lo principal es organizar una entidad colegiada que determine la manera de ejercer la soberanía nacional; por ello en su proclama explica y faculta a través de 13 puntos y dos advertencias, que el Congreso Nacional Americano debe desplegar todos los derechos de la soberanía, entre los cuales se destaca permanecer con el régimen virreinal, pero su titular debe ser designado por el Congreso Nacional, el cual también debe proveer todas las vacantes civiles y eclesiásticas, suspender al tribunal de la inquisición la autoridad civil y limitarlo a lo espiritual; el Congreso podrá conocer y determinar los recursos que las leyes reservan a la monarquía encabezada por el rey, así como dejar a los ayuntamientos en la posesión de su representación popular, sin pretender nuevas elecciones.[409] Por su valor histórico es importante reproducir *la segunda* advertencia:

> *Segunda.* Que, aproximándose ya el tiempo de la independencia de este reino, debe procurarse que el Congreso que se forme lleve en sí mismo, sin que pueda percibirse de los inadvertidos, las semillas de esa independencia sólida, saludable y que pueda sostenerse sin dificultad y sin efusión de sangre.[410]

[407] La fecha de la revuelta es el 15 de septiembre de 1808.

[408] Lemoine, Ernesto, "Insurgencia y república…", *op. cit.*, p. 19.

[409] Lemoine, Ernesto, Sección Documental, en "Insurgencia y república federal", *Proyecto de Plan de Independencia de México redactado por Fray Melchor de Talamantes, agosto de 1808, op. cit.*, pp. 68-69.

[410] *Idem.*

El fraile Talamantes, Primo de Verdad y Juan Francisco Azcárate padecieron prácticamente del mismo destino, al aprisionárseles y acusarles de estar forjando la independencia, les impusieron castigos severos, por ejemplo, al fraile Talamantes lo declararon culpable de 120 cargos, por "haber turbado la tranquilidad pública induciendo a la independencia... resultando... que... ansioso de la independencia, solicitaba con cuantos medios pendían de su arbitrio, la celebración de un Congreso Nacional de Nueva España para preconizarla independiente de la antigua".[411] Al clérigo se le recluyó en la prisión de San Juan de Ulúa, donde finalmente murió. Aun con la severidad con la que fueron tratados, los precursores de la Independencia lograron que la esperanza de vivir en una nación soberana se extendiera en toda la región.

[411] Fernández Delgado, Miguel Ángel, *op. cit.*, p. 160.

Tercera parte

La lucha por la independencia. Instituciones políticas

Infinidad de elementos se habían conjugado para que la Nueva España iniciara una revuelta de magnitudes insospechadas: 300 años de sometimiento, mal trato a la población indígena, un clero político imponiendo terror y acumulando riquezas, pobreza lacerante en la población, corrupción en la clase gobernante (europea y americana), así como la crisis política externa e interna de España y Francia, entre otros factores, hicieron de América un volcán a punto de hacer erupción... Y lo hizo.

No es objeto de estudio la historia de la Independencia de México, sobre ello se ha escrito y estudiado bastante, pero sí lo son las instituciones políticas y forma de gobierno que fueron creándose; la gesta independentista aporta componentes substanciales en la definición de nación y aun cuando en sus orígenes la intención del movimiento no fue erradicar la monarquía, sino el *mal gobierno* encabezado por los gachupines,[412] el sentir nacional fue delineando los propósitos de la lucha.

En la primera proclama que Hidalgo pronuncia, un mes después de iniciada la marcha insurrecta, los postulados del movimiento se resumen en la sujeción de la Nueva España al rey Fernando VII, la eliminación del mal gobierno y la consolidación de la religión católica como culto de Estado. Gracias a la edición y compilación de documentos his-

[412] En la arenga de independencia, Miguel Hidalgo hace entendible el movimiento al gritar *vivas* a Fernando VII y pronunciarse contra el mal gobierno.

tóricos del México independiente, realizada por Miguel Ángel Porrúa,[413] podemos ahondar en lo referido cuando arenga a las personas criollas, religiosas y a los que llamó hijos (literal) de América a:

> Conseguir la gran empresa de poner a los gachupines en su madre patria, porque ellos son los que con su codicia, avaricia y tiranía se oponen a vuestra felicidad temporal y espiritual... También nos dirían que somos traidores al rey y a la patria; pero vivid seguros de que Fernando séptimo ocupa el mejor lugar en nuestros corazones y que daremos pruebas de lo contrario convenciéndolos a ellos de intrigantes y traidores. Por conservarle a nuestro rey estos preciosos dominios...
> ¡Viva la religión católica! ¡Viva Fernando VII! ¡Viva la patria! ¡Viva y reine por siempre en este Continente Americano nuestra sagrada patrona, la santísima virgen de Guadalupe! ¡Muera el mal gobierno! Esto es lo que oiréis decir de nuestra boca y lo que vosotros deberéis repetir.[414]

A pesar de su *complacencia* por la monarquía, distintas investigaciones históricas consideran que esta "simpatía" fue en apariencia, pues obedecía a su estrategia para que las personas criollas y españolas americanas no juzgaran al movimiento como una operación radical y por tanto dejaran de participar; dentro de éstos, el escritor e historiador Julio Zárate considera que el iniciador de la revolución juzgó conveniente ocultar su pensamiento político, pero que contaba con un verdadero plan de organización política.

Aun con la literalidad de sus testimonios, Hidalgo concibe una nueva identidad nacional al describir a la ciudadanía como *americanos*, habitantes de una patria nueva, deseosa de libertad política "que consiste en que cada individuo sea el único dueño del trabajo de sus manos...",[415] en este mismo sentido, Ernesto Lemoine pide se analice con mayor detenimiento, lo que considera un rompimiento con el gobierno europeo:

[413] Véase *Documentos para la historia del México independiente 1808-1938*, aquí citada; se trascriben 46 documentos, que son los principales manifiestos, planes, proclamas, bandos, actas, proyectos, razones, tratados, declaraciones y decretos del México independiente que sirvieron de base para la consulta de este capítulo.

[414] Lemoine, Ernesto, Sección Documental, en "Insurgencia y república federal", *Primer proclama formal de Hidalgo en la que se vierten algunos de sus postulados ideológico-políticos formulados en el memorable grito de independencia, octubre de 1810*, *op. cit.*, pp. 71-73.

[415] *Ibidem*, p. 70.

Fijarse bien que aquí el caudillo enfatiza el propósito de ruptura total: la "madre patria" es "su" de los españoles, no de los mexicanos; por más que luego incida en la contradicción que tanto combustible ha proporcionado a los intérpretes del ideario insurgente, al querer combinar lo incombinable: luchar por la libertad del pueblo y también "por conservarle a nuestro rey estos preciosos dominios".[416]

La enseñanza de libertad, emancipación y buen gobierno de Hidalgo se complementa con el cambio de estructuras políticas expuestas en el Plan de Gobierno Americano,[417] donde la hegemonía política será de quienes tengan filiación criolla e instruidos, empezando con ello a trazarse una nueva aristocracia novohispana con desempeño en un parlamento nacional.

El Congreso Nacional, propuesta de Hidalgo

El Plan de Gobierno Americano establece en su primer enunciado que "se gobernará el reino por un congreso de individuos doctos e instruidos, y todos criollos, que sostengan los derechos del señor, don Fernando VII... se quitará del gobierno a todos los gachupines que... han perdido el reino".[418]

El plan fija, incipientemente, el nuevo diseño de la administración pública al crear un parlamento cuyos integrantes sean *todos* criollos, quienes ejercerán el gobierno y por ende, se decreta la pérdida del poder público para la despótica *casta* gobernante española; Hidalgo sabe que los órganos de gobierno novohispanos deben cambiar y actúa de dos maneras para lograrlo, primero reemplaza a las autoridades existentes del gobierno provincial, "sustituyendo sólo a los titulares inten-

[416] Lemoine, Ernesto, *La revolución de Independencia y el liderazgo de Morelos*, México, SEP-INEHRM, 2015, p. 98. Obtenido de https://www.inehrm.gob.mx/recursos/Libros/Rev_Ind_Lider_Mor.pdf

[417] El Plan de Gobierno Americano es un documento que Hidalgo entrega a Morelos el 20 de octubre de 1810. Dado a conocer por éste el 16 de noviembre de 1810, consta de 29 enumeraciones que delimita las acciones de gobierno en la nueva nación mexicana.

[418] Lemoine, Ernesto, Sección Documental, en "Insurgencia y república federal", *Plan de Gobierno Americano entregado por Hidalgo a Morelos y expedido por éste, 16 de noviembre de 1810*, *op. cit.*, p. 75.

dentes, alcaldes...",[419] y en lo referente al gobierno central actúa de manera distinta, cauteloso pero determinante, se autonombra *jefe supremo* y proyecta el nacimiento de una representación política que surja de las distintas regiones del país.

En el Plan de Gobierno Americano, la denominación surge como expresión incluyente a quienes habiten la Nueva España, sin *distinción en calidad,* aboliendo con ese hecho la esclavitud; por lo que respecta a los europeos que trabajan para el gobierno político o militar, se le exige que entreguen las responsabilidades,[420] de no hacerlo son acreedores a numerosas represalias.

En este contexto, el 15 de diciembre de 1810 se hace del conocimiento público en Guadalajara, el manifiesto mediante el cual formula la creación de un Congreso Nacional, eliminando la atadura española y, aun cuando el documento profiere la noción *reino*, es para asociarlo a la territorialidad y no a una forma de gobierno expresa. Por su trascendencia, no sólo histórica sino ideológica, se reproducen algunos segmentos:

> Ellos... han venido [para] despojarnos de nuestros bienes, por quitarnos nuestras tierras, por tenernos siempre avasallados bajo de sus pies.
> Rompamos, americanos, estos lazos de ignominia con que nos han tenido ligados tanto tiempo. Para conseguirlo, no necesitamos sino unimos [*sic*]... Unámonos... todos los que hemos nacido en este dichoso suelo. Veamos desde hoy como extranjeros y enemigos de nuestras prerrogativas a todos los que no son americanos.
> Establezcamos un congreso que se componga de representantes de todas las ciudades, villas y lugares de este reino, que teniendo por objeto principal mantener nuestra santa religión, dicte leyes suaves, benéficas y acomodadas a la circunstancia de cada pueblo. Ellos entonces gobernarán con la dulzura de padres, nos tratarán como a sus hermanos, desterrarán la pobreza moderando la devastación del reino y la extracción de su dinero...[421]

[419] Miranda, José, *op. cit.*, p. 343.

[420] Lemoine, Ernesto, Sección Documental, en "Insurgencia y república federal", *Plan de Gobierno Americano entregado por Hidalgo a Morelos y expedido por éste, 16 de noviembre de 1810, op. cit.*, pp. 76-77.

[421] Lemoine, Ernesto, Sección Documental, en "Insurgencia y república federal", *Manifiesto de Hidalgo en el que propone la creación del Congreso Nacional, Guadalajara, 15 de diciembre de 1810, op. cit.*, pp. 85-86.

Del manifiesto es importante destacar los siguientes puntos:

a) Se reconoce que la corporación español-europea vino con la intención de esclavizar y despojar.
b) Se declara que aquel que no nació en América es persona extranjera y por tanto se le considera enemiga.
c) Se convoca a la integración de un Congreso Nacional con representación de todas las ciudades, y
d) Confiere a esta representación política la facultad de legislar y gobernar.

Con lo anterior, Hidalgo muestra el verdadero propósito de la insurrección: libertad, independencia e integración nacional a través de una, hasta entonces desconocida, modalidad de gobierno con soporte en la soberanía popular y un régimen de representación político propio; prueba de este ideal es la contestación que Hidalgo y Allende enuncian al virrey Francisco Javier Venegas rechazando la propuesta de amnistía y absolución que se les ofrece: "El indulto, Sr. Exmo., es para los criminales, no para los defensores de la patria, y menos para los que son superiores en fuerza" —les refutó.[422]

Primer gobierno independiente

El primer gobierno independiente es dirigido por el cura Hidalgo, ostentando los títulos de Jefe Supremo de la Nación y Generalísimo de América del Ejército Insurgente; investido con indicada autoridad escoge a Ignacio López Rayón como ministro de Estado y despacho Universal (responsabilidad similar a la Secretaría de Gobernación actual), introduce, igualmente, la Secretaría de Justicia y una junta auxiliar de apoyo, con la finalidad de contar con un órgano de respaldo en el ejercicio político del gobierno.[423]

[422] Zárate, D. Julio, *op. cit.*, p. 204.
[423] Miranda, José, *op. cit.*, p. 343.

La nominación de López Rayón, para efectos de nuestro estudio, es trascendente porque a la muerte de Allende e Hidalgo, materializa una asamblea representativa dotada de personalidad jurídica para tomar decisiones en nombre de la insurgencia a la que llamó Junta Nacional Americana.[424]

La crónica de los últimos momentos de la vida de Hidalgo da cuenta de su fe y esperanza inquebrantable por tener una nación libre e independiente, al confirmar un día antes de morir que su delito era haber querido hacer independiente a América de España;[425] finalmente el 30 de julio de 1811, el cura Hidalgo es fusilado, habiendo nacido con ello el perenne homenaje de llamarlo *padre de la patria.*

El preámbulo del acta de ordenación de la Junta Nacional Americana dispuso que ésta se instalaba en nombre de Fernando VII, se creaba para la conservación de sus derechos, defensa de la religión y libertad de la patria.[426]

La asamblea se convierte entonces en la forma de conceder poderío, a pesar de la extravagancia de plantear una dualidad, "de 'rey' e 'independencia'... fórmula... cuyo enunciado decretal habría rechazado tajantemente... [De estar vivo] el padre Hidalgo".[427]

Lo paradójico de las resoluciones libertarias que adopta la junta es que se apoyan en el reconocimiento del monarca español, situación que deslegitima al convocante ante la insurgencia, y produce, también, el rechazo de la autoridad virreinal al desconocerle representación política alguna; el general Félix María Calleja además cuestiona la congruencia de su proceder, pues cómo es posible que actúe en nombre del rey y al mismo tiempo se le combata a sus representantes en la Nueva España:

> Me dice VV. Que sostiene los derechos de nuestro amado soberano, al mismo tiempo que le persiguen en las autoridades que legítimamente le representan, que le asesinan sus vasallos, le roban sus tesoros, que atropellan sus leyes y ponen en combustión sus pueblos...

[424] La Junta Nacional Americana se constituye en Villa de Zitácuaro, el 21 de agosto de 1811 y es integrada inicialmente por cinco miembros. La misma es presidida por Ignacio López Rayón

[425] Lemoine, Ernesto, "La revolución de independencia...", *op. cit.*, p. 112.

[426] Lemoine, Ernesto, "Insurgencia y república...", *op. cit.*, p. 31.

[427] *Idem.*

Y últimamente se suponen VV representantes de la nación, que los tiene elegidos legalmente y con poderes de sus respectivas provincias residen en las cortes generales.
Por estas mismas reflexiones vendrán en conocimiento que el gobierno no entra, ni puede entrar, en contestación con personas que carecen de esta representación...[428]

Las expresiones del general Calleja reflejan el sentir de la comunidad española europea: todo cuanto existe en la Nueva España les pertenece, pueblos, tesoros, leyes, es decir, no reconocen derecho alguno de las y los americanos ni sus ideales de representación pura.

López Rayón en su esbozo, respeta monarca y monarquía, pero no por ello se debe ignorar el régimen sugerido para la integración de la Junta Nacional Americana, la cual convirtió, al igual que la propuesta de Hidalgo, en un embrionario modelo de parlamentarismo mexicano. La Junta Nacional, además de órgano representativo, fue la instancia legal insurgente, con atribuciones suficientes para designar a quien dirija los esfuerzos libertarios, por ello, no es de extrañarse que al contar con el aval de los integrantes, resultó electo presidente del organismo. El segundo resolutivo del acta de instalación, relata la votación:

Resultó electo con doce votos el Excmo. Sr. Lic. Don Ignacio López Rayón, ministro de la Nación; con once el señor doctor don José Sixto Berdusco; con siete el Excmo. Sr. Don José María Liceaga; con cuatro el señor don Tomas Ortiz; con dos el señor mariscal don Ignacio Martínez; con los mismos el señor cuartel maestre general don Ignacio Ponce, con uno el señor teniente general don José María Morelos.[429]

La directiva de la junta encabezada por Ignacio López Rayón, José Sixto Berdusco y José María Liceaga, juraron "proteger los derechos del rey y exponer hasta la última gota de sangre por la libertad y propiedades de la patria",[430] la cuarta vocalía recayó en Morelos considerado en

[428] Zárate, D. Julio, *op. cit.*, p. 232.
[429] Lemoine, Ernesto, Sección Documental, en "Insurgencia y república federal", *Acta de instalación de la Suprema Junta Nacional en la Villa de Zitácuaro, 21 de agosto de 1811*, *op. cit.*, pp. 88-89.
[430] *Idem.*

el puesto por las sobresalientes victorias que obligaron a aquéllos a nombrarlo.[431]

A pesar de ser José María Morelos participante de la Junta Nacional Americana, siempre titubeó en reconocer al rey como autoridad en la Nueva España y de ello dejó constancia, primero al subrayarle a Ignacio López Rayón, mediante carta, "que se le quite la máscara a la independencia, porque ya todos saben la suerte de nuestro Fernando VII",[432] y segundo al refutar diferentes artículos de la propuesta de constitución que López Rayón presentó a los insurgentes para sus consideraciones, a la cual se le conoció como *Elementos de la Constitución*.[433]

Las diferencias ideológicas entre insurgentes se centró en definir cuál era la mejor forma de gobierno en México, prueba de ello es que previo al citado documento, Morelos expide en Cuautla una proclama que justifica el deseo de libertad, de contar con una representación popular auténticamente americana, donde se deposite la soberanía nacional: "Nuestra causa no se dirige a otra cosa, sino a representar la América por nosotros mismos en una junta de personas escogidas de todas las provincias que en ausencia y cautividad del Sr. D. Fernando VII de Borbón, depositen la soberanía..."[434]

Es de destacar que, en dicho llamamiento, Morelos no da título de rey a Fernando VII, y para las y los originarios de la Nueva España utiliza constantemente el gentilicio de *americanos*; estas definiciones son importantes porque son las principales discrepancias con López Rayón, quien al tratar de encontrar un punto de mediación se pronunció por el reconocimiento del monarca depuesto.

Elementos Constitucionales, como ordenamiento esencial de la insurgencia, concuerda en cuanto al año con la Constitución de Cádiz (examinada en este mismo texto), que era el texto normativo español. La disconformidad fundamental entre ordenanzas es que mientras las Cortes en Cádiz sostuvieron la igualdad de las personas americanas y

[431] Zárate, D. Julio, *op. cit.*, p. 336.

[432] *Idem.*

[433] *Elementos de la Constitución o Elementos Constitucionales* como también se le conoce, fue promulgado en Zinacantepec, Estado de México, el 30 de abril de 1812.

[434] Lemoine, Ernesto, *Morelos su vida revolucionaria a través de sus escritos y de otros testimonios de la época*, 2ª ed., México, Universidad Nacional Autónoma de México, 1991, p. 191. Obtenido de https://archivos.juridicas.unam.mx/www/bjv/libros/6/2733/5.pdf

europeas, nunca se atrevieron a concederles la libertad, es decir, si "hubieran procedido con sinceridad y buena fe... al mismo tiempo que declararon su independencia, hubieran declarado la nuestra y nos hubieran dejado en libertad para establecer nuestro gobierno, así como ellos establecieron el suyo".[435]

Los puntos constitucionales de Rayón trascienden porque dentro de sus 38 formulaciones, varios artículos se aprecian por su relevancia política, filosófica y jurídica, ya que definen al territorio conquistado como una nación libre e independiente, establece que el origen de la soberanía procede de la población y presenta una propuesta de división de poderes (Ejecutivo, Legislativo y Judicial), consagra, además, que el nombramiento de representantes realizado por los ayuntamientos tendrán duración de tres años e incorpora el concepto de inviolabilidad para los miembros del Consejo Nacional Americano (lo que podríamos considerar como origen del fuero constitucional) y confiere a este cuerpo colegiado el ejercicio de la soberanía.[436]

Muchas son las aportaciones que *Elementos Constitucionales* presenta para la estructura de la nación, a pesar de no ser propiamente una constitución, es como lo dice el jurista mexicano Juan N. Silva Mesa,[437] "la primera experiencia para la formulación de una carta Constitucional de nuestro pueblo". Contrariamente a la importancia general del texto, la propuesta de Rayón es regresiva en relación con el ideal de Hidalgo, cuando puntualiza que la soberanía dimana del pueblo, pero reside en el monarca español, Fernando VII.[438]

Morelos habrá de dejar constancia, en su calidad de vocal de la junta, de su desacuerdo, cuando le solicitan sus opiniones con relación a los puntos constitucionales y éste señala en la carta de tipo personal que le envía a Rayón,[439] que "en cuanto al 5° de nuestra Constitución por lo

[435] *Ibidem*, p. 243.

[436] López Rayón, Ignacio, "Elementos constitucionales", en Suprema Corte de Justicia de la Nación-Miguel Ángel Porrúa (eds.), *Primer proyecto constitucional para el México independiente*, edición conmemorativa en el bicentenario del documento 1812-2012, SCJN-MAPorrúa, 2012, pp. 8 y ss.

[437] El ministro Juan N. Silva fue presidente de la Suprema Corte de Justicia de la Nación y del Consejo de la Judicatura Federal del 2011-2014.

[438] López Rayón, Ignacio, *op, cit.*, pp. 9-10.

[439] Las aclaraciones de Morelos las hace valer mediante dos cartas fechadas. Ambas el 7 de noviembre de 1812 y dirigida a Ignacio López Rayón, una de carácter personal y la otra en su calidad de presidente de la Suprema Junta Nacional.

respectivo a la soberanía del Sr. D. Fernando al 7º, como es tan pública y notoria la suerte que ha cabido a este grandísimo hombre, es necesario excluirlo para dar al público la Constitución",[440] por lo que respecta a la correspondencia oficial, es lacónica y contundente su contestación y al referirse al punto señala: "La proposición del Sr. D. Fernando VII, es hipotética".

La molestia del insurgente obligó que la Junta Nacional Americana le ofreciera una amplia explicación a Morelos a través de una carta[441] donde le esclarecen que los "planes, en efecto, son de independencia, pero creemos que no nos ha de dañar el nombre de Fernando, que en suma viene a ser un ente de razón".[442]

La correspondencia entre líderes de la Independencia aporta luces al debate histórico y comprueba que es el padre de la patria quien tenía el plan de organización política descrito en la Constitución de Rayón, pues en otra misiva, ésta de carácter personal, Morelos nuevamente le dice: "Exmo. Sr. Hasta ahora no había recibido los *Elementos constitucionales*: Los he visto y con poca diferencia son los mismos que conferenciamos con el Sr. Hidalgo".[443] Lemoine, sobre este hecho, opina que es claro que Morelos niega la patente de originalidad del texto constitucional a Rayón.[444]

Con separación de lo anterior, *Elementos Constitucionales* encarna "las bases de la estructura política del México independiente",[445] que habrán de inspirar, sin lugar a duda, la formación de una distinta estructura jurídica para la nación mexicana.

La representación política de Morelos y el Congreso de Chilpancingo

La disputa por el mando del ejército insurgente se había incrementado, Morelos se consolidaba por su tendencia ideológica de un gobierno

[440] Zárate, D. Julio, *op. cit.*, pp. 336-337.
[441] Suscrita por Ignacio López Rayón, José Sixto Berdusco y José María Liceaga.
[442] Zárate, D. Julio, *op. cit.*, p. 232.
[443] *Idem.*
[444] Lemoine, Ernesto, "La revolución de independencia...", *op. cit.*, p. 129.
[445] López Rayón, Ignacio, *op. cit.*, p. 35.

independiente, un congreso de mexicanos depositario de la soberanía nacional, y concibe transformar la Junta Nacional Americana en un Congreso Nacional, y así lo formula a Rayón, a través de una carta[446] donde le dice: "nuestro Congreso [ya no se refiere a la junta] se ha de componer de representantes...",[447] esta sustitución de palabras no sólo es enunciativa, sino de legitimidad en la lucha por la independencia, pues mientras Morelos reconoce la soberanía en la población, Rayón insiste darle su *lugar* al monarca español.

El desenlace de este disenso se produjo cuando Morelos llama a elecciones para formar una nueva representación política, en donde concurran todas las provincias de la Nueva España, con atribuciones para determinar la nueva práctica del poder en la América criolla.

La primera convocatoria para la instalación del Congreso en Chilpancingo[448] es una *verdadera joya* de la naciente democratización mexicana, pues dispone en ella, no sólo la formación de un Congreso depositario de la soberanía nacional, sino que sus miembros serán representantes de las provincias electos a *pluralidad de votos* por la población de dichas regiones, además, define el perfil del electorado y exhorta para que elijan a su representante y éste sea "un sujeto americano de probidad y de conocidas luces, recomendable por su acentuado patriotismo y, si es posible, nativo de la misma provincia".[449] En esa misma convocatoria, se precisa también el procedimiento electoral:

> En esta votación deben entrar las personas eclesiásticas y seculares, teólogos o juristas, aunque no estén graduados, pero no deberá elegirse a los ausentes. El modo deberá ser: proponer tres individuos, llevando asentados sus nombres a la Junta General en cedulita como de rifa, con las notas de primero, segundo y tercero, con lo cual, en no llevando más fin que el bien común, concluirán los electores bien y con brevedad su comisión, la cual manifestarán un día antes o luego que lleguen al lugar de la junta, llevando credencial firmada de los que los eligieron.[450]

[446] De fecha 12 de septiembre de 1812.

[447] Lemoine, Ernesto, *Morelos su vida revolucionaria...*, *op. cit.*, pp. 207-208. Obtenido de https://archivos.juridicas.unam.mx/www/bjv/libros/6/2733/6.pdf

[448] De fecha 28 de junio de 1813.

[449] Lemoine, Ernesto, Sección Documental, en "Insurgencia y república federal", *Primera convocatoria de Morelos para la instalación del Congreso de Chilpancingo, 28 de junio de 1813*, *op. cit.*, p. 112.

[450] *Idem.*

En esta coyuntura de elegir representantes, Ernesto Lemoine considera que se experimentó una democracia auténtica, al convocar Morelos a la elección de representantes en una provincia que no formaba parte de la estructura político-territorial de la Nueva España, llamada: provincia de Tecpan (hoy estado de Guerrero), en donde el proceso electivo por sí mismo, en una entidad legítimamente nacional, constituye una medida novedosa y auténtica, toda vez que ésta no es una región definida por los españoles sino por los mexicanos. Edmundo O' Gorman al referirse a esta provincia, la califica de extraña, "pues se trata de una entidad de pura filiación insurgente".[451]

Morelos justifica la convocatoria y la elección en siete razones,[452] entre las que destacan, la necesidad de tener algún tipo de gobierno en esa región, porque se encuentra lejos de las intendencias de Valladolid, México, Puebla y Oaxaca, y porque sus habitantes han llevado la insurgencia del sur, por lo cual en justicia deben disfrutar de la independencia.[453] No debemos descartar la necesidad política de Morelos por contar con representantes afines a su ideología, con lo cual garantiza el control absoluto del movimiento y de la titularidad del Poder Ejecutivo.

Al ser el origen del régimen democrático en México el tema que nos ocupa, Morelos hace sobre ello una aportación importante, pues su visión de establecer normas para elegir a quienes representen las regiones propicia los primeros elementos procedimentales electivos en el México preindependiente.

Con la finalidad de que la población no tenga dudas de la manera en que se elegirá a la representación, Morelos detalla las instrucciones para desarrollar la elección de diputados al Congreso de Chilpancingo; esta ilustración constituye elementos básicos del procedimiento electoral:

[451] O'Gorman, Edmundo, *Historia de las divisiones territoriales de México*, 11ª ed., México, Porrúa, p. 33.

[452] El documento titulado "Razones", suscrito por Morelos, plantea la creación de la intendencia de Tecpan y está fechado el 28 de junio de 1813.

[453] Lemoine, Ernesto, Sección Documental, en "Insurgencia y república federal", *Razones de Morelos para crear la nueva intendencia de Tecpan en cuyo ámbito se instalará el Congreso, 28 de junio de 1813*, *op. cit.*, pp. 112-113.

Si cada parroquia elige uno representando, éstas sólo les toca nombrar un elector para que unidos con los demás de todo el arzobispado, voten de tres sujetos que ellos mismos pongan, al que mejor les parezca para diputado al congreso. Hecho esto, comenzará su escribano a recoger los sufragios que irá apuntando en un papel para leerlo en alta voz. Después de concluido el acto y el que sacare más votos, quedará de elector por aquella parroquia.[454]

Para fortalecer esta determinación se expide el reglamento para el funcionamiento del Congreso, compuesto de 59 numerales, acordándose que la junta electoral será presidida por Morelos, se precisa, además, la separación de poderes, y la integración de diputados propietarios y suplentes, los primeros elegidos por sus respectivos electores y los suplentes nombrados por Morelos, durarán en la responsabilidad cuatro años con derecho a ser reelectos, gozando de *fuero* por ser *personas sagradas e inviolables.*[455] En ellos, como cámara parlamentaria, recaerá el Poder Legislativo, la soberanía popular y la suprema autoridad; debiendo ser reconocida dicha jerarquía por toda la ciudadanía propensa a la independencia.

Por lo que respecta al Poder Ejecutivo lo ejercerá el "general que resultase electo generalísimo";[456] con la finalidad de dar cumplimiento a este precepto, se desarrolló la elección entre los cuatro únicos militares que cumplían con el requisito de tener grado mayor de coronel, siendo la competencia, entre los capitanes generales: José María Morelos, Ignacio López Rayón, José Sixto Berdusco y José María Liceaga.

El procedimiento señaló que aquel que resultare electo ejercerá el cargo mientras sea apto para su desempeño, y cuando falte por muerte, ineptitud o delito, se elegirá otro militar, a pluralidad de votos de rango mínimo de coronel; de no existir recaerá el mandato en el segundo y tercero que hubieren sido nombrados, y si no hubiera, en el de más alta graduación.[457]

[454] Lemoine, Ernesto, Sección Documental, en "Insurgencia y república federal", *Instrucciones de Morelos para la elección de diputados al Congreso, 25 de julio de 1813, op. cit.*, p. 115.

[455] Lemoine, Ernesto, Sección Documental, en "Insurgencia y república federal", *Reglamento expedido por José María Morelos para la instalación, funcionamiento y atribuciones del Congreso, 11 de septiembre de 1813, op. cit.*, pp. 117 y ss.

[456] *Idem.*

[457] *Idem.*

Con base en la convocatoria y reglamento mencionado, resultaron electos los diputados al Congreso de Chilpancingo, destacando del proceso electoral la selección del diputado por la Provincia de Tecpan, que como se explicó, representa una entidad geográfica de auténtico diseño mexicano, y por tanto un acontecimiento que debe valorarse como precedente de la democracia en México[458] y que Morelos, reconociendo la importancia del hecho, mencionó en la ceremonia de instalación que se trataba del "primer representante popular electo democráticamente por la primera provincia nacional".[459]

Del acta de la elección se desprende que en esta novedosa elección participaron nueve candidatos, obteniendo el mayor número de sufragios el licenciado y vicario general, José Manuel de Herrera.[460]

DIPUTADOS CONSTITUYENTES AL CONGRESO DE CHILPANCINGO

Nombre	*Estado*
Ignacio López Rayón	Guadalajara
José Sixto Berdusco	Michoacán
José María Liceaga	Guanajuato
Andrés Quintana Roo	Puebla
Carlos María de Bustamante	México
José María Cos	Veracruz
José María Murguía	Oaxaca
José Manuel de Herrera	Tecpan (Hoy Guerrero)
Cornelio Ortiz de Zárate	Secretario
Carlos Enríquez del Castillo	Secretario

Fuente: Elaboración propia con base en información consultable en: Zarate, D. Julio, "La guerra de Independencia", en Riva Palacio, Vicente (coord.), *México a través de los siglos*, 8ª ed., México, Editorial Cumbre, 1971, t. III, p. 405.

Ellos se convirtieron en los primeros legisladores, no sólo americanos, sino también ideológicamente proclives a la independencia, leales en su mayoría a Morelos, creyentes férreos de la soberanía nacional y por supuesto al establecimiento de una forma de gobierno autónoma.

[458] Lemoine, Ernesto, "Insurgencia y república...", *op. cit.*, p. 40.

[459] *Idem.*

[460] Morelos, José María, "Acta de elección del primer diputado del Congreso de Chilpancingo", en LXII Legislatura Cámara de Diputados-MAPorrúa (eds.), *El Congreso de Chilpancingo y la Constitución de Apatzingán 1813-1814*, México, p. 98. Obtenido de http://biblioteca.diputados.gob.mx/janium/bv/md/LXII/CongChilpancingo.pdf

El Congreso de Chilpancingo,[461] por su naturaleza, fue todo un acontecimiento político de la época, de sus trabajos legislativos surgió la manifestación ideológica y filosófica que definió la lucha por la independencia, así como la conformación de la nueva nación; de esa representación nacional y por votación unánime, José María Morelos y Pavón resultó electo como generalísimo y por tanto titular del Poder Ejecutivo.

Sus expresiones al momento del ascenso, lo describen en su genialidad política y sensibilidad, pues al instante de notificarle que el Congreso ha votado designándolo generalísimo y jefe del Poder Ejecutivo, declina (que por cierto es la primera declinación al cargo de presidente que realiza un electo en el México independiente) "porque lo creía superior a sus merecimientos y capacidad",[462] ante lo cual el Congreso, tras una deliberación de poco más de dos horas, no admite la renuncia y lo conmina a la pronta aceptación y reconoce en él al primer jefe militar en quien se deposita el ramo ejecutivo de la administración pública.[463]

El presidente del Congreso, José Sixto Berdusco, manifestó que "siendo esta renuncia efecto sólo de su modestia, le pedía que aceptase [el] nombramiento que el Congreso y el deseo unánime de los pueblos le habían conferido".[464] Morelos accede, no sin antes formular cuatro condiciones[465] con lo cual acepta la titularidad del Poder Ejecutivo, pero rechaza que se le llame Alteza Serenísima adoptando el célebre título de Siervo de la Nación.[466] El efecto, independientemente de la denominación, es asumir el mando supremo por medio de la legítima representación nacional, es decir, por la soberanía popular. Morelos, con ello, se convierte en el líder político y militar por excelencia del movimiento, su capacidad como estratega militar, aunado a su agudeza

[461] El Congreso fue realizado el 8 de septiembre de 1813, en la ciudad que lleva su nombre.

[462] Zárate, D. Julio, *op. cit.*, p. 406.

[463] Lemoine, Ernesto, *Morelos su vida revolucionaria…*, *op. cit.*, p. 376. Obtenido de https://archivos.juridicas.unam.mx/www/bjv/libros/6/2733/8.pdf

[464] Zárate, D. Julio, *op. cit.*, p. 406.

[465] Véase las condiciones establecidas en el acta de la elección de Morelos de fecha 15 de septiembre de 1813.

[466] El 18 de septiembre de 1813, al anunciar su designación por el Congreso como jefe del ejecutivo, explica que él sólo quería ser "siervo y esclavo de mi patria"

política, lo llevó a confrontar, en el plano de las ideas y de las armas, a sus opositores con gran éxito.

Una vez definida la forma y estructura de gobierno, al igual que su mentor (el cura Hidalgo), Morelos determinó la abolición de la esclavitud e incorporó un principio democrático destacable: las elecciones libres.[467] Su proclama estableció que "debe alejarse de la América la esclavitud y todo lo que a ella huela, mandó que los intendentes de provincia y demás magistrados velen sobre que se pongan en libertad cuantos esclavos hayan quedado y que los naturales que forman pueblos y repúblicas hagan sus elecciones libres...".[468] Este principio al paso del tiempo se convierte en valor esencial de la democracia, la cual no es posible sino reconociendo la igualdad entre los seres humanos.

La convocatoria para la insurrección fue atendida por diversos sectores sociales que Morelos dividió en cuatro: clérigos-religiosos; mujeres-niños (hasta los 12 años), ancianos de 60 y más, y *hombres útiles para las armas*; esta clasificación es importante, porque el insurgente exenta de participar a eclesiásticos, niños, ancianos y mujeres, sin embargo advierte que pueden tomar las armas para coadyuvar, uniéndose a las tropas en caso de una acción difícil;[469] esta determinación avaló legalmente para que mujeres, ancianos, clérigos y aun infantes pudieran participar en la lucha libertaria.

La intervención femenina en materia política, representación y poder, forjó múltiples opiniones en el México insurgente, de las cuales no estuvo exento el propio Morelos, quien por una parte autorizaba su incorporación activa en la causa y por la otra no dejó de conferirles un rol extremadamente conservador al afirmar que por lo general deben dedicarse "a hilar y a otras labores para aliviar las cargas del matrimonio".[470] A pesar de lo controversial para la época que representaba la rebelión encabezada por mujeres, un hecho documentado que demuestra reconocimiento es la pensión ganada y otorgada a Leona Vicario por

[467] El decreto de fecha 5 de octubre de 1813.

[468] Lemoine, Ernesto, Sección Documental, en "Insurgencia y república federal", *Abolición de la esclavitud, por José María Morelos, Chilpancingo, 5 de octubre de 1813, op. cit.*, p. 138.

[469] Lemoine, Ernesto, *Morelos su vida revolucionaria..., op. cit.*, pp. 333-334. Obtenido de https://archivos.juridicas.unam.mx/www/bjv/libros/6/2733/7.pdf

[470] *Idem.*

Morelos y ratificada por el Congreso por su actuación patriótica en la lucha.[471]

La insurgencia crecía en adhesiones y la monarquía mostró signos de debilidad, pero es la instalación del Congreso y el nombramiento de Morelos lo que encoleriza a la Corona, pues reconocen que dichas acciones despertaron esperanza entre la población de la Nueva España, por lo que se instruye al virrey Félix María Calleja lo siguiente:

> Esta medida, aunque violenta y con todo el carácter de impostura y ridiculez que lleva en sí misma, no dejará de haber producido algunas ilusiones perniciosas y dándole cierto grado de autoridad entre las bandas que acaudilla, por lo que otras consideraciones de igual naturaleza, deberá V. E. tomar todas las medidas que le sugieran sus luces y acreditado celo, para contrariarlas y desvanecer las impresiones que pueda haber hecho, procurando en lo sucesivo impedir que se verifiquen semejantes conventículos.[472]

En esta carta se conmina al virrey para que utilice cualquier pretexto para fomentar discordia entre el liderato insurgente, con la finalidad de debilitar, atraer o exterminar, principalmente a Morelos,[473] que se había convertido en el antagonista a vencer.

Sentimientos de la Nación

Difícilmente podremos encontrar un documento que condense la legítima aspiración de un pueblo de ser libre, independiente, soberano e igualitario como los *Sentimientos de la Nación*;[474] en tan sólo 23 artículos[475] figuró el más puro anhelo de una sociedad por una patria nueva.

En *Sentimientos de la Nación* se estipula que será la representación nacional y no una persona quien dicte la ley; en tanto la independencia, prohibición de la esclavitud y tortura, son valores esenciales en la

[471] *Ibidem*, pp. 445-446.
[472] *Ibidem*, pp. 461-462.
[473] *Idem*.
[474] Presentados en Chilpancingo el 14 de septiembre de 1813.
[475] En el documento original, el numeral 4°, 6° y 14 muestran anotaciones marginales, tachaduras parciales o totales, en tanto que el artículo 23 se escribe posterior a la firma de Morelos.

conformación de la república, por ello, al fundarse la nuestra se integran de manera puntual y se inscribe el reemplazo de la monarquía para instaurar los poderes Legislativo, Ejecutivo y Judicial y acordar que la soberanía procede de la población y se deposita en quien los represente.

Bajo el auspicio de los anteriores principios, los vocales, representantes de las y los habitantes, serán electos en las provincias y permanecerán en el cargo cuatro años.[476] El documento implanta un componente básico de lealtad y reconocimiento a los precursores del movimiento al decretar que se "solemnice el 16 de septiembre de todos los años, como el día aniversario en que se levantó la voz de la independencia y nuestra santa libertad comenzó…".[477]

Independencia, libertad, igualdad, soberanía y división de poderes es la naturaleza de una república; México lo decretó en *Sentimientos de la Nación*; luego entonces se integró la estructura gubernamental que forjaría el nuevo gobierno en la nación independiente.

GOBIERNO INSURGENTE PODER EJECUTIVO

Nombre	*Cargo*	*Observaciones*
José María Morelos	Generalísimo, titular del poder supremo	Tratamiento de siervo de la nación
Juan Nepomuceno Rosainz	Primer secretario	También formó parte del Poder Judicial
José Sotero Castañeda	Segundo secretario	También formó parte del Poder Judicial
Mariano Matamoros	Teniente general	Mando en Tecpan, Oaxaca, Veracruz, Puebla, Tlaxcala y México
Manuel Muñiz	Teniente general	Con mando en Valladolid, Guanajuato, Potosí, Zacatecas y Guadalajara

Fuente: Elaboración propia con base en el Acta de la primera composición del gobierno insurgente decretada por el Congreso de Chilpancingo el 18 de septiembre de 1813.

[476] "Sentimientos de la Nación", en Porrúa, Miguel Ángel (ed.), *Textos fundamentales del constitucionalismo mexicano*, México, MAPorrúa, 2014, pp. 73-80.
[477] *Ibidem*, pp. 78-80.

En esta fase histórica, el Congreso Nacional tuvo distintas integraciones y facultades, no es objeto del presente estudio adentrarnos en las razones que generaron esta circunstancia, sin embargo, una de las deducciones que explican el fenómeno es que las principales figuras en la arena política también lo eran en el campo militar, la nación se encontraba en medio de una lucha sangrienta y la insurgencia era protagonista de las justas militares y políticas que obligaba a actualizar composición y facultades; Morelos, por ejemplo, al ser generalísimo de las armas, no fue excusado de encabezar batalla alguna y tras diversas derrotas su liderazgo político aminoró y el Congreso tomó dos determinaciones:

a) Retirarle facultades ejecutivas y transferirlas al Congreso Nacional, y
b) Ampliar la representación del parlamento.

INTEGRACIÓN DE ORIGEN DEL CONGRESO NACIONAL

Nombre	*Entidad*	*Representación*
José Sixto Berdusco	Valladolid	propietario
Ignacio López Rayón	Guadalajara	propietario
José María Liceaga	Guanajuato	propietario
José Manuel de Herrera	Tecpan	propietario
Manuel Sabido Crespo	Oaxaca	propietario
Carlos María Bustamante	México	suplente
Andrés Quintana Roo	Puebla	suplente
Jose María Cos	Veracruz	suplente
Cornelio Ortiz de Zárate	secretario	primero
Carlos Enríquez del Castillo	secretario	segundo

Fuente: Elaboración propia con base en Acta de la primera composición del gobierno insurgente decretada por el Congreso de Chilpancingo el 18 de septiembre de 1813.

A consecuencia de ello, el parlamento se amplió a 16 miembros, otorgando al propio Morelos y a Antonio José Moctezuma, diputado por Coahuila, un asiento en la representación nacional. Ante ello la configuración quedó de la siguiente manera:

CONGRESO NACIONAL AMPLIADO[478]

Nombre	*Entidad*
José María Liceaga	Guanajuato
Carlos M. de Bustamante	México
Ignacio López Rayón	Nueva Galicia
José Sixto Berdusco	Michoacán
José María Morelos	Nuevo León
José María Cos	Zacatecas
Manuel Sabido Crespo	Oaxaca
José Manuel Herrera	Tecpan
Manuel Aldrete y Soria	Querétaro
Andrés Quintana Roo	Yucatán
Cornelio Ortiz de Zárate	Tlaxcala
José Sotero Castañeda	Durango
José María Ponce de León	Sonora
Francisco de Argandar	San Luis Potosí
Antonio de Sesma	Puebla
José de San Martín	sin designación de provincia

Fuente: Elaboración propia, con información contenida en Zárate, D. Julio, *op. cit.*, p. 420.

La Constitución de Apatzingán

Los diputados constituyentes finalmente se reunieron y sancionaron el llamado Decreto Constitucional para la Libertad de la América Mexicana, también conocida como Constitución de Apatzingán,[479] la cual se considera la primer Carta Magna del México independiente.

Esta ley fundamental firmada por 11 de los 16 legisladores constituyentes[480] es un tributo a las aspiraciones de una sociedad anhelante de libertad, constructora de su identidad nacional, partiendo del derecho indiscutible de quien lo tiene: la población.

[478] La ampliación del Congreso y el relevo de Morelos del Poder Ejecutivo se fundamentó en la llamada Declaración Tlalchapa, dada el 14 de marzo de 1814, firmada por José María Liceaga como presidente y Cornelio Ortiz de Zárate en su calidad de secretario.

[479] Se le llamó así por ser en esa ciudad donde se promulga; el texto constitucional consta de 242 artículos y fue publicado el 24-25 de octubre de 1814.

[480] Los ausentes fueron Carlos María de Bustamante, Ignacio López Rayón, Manuel Sabido Crespo, Andrés Quintana y Antonio de Sesma, por estar "enfermos unos, y otros empleados en diferentes asuntos del servicio de la patria". Se establece en la nota del decreto que a pesar de estas ausencias, ellos "contribuyeron con sus luces".

El Decreto Constitucional para la Libertad de la América Mexicana da origen al constitucionalismo mexicano, que si bien es cierto en *Elementos Constitucionales* y *Sentimientos de la Nación* se cuenta con bases ideológicas y programáticas, es en la Constitución de Apatzingán donde se materializan.

La citada carta de derechos contiene elementos dogmáticos que abordan los derechos fundamentales de las y los mexicanos, estos principios son líneas de conducta donde se canalizan los "valores de una sociedad, sus aspiraciones, sus fundamentos, sus bases de todo el acontecer jurídico y el desarrollo de una nación",[481] lo cual —claramente— prevaleció y plasmó la Constitución de Apatzingán.

Un aporte de trascendencia es la denominación misma del país, pues mientras la Constitución de Cádiz —vigente en ese momento— se refería a la región como *virreinato de la Nueva España,* la nueva Constitución precisa al territorio como *América mexicana,* proporcionando con ello dos elementos de gran valor: las tierras conquistadas adoptan identidad propia como Estado del continente americano y el nombre de nación mexicana identifica, de manera particular, a la patria nueva.

El concepto de soberanía dispuesto en el documento, es otro principio que, desde la Conquista, se debatió, pero que en esta primera Constitución se depura, pues en la redacción de origen se traslada el poder soberano del rey a la población y ésta se convierte en titular, ejerciendo a través de sus representantes. Es entonces la soberanía nacional, principio y elemento esencial creador de la nueva identidad nacional.

La ley fundamental se adhiere, entonces, a los principios de autonomía política e independencia jurídica, porque el nuevo Estado mexicano niega el derecho colonizador y por supuesto censura, por medio de las armas, la gobernanza española; estos *conceptos afines a la soberanía*[482] son manuales insustituibles en la república, al ser siempre el anhelo de las y los fundadores de la patria, y así lo percibieron las autoridades españolas, por ello el virreinato decadente trató de desautorizar

[481] Burruel Huerta, Leopoldo, *Principios constitucionales desde la Constitución mexicana hasta la Corte,* México, Porrúa, 2013, p. 21.

[482] Rodríguez, Sergio, Serie grandes temas del constitucionalismo mexicano, núm. 4, *La Soberanía nacional,* 2ª ed., México, Suprema Corte de Justicia de la Nación, 2016, pp. 39-43.

la naciente Constitución y sus tres poderes; en Estados Unidos, por ejemplo, el virrey Calleja instruye a Luis de Onis González[483] que desacredite estas instituciones, "pues... han publicado y esparcido... una ridícula y monstruosa Constitución, en que desconociendo la dependencia de la metrópoli y la soberanía de nuestro rey, que hasta ahora habían fingido respetar, proclaman su independencia y emancipación...";[484] a pesar de estos atrevimientos por ofender la voluntad nacional, la estructura constitucional de la América mexicana, reflejó la cimentación de un Estado de derecho y una voluntad política de aceptar y obedecer la supremacía del decreto constitucional.

El citado decreto siempre estuvo en riesgo, pero quizá la prueba mayor que enfrentó fue la desaparición misma del Congreso, de los poderes y la muerte de Morelos, y a pesar de ello, permanece como ley fundamental logrando que independientemente de que surjan nuevos órganos de gobierno como la Junta Subalterna Gubernativa Provisional para el gobierno de las provincias del centro, norte y occidente del país, así como su reglamento,[485] estas nuevas entidades estén obligadas a mantener comunicación con el gobierno supremo, debiendo respetar la constitución del Estado y las leyes que se hayan publicado. Una nueva entidad jurídica había nacido, supeditada al decreto constitucional, y de origen soberana (el Congreso le había dado nacimiento) para ejercer el gobierno en siete[486] de las 17 provincias que se componía la América mexicana.

Las *juntas subalternas* sirvieron, entonces, para garantizar un Estado de derecho constitucional, cuando los poderes estuvieron en riesgo, subsistieron en medio de la crisis política-militar y contribuyeron de manera importante en la forma de gobierno de una nación cambiante.

[483] Luis Onis González, diplomático español con la representación de dicha nación en Estados Unidos de Norteamérica. Ejerció su función de 1809 a 1819.

[484] Lemoine, Ernesto, *Morelos su vida revolucionaria...*, *op. cit.*, pp. 544. Obtenido de https://archivos.juridicas.unam.mx/www/bjv/libros/6/2733/10.pdf

[485] Dado en la Villa de Uruapan, el 6 de septiembre de 1815. El reglamento consta de 49 artículos y puede consultarse en https://archivos.juridicas.unam.mx/www/bjv/libros/6/2733/10.pdf pp. 572-582.

[486] El reglamento de la Junta Subalterna en su artículo 9º, señala que estas juntas funcionarán en las provincias de Michoacán, Guadalajara, Guanajuato, Zacatecas, San Luis Potosí y parcialmente en la de México y Tecpan.

En esta etapa formativa del republicanismo, se discutían no sólo ideas políticas, sino también la conveniencia de un gobierno eclesiástico, esta realidad de Estado e Iglesia indestructible e indivisible en la época, era entendible por los más de 300 años de dominación y por ser la insurgencia propiciada por hombres y mujeres de Dios, clérigos ilustrados que entendieron la oportunidad política derivada de la guerra civil en España, de un rey depuesto y de una nación invadida.

Al ser las y los precursores de la Independencia partidarios del catolicismo, fue prácticamente imposible, quizá por conveniencia o realmente por dogma de fe, que la primera Carta Magna formal de nuestro país no expresara una separación entre dichos componentes, de ahí que el artículo 1°, del decreto constitucional, establezca —en concordancia con los otros textos fundacionales del constitucionalismo mexicano— que es "la religión católica apostólica romana... la única que se debe profesar en el Estado";[487] esta dependencia religiosa cobrará en el México independiente y aun en el posrevolucionario, más derramamiento de sangre.

Independientemente de lo anterior, la Constitución de Apatzingán tuteló, entonces, garantías sociales, de seguridad de las personas y sus bienes, estableció la supremacía de la ley y el principio de inocencia, la inviolabilidad del hogar, el procedimiento legal para sancionar conductas presumiblemente delictuosas, entre algunos otros criterios de gran relevancia; pero siendo el objeto de estudio el régimen democrático y el sistema político en la evolución histórica, resulta trascendente del texto constitucional la facultad de dictar leyes y establecer la forma de gobierno que la población decida, otorgando en exclusiva esta prerrogativa a la ciudadanía quien puede alterar, modificar o abolir la forma adoptada, pues la soberanía reside de origen en la población y su ejercicio en la representación nacional compuesta por diputados elegidos por la ciudadanía.[488] Estos artículos dan origen a cuatro naturalezas del régimen democrático en México:

[487] "Decreto Constitucional para la Libertad de la América Mexicana", en Porrúa, Miguel Ángel (ed.), *Textos fundamentales del constitucionalismo mexicano*, México, MAPorrúa, 2014, p. 89.
[488] *Idem*.

a) La soberanía reside en la población.
b) La representación nacional ejerce la soberanía.
c) Las elecciones son plataforma para la integración de la representación.
d) El poder de constituir la representación nacional es exclusivo de la ciudadanía.

De derecho, el constituyente había creado no sólo un régimen político, sino también un sistema electoral constitucional.

Los derechos políticos en la Constitución de Apatzingán

El régimen contempló la división de poderes (Ejecutivo, Legislativo y Judicial) y ninguno de ellos podía ejercerse por una sola persona ni por una sola corporación; se define, también, que pueblo (población) son las y los naturales del país y las personas extranjeras que se reconozcan con la ciudadanía.

El privilegio social de ostentar la ciudadanía trae consigo el derecho político de elegir (facultad exclusiva para los hombres) a sus diputados, y por tanto el sufragio se ejerce sin distinción de clases ni de países, siempre y cuando los habitantes cumplan con los requisitos de ley.

En ese razonamiento la ciudadanía le corresponde a quienes hayan nacido en América y quienes siendo extranjeros cuenten con *carta de naturaleza* (naturalización) radicados en el territorio (el artículo 14, se refiere a este *suelo*) que profesen la religión católica, apostólica, romana y que no se opongan a la libertad de la nación. Esta calidad se suspende o se pierde por crimen de herejía, apostasía y lesa-nación, en tanto que se suspende por sospecha de infidencia.[489]

Otro derecho público que surge de esta primera constitución es el de asociarse con fines políticos, la libertad de hablar, escribir, discutir y de manifestar sus opiniones por medio de la imprenta.

[489] *Ibidem*, p. 90.

El capítulo II de la Constitución da origen a las supremas autoridades,[490] confiriendo al Supremo Congreso Mexicano la soberanía popular y el cual debe por tanto integrarse con diputados electos de cada una de las provincias.

El artículo 52 establece que para ser diputado se requiere:

a) Ser ciudadano con ejercicio de sus derechos.
b) Tener 30 años.
c) Buena reputación.
d) Patriotismo acreditado.
e) Tener *luces, no vulgares* para desempeñar las funciones.[491]

El periodo de la gestión de los diputados fue de dos años e impedía la reelección inmediata, los legisladores contaban con protección constitucional al ser inviolables en sus opiniones, además de asistirles el derecho al juicio de residencia por la parte que les toca en la administración pública (lo más parecido al juicio de procedencia y político de la actualidad), la norma constitucional también definía distintos tipos de diputados como los de carácter interino, los propietarios y suplentes.

Procedimiento electoral para elegir diputados al Supremo Congreso[492]

Para entender el procedimiento electoral, soporte de la representación política en la época, es importante contextualizar la forma de vida de aquella sociedad, donde la Iglesia, párrocos y las personas de fe, formaban parte de la cosa pública; dentro de esta comunidad, la Iglesia no sólo era guía espiritual, sino que también jugaba un papel importante en los asuntos políticos, y el proceso electoral no era la excepción.

[490] También se crea, por disposición del artículo 44 de la Constitución, el Supremo Gobierno y el Supremo Tribunal de Justicia.

[491] "Decreto Constitucional para la Libertad de la América Mexicana", *op. cit.*, p. 94.

[492] El procedimiento electoral está establecido en el Decreto Constitucional para la Libertad de la América Mexicana (la Constitución de Apatzingán) del artículo 60 al 101.

Los diputados al Supremo Congreso provenían unos por designación directa y otros por mecanismos indirectos de elección. En el primer caso se encontraban los *diputados interinos*, que eran los representantes de las provincias dominadas por las y los enemigos de la insurgencia, en cuyo caso, era facultad del Supremo Congreso nombrarlos.

Caso distinto los diputados propietarios y suplentes de las provincias dominadas por la insurgencia, donde se elegían por medio de elecciones libres; su método era indirecto porque para llegar al nombramiento, se crean tres entidades designables de las cuales surgen representantes con derecho a voto; estas instancias electivas no eran novedosas, pues ya se habían utilizado desde que surge la representación política en las Cortes españolas como se estudió. Sin embargo, las juntas electorales de parroquia, de partido y de provincia como organismos electorales, son también centros de votación de donde se define quién tendrá la representación política.

Las juntas electorales de parroquia fueron donde residía la cristiandad, una especie de unidad religiosa, pero también político-administrativa que tenía como centro neurálgico para tomar decisiones la parroquia de la localidad; en esta unidad política, el ciudadano (siempre varón) mayor de 18 años o antes si se casara, tenía el derecho de votar para elegir a un elector de la parroquia, el cual debía tener por lo menos 25 años y ser residente en la feligresía. Una vez que estuvieran juntos los ciudadanos electores de cada una de las parroquias, debían votar en voz alta hasta por tres electores. Los triunfantes tenían el derecho a representar a su parroquia y por tanto votar en la, por así decirlo, segunda instancia electiva: la junta electoral de partido.

Las juntas electorales de partido se componían de los electores parroquiales congregados; ellos tenían el derecho a votar, a puerta abierta y mediante boleta, hasta por tres personas que consideren dignas de representarlos, ahora, bajo la denominación de elector de partido y por tanto con derecho a formar parte y sufragar en las llamadas juntas electorales de provincia, las cuales al ser integradas por los representantes de partido tenían la legitimidad para elegir de entre ellos a los diputados que habrán de integrar al Supremo Congreso.[493]

[493] "Decreto Constitucional para la Libertad de la América Mexicana", *op. cit.*, pp. 94-101.

Una peculiaridad del procedimiento electoral, pero no exclusivo de éste, toda vez que se utilizó siempre en la asunción de una responsabilidad o al decretarse una nueva forma de gobierno, fue consagrar y dar gracias por las decisiones tomadas a Dios, en el caso que nos ocupa, al inicio y final de la elección de representantes, ya sea en la junta electoral parroquial, de partido o de provincia, e inclusive en la instalación del Congreso se tenía que celebrar misa con las y los asistentes, siendo obligación constitucional escuchar la ceremonia religiosa.

Otra particularidad de la elección fue que al descubrirse algún cohecho o soborno para que la designación recayera en persona determinada, la conducta fuera sancionada con la exclusión del voto pasivo y activo, además de ser señalados como delincuentes.

El Congreso Mexicano, al ser depositario de la soberanía nacional, tenía la facultad de elegir a tres integrantes al supremo gobierno en sesión secreta, por escrutinio, a pluralidad de votos y debiendo analizar, previo a la selección, examen de tachas[494] para que la designación le correspondiera a una persona correcta.

Por lo que respecta a los requisitos de elegibilidad de los integrantes del supremo gobierno, fueron los mismos que se solicitaban para ser diputado que, como se estudió, se encuentran enumerados en el artículo 52 de la citada Constitución.

Los electos reciben el título de *excelencia* y pueden presidir al supremo gobierno, el cual es rotativo, con duración de un año, sin posibilidad de reelección a menos que hubiera pasado un trienio después de su administración, esta modalidad de ejercer el Poder Ejecutivo constituye más bien una especie de triunvirato, pero altamente funcional y legal para la época.

La Constitución de Apatzingán, por sus principios, valores y filosofía, se convirtió en guía política y moral para el adecuado funcionamiento del poder público, donde la soberanía popular, la división de poderes y el Estado de derecho se imponen en un tiempo donde el desorden, la violencia y la inestabilidad era cosa cotidiana; la expo-

[494] Las tachas son circunstancias personales que pudieran afectar la credibilidad del electo y que el elector debe conocer para decidir lo conducente.

sición de motivos del decreto constitucional de Apatzingán[495] refleja lo señalado:

> La organización de las supremas corporaciones, que derivadas de la fuente legítima de los pueblos, parten entre sí los poderes soberanos, y mezclándose sin confusión sus sagradas atribuciones, quedan sujetas a la sobrevigilancia mutua, y reducidas sus funciones a un periodo determinado. No se permiten en las elecciones primordiales el menor flujo de arbitrariedad, y así como la voluntad, de los pueblos es el origen de donde dimana el ejercicio de la soberanía, se libra también a un tribunal, que merezca la confianza inmediata de la nación...[496]

Estos ideales forjaron el naciente republicanismo mexicano que estando en la conciencia de las y los seguidores de las ideas libertarias, lograron la mención de República Mexicana como concepto de nación y por consiguiente de gobierno; es en la primer carta de José Álvarez de Toledo[497] a Morelos cuando le dice su deseo colaboracionista y desliza el concepto: "con la asistencia de Ud.... habría remitido armas bastantes que, puestas en unas manos tan diestras... la *República Mexicana*, triunfante de todas las provincias de su hermoso continente, habría establecido un gobierno general que consolide nuestra libertad",[498] sin embargo, lejos estaba aún la concreción de esta modalidad de gobierno, pues antes habría de consumarse la Independencia e instalarse el primer Imperio mexicano.

[495] De fecha 23 de octubre de 1814.

[496] Lemoine, Ernesto, Sección Documental, en "Insurgencia y república federal", *Exposición de motivos del decreto constitucional de Apatzingán emitida por el Congreso insurgente, 23 de octubre de 1814*, *op. cit.*, p. 181.

[497] En esa carta de fecha 10 de febrero de 1815, el exdiputado de las Cortes de Cádiz se declara admirador de Morelos y le ofrece colaborar con la causa. Sus ideas proclives a la independencia lo hicieron huir a Estados Unidos desde donde participó en la lucha, para finalmente ser indultado por la Corona española y traicionar la causa insurgente.

[498] Lemoine, Ernesto, *Morelos su vida revolucionaria...*, *op. cit.*, p. 519. Obtenido de https://archivos.juridicas.unam.mx/www/bjv/libros/6/2733/10.pdf

Finalmente, el padre de la América mexicana, don José María Morelos y Pavón es hecho prisionero[499] y fusilado,[500] había muerto a los 51 años el jefe máximo de los ejércitos insurgentes, pero la causa libertaria avanzó. Algunos de los que continuaron la lucha fueron Hermenegildo Galeana, Mariano Matamoros, Javier Mina, Guadalupe Victoria, Vicente Guerrero, por mencionar algunos.

En 1820, cinco años después de la muerte de Morelos, Fernando VII acepta la Constitución de Cádiz; la monarquía absoluta con dicha acción había terminado; la insurgencia en la Nueva España sin embargo continúa, ahora la encabeza Vicente Guerrero, quien concibe la oportunidad de un cambio en México sólo si es "impulsado desde dentro del aparato virreinal. O sea, la independencia —su interés capital— únicamente podría lograrse si prendía un 'pronunciamiento' del ejército realista, con un Riego mexicano a la cabeza. Éste resultó ser como es sabido, el coronel Agustín de Iturbide".[501]

La independencia

El 30 de julio de 1821 desembarcó en Veracruz Juan O'Donojú, quien sería el último virrey de la Nueva España; a su arribo encontró que la independencia mexicana era una realidad, que sólo faltaba el reconocimiento de la nación conquistadora, para que el proceso de transición erradicara la violencia suscitada en más de una década de lucha.

El virrey descubrió que quienes habitaban la Nueva España querían dar por terminadas las confrontaciones, la población cansada de la guerra se había sensibilizado casi en su totalidad del proyecto libertario; el texto de la ruptura con la monarquía se había producido en 1813, es

[499] Se desprende del parte de guerra rendido por el jefe realista Manuel de la Concha al virrey Félix María Calleja la derrota y captura de Morelos acontecida el 13 de noviembre de 1815, realizada por el teniente Matías Carranco. El parte está registrado como documento 216 y puede leerse en su totalidad en https://archivos.juridicas.unam.mx/www/bjv/libros/6/2733/10.pdf

[500] Es fusilado a las tres de la tarde en San Cristóbal Ecatepec, el 22 de diciembre de 1815, y a las cuatro de la tarde de ese mismo día fue sepultado en la parroquia del pueblo, por el cura José Miguel Ayala. Véase el comunicado íntegro de Manuel de la Concha al virrey Calleja en la p. 656. Obtenido de https://archivos.juridicas.unam.mx/www/bjv/libros/6/2733/11.pdf

[501] Lemoine, Ernesto, "Insurgencia y república...", *op. cit.*, p. 57.

decir, ocho años antes de este coyuntural momento, en aquel entonces la insurgencia había expresado que resultaba "rota para siempre... y disuelta la dependencia del trono español",[502] circunstancia que ahora convenientemente se impulsaba y que la nueva autoridad virreinal comprendía y aceptaba.

Asociado a lo anterior, el recién llegado se encuentra con el Plan de Independencia de la América Septentrional, también llamado Plan de Iguala,[503] donde Agustín de Iturbide da por terminada la guerra y proclama la independencia; sin embargo, antiguos realistas esperaban que la Corona española aceptara la propuesta hecha por éstos, para que la familia real española encabezara el nuevo Imperio mexicano, a pesar de ello, era un hecho que la voluntad mayoritaria de la mexicanidad era ser una nación libre e independiente.

Ante la gravedad de los acontecimientos, el virrey decide entrevistarse con Agustín de Iturbide, y tras largas discusiones el representante del rey concluye que la Independencia mexicana era irreversible, consecuentemente, decide para evitar una ruptura mayor entre España y México, la firma de los Tratados de Córdoba.[504]

La campaña libertaria gestó una naciente clase política, la cual coincidía en la urgente necesidad de pacificar la nación, establecer como religión única la católica, ser libres e independientes y la exigencia de contar con una representación política que innovara leyes, pero sabían que para lograrlo tenían que enfrentar al reino español, a la nobleza criolla y por supuesto la noción de un modelo de gobierno, que por ser impuesto conocían tras 300 años de dominación.

Quizá por ello presentan como tipo de gobierno el Imperio mexicano y deciden ofrecérselo a la Corona española, estando en primer término el propio Fernando VII; pero la propuesta tenía una condicionante, la cual fue concluyente para lograr el autogobierno mexicano: *si el monarca español no se resolviera a venir a México, será la junta o la*

[502] Lemoine, Ernesto, Sección Documental, en "Insurgencia y república federal", *Acta solemne de la declaración de independencia de la América Septentrional, op. cit.*, p. 139.

[503] Firmado en la ciudad de Iguala, Guerrero, el 24 de febrero de 1821.

[504] Documento que consta de 17 artículos, firmado el 24 de agosto de 1821, en la Villa de Córdoba, Veracruz.

regencia quien mandara en la nación en tanto se elija al titular de la Corona[505] como finalmente sucedió.

En esa lógica, el Plan de Iguala planteó primero un "gobierno monárquico templado"[506] para posteriormente en los Tratados de Córdoba definir que el "gobierno del imperio será monárquico constitucional moderado".[507]

La desatención del reino español a la propuesta, activó la disposición del citado plan para que la "Junta o la Regencia mandara a nombre de la nación, mientras se resuelve la testa que debe coronarse".[508] Por consecuencia, los Tratados de Córdoba permiten convocar la integración de una Junta Gubernativa de carácter interina, denominándose Junta Provisional Gubernativa, compuesta por "los primeros hombres del imperio [que] por sus virtudes, por sus destinos, por sus fortunas, representación y concepto, de aquellos que están por la opinión general",[509] la constituyan. Era evidente que se estaba delineando no solamente un imperio, sino el establecimiento también de una nueva aristocracia nacional.

Los Tratados de Córdoba fallaron que la Junta Provisional Gubernativa o de Gobierno, contara con un presidente nombrado por ella, mediante un procedimiento electivo que contempló una especie de *segunda vuelta electoral*, toda vez que, si en la inicial votación no se obtuviera a pluralidad absoluta de votos un ganador, "se procede a un segundo escrutinio, entrando a él los dos que hayan reunido más votos".[510]

La junta también tiene la facultad de nombrar una *regencia*, compuesta de tres personas que podían ser integrantes o no de ella; esta entidad será depositaria del Poder Ejecutivo que gobernará en nombre del rey[511] en tanto se resuelva lo conducente sobre la nueva gobernanza mexicana, siendo precisamente Agustín de Iturbide el primer presidente de la Regencia gobernadora interina del imperio y por tanto titular del Poder Ejecutivo.

505 Lemoine, Ernesto, Sección Documental, en "Insurgencia y república federal", *Plan de independencia de la América Septentrional, op. cit.*, pp. 201-203.

506 Numeral 3° del Plan de Independencia de la América Septentrional.

507 Numeral 2° de los Tratados de Córdoba.

508 Numeral 8° del Plan de Independencia de la América Septentrional.

509 Numeral 6° de los Tratados de Córdoba.

510 Numeral 9° de los Tratados de Córdoba.

511 Numeral 11 de los Tratados de Córdoba.

La junta también determina la división de poderes y convoca a la integración del Congreso Nacional, donde el Legislativo recae en las Cortes, estableciéndose que en tanto éstas no se integren dicha función la absorberá la Junta Provisional Gubernativa, para que los poderes no recaigan en una misma persona.[512]

Finalmente, la revolución triunfa, se firma el Acta de Independencia[513] y se perfila el primer Imperio mexicano como forma de gobierno nacional.

Primera monarquía: Agustín de Iturbide, emperador de México

Habían trascurrido tan sólo dos meses de la firma del Acta de Independencia y la vida electiva legislativa iniciaba con la convocatoria de la Junta Provisional Gubernativa[514] para elegir diputados al primer Congreso Constituyente, quienes serían electos mediante el complejo sistema electoral que se conocía, es decir, a través de *juntas electorales de partido y de provincia*.

En la obra de Vicente Riva Palacio, se considera a esta convocatoria un conjunto de decisiones que la "alejaba mucho más del voto directo, haciéndola depender de los ayuntamientos, en especial de los de las capitales de las provincias…";[515] por la naturaleza de nuestro estudio, es importante conocer el método y procedimiento electoral que se siguió para la instalación del primer Congreso Constituyente del México independiente.

[512] Numeral 14 de los Tratados de Córdoba.

[513] 28 de septiembre de 1821.

[514] La convocatoria se emitió el 17 de noviembre de 1821.

[515] Olavarría, Enrique y De Dios Arias, Juan, "México independiente 1821-1855", en Riva Palacio, Vicente (coord.), *México a través de los siglos,* 8ª ed., México, Editorial Cumbre, 1971, t. IV, p. 35.

Primer procedimiento electoral del México independiente

El sistema electoral que se conoció para elegir diputados al Congreso Nacional fue de tipo indirecto, al igual que lo había sido para la integración de los colectivos políticos en el México novohispano e insurgente.

La siguiente cronología nos ayuda a entender la fórmula y calidad del electorado en quienes se depositó la responsabilidad de decidir la integración de las Cortes, por ejemplo, todos los ciudadanos (continúan entendiendo el derecho a participar electoralmente como una facultad exclusiva de los hombres) de 18 años, de todas las clases sociales y castas e incluso los extranjeros podían votar, siempre y cuando tuvieran bienes raíces y estuvieran casados con mexicanas.

Pero serían los ayuntamientos (anteriores y nuevos) los que monopolizarían la elección de diputados a través de la facultad para nombrar electores de partido, los cuales decidían mediante votación quiénes se convertían en los electores de provincia, los cuales finalmente decidían sobre la integración de la cámara.

Con la finalidad de que el Congreso Nacional constituyente del primer Imperio mexicano estuviese integrado por todos los segmentos sociales con preparación o sin ella, la convocatoria determina los perfiles de los futuros diputados, por ejemplo, los electores de las provincias de México, Guadalajara, Veracruz, Puebla, Nueva Vizcaya, Sonora, Valladolid, Oaxaca, Zacatecas, San Luis Potosí, Guanajuato y Mérida de Yucatán; tres de ellos deben ser: uno eclesiástico del clero secular, otro militar natural o extranjero, y otro magistrado juez de letras, o abogado, y se recomienda que el resto se divida en personas con las siguientes actividades: la de México un minero, un título y un mayorazgo; Guadalajara y Veracruz un comerciante; Puebla y Sonora un artesano; Nueva Vizcaya y Valladolid un labrador; San Luis Potosí y Mérida de Yucatán un empleado, y Guanajuato un minero. En el resto de las provincias con tan sólo un representante, se recomienda que las personas que se elijan simplemente sean las que mejor les parezcan con tal de que no sean eclesiásticos, militares, magistrados ni letrados.[516]

[516] Artículos 8º y 9º, *Gaceta Imperial de México*, t. I, núm. 30, México, 27 de noviembre de 1821, pp. 225-226. Obtenido de http://www.memoriapoliticademexico.org/Textos/1Independencia/Imag/1821-DSC-GMT.pdf

El Congreso Constituyente debería haberse integrado con 162 propietarios y 29 suplentes, sin embargo, por diversas razones se instaló, el 24 de febrero de 1822, con tan sólo 102 legisladores.

El siguiente cuadro identifica el número de diputados, sus respectivos suplentes y las regiones que representaban.

Intendencias	*Diputados*	*Suplentes*
México	28	4
Guadalajara	17	2
Puebla	14	2
Veracruz	7	1
Mérida	11	1
Oaxaca	14	2
Guanajuato	7	1
Valladolid	14	2
San Luis Potosí	7	1
Zacatecas	4	1
Gobierno de Tlaxcala	1	1
Por las provincias internas de oriente		
Gobierno del reino de León	1	1
Nuevo Santander	1	1
Coahuila	1	1
Texas	1	1
De las provincias internas de occidente		
Durango	23	8
Arizpe	8	1
Nuevo México	1	1
Gob. de la antigua Baja o Alta California	1	1
Gob. de la nueva Baja o Alta California	1	1

Fuente: Con base en *Gaceta Imperial de México*, t. I, núm. 30, México, 27 de noviembre de 1821, p. 231. Obtenido de http://www.memoriapoliticademexico.org/Textos/1Independencia/Imag/1821-DSC-GMT.pdf

La instalación del Congreso no estuvo exenta de críticas y señalamientos, el propio Agustín de Iturbide cuestionó el método electivo y la intervención de los ayuntamientos, el que habría de convertirse en el primer emperador mexicano se pronunciaba por un esquema directo y representativo, con mayor número de representantes, y la cantidad de éstos debería ser de acuerdo a la capacidad de los representados. Así lo explicó:

> De entre cien ciudadanos instruidos, bien pueden sacarse tres o cuatro que tengan las calidades de un buen diputado, y entre mil que carecen de ilustración y de principios, con dificultad se encontrará tal vez a quien la naturaleza haya dotado de penetración para conocer lo conveniente; de imaginación para ver los negocios por los aspectos precisos, al menos para no incurrir en defectos notables; de firmeza de carácter para votar por lo que le parezca mejor y no variar de opinión una vez convencido de la verdad, y de la experiencia necesaria para saber cuáles son los males que afligen a su provincia y el modo de remediarlos...[517]

El *beneplácito* con que transitaban los inicios del México independiente eran ficticios, no tardó en manifestarse severas discrepancias por la forma de gobierno adoptada; a la crítica se incorporaban reconocidos luchadores de la primera insurrección a través de múltiples publicaciones; destacó entre ellas la de Carlos María Bustamante en la *Avispa de Chilpancingo*, la del partido escocés con *El Sol*, o la de José Joaquín Fernández de Lizardi,[518] que escribió bajo el seudónimo de *Pensador Mexicano*.

Medios de comunicación de corte republicano cuestionaban los errores del gobierno y las entidades gubernativas que se habían creado a través del Plan de Iguala o los Tratados de Córdoba, de cierto modo la contrariedad era consecuencia lógica de una población que esperaba se arraigara el espíritu republicano que se dejó sentir desde la creación de *Elementos Constitucionales* o *Sentimientos de la Nación*.

Evidentemente el país iniciaba una nueva crisis política, la sociedad dividida entre quienes se pronunciaban por un gobierno republicano y aquellos que pedían una monarquía con la familia reinante, como se expresaba en el Plan de Iguala y Tratados de Córdoba, y otros más que se declaraban por Iturbide como emperador.

En este contexto, una nueva organización en México adquiría relevancia: las logias masónicas, las cuales contribuían de manera decidida en el proceso de cambio, dentro de sus filas surge la insurgencia republicana y el primer partido político: el partido escocés, que era la unión de miembros de las distintas logias masónicas del *rito escocés*. Como

[517] Olavarría, Enrique y De Dios Arias, Juan, *op. cit.*, p. 36.
[518] Una de sus obras más reconocidas es el *Periquillo Sarniento*.

era de esperarse, por cada acción corresponde una reacción, y ante ésta emerge un partido con ideología totalmente distinta a la liberal, proclive a la monarquía y con influencia del creciente clero político:[519] la facción conservadora.

Un dato que refleja la rigurosa vinculación política de la Iglesia con las esferas de poder, no sólo es el estandarte de la Virgen de Guadalupe como protectora y guía en la lucha por la independencia, sino que en cada decisión política ya sea previo a una votación, o en la composición de una institución, inclusive en la asunción de un gobernante, el Te Deum era obligatorio. Según consta en el acta de instalación del primer Congreso Constituyente, los legisladores antes de asumir su responsabilidad asistieron a misa en la catedral y durante la ceremonia religiosa "después del sermón, subieron los señores diputados de dos en dos al presbiterio y teniendo la mano derecha sobre los santos evangelios protestaron el juramento...".[520]

Era incuestionable la injerencia del clero en los asuntos públicos, sin embargo, al interior del Congreso se generaban coaliciones de representantes a partir de su sistema de creencias, entre las que se encontraban las *borbonistas, iturbidistas, republicanos* y la de los diputados jóvenes proclives a la república bajo la influencia de la Revolución francesa.[521] El Congreso había dado origen a los partidos políticos.

Del acta de instalación del Congreso se desprenden diversos hechos por demás interesantes que pueden demostrar el comportamiento de sumisión que el Poder Legislativo a menudo tiene con el gobernante cuando éste coincide con su ideología; tal vez por interés o por herencia cultural de un respeto mal entendido. No lo sé, pero la narrativa de este hecho es trascendente porque al instalarse el primer Congreso depositario de la soberanía de un país libre e independiente, fundacional de la nueva generación de representantes políticos de la también nueva nación mexicana queda constancia de esta mal entendida institucionalidad al desarrollarse los hechos de la siguiente manera:

519 Olavarría, Enrique y De Dios Arias, Juan, "México independiente 1821-1855", en Riva Palacio, Vicente (coord.), *op. cit.*, pp. 36-37.

520 Lemoine, Ernesto, Sección Documental, en "Insurgencia y república federal", *Acta de instalación del primer Congreso Constituyente, op. cit.*, pp. 215-216.

521 Olavarría, Enrique y De Dios Arias, Juan, "México Independiente 1821-1855", en Riva Palacio, Vicente (coord.), *op. cit.*, pp. 57 y ss.

Después de la misa donde juraron los diputados, se dirigieron a palacio a tomar sus asientos legislativos; acompañando al nuevo parlamento estaban los otros dos poderes personificados en Agustín de Iturbide como presidente de la Regencia y José María Fagoaga como presidente de la Junta Provisional Gubernativa (como se estudió, en esa colectividad recaía el Poder Legislativo hasta en tanto se conformara el nuevo Congreso).

Para el desarrollo de los trabajos propios del parlamento, dos hechos acontecieron:

a) El cese de las funciones de la Junta Provisional, pues el Congreso había sido instalado, y
b) El retiro de quienes habían sido integrantes de la Junta Provisional Gubernativa en unión con la Regencia.

Al reanudarse la sesión, se anuncia la llegada de Agustín de Iturbide y 12 diputados salen a recibirlo; el jefe del Ejército Trigarante decide sentarse en la curul del presidente del Congreso, a lo cual el "diputado Obregón (don Pablo) advirtió que el... generalísimo estaba ocupando el lugar que según el ceremonial que acababa de adoptarse, tocaba al... presidente del Congreso. El... generalísimo refutó que lo ocupaba por el privilegio que la Junta Provisional, ejerciendo la soberanía, le concedió".[522] En el acta[523] destaca la serie de intervenciones a favor y en contra en torno a la determinación de Iturbide de sentarse en la silla presidencial del recién instalado Congreso, pues el privilegio que aducía lo había conferido una inexistente autoridad, adicionalmente al ser la Cámara la superioridad gubernativa como depositaria de la soberanía nacional, el hecho constituye una actitud de arrogancia e irrespeto del Ejecutivo sobre la población representada en el parlamento, una especie de lenguaje no verbal que expresaba: *el que manda aquí soy yo.*

Finalmente se permite que el sitial de honor de un país libre e independiente fuera tomado por Iturbide sin derecho a ello, se había consumado el dominio del Poder Ejecutivo sobre el Legislativo.

[522] Lemoine, Ernesto, Sección Documental, en "Insurgencia y república federal", *Acta de instalación del primer Congreso Constituyente, op. cit.*, p. 223.

[523] Puede consultarse el contenido total del acta en, *Ibidem*, pp. 215-224.

El Congreso aprobó, para sus integrantes, entre otros derechos, que no se "podrá intentarse contra las personas de los diputados demanda ni procedimiento alguno en ningún tiempo y por ninguna autoridad, de cualquier clase que sea, por sus opiniones y dictámenes". Así iniciaba la existencia de un Congreso soberano que deseaba entre muchas otras aspiraciones no depender del Poder Ejecutivo y tener libertad de opinión política.

Nuevamente los acontecimientos internacionales impusieron la ruta política de México; al desconocer España el Plan de Independencia y los Tratados de Córdoba, la oportunidad política se dio para que el país defina quién gobernará y bajo cuál modalidad.

En ese contexto, un grupo importante de legisladores se pronunciaban por una república, sin embargo militares y un segmento de la clase política subyacente y aún la emergente, veían en Agustín de Iturbide a un héroe, defensor de la independencia y protector de la misma; esta combinación de hechos fue utilizada para que la milicia, contando con el apoyo de un segmento importante de la población, aclamara por Iturbide como Agustín I, emperador de México. La extraordinaria obra de Riva Palacio distingue así este momento:

> La proclamación de Agustín I, hecha por un simple sargento, quizá ignorante quizá rudo e impulsado tan sólo por un arranque de simpatía personal, no fue la imposición de un mezquino pensamiento de partido, no fue el simple deseo de llevar al apoteosis al temido y respetado caudillo de Iguala, ni el eco victorioso de una facción personalista, no; la voz de Pio Marcha fue la del poderoso destino que marcó el hasta aquí de la dominación española, dando gobierno propio a la nación, declarándola perfectamente soberana, y por último fue la confirmación del viejo axioma, según el cual las pequeñas causas son origen de grandes efectos...[524]

La legalización del grito popular y militar se concretó cuando el diputado Valentín Gómez Farías, junto con 46 diputados, firman la iniciativa para que Iturbide sea declarado emperador:

[524] Olavarría, Enrique y De Dios Arias, Juan, "México independiente 1821-1855", en Riva Palacio, Vicente (coord.), *op. cit.*, p. 76.

...rotos éste (el Tratado de Córdoba) y el Plan de Iguala, por no haber sido aceptados por España, los diputados estaban autorizados por aquellos mismos tratados a dar un voto para que Iturbide fuese declarado emperador, confirmando de esta manera la aclamación del pueblo y del ejército, recompensando debidamente los extraordinarios méritos y servicios del libertador del Anáhuac...[525]

En conclusión, el Congreso determina por 67 votos a favor y 15 en contra que Agustín de Iturbide adquiera por decisión mayoritaria el nombramiento de emperador primero de México, su coronación por dos hechos fundamentales enuncia lo difícil que será sostener su mandato: la legitimidad de su elección y la credibilidad de un imperio que como forma de gobierno, no necesariamente fue el ideal de quienes habían luchado por la independencia.

En cuanto a la legitimidad y legalidad, el reglamento del Congreso establecía que para ocurrir la votación se requería la asistencia de 101 diputados, sin embargo, para la coronación solamente habían votado 82[526] y el segundo hecho que demuestra la inseguridad sobre el imperio, cuando el diputado presidente del Congreso, Rafael Mangino y Mendívil, al colocarle la corona expresó: "no se le vaya a caer a V. M. —e Iturbide contestó, comprendiendo el doble sentido de aquellas palabras: —yo haré que no se me caiga".[527]

Y efectivamente, Iturbide desplegaría un conjunto de acciones para el sostenimiento de su corona, una de las primeras fue decretar la *monarquía constitucional hereditaria*, iniciando con ello al *linaje Iturbide* como familia real; la siguiente acción fue que debido a los constantes desencuentros con el Congreso planteó su desaparición.[528] A partir de ahí intenta ejercer una monarquía absoluta que pretendió disimular al crear su propia asamblea: la Junta Instituyente, misma que sirvió para atender sus intereses y excentricidades.

La repulsa al estilo de gobernar del emperador generó coincidencias entre personas de pensamiento conservador y liberal, quienes se iden-

[525] *Ibidem*, p. 77.
[526] *Ibidem*, pp. 77-78.
[527] *Ibidem*, p. 80.
[528] Circunstancia que logra en octubre de 1822 cuando el parlamento es eliminado.

ficaban con la primer ideología se hicieron sentir a través del Plan de Veracruz,[529] firmado por Antonio López de Santa Anna, Guadalupe Victoria y Mariano Barbosa, pronunciándose por la nulidad de la elección de Agustín de Iturbide realizada por los diputados constituyentes; la proclama que consta de 22 cláusulas se sintetiza en un categórico rechazo al gobierno; el texto impugnatorio afirmaba que la verdadera libertad de la patria no debe admitir jamás las órdenes de Agustín de Iturbide.[530]

El siguiente acto de resistencia y rebelión lo constituyó el Acta de Casa Mata,[531] que exige la restitución de la soberanía nacional depositada en el Congreso y plantea la realización de elecciones para un nuevo parlamento, donde los diputados que fueron firmes en sus ideas liberales puedan reelegirse, en tanto que los que no correspondieron a la confianza de la población fueran sustituidos.

Paralelo a estos sucesos se registran deserciones masivas en la milicia antes leal a Iturbide, revueltas en varios estados del país, y la solidaridad a la causa republicana aumentaba considerablemente; una forma de lidiar con estos conflictos, en la lógica de Iturbide, fue restituir el Congreso.[532]

José María Becerra, vicepresidente en el momento de la disolución, convocó a los diputados,[533] quienes participaron activamente y cuyo desarrollo consta en el acta de dicha sesión,[534] la cual da cuenta del decreto que establece:

> Es voluntad de la nación que el Congreso se restablezca; y como el emperador está siempre conforme con esta ley suprema… ha acordado y decreta: que inmediatamente circule V. E. las órdenes convenientes para la reunión en la corte de todos los Diputados… Que V. E. lo comunique a la sección de

[529] Suscrito en Veracruz el 6 de diciembre de 1822.

[530] Olavarría, Enrique y De Dios Arias, Juan, "México independiente 1821-1855", en Riva Palacio, Vicente (coord.), *op. cit.*, p. 87.

[531] Documento expedido el 1 de febrero de 1823 en el cuartel general de Casa Mata en Tamaulipas.

[532] Situación que aconteció el 7 de marzo de 1823.

[533] En aquel Congreso restituido, participaron con la representación de la región norte los diputados por la Alta California, Martínez de Vea y por Baja California, Ortiz de la Torre.

[534] Mateos, Juan A., *Enciclopedia Parlamentaria de México*, Serie I. Historia y desarrollo del Poder Legislativo, Sesiones de marzo de 1823, vol. II, México, MAPorrúa, 2010, p. 3. Obtenido de http://www.diputados.gob.mx/sedia/sia/re/RE-EPM-01-10.pdf

la comisión que se halla en Puebla, que suscribieron el acta de Casa Mata... Y teniendo presente que en esta corte residen Diputados bastantes para reinstalar el Congreso, S. M. se ha servido disponer que se restablezca mañana a las ocho.[535]

Era claro que la lucidez política que había caracterizado al insurgente, estaba rebasada por los acontecimientos; al reanudarse los trabajos, el Congreso conoce sobre la renuncia del emperador, mediante carta de abdicación al trono,[536] en la cual reniega de su embestidura al manifestar que la Corona la admitió "con suma repugnancia, sólo para servir a la patria; pero desde el momento en que entreví que su conservación podría servir si no de causa, al menos de pretexto para una guerra intestina, me resolví a dejarla".[537]

El dictamen del Congreso que resuelve sobre la abdicación es indicador del sentimiento nacional, pues la declaratoria expresó que la coronación había sido obra de la violencia, de la fuerza y por tanto todos los actos emanados del imperio eran ilegales; el Congreso enuncia que es la soberanía popular, directa o a través de sus representantes, la única autoridad debidamente legal y legítima para dictaminar la forma de gobierno, aunado a lo anterior se desecha el Plan de Iguala y los Tratados de Córdoba quedando en absoluta libertad para constituir una nueva modalidad de gobierno.[538]

La carrera del primer emperador constitucional mexicano había concluido; la rebelión político-militar daba por terminado imperio y emperador; habían pasado 18 meses desde que, triunfante, se le aclamara *padre de la patria*, y tan sólo 10 de la coronación.[539] A partir de ese momento, el Poder Ejecutivo se depositaría de manera provisional en tres personas: Nicolás Bravo, Guadalupe Victoria y Pedro Celestino Negrete.

[535] *Ibidem*, p. 4.

[536] Fue el 19 de marzo de 1823, por la noche, cuando Agustín de Iturbide abdica al trono mexicano mediante carta presentada al Congreso a través del ministro Juan Gómez Navarrete, pero es hasta el día siguiente cuando se le da trámite. Posteriormente se exilia a Europa, regresando años más tarde, situación que le costó la vida al ser fusilado el 19 de julio de 1824.

[537] Olavarría, Enrique y De Dios Arias, Juan, "México independiente 1821-1855", en Riva Palacio, Vicente (coord.), *op. cit.*, p. 93.

[538] *Ibidem*, p. 94.

[539] *Ibidem*, pp. 91-92.

Nuevamente, la exhaustiva obra de Riva Palacio a través de la inspiración de Enrique Olavarría y Juan de Dios Arias, cual conciencia histórica, concluyen este episodio de la vida gubernamental del México independiente de manera poética, cuando afirman: "Lección severísima que enseña cuán inestable la fortuna es en los espinosos campos de la política, cuán volubles son las masas en su entusiasmo, y cuan diversas y encontradas las pasiones que revolean y se levantan o se abaten..."[540]

A pesar del derrocamiento del imperio, la idea de una monarquía en la gobernanza mexicana no desaparece, dicha modalidad regresará en 1862 con la invasión francesa, constituyéndose el segundo y último Imperio mexicano; pero antes de estudiarlo como régimen político, daremos continuidad en la línea del tiempo, a uno de los sucesos de mayor trascendencia en la historia de México: el republicanismo liberal.

[540] *Ibidem*, p. 92.

Cuarta parte

México: origen de la república. El reencauzamiento de la nación

El Acta de Casa Mata establece no sólo la convocatoria a la instalación de un segundo Congreso Constituyente, sino que también sirvió como un instrumento de reivindicación histórica, política y reencauzamiento ideológico en la gobernanza nacional.

Una serie de acciones marcaron el desagravio a quienes habían iniciado la gesta libertaria, quizá el más importante es rescatar la memoria de la insurgencia, que prácticamente habían desaparecido de las proclamas de las autoridades. Fue así que el Congreso en un primer acto de justicia determinó:

> El Congreso declara beneméritos de la patria en grado heroico, a los Sres. D. Miguel Hidalgo, D. Ignacio Allende, D. Juan Aldama, D. Mariano Abasolo, D. José María Morelos, D. Mariano Matamoros, D. Leonardo y D. Miguel Bravo, D. Hermenegildo Galena, D. José Mariano Jiménez, D. Francisco Xavier Mina, D. Pedro Moreno y D. Víctor Rosales: sus padres, mujeres e hijos, y asimismo las hermanas de los Sres. Allende, Morelos, Hidalgo y Matamoros, gozarán de la pensión que les señalará el supremo poder ejecutivo...[541]

El proceso de rectificación histórica había iniciado, las nuevas reglas de coexistencia social se hacían con base en los ideales moldeados en *Sentimientos de la Nación*, la Constitución de Apatzingán y cuanta pro-

[541] Decreto 344, del 19 de julio de 1823. Declaración en honor de los primeros héroes libertadores de la nación y los que los siguieron. Obtenido de http://www.diputados.gob.mx/LeyesBiblio/muro/pdf/mina_decre.pdf

clama de libertad, justicia y soberanía se habían escrito en los orígenes de la gesta revolucionaria. No obstante, no sería hasta la instalación del segundo Congreso Constituyente[542] cuando se materializan estos ideales.

Por lo anterior, en la integración del nuevo parlamento era importante la legitimidad y legalidad de sus miembros; quizás por ello se permitió que diputados del primer Congreso, que en los momentos críticos habían sido leales a la causa, pudieran reelegirse mediante elecciones libres, con base en la ley electoral que establece las bases generales y específicas del procedimiento electoral aplicable.[543]

Nuevamente, el número de diputados por provincia fue motivo de discusión, pero en esta ocasión, al disponer la ley un criterio de densidad poblacional[544] más acorde a la realidad, causó una relativa conformidad entre las 22 provincias participantes.

Fue así como por cada 50 mil habitantes se podía elegir un diputado y cuando la fracción fuera superior a la mitad de la cantidad señalada, se incorporaría uno más; sin embargo, la legislación también estableció una excepción con la intención de lograr la mayor representatividad posible, donde las provincias con menos de 50 mil habitantes pudieran contar con un diputado.

Los constituyentes en esta segunda ocasión repitieron el sistema electivo indirecto, a través de las juntas que les eran conocidas: las de carácter *primario o municipales, las secundarias o de partido* y finalmente *las de provincia.*

Por lo que se refiere a las *juntas primarias o municipales*, éstas habrán de celebrarse en toda población que alcance 500 personas y cuando en ellas no se consiga este número, los que ahí residan podrán hacerlo en la Junta Primaria de la población más cercana.

¿Quiénes componen la Junta Primaria? Todos los ciudadanos en ejercicio de sus derechos mayores de 18 años, avecindados y residentes en el territorio del municipio de que se trate, logrando votar los hombres

[542] Inició el 7 de noviembre de 1823.

[543] Ley electoral para los comicios de diputados al segundo Congreso Constituyente de la nación es publicada el 17 de junio de 1823, firmada por Nicolás Bravo como presidente del Supremo Poder Ejecutivo, por mandato expreso del Congreso mexicano.

[544] Lemoine, Ernesto, Sección Documental, en "Insurgencia y república federal", *Ley electoral para los comicios de diputados al segundo Congreso Constituyente de la nación,* Artículo 2°, *op. cit.*, p. 230.

(literal, sólo los del sexo masculino podían hacerlo) libres nacidos en el territorio mexicano y los avecindados con carta de ciudadanos.

La Junta Primaria o municipal nombra *electores* (*primarios*), es decir a su representante, eligiendo uno por cada 100 o 500 habitantes de todo sexo[545] y edad, los cuales son ciudadanos en pleno ejercicio de sus derechos, mayores de 25 años o de 21, siendo casados, vecinos y residentes en la municipalidad, prohibiéndoseles tener en esa región jurisdicción contenciosa civil, eclesiástica o militar y tampoco podrían ser sacerdotes.[546]

Una vez que ha concluido el nombramiento de electores primarios, éstos adquieren la representación legal de su comuna y con ello el derecho de conformar las *juntas secundarias o de partido*, que son donde se congregan todos los electores primarios estableciendo como lugar para hacerlo, las cabeceras de los partidos, en el que surgirán, a través de una elección, secreta y mediante boleta, los electores que habrán de participar en las provincias para elegir diputados.

El elector de partido será uno por cada 20 electores primarios con posibilidad de uno más, si existiera más de la mitad de dicha cantidad (un ejemplo serio, si existieran 30 electores primarios, en tal supuesto le correspondería dos electores secundarios o de partido); si el exceso no llega a la mitad, se quedará con tan sólo un elector.

En la elección de las *juntas secundarias* o de partido se incorpora el principio de votación de mayoría absoluta y segunda vuelta para definir al triunfador.

Estas figuras incipientes en la democracia mexicana, se presentan cuando ninguno de los votados alcanzaba la mitad más uno de los votos de los electores primarios; ante esta circunstancia tenían que, obligadamente, participar en una segunda vuelta, donde solamente competían los dos mayormente votados, resultando elector secundario o de partido aquel que haya alcanzado, simplemente, la mayoría de votos.

[545] Es claro que bajo esta modalidad surge el principio de universalidad del voto, sin embargo no se conoce en ninguna narrativa histórica la posibilidad de que las mujeres hayan ejercido el sufragio.

[546] Cura de almas, dice la ley.

Para adquirir la calidad de representante de junta de partido (elector secundario) se tenía que ser ciudadano, estar en pleno ejercicio de derechos, mayor de 25 años con cinco de vecindad y residencia en el partido del que pretende resultar electo.

Concluyendo, las juntas de provincia se componen de todos los electores secundarios de la provincia de que se trate, la elección se celebra en la capital de la misma, en donde a puerta abierta los electores secundarios que por lo menos deben ser cinco, eligen como su diputado ante el Congreso Constituyente, al que haya logrado la mitad más uno de los votantes, de no hacerse se procede a una segunda vuelta.

Los requisitos de elegibilidad que debían cumplir los aspirantes a la diputación consistían en ser ciudadano en pleno ejercicio de derechos, mayor de 25 años, haber nacido en la provincia de la cual se quiere ser diputado o avecindado en ella, con residencia de por lo menos siete años. Se excluye a los extranjeros, empleados públicos, miembros del Poder Ejecutivo y Tribunal Superior de Justicia.[547]

Las elecciones fueron ganadas mayoritariamente por diputados "republicanos federalistas, los partidarios de la monarquía quedaron excluidos... y sólo entraron en minoría los partidarios de la república central".[548] En suma, para noviembre de 1823, el Congreso inicia formalmente con sus trabajos, produciendo el 31 de enero de 1824 el Acta Constitutiva de la Federación Mexicana, base del régimen republicano que subsiste, incluso, hasta nuestros días y que habrá de ser el instrumento rector para la elaboración de la nueva constitución, que finalmente y bajo el nombre de Constitución Federal de los Estados Unidos Mexicanos fue promulgada el 4 de octubre de 1824.

[547] Lemoine, Ernesto, Sección Documental, en "Insurgencia y república federal", *Ley electoral para los comicios de diputados al segundo Congreso Constituyente de la nación,* del artículo 12 al 76, se establece todo el procedimiento descrito, *op. cit.*, pp. 230-328.

[548] Olavarría, Enrique y De Dios Arias, Juan, "México independiente 1821-1855", en Riva Palacio, Vicente (coord.), *op. cit.*, pp. 100-101.

Acta Constitutiva de la Federación Mexicana

El nacimiento del republicanismo mexicano tiene su origen en el Acta Constitutiva de la Federación Mexicana,[549] donde al ser la nación depositaria de la soberanía nacional le corresponde el derecho de crear, por medio de sus representantes, la forma de gobierno que juzgue conveniente como nación libre y soberana.

Ante esta circunstancia, el artículo 5º del citado ordenamiento establece que "la nación, adopta para su gobierno, la forma republicana, representativa, popular [y] federal".[550] Con esta redacción se enterró la codicia de una fracción evidentemente aristocrática cuya pretensión fue instaurar un gobierno monárquico en México; ahora el Congreso decretaba una modalidad de gobernar, que eliminaba privilegios de clase, dando con ello espacio a la población para que, en condiciones de igualdad, formara parte de la expresión gubernamental.

Estas cuatro palabras (república, representativa, popular y federal) dieron un vuelco no sólo en la modalidad de gobierno, sino también en la forma del Estado, pues surgen las entidades federativas, participantes de la unión, dando origen también al pacto federal.

Las provincias, expresión territorial fundada por España, con vigencia de más de 300 años, iniciaban su gradual desaparición, no sólo en cuanto a nomenclatura se refiere, sino también a la manera de ejercer el poder público, pues se adopta la figura del *gobierno estatal* que se dividirá —al igual que la nación mexicana— en tres poderes (Legislativo, Ejecutivo, Judicial), donde los integrantes del Poder Legislativo se elegirán popularmente y tendrán determinado periodo de ejercicio, en igual circunstancia se tratará al titular del Poder Ejecutivo.

Veinticuatro son los estados de la federación que reconocen el Acta Constitutiva, agrupados de la siguiente manera:

[549] De fecha 31 de enero de 1824.

[550] Lemoine, Ernesto, Sección Documental, en "Insurgencia y república federal", *Acta Constitutiva de la Federación Mexicana*, *op. cit.*, p. 247.

Agrupamiento	*Estados*	*Número*
Interno de occidente	Sonora, Sinaloa.	2
Interno de oriente	Coahuila, Nuevo León y Texas	3
Interno del norte	Chihuahua, Durango y Nuevo México	3
Sin agrupar	Guanajuato, México, Michoacán, Oaxaca, Puebla de los Ángeles, Querétaro, San Luis Potosí, Nuevo Santander (Tamaulipas), Tabasco, Tlaxcala, Veracruz, Jalisco, Yucatán y Zacatecas	15
Territorios de la federación	Las Californias y el partido de Colima.	2

Fuente: Elaboración propia con base en lo establecido en el artículo 7º del Acta Constitutiva de la Nación Mexicana de 1824.

Los poderes públicos nacionales también se modifican de manera sustancial; el Legislativo se divide en dos cámaras, la de Senadores y la de Diputados, ambas asambleas compondrán el Congreso General; el Poder Ejecutivo, por su parte, puede depositarse en uno o más individuos, pero será la Constitución que habrá de crearse la que determine lo más conveniente para la naciente república, ante lo cual el constituyente al momento de elaborar la Carta Magna resolvió que el Poder Ejecutivo fuera unipersonal.

Los legisladores, para concebir el cuerpo normativo supremo, se reunieron en octubre de 1824 para dar vida a la primera constitución republicana de la nación, bajo la denominación de Constitución de los Estados Unidos Mexicanos.

Con el Acta Constitutiva y la Constitución se logró el desprendimiento político con cualquier país extranjero, no así de la religión y por supuesto del clero político, a tal grado que los participantes del Congreso General Constituyente proveyeron una Constitución en el nombre del creador:

> En el nombre de Dios todopoderoso, autor y supremo legislador de la sociedad. El Congreso general constituyente de la nación mexicana, en desempeño de los deberes que le han impuesto sus comitentes, para fijar su independencia política, establecer y afirmar su libertad, y promover su prosperidad y gloria, decreta la siguiente. Constitución de los Estados Unidos mexicanos:[551]

[551] "Constitución Federal de los Estados Unidos Mexicanos de 1824", en Porrúa, Miguel Ángel, *Textos fundamentales del constitucionalismo mexicano*, México, MAPorrúa, 2014, p. 175.

Esta observancia de dogmas religiosos y su vinculación con el poder civil, fragmentará nuevamente a la sociedad y por supuesto a la clase política y militar. Dos grandes asignaturas, entonces, se hallaban en la agenda política por resolver:

a) la separación de la Iglesia de cuestiones políticas, y
b) la forma del Estado (algunos se pronunciaban por el centralismo y otros por el federalismo).

La Constitución Federal de 1824

La composición del Congreso Constituyente —de mayoría liberal, proclive al federalismo— fue objeto de señalamientos por parte de personas enemigas de esta modalidad de organización del Estado, quienes "opinaron que los constituyentes para formar su ley fundamental no hicieron más que una mala copia de la Constitución francesa y de la de los Estados Unidos";[552] a pesar de estos cuestionamientos, la Carta Magna representó para la región el cumplimiento de la estructura política y organizativa que se necesitaba.

Diversos son los artículos que fortalecieron el régimen federal, pero habrá de cobrar relevancia por los conflictos futuros, el artículo 171 que exponía la imposibilidad perpetua de cambiar, tanto del Acta Constitutiva como de la propia Constitución, entre otras determinaciones: la religión.[553]

Con ello la Iglesia reafirma su hegemonía política y el artículo 3º de la Constitución implantó la intolerancia a la práctica de alguna otra religión que no fuera la católica, y, por si fuera poco, el artículo 101 ordenó que el presidente o vicepresidente de la República rindiera juramento por Dios y los santos evangelios,[554] este hecho fortaleció al clero político que no estaba dispuesto a perder privilegios en la federalización de la nación.

[552] Olavarría, Enrique y De Dios Arias, Juan, "México independiente 1821-1855", en Riva Palacio, Vicente (coord.), *op. cit.*, p. 115.

[553] "Constitución Federal de los Estados Unidos Mexicanos de 1824", *op. cit.*, p. 245.

[554] *Ibidem*, p. 213.

Los desafíos entre quienes eran partidarios de la ideología liberal o conservadora se acrecentaron, pues ambos grupos consideraban que la nueva Constitución les limitaba el poder que tradicionalmente ejercían.

Método electoral para la integracion de los poderes

Para la integración de los poderes se recurrió a fórmulas electorales acompañadas de censos poblacionales; será mediante estas innovadoras medidas la respuesta que los constituyentes ofrecían a la población en su justo reclamo de tener un sistema representativo efectivo, auténtico y legítimo en la conformación de la República.

El modelo propuesto fijó primero la cantidad de habitantes en las regiones del país y de la federación misma; la integración del Congreso estaría vinculado al número de éstos en cada estado de la República, por lo cual este criterio poblacional se convertiría en la base para la integración política.

Al obedecer a la densidad poblacional de los estados se establecieron parámetros generales de representación, de tal modo que aquella entidad federativa con 80 mil habitantes o fracción superior de 40 mil, contará con un diputado, sin embargo aquella otra que no alcanzara esa medida se le concedió el derecho a disponer de un legislador, pues el interés del constituyente, de acuerdo a la carta fundacional de la federación, fue siempre lograr la mayor representación posible.

La elección en cada estado es indirecta, la jornada se desarrollaría el primer domingo de octubre y los diputados ejercerán por dos años. Los suplentes por su parte conseguían serlo de hasta tres propietarios a la vez. Serían postulados como candidatos aquellos que tuvieran como mínimo 25 años cumplidos al día de la elección y hubieran nacido en el estado que pretendían representar o tener vecindad de dos años;[555] los extranjeros eran elegibles también, siempre y cuando *tuvieran dinero*, tal circunstancia se estableció en el artículo 20 que declaraba que los no nacidos en el territorio de la nación mexicana, para ser diputados deberán tener además de ocho años de vecindad en él, 8 mil pesos

[555] *Ibidem*, artículos 8º al 20, pp. 179-182.

de bienes raíces en cualquier parte de la República, o una industria que les produzca 1,000 cada año.

Este criterio mediante el cual los extranjeros pueden representar a la nación, también provocó posturas radicales, pues el tema de soberanía que tanto se había discutido en los años de dominación española, había creado un nacionalismo mexicano que se resentía por la mencionada disposición.

Por lo que respecta a la Cámara Alta, cada entidad federativa contaría con dos senadores electos por mayoría absoluta, con duración en la responsabilidad de dos años, renovados escalonadamente (por mitad de dos en dos años), siendo los mismos requisitos para ser elegible, que los exigidos para quienes aspiraban a la diputación, a excepción de la edad en cuyo caso el titular deberá de tener 30 años cumplidos. El constituyente consideró oportuno que la elección de senadores se celebrara en fecha distinta a la de diputados, pactándose el 1 de septiembre.[556]

El Poder Ejecutivo, por su parte, se encomendó a un solo individuo, y se incorpora la figura del vicepresidente que también es electo, ambos ejercerán durante cuatro años y debiendo tener 35 años cumplidos al tiempo de la elección, además de ser residentes del país. La recién estrenada Constitución permite al presidente volver a ser electo, siempre y cuando haya transcurrido cuatro años de haber cesado en sus funciones; es decir, se prohibía la reelección consecutiva.

El modelo aplicable para la elección de presidente y vicepresidente refleja el interés de empoderar al naciente federalismo, pues faculta a los congresos de los estados para que, mediante mayoría absoluta, elijan a dos individuos, de los cuales uno no será vecino del estado que elige, por tanto se garantizaba que tuviera por lo menos un representante originario de la entidad federativa de que se trate. Los electos en las legislaturas estatales se habilitan para votar por titular de la máxima magistratura del país, y será presidente aquel que alcance la mayoría absoluta de los votos de las legislaturas estatales. Este modelo de votos de congresos estatales es también conocido como *votos electorales*.[557]

[556] *Ibidem*, artículos 25 al 33, pp. 184-186.
[557] *Ibidem*, artículos 74 al 104, pp. 206-214.

El método electivo en cualquier supuesto es indirecto; la legalidad y por tanto la calificación de la elección le corresponde al Poder Legislativo federal, toda vez que, ante las cámaras reunidas, es decir el Congreso General, se verifica y valida el expediente electoral y el acta de la elección de cada estado.

La Constitución también prevé distintos supuestos que pudieran resultar en la elección de presidente y vicepresidente. El siguiente cuadro facilita la compresión:

	Supuesto	*Primera posibilidad*	*Segunda posibilidad*
1	Cuando dos presidenciables hubieran alcanzado la mayoría absoluta de los votos de las legislaturas.	Será presidente el que tenga más votos y el segundo será vicepresidente.	En caso de empate, elijará la Cámara de Diputados de entre los dos. Uno como presidente y al otro como vicepresidente.
2	Si ninguno alcanzó la mayoría absoluta de los votos de las legislaturas de los estados.	Será la Cámara de Diputados federal la que elija al presidente y vicepresidente, escogiendo al que tuviera mayor número de votos.	
3	Cuando más de dos tuvieran mayoría absoluta de votos de las legislaturas e igual número de votos.	La Cámara de Diputados federal elige de entre ellos, al presidente y vicepresidente.	
4	Si uno hubiera reunido la mayoría de los votos de las legislaturas estatales y dos o más tuvieran igual número de sufragios, pero mayor que los otros.	La cámara elegirá entre los que tengan número más altos.	
5	Si todos tuvieran igual número de votos.	La cámara elegirá de entre todos al presidente y vicepresidente.	
6	Si uno tiene mayoría de votos y todos los demás igual número de votos.	La cámara elegirá de entre todos al presidente y vicepresidente.	

Fuente: Elaboración propia con base en los artículos 84-91 de la Constitución Federal de 1824.

La elección para presidente bajo el auspicio de la nueva Carta Magna, también enfrentó las visiones centralistas y federalistas, los candidatos que más voluntades sumaron en la disputa por la primera presidencia republicana y constitucional de México fueron Nicolás Bravo por los centralistas y Guadalupe Victoria por los federalistas, resultando triunfador este último al obtener 30 votos electorales.[558]

La vicepresidencia que figuraba en el organigrama gubernamental, de acuerdo con lo estipulado en la Constitución, debía ocuparla el segundo lugar, sin embargo, fue el Congreso el que acordó otorgarle el nombramiento a Nicolás Bravo, debido a que los sufragios se dividieron entre Vicente Guerrero y el propio Nicolás Bravo.[559]

Este primer ejercicio electivo de la federación produjo un sistema procesal electoral constitucional para la renovación del Legislativo y Ejecutivo, el cual no estuvo exento de imperfecciones como quedó de manifiesto en la siguiente elección, justamente al término del periodo de Guadalupe Victoria, quien enfrentó la rebelión de su propio vicepresidente que al ser derrotado por el general Vicente Guerrero es condenado al exilio y permitido su regreso hasta 1829.

Centralistas y federalistas

Antes de examinar la segunda elección constitucional por la presidencia de México, es importante hacer una breve identificación ideológica de las facciones que competían; y aun cuando no pueden considerarse propiamente partidos políticos, sí son organizaciones cuya ideología (centralista o federalista) los ubican en el núcleo de la disputa por el poder, estas visiones se originan en gran medida en las logias masónicas de los ritos, escoces para los primeros y yorquino para los segundos.

Los centralistas, integrados fundamentalmente por personas criollas ricas, pretendían excluir del poder político (votar y ser votado) a quienes no tuvieran fortuna y propiedades, no eran partidarios de la igualdad de derechos y defendían los privilegios de la Iglesia, de los militares y por supuesto de los españoles; consideraban que para mantener el orden en

[558]Guadalupe Victoria presta juramento como presidente el 10 de octubre de 1824 e inicia su periodo por disposición constitucional, el 1 de abril de 1825, ejerce su mandato hasta el 31 de marzo de 1829. El verdadero nombre del presidente era José Miguel Ramón Adaucto Fernández y Félix.

[559]Olavarría, Enrique y De Dios Arias, Juan, "México independiente 1821-1855", en Riva Palacio, Vicente (coord.), *op. cit.*, p. 116.

la nación se tenía que tener poderes centrales fuertes desde donde se gobierne y se dicten leyes aplicables en todos los estados de la República, se pronunciaban también por la desaparición de las legislaturas estatales e incluso de los gobernadores a esta forma de pensamiento se encauzó el conservadurismo.

Los federalistas por su parte se expresaban por la igualdad de derechos, forma de gobierno representativa y popular; con estados de la República que, mediante la unión o pacto, constituyeran una nación federalizada donde se privilegie la división de poderes y se restrinja al clero su participación de los asuntos políticos, se erradique de la Iglesia la opulencia, fortunas y bienes que a lo largo de más de 300 años habían acumulado. Defendían la existencia de gobernadores, poderes estatales y elecciones para la constitución de éstos, esta perspectiva se encuadró en la doctrina liberal.

La elección de 1829

Una vez que hemos identificado las principales fuerzas en forcejeo político, podemos estudiar las elecciones de 1829, año en que se registra la primera anulación por parte del Congreso de comicios constitucionales, al invalidar la elección de Manuel Gómez Pedraza debido a los distintos levantamientos que en el país se registraban, donde sólo reconocían y proclamaban como presidente al general Vicente Guerrero.

Las causas de nulidad ponderadas por los legisladores, en la narrativa histórica registrada en la obra *México a través de los siglos*, es calificada de absurda, pues era indisputable la legitimidad de la elección de Manuel Gómez Pedraza.[560] En esta obscura etapa electiva de nuestro país, solamente el diputado Carlos María Bustamante votó en contra del *acta sobre las elecciones*[561] que anulaban la presidencia del legítimo triunfador, el resto avaló el resolutivo parlamentario, cuyo primer artículo asestó golpe mortal a la naciente democracia, pues calificaba de "insubsistente y de ningún efecto la elección…".[562]

[560] *Ibidem*. p. 191.

[561] Acta sobre las elecciones del general Gómez Pedraza para presidente o vicepresidente de la República, del ciudadano Vicente Guerrero y del ciudadano Anastasio Bustamante de fecha 12 de enero de 1829, consultable en Olavarría, Enrique y De Dios Arias, Juan, "México independiente 1821-1855", en Riva Palacio, Vicente (coord.), *op. cit.*, p. 191.

[562] *Idem*.

Una vez anulados los votos de 11 legislaturas de los estados que favorecían a Gómez Pedraza, se procede a la nueva elección; ya sin éste y sus apoyos electorales en la contienda, logra alcanzar Vicente Guerrero 15 sufragios contra 13 del general Anastasio Bustamante, ante ello, el primero asume la presidencia y el segundo la vicepresidencia, ambos de la aún República federal.

Este nubarrón electoral en la democracia republicana se sumará al conjunto de conflictos postelectorales registrados, originado en gran medida por la determinación de ser la Cámara de Diputados, erigida como colegio electoral, quien califica los procesos electorales y cuyas decisiones se realizan más por valoraciones políticas que jurídicas.

Las Siete Leyes de 1836

La Constitución de 1824 en sus 12 años de vigencia mantuvo el ideal de soberanía, representación popular, separación, equilibrio de poderes, independencia, eliminación de castas y fueros; estos principios habían inspirado la lucha por la independencia; curiosamente en estas ideas de avanzada democrática, muchos personajes de la vida política "pensaban que [era] una de las causas de la desorganización del país, [que] había sido el abuso del sistema de representación popular, especialmente en los procesos electorales, se decía que cualquiera podía participar sin garantías de orden por la propiedad, la profesión o la industria".[563]

Estas exigencias de exclusión fueron escuchadas por los nuevos legisladores que a partir de 1835 respondían de igual forma a la aristocracia española desplazada, que a la milicia deseosa de poder civil y por supuesto a la burguesía religiosa que se resistía a perder dominio y riquezas.

Ante ello, y bajo el espurio argumento de actuar en plena *soberanía,* decidieron atender la reforma política que les demandaban estos selectos grupos de presión, y adjudicándose facultades de constituyentes

[563] Sordo Cedeño, Reynaldo, "Los procesos electorales del centralismo: 1836-1845", en Aguilar Rivera, José Antonio (coord.), *Las elecciones y el gobierno representativo en México (1810-1910)*, México, Fondo de Cultura Económica, Consejo Nacional para la Cultura y las Artes, Instituto Federal Electoral, 2010, p. 225.

engendraron un nuevo ordenamiento constitucional, por nombre las Siete Leyes.

La conducta de la asamblea "usurpa poderes que ni le han dado sus electores ni proceden de aquella ley [se refiere a la Constitución de 1824] destruye la Constitución y dicta la de 1836. Su base es... un golpe de Estado parlamentario".[564]

Con esta decisión tomada al margen de la población, el Congreso eliminó las instituciones vigentes, implantó la primera Constitución centralista e instituyó el poder conservador que no era otra cosa más que una dictadura,[565] pues el Congreso carecía de atribuciones para modificar la forma de organización política del país, recordemos que la propia Carta Magna estableció que "jamás" se podrían reformar los artículos de la Constitución que prevenían la forma de Estado y de gobierno pactada. A pesar de ello, los constituyentes se atrevieron a presentar un proyecto de ley suprema que impuso componentes semejantes a una monarquía absoluta.

En el nuevo modelo constitucional los gobernadores continúan en el organigrama político, pero actúan más bien como figuras decorativas; los congresos estatales desaparecen para dar nacimiento a juntas departamentales supeditadas al poder supremo.

> Las legislaturas cesarían desde luego nombrando antes de disolverse unas juntas departamentales, compuestas de cinco individuos, que fungirían de consejo del gobernador; en caso de vacante de éste las juntas respectivas propondrían una terna al gobierno general que elegiría de ellas al sucesor, desempeñando mientras tanto las funciones el primer vocal secular de la junta...[566]

El decreto[567] que establece las bases para la nueva Constitución derroca en tan sólo 14 artículos la estructura política y electiva del

[564] Rabasa, Emilio, *La Constitución y la dictadura. Estudio sobre la organización política de México*, 2ª ed., México, CONACULTA, 2015, p. 18.

[565] Labastida Muñoz, Horacio, "Reforma y república restaurada", en Porrúa, Miguel Ángel (comp.), *Documentos para la historia del México independiente 1808-1838*, México, LXI Legislatura, Cámara de Diputados-MAPorrúa, 2010, p. 289.

[566] Olavarría, Enrique y De Dios Arias, Juan, "México independiente 1821-1855", en Riva Palacio, Vicente (coord.), *op. cit.*, pp. 356-357.

[567] De fecha 1 de noviembre de 1835.

país, destrozando con ello el régimen federal. Personajes de ideología centralistas habían logrado su objetivo: establecer una Constitución de corte conservador.

El siguiente cuadro permite identificar los derechos que cada ley tutelaba, así como las fechas de expedición.

Ley	*Objeto*	*Arts.*	*Expedición*
Primera	Derechos y obligaciones de las y los mexicanos y habitantes de la República.	15	15 de diciembre de 1835
Segunda	Organización de un Supremo Poder Conservador	23	
Tercera	Del Poder Legislativo, de sus miembros y de la formación de leyes	58	
Cuarta	De la organización del Supremo Poder Ejecutivo.	34	29 de diciembre de 1836
Quinta	De Poder Judicial de la República Mexicana.	51	
Sexta	Sobre la división y organización territorial	31	
Séptima	Variaciones de las leyes constitucionales	6	

Fuente: Elaboración propia con base a las Leyes Constitucionales de 1835-1836. Obtenido de http://www.ordenjuridico.gob.mx/Constitucion/1836.pdf

Las Siete Leyes organizaron un gobierno conservador y repudiaron las clases populares; de la redacción se desprende su tendencia aristocrática, el desprecio a los procesos electorales directos, la única excepción fueron los ayuntamientos, tal vez por coincidencia en la *generosidad política* que tuvieron los conquistadores con las culturas de origen, donde se permitió (en determinados casos) participar de esta estructura política comunitaria; en esta nueva legislación se *consintió* que los ayuntamientos[568] se eligieran con base en la ley sobre elecciones del 30 de noviembre de 1836.

Caso distinto es el descrédito que el constituyente tuvo para con los estados de la unión, cuya desaparición, prácticamente de un plumazo, dio origen a una nueva división del territorio fundada en *departamentos* y aun cuando subsiste la figura de gobernador, éste responde a una designación central, como se estudiará.

[568] La Sexta Ley, de las Leyes Constitucionales de 1836, establece que habrá ayuntamientos en: *a)* las capitales de los departamentos; *b)* en los lugares que los había en 1808; *c)* en los puertos cuya población llegue a 4 mil habitantes, y *d)* en los pueblos que tengan 8 mil. Donde no haya esa población habrá jueces de paz encargados también de la policía.

En los *departamentos*, los congresos locales son sustituidos por *juntas departamentales* cuya renovación será en su totalidad cada cuatro años y se compone por siete individuos que son nombrados en igual circunstancia que los diputados al Congreso general, que se explica a detalle en la *Ley tercera*, posteriormente descrita.

Por lo que concierne a la Ley Primera, distingue el ejercicio de los derechos y obligaciones de quienes habitan la República distinguiendo entre la nacionalidad y la ciudadanía, otorgando la norma mencionada otorga el derecho a ser votado y votar para todos los cargos de elección popular directa exclusivamente a los ciudadanos (se refieren a hombres) mexicanos.[569] Ante esta determinación es importante identificar en la lógica del constituyente conservador, quiénes detentaban estas cualidades.

La ley fundamental consideró que son personas mexicanas:

1. Los nacidos en el territorio de la República de padre mexicano por nacimiento o por naturalización.
2. Los nacidos en país extranjero de padre mexicano por nacimiento, si al entrar en el derecho de disponer de sí, estuvieren ya radicados en la República, o avisaren que resuelven hacerlo, y lo verificaren dentro del año, después de haber dado el aviso.
3. Los nacidos en territorio extranjero de padre mexicano por naturalización, que no hayan perdido esta cualidad, si practican lo prevenido en el párrafo anterior.
4. Los nacidos en el territorio de la República, de padre extranjero, que hayan permanecido en él hasta la época de disponer de sí, y dado al entrar en ella el referido aviso.
5. Los no nacidos en él, que estaban fijados en la República cuando ésta declaró su independencia, juraron el acta de ella, y han continuado residiendo aquí.
6. Los nacidos en territorio extranjero, que, introducidos legalmente después de la independencia, hayan obtenido carta de naturalización con los requisitos que prescriben las leyes.[570]

[569] Artículo 11, de la Primera ley; de las Leyes Constitucionales de 1836, Obtenido de http://www.ordenjuridico.gob.mx/Constitucion/1836.pdf

[570] Artículo 1º, Ley Primera; de las Leyes Constitucionales de 1836.

Por lo que respecta a la ciudadanía, tendrán derecho a ella cuando se tenga una "renta anual lo menos de cien pesos, procedentes de capital fijo o mobiliario o de industria o trabajo personal, honesto y útil a la sociedad",[571] la calidad de ciudadano se perdía por quiebra fraudulenta, por ser deudor en la administración, por ser vago, mal entretenido, o simplemente no tener industria propia.

La Ley Segunda organiza al Supremo Poder Conservador; este cuarto poder se renovará cada dos años y es adicional al Ejecutivo, Legislativo y Judicial, se deposita en cinco individuos que con trato de *excelencia* actuarán con amplísimos poderes, pues en este *poder* se concentran facultades morales, políticas, administrativas, de justicia y hasta eclesiásticas; ante ello no es exagerado cuando el constituyente lo llamó Supremo Poder.

Sus atribuciones están por encima del resto de los poderes, pueden declarar la nulidad de una ley o un decreto; suspender por determinado tiempo las sesiones del Congreso, a petición de uno de los dos poderes, decidir sobre la nulidad de los actos del otro; tienen incluso la autoridad de declarar la incapacidad física o moral del presidente de la República. Es tal la supremacía que obtienen que pueden incluso proclamar la voluntad de la nación, y en caso de estallar una revolución, restablecer constitucionalmente a cualquiera de los poderes disueltos que el levantamiento armado hubiera deshecho.[572]

El Supremo Poder Conservador también se erige como colegio electoral al tener la facultad de calificar la elección de los senadores, y la desobediencia a las declaraciones y disposiciones son consideradas por mandato constitucional como *alta traición*. Es el artículo 17 de la Ley Segunda, de los textos constitucionales de 1836, sintetiza su poderío cuando prescribe: "este supremo poder no es responsable de sus operaciones más a dios y a la opinión pública…".

La Ley Tercera que refiere al Poder Legislativo, instruye que éste se deposita en el Congreso General de la nación compuesto de dos cámaras (Diputados y Senadores), la de diputados se renovará por mitad cada dos, acordándose que por cada 150 mil habitantes y por cada fracción

[571] Artículo 7°, Ley Primera; de las Leyes Constitucionales de 1836.
[572] Artículos 1°, 10, 11, 12, Ley Segunda; de las Leyes Constitucionales de 1836.

de 80 mil habrá un legislador; en tanto que la Cámara de Senadores se formará de 24 miembros, se renovará por terceras partes cada dos años, y su método electivo se caracteriza por ser excluyente y discriminatorio, pues faculta a la Cámara de Diputados, al gobierno en junta de ministros y a la Suprema Corte de Justicia para que integren, cada uno de ellos, una lista de candidatos a senadores que se remitirán a las juntas departamentales y éstas elegirán a los que consideren representen su departamento (Estado), remitiendo la lista de los que fueron electos al Supremo Poder Conservador, el cual calificará las elecciones y declara senador al que haya reunido la mayoría de votos de las juntas departamentales.[573]

Es trascedente mencionar que en esta legislación, se considera que habrá una norma especial para establecer modos y formas para el desarrollo de las elecciones, esta precisión es el nacimiento de un estatuto eminentemente electoral.

La Ley Cuarta se refiere al Poder Ejecutivo, el cual se deposita en una persona, cuyo mandato se extiende hasta ocho años con posibilidad de ser reelecto, el procedimiento para elegirlo inicia con la presentación de una terna que realiza, por una parte, la junta del Consejo y ministros, por otra, el Senado y una más la Corte de Justicia; este conjunto de ternas se canaliza a la Cámara de Diputados la cual selecciona a tres candidatos y remite dicha terna a todas y cada una de las juntas departamentales, las cuales eligen a uno, y remiten el acta electoral a la Cámara de Diputados quien junto con la de Senadores nombrarán una comisión que califique las elecciones. Una vez que hayan abierto y examinado todas y cada una de las actas, la comisión emite dictamen que será discutido y aprobado por el Congreso General. Se declara presidente al que hubiera obtenido mayor número de votos.

Dentro de las facultades del presidente de la República se encuentra nombrar a los 13 integrantes del Consejo de gobierno, cargo de carácter perpetuo e irrenunciable que lo acompañará en el ejercicio del Poder Ejecutivo; también cuenta el presidente con la facultad de designar a los gobernadores de los departamentos.

Es claro que el presidente detentaba un poder importante pero no suficiente para rivalizar con el Supremo Poder Conservador, toda vez que

[573] Artículos 1º al 13, Ley Tercera; de las Leyes Constitucionales de 1836.

el Ejecutivo tiene la limitación constitucional que le impide negarse al cumplimiento de las resoluciones que le dicte el poder conservador.[574]

La siguiente tabla contribuye a comprender los requisitos que se exigen para el derecho a la ciudadanía, a la elegibilidad, los perfiles fundamentalmente de carácter económico que deben cubrir los representantes políticos y la característica de los cargos públicos.

Cargo	*Edad*	*Requisito económico*	*Duración Años*	*Observación*
Ciudadanía	21 años siendo soltero y 18 siendo casado	Una renta anual de 100 pesos por lo menos	En tanto no se pierdan o suspendan sus derechos	Para ejercer sus derechos políticos debe inscribirse en el padrón municipal. Se suspenden si no sabe leer y escribir.
Miembro del Supremo Poder Conservador	40	3 mil pesos de renta anual	2	Haber desempeñado cargo de presidente, vicepresidente, senador, diputado, secretario de despacho, magistrado de la Suprema Corte de Justicia.
Presidente	40	4 mil pesos anuales	8	Con derecho a reelección.
Gobernador	30	2 mil pesos anuales	8	Debe pertenecer al estado secular.
Miembro del ayuntamiento	25	500 pesos anuales		Podrá haber hasta seis alcaldes, 12 regidores y dos síndicos. Y se crea ley específica para elegirlos.
Diputado	30	1,500 pesos anuales	2	Se crea una ley electoral específica para la renovación de la cámara y las juntas departamentales. 30 de noviembre de 1836.
Senador	35	2,500 pesos anuales	2	La Cámara de Senadores se integra por 24 miembros.
Miembro de la junta departamental	30	2,500 pesos anuales	4	Se renueva en su totalidad.

Fuente: Elaboración propia con base en las Leyes Constitucionales, Primera, Segunda, Tercera, Cuarta y Sexta. Obtenido de http://www.ordenjuridico.gob.mx/Constitucion/1836.pdf. La información respecto a la edad para ser ciudadano es con base en lo dispuesto por el artículo 6º de la Ley Sobre elecciones del 30 de noviembre de 1836.

[574] Artículos del 1º al 20, Ley Cuarta; de las Leyes Constitucionales de 1836.

En síntesis, este ordenamiento constitucional segmentado limitó no sólo a la República, sino también a la democracia, dando origen a un régimen político centralista, aristocrático, excluyente, conservador, que afianzó los fueros eclesiásticos, militares, suprimió la igualdad y la soberanía popular fue erradicada para adjudicársela al naciente poder conservador; los derechos políticos, por su parte se otorgaron de acuerdo a la riqueza económica, en suma el retroceso fue brutal.

No hay mejor definición de esta constitución que la que hace el jurista Emilio Rabasa al señalar que:

> No es fácil encontrar constitución más singular ni más extravagante que este parto del centralismo victorioso, que no tiene para su disculpa ni el servilismo de sus autores; porque si por sus preceptos, las provincias, el parlamento y el Poder Judicial quedaban deprimidos y maltrechos, no salía más medrado el Ejecutivo que había de subordinarse a un llamado poder conservador, en donde se suponía investir algo de sobrehumano, intérprete infalible de la voluntad de la nación... cuyos miembros poseídos del furor sagrado de los profetas, declararían la verdad suprema... Este tribunal de superhombres, impecables desapasionados y de sabiduría absoluta, podían deponer presidentes, suspender congresos, anular leyes, suspender sentencias...
>
> La seriedad cómica de estos preceptos... no pudo dejar a los demás funcionarios una tranquilidad muy completa.[575]

Como se aludió en su oportunidad, la Ley Tercera[576] definió que sería una norma particular la que establecería días, modo y forma de las elecciones para diputados y juntas departamentales, así como el número y cualidades del electorado; a esta norma secundaria se le llamó Ley Sobre Elecciones de 1836.

Diversas determinaciones de gran valía para el desarrollo del derecho electoral se exploraron en este conjunto de disposiciones a pesar de lo aberrante que era la norma fundamental, sin embargo, algunos destellos se consagraron en la legislación electoral en mención, como por ejemplo la autonomía de las juntas electorales —que eran integradas por los vecinos de los ayuntamientos y no por representantes gubernamenta-

[575] Rabasa, Emilio, *op. cit.*, pp. 18-19.

[576] Artículo 4°, Segundo párrafo, Ley Tercera, de las Leyes Constitucionales de 1836.

les—, el hecho de registrar las secciones electorales en la boleta o incluso la posibilidad de multar a quienes no asistieran a ejercer su derecho al voto. Otras significaciones, sin embargo, mostraban la debilidad del sistema electoral como el poder enviar a otra persona con su boleta para que votara en su representación.

El método electivo iniciaba con la división de los ayuntamientos en secciones compuestas de entre 1,000 a 2 mil personas; los padrones electorales se integraban cuatro semanas antes de los comicios y en ellos se inscribía el número de la sección, el de la casa o incluso la seña donde se localizaba, también el nombre y oficio del ciudadano, se tenía igualmente que especificar si el votante sabía leer o escribir; con anticipación se repartían las boletas y al reverso, el ciudadano escribía el nombre de su elección y firmaba la boleta.[577] Lo cual demuestra que la votación en esa primera instancia era directa.

Para desarrollar la jornada electiva, se integró una Junta Electoral en primer nivel, cuyos procedimientos de integración consistían en que un día antes de la elección, el ayuntamiento designaba a un comisario y él a su vez a cuatro vecinos de la sección, la junta se reuniría a las ocho de la mañana presidida por el comisario para dar inicio el procedimiento electoral.

Esta junta provisional esperaría a que se juntasen por lo menos siete ciudadanos con boletas antes de las nueve; entonces se procedía a elegir a un presidente entre los presentes y cuatro secretarios que formarían en definitiva la Junta Electoral. Si a las nueve de la mañana no se hubieran reunido los siete ciudadanos, la junta provisional se convierte en electoral.[578]

Para elegir a diputados y miembros de las juntas departamentales se utilizó la figura del "compromisario", palabra que deriva del latín *compromissarius,* y que es la persona que recibe la delegación de otra para que realice determinada acción; en materia electoral es el representante de electores primarios investido de derecho para votar en elecciones secundarias, es pues un ejercicio del voto indirecto.

[577] Sordo Cedeño, Reynaldo, "Los procesos electorales del centralismo: 1836-1845", en Aguilar Rivera, José Antonio (coord.), *op. cit.*, p. 230.

[578] *Ibidem*, p. 231.

En cualquiera de las situaciones la continuación del régimen centralista y conservador hizo insostenible la gobernanza, 15 años habían pasado y esta modalidad de gobierno enfrentó nuevamente a las y los mexicanos, dividió a la sociedad y generó privilegios que levantaban envidias y señalamientos. La clase política del centralismo habría de encontrar una fractura determinante en su estructura de poder. Un nuevo personaje salía al protagonismo político: Antonio López de Santa Anna.

Bases adoptadas por el ejército de operaciones. El Plan de Tacubaya

El gobierno centralista y sus instituciones fueron desconocidas mediante las Bases adoptadas por el ejército de operaciones en Tacubaya,[579] cuya figura principal fue el general Antonio López de Santa Anna. El grupo de militares convocados por éste se adjudican la soberanía y *cesaron por voluntad de la nación*, en sus funciones, los poderes supremos que estableció la Constitución de 1836, sólo exceptúan al Poder Judicial al cual limitan a desempeñar funciones estrictamente judiciales.[580]

Para suplir la vacante de presidente de la República, tras el usual sistema de decretos militares, determina el Plan de Tacubaya el nombramiento de una junta compuesta por dos diputados por cada departamento, quienes elegirían al presidente provisional titular del Poder Ejecutivo quien convocará, a su vez, dentro de los dos meses siguientes, a la integración de un nuevo Congreso cuya única facultad es crear una nueva Constitución.[581]

Es claro que el país era un polvorín, los oportunistas veían en el caos la posibilidad de agenciarse el poder público y la arena preferida para la confrontación era la Cámara de Diputados, por ello siempre, la facción triunfante en la disputa del poder lo primero que realizaba era convocar a elecciones extraordinarias del parlamento o inventar una asamblea a modo.

[579] Fechado el 28 de noviembre de 1841; consta de 13 bases para la organización de la República.

[580] Base primera, Adoptadas por el ejército de operaciones en Tacubaya. Obtenido de http://www.ordenjuridico.gob.mx/Constitucion/CH2.pdf

[581] Bases egunda, tercera, cuarta y quinta, adoptadas por el ejército de operaciones en Tacubaya.

La crisis política de 1841 no fue la excepción, mediante elecciones el Congreso pretende resolver la configuración de la nueva esfera de poder, el instrumento para procesarlo lo sería la ley electoral del 10 de diciembre de 1841, la cual resultó ser un "híbrido entre las leyes electorales de 1823 y 1836";[582] el propio Reynaldo Sordo, citando fragmentos de la convocatoria para el constituyente, menciona que:

1. Se regresaba a la representación fundada en la población.
2. Los ciudadanos, electores primarios y secundarios tenían restricciones mínimas y no se pedía el requisito de contar con ingreso o capital para votar.
3. Los diputados sí deberían tener un ingreso o capital equivalente a 1,500 pesos mensuales.
4. Se seguía con el criterio de orden en el proceso de la elección: padrones, secciones de 500 personas, nadie podía votar fuera de su sección y se debía firmar la boleta.
5. Como en la ley de 1836, el control de las elecciones no estaba en manos de la autoridad, sino que en los tres niveles las juntas electorales se formaban con ciudadanos.

En este tiempo caótico la pregunta esencial fue: ¿es mejor ser una república federal o centralista, como consecuencias de las reyertas vividas entre 1841 y 1846, encabezadas por López de Santa Anna?[583] Esta interrogante buscaría respuesta a través de nuevos ordenamientos constitucionales, algunos de ellos fueron las Bases de Organización Política de la República Mexicana de 1843 y sin lugar a dudas el Acta Constitutiva y de Reformas de 1847, esta última con una clara intención de anular el centralismo, en definitiva, y la tendencia conservadora de la clase gobernante.

[582] Sordo Cedeño, Reynaldo, "Los procesos electorales del centralismo: 1836-1845", en Aguilar Rivera, José Antonio (coord.), *op. cit.*, p. 232.

[583] Astudillo, César, *El derecho electoral en el federalismo mexicano*, México, INEHRM, SEGOB, Secretaría de Cultura, UNAM, Instituto de Investigaciones Jurídicas, 2018, p. 50.

Bases de Organización Política de la República Mexicana de 1843

El nuevo ordenamiento era una especie de "justo medio entre las constituciones de 1824 y 1836,[584] toda vez que las Bases de Organización Política[585] definían a la República como una nación con gobierno representativo y popular, estructurada en departamentos en sustitución de las entidades federativas, los cambios continuaban golpeando al federalismo, pero también al conservadurismo al eliminarse el poder conservador y reestablecerse la fuerza de los poderes federales: Legislativo, Ejecutivo y Judicial. Nace en contraparte, el denominado Poder Electoral, integrado por un colegio y secciones electorales que son base para las elecciones correspondientes.

En los estados, al no lograr subsistir la representación política local, se integró una Asamblea Departamental conformada de entre siete y 11 vocales dependiendo del Departamento, tenían la facultad de votar por el presidente de la República, proponer al supremo gobierno la lista de posibles gobernadores para que el presidente lo designara; elegir igualmente diputados y senadores, y durar en el encargo hasta cuatro años.

El Legislativo sigue dividiéndose en dos cámaras (Senadores y Diputados) y el Poder Ejecutivo se mantiene de carácter unipersonal con duración de cinco años. De la religión ni que decir, se continúa resguardando al catolicismo y la intolerancia a cualquier otra práctica religiosa.

En correspondencia a la ciudadanía, se preserva la edad de los 18 años cuando se es casado y 21 al ser soltero, pero en ambos casos la Constitución restituía el principio limitativo electoral, pues para gozar los derechos que otorga la calidad mencionada, se debía contar con "una renta anual de doscientos pesos por lo menos, procedente de capital físico, industria o trabajo personal honesto",[586] de igual forma prevé que para el año de 1850 "en adelante los que llegaren a la edad que se

[584] Sordo Cedeño, Reynaldo, "Los procesos electorales del centralismo: 1836-1845", en Aguilar Rivera, José Antonio (coord.), *op. cit.*, p. 234.

[585] Promulgada el 14 junio de 1843, se estructuró en 202 artículos, comprendidos en nueve títulos.

[586] Artículo 18, Bases de Organización Política de la República Mexicana. Obtenido de http://www.ordenjuridico.gob.mx/Constitucion/1843.pdf

exige para ser ciudadano, además de la renta dicha antes para entrar en ejercicio de sus derechos políticos, es necesario que sepan leer y escribir".[587] Una de las razones para suspender los derechos a la ciudadanía lo constituyó la singular circunstancia de ser "ebrio consuetudinario, tahúr de profesión, vago, por tener casa de juegos prohibidos".[588]

La Cámara de Diputados se integró por los departamentos, con base en la población, de tal suerte que podían tener un diputado por cada 60 mil habitantes o por cada fracción que pase de 35 mil, incluso si el departamento no llegaba a esa cantidad se le garantizaba que pudiera contar con al menos uno, con lo cual se aseguró la característica de representativo que el sistema había adoptado.

El Senado por su parte crecía de 24 a 63 miembros, de los cuales 42 se elegían por las asambleas departamentales y los 21 restantes el procedimiento estableció que tanto la Cámara de Diputados, el presidente de la República y la Suprema Corte de Justicia de la Nación sufragará cada una, un número igual al que haya de ser elegido y el acta de la elección se remitiera a la Cámara de Senadores o a la diputación permanente,[589] para que determine quién adquirirá esta representación.

La singularidad del nuevo Senado fue la exclusión, toda vez que los electos senadores por las asambleas departamentales, para poder serlo debían ser agricultores, mineros, propietarios, comerciantes, fabricantes o presidente, vicepresidente, secretario de despacho por más de un año, ministro, gobernador de antiguo Estado o Departamento, senador, diputado, consejero de gobierno, obispo o general de división.[590]

De las bases organizativas de la República, se desprende un nuevo poder, al que se llamaría Poder Electoral, consistente en un sistema con método e instituciones para desarrollar los procesos electorales, iniciando con la división geopolítica de la nación con base poblacional a través de secciones electorales compuestas cada una de ellas por 500 habitantes y constituyéndose, además, órganos electorales demominadas juntas primarias donde por cada 500 habitantes se elige a un elector,

587 *Idem.*

588 *Ibidem,* Artículo 21, fracción IV.

589 La diputación permanente es aquella que al cerrarse las sesiones de cualquier periodo del Congreso, la Cámara de Senadores elige a cuatro y la de diputados a cinco, a los ocho parlamentarios constituyen la permanente.

590 Artículos 25-46, Bases de Organización Política de la República Mexicana.

pero si hubiese poblaciones que no alcanzan este número, por ser consideradas centros poblacionales se les otorgará el derecho a contar, igualmente, con un elector primario. Por cada 20 electores primarios, éstos pueden nombrar a un elector secundario, quienes tienen la facultad de formar el Colegio Electoral del Departamento y éste hace la elección de diputados al Congreso y vocales de la respectiva Asamblea Departamental.[591]

¿Quiénes pueden ser electores primarios o secundarios? Todos los ciudadanos (nuevamente debe atenderse a la literalidad de la expresión, pues solamente hombres podían gozar de este provilegio) en ejercicio de sus derechos, pero también deben sumar otras cualidades que el siguiente cuadro auxilia en su comprensión.

Tipo de elector	*Edad-años*	*Requisito*	*Requisito económico*
Primario	Mayor de 25	Residentes de la sección donde sean nombrados	Por lo menos renta anual de 200 pesos
Secundario	Mayor de 25	Residente del partido de donde sean nombrados	Por lo menos renta anual de 500 pesos

Fuente: Elaboración propia con base en artículos 147-150 de las *Bases de Organización Política de la República Mexicana*. Obtenido de http://www.ordenjuridico.gob.mx/Constitucion/1843.pdf

La elección del presidente de la República le corresponde a la Asamblea Departamental la cual, por mayoría de votos, lo elige y el acta de la elección se remite a la Cámara de Diputados o en su receso a la diputación permanente. Una vez reunidas las dos cámaras, se abren las actas de cada uno de los departamentos y gana la presidencia el que haya reunido la mayoría absoluta de los sufragios. La propia ley establece distintos supuestos, pero todos bajo el principio rector de la mayoría absoluta.[592]

Bajo los 10 años de gobierno centralista (1836-1846), los procesos y legislación electoral establecieron un "sistema muy complicado que daba lugar a irregularidades y a la acción de los partidos, que muchas veces se sobreponían a la voluntad popular",[593] pero también exploraron con

[591] *Ibidem*, Artículos 147-149.

[592] *Ibidem*, Artículos 152-163.

[593] Sordo Cedeño, Reynaldo, "Los procesos electorales del centralismo: 1836-1845", en Aguilar Rivera, José Antonio (coord.), *op. cit.*, p. 253.

éxito la ciudadanización de las autoridades electorales, este hecho pocas veces ponderado permitió que se haya separado en "los tres niveles el acto electoral del poder político".[594]

Éstos son los principales elementos en materia electoral de la Constitución centralista; pero los distintos acontecimientos bélicos que enfrenta la nación en esa época, tales como la invasión norteamericana y las constantes amenazas de Francia, producen inestabilidad política y social, siendo una coyuntura para que distintas voces se levanten con la finalidad de restablecer la soberanía popular, el federalismo y la auténtica representación política, ante ello se suscriben distintas proclamas, entre las que destaca el Plan de la Ciudadela,[595] mediante el cual se plantea la regeneración de la república:

> Artículo 1. En lugar del Congreso que actualmente existe, se reunirá otro compuesto de representantes nombrados popularmente, según las leyes electorales que sirvieron para el nombramiento del de 1824, el cual se encargará así de constituir a la nación, adoptando la forma de gobierno que le parezca conforme la voluntad nacional, como también de todo lo relativo a la guerra con los Estados Unidos y a la cuestión de Texas y demás departamentos fronterizos. Queda excluida la forma de gobierno monárquico que la nación detesta evidentemente.[596]

Acta Constitutiva y de Reformas de 1847

El retorno a la república federal se concreta con el Acta Constitutiva y de Reformas sancionada por el Congreso Extraordinario Constituyente de 1847,[597] ahí se plantea regresar al régimen de estados que componen la Unión Mexicana y reconoce como única la Constitución de 1824, así como las 30 reformas planteadas en el acta.

[594] *Idem.*

[595] Suscrito en la ciudad de México, el 4 de agosto de 1846, por J. Mariano de Salas y Valentín Gómez Farías.

[596] Plan de la Ciudadela. Obtenido de http://www.ordenjuridico.gob.mx/Constitucion/CH3.pdf

[597] El Acta Constitutiva y de Reformas sancionada por el Congreso Extraordinario Constituyente de los Estados Unidos Mexicanos, el 18 de mayo de 1847, puede consultarse en su totalidad en http://www.ordenjuridico.gob.mx/Constitucion/1847.pdf

Dentro de las enmiendas, destacan la eliminación del cargo de vicepresidente, el derecho a la ciudadanía para mexicanos por nacimiento o por naturalización cuando se tengan 20 años cumplidos, así como un modo honesto de vivir y que no hayan sido condenados en proceso legal.

Se incorporan prerrogativas políticas para los ciudadanos como los derechos de votar en las elecciones populares, ejercer el de petición, reunirse para discutir los negocios públicos y pertenecer a la Guardia Nacional, cuando dichos derechos son suspendidos pueden ser restituidos por el Congreso General.

La elección de un diputado será por cada 50 mil habitantes (30 mil menos que en la Constitución de 1824), o por una fracción que pase de 25 mil (en la anterior eran 40 mil). En el Senado también se introducen reformas, de tal manera que de los senadores que cada Estado elija, habrá un número igual al de los Estados, electo a propuesta del Senado, de la Suprema Corte de Justicia y de la Cámara de Diputados.

Ser senador se convirtió en un verdadero privilegio, pues para poder serlo se tenían que reunir los siguientes requisitos:

- Edad de 30 años.
- Haber sido presidente o vicepresidente constitucional de la República, o
- Por más de seis meses secretario del despacho, o gobernador de Estado, o
- Individuo de las cámaras
- Por dos veces haber sido integrante de una Legislatura, o
- Por más de cinco años haber sido enviado diplomático, o
- Ministro de la Suprema Corte de Justicia, o
- Por seis años juez o magistrado, o
- Jefe superior de hacienda o general efectivo.

Por vez primera aparece la posibilidad de que las elecciones de diputados, senadores, ministros de la Suprema Corte e incluso presidente de la República sean mediante elección directa, siempre y cuando así lo consideren las leyes secundarias.

El constituyente aprende la lección de lo impropio de la expresión "jamás" que usó en la Constitución de 1824, para demostrar la imposibilidad de cambiar la forma de gobierno establecido; en la nueva redacción establece que en cualquier tiempo podrán reformarse los artículos del Acta constitutiva, de la Constitución federal y del acta de reformas, siempre y cuando las reformas se aprueben por los dos tercios de ambas cámaras o por la mayoría de dos congresos distintos e inmediatos.[598]

La circunstancia política durante ese periodo fue tan confusa que para ilustrarlo "entre 1821 y 1876 hubo 62 sucesiones en el poder, en promedio, más de una por año",[599] entre 1847 y 1850 se promulgaron cuatro leyes electorales:

a) Ley sobre las elecciones de los poderes legislativos de la Unión,
b) Ley de elecciones de los supremos poderes,
c) Ley sobre elecciones de los ayuntamientos y
d) Las bases para las elecciones de presidente y senadores de la República.

El desorden, desconcierto e inestabilidad política, económica y social suscitó que cada presidente tomara determinaciones especiales sobre la forma de conducir el gobierno.

La dictadura de Santa Anna[600] fue aberrante, su convenenciera actitud lo hizo transitar de posturas centralistas o federalistas dependiendo de la coyuntura política, en su gestión no sólo entregó la mitad del país, sino que se atrevió a desmantelar lo que ni el español conquistador intentó: los ayuntamientos, pues mediante decreto "ordenó que dejasen de tener ayuntamientos todas las poblaciones de la república que no tuviesen categoría de capitales, prefecturas, cantones o distritos",[601] su andamiaje legal a *modo* fueron las *bases para la administración de la República*[602] que fundaron una administración centralista; suspendió las legislaturas de los estados y mediante un nuevo decreto restringió la libertad de

[598] Artículos 1°, 2°, 4°, 7°, 8°, 10, 15, 18, 28, Acta Constitutiva y de Reformas de 1847. Obtenido de http://www.ordenjuridico.gob.mx/Constitucion/1847.pdf

[599] Astudillo, César, *op. cit.*, p. 47.

[600] Del 20 de abril de 1853 al 9 de agosto de 1855.

[601] Olavarría, Enrique y De Dios Arias, Juan, "México independiente 1821-1855", en Riva Palacio, Vicente (coord.), *op. cit.*, p. 812.

[602] De fecha 22 de abril de 1853.

prensa, al exigir, además, "que los periódicos tuvieran editores responsables, y un depósito de tres a seis mil pesos en el monte de piedad, a disposición del gobierno... para responder por las multas que le fueran impuestas...".[603]

El aumento de agravios no concluía, no le fue suficiente con vender la mitad del territorio, sino que además se conoció en la época por publicaciones en periódicos españoles[604] que su gobierno estaba buscando el protectorado español, es decir, regresarle a España el dominio mediante un gobierno de nuevo monárquico, estas circunstancias favorecieron la promulgación del Plan de Ayutla,[605] que con las adiciones y cambios planteados por Ignacio Comonfort en el llamado Plan de Acapulco,[606] se desconoce a Santa Anna y se faculta al general en jefe para convocar a cada estado, territorio y distrito de la capital para que a través de un representante voten por un presidente interino, el cual a los 15 días de haber entrado en funciones convoque a un Congreso extraordinario para que se ocupen exclusivamente de constituir a la nación bajo la forma republicana, representativa y popular.[607]

El Plan de Ayutla también revelaba la tendencia federalista de llamar estados a las regiones del país, sin embargo, las modificaciones de Acapulco restituyeron a las partes componentes de la nación con el nombre de departamentos.[608]

La revolución de Ayutla triunfante, "no es sino el grito de la desesperación, motivado por el exceso del abuso... hacia sus víctimas, no es un partido determinado, sino en todos a la vez, sin excepción de clases ni categorías",[609] lo que hizo posible el desmantelamiento de un gobierno despótico y absurdo.

[603] Olavarría, Enrique y De Dios Arias, Juan, "México independiente 1821-1855", en Riva Palacio, Vicente (coord.), *op. cit.*, pp. 810-811.

[604] *El Clamor Público* y *El heraldo de Madrid*.

[605] Suscrito el 1 de marzo de 1854, por jefes, oficiales y tropa a iniciativa del coronel Florencio Villareal, en el pueblo de Ayutla del estado de Guerrero.

[606] Este plan suscrito en Acapulco, el 11 de marzo de 1854, es modificatorio al Plan de Ayutla.

[607] Labastida Muñoz, Horacio, Sección Documental, en "Reforma y república restaurada", *Plan de Ayutla y Plan de Acapulco, op. cit.*, pp. 466-475.

[608] Rabasa, Emilio, *op. cit.*, p. 35.

[609] Olavarría, Enrique y De Dios Arias, Juan, "México independiente 1821-1855", en Riva Palacio, Vicente (coord.), *op. cit.*, p. 826.

La dictadura concluyó cuando el general Santa Anna abandona el poder e inicia la huida a Veracruz[610] pero su partida, por desgracia, no resolvía el problema de la legitimidad del gobierno en aquel México convulso.

Nuevamente el general en jefe de las fuerzas armadas, tiene la facultad de convocar a los representantes de los estados, territorios y el distrito de la capital para elegir al presidente interino; no habían transcurrido cuatro días de la huida de Santa Anna, pero la noticia ya era un escándalo; ante ello, en la capital del país, la población se concentró en la Alameda para sumarse al Plan de Tacubaya, de esa concentración se levantó un acta firmada por el pueblo y se proclamó jefe del movimiento al general Rómulo Díaz de la Vega, con este acto el general adquirió la facultad de convocar a los representantes para que decidieran por el presidente interino; Díaz de la Vega nombró al día siguiente a los integrantes de la junta,[611] tomando éstos la decisión de designar como presidente de la junta a Mariano Riva Palacios y como presidente interino de la República a Martín Carrera, quien le ganó la elección al propio Díaz de la Vega al obtener el primero 26 votos contra 16 del segundo.[612]

La opinión pública cuestionó algunos nombramientos de la junta, se les acusó de filiación conservadora y el propio Ignacio Comonfort debatió la legitimidad de Rómulo Díaz de la Vega cuando se proclamó general en jefe, sitial de honor que le correspondía —afirmaba el autor del Plan de Acapulco— al precursor de la *revolución de Ayutla* el general Juan Álvarez, quien decide nombrar una nueva junta.[613] La composición de la mesa directiva reflejó el rumbo que habrá de tomar el país, pues en esta nueva representación se eligen como presidente de la junta a Valentín Gómez Farías, en la vicepresidencia a Melchor Ocampo y como primer secretario al representante de Oaxaca, Benito Juárez García.

[610] La salida es en la madrugada del 9 de agosto de 1855.

[611] Por el territorio de Baja California participaron José María Revilla y Pedreguera, así como Romualdo Ruano.

[612] Vigil, M. José, "La Reforma", t. v, en Riva Palacio, Vicente (coord.), *México a través de los siglos*, 8ª ed., México, Editorial Cumbre, 1971, pp. 55-58.

[613] La junta se instala en Cuernavaca el 4 de octubre de 1855. Las Californias integraron como representante a Juan José Baz.

La elección de presidente interino de la República fue ganada por el general Juan Álvarez quien obtuvo 13 votos; en segundo lugar, quedarían empatados Melchor Ocampo e Ignacio Comonfort, que cada uno de ellos sumó tres sufragios.[614]

Era claro que el país enfrentaba una severa crisis política, además de los constantes levantamientos en los estados; la pugna por el poder había superado incluso las posturas ideológicas. El desconocimiento al general Martín Carrera fue el primero, para posteriormente conocer la renuncia *temporal* del general Juan Álvarez por su delicado estado de salud, estableciéndose como presidente sustituto al también general Ignacio Comonfort.[615] La nación se convulsionaba.

Estatuto Orgánico Provisional de la República Mexicana

El nuevo presidente, Ignacio Comonfort, decreta el Estatuto Orgánico Provisional de la República Mexicana,[616] el cual instituye el derecho a la ciudadanía a partir de los 18 años, se respeta el derecho de asociación y petición y se acuerda que los eclesiásticos seculares no pueden votar ni ser votados para los cargos de elección popular; en materia de igualdad se obtiene que nadie puede hacer una distinción de carácter civil o político por razón de nacimiento, origen o raza, pero se omite la igualdad de género, exclusión que en el futuro será la causa de diversas luchas políticas.

Por lo que respecta a las entidades federativas, se les niega el derecho de elegir a su gobernador, este repudio democrático encontró su fundamento legal en la facultad que el estatuto confería al presidente de la República para que éste nombrara libremente al gobernador o jefe político de la entidad o territorio según fuese el caso.

[614] Vigil, M. José, "La Reforma", t. v, en Riva Palacio, Vicente (coord.), *op. cit.*, p. 76.
[615] *Ibidem*, p. 89.
[616] El Estatuto consta de 125 artículos y es promulgado en la ciudad de México, el 15 de mayo de 1856.

Convocatoria para la elección de un Congreso Constituyente (16 de octubre de 1855)

A partir de la promulgación del federalismo en México (1824) y hasta la publicación de la nueva Constitución de 1857, el "clero aumentó sus riquezas y los terratenientes ampliaron su dominio en el campo. La industria, la minería y el comercio continuaban en manos de grupos selectos, y las grandes mayorías de la población en una condición tan deplorable como la que prevaleció durante el virreinato",[617] adicionalmente la Iglesia participó en las decisiones públicas, en el control económico, de conciencia y en la intervención de asuntos civiles, lo cual generó una gran desigualdad social y desequilibrio político, ingredientes básicos para las constantes revueltas.

En ese contexto se convoca en Cuernavaca[618] a la elección de un nuevo constituyente, este emplazamiento desliza por vez primera la modalidad de un gobierno *democrático*, pues el artículo primero de dicha convocatoria ordenó que el Congreso extraordinario constituya como forma de gobierno en la nación mexicana, la *república democrática representativa*.

El principio *representativo* tiene su origen en tres elementos primordiales: *población-estados-territorios*, por ello a 26 entidades jurídicas se les concede tener un diputado por cada 50 mil habitantes o por fracción que exceda de 25 mil.

¿Por qué es tan importante esta convocatoria? Por las consecuencias que la elección implica, pues de ahí surgirán los diputados que habrán de crear la nueva Constitución en aquel 1857.

Sobre esta ley suprema se ha escrito mucho, lo cierto es que se convirtió en una de las más emblemáticas, con verdaderos cambios estructurales, que refundaron la nación mexicana, un ejemplo de ello, es que por vez primera no tendrán derecho a votar las personas que pertenezcan al clero secular y reglar,[619] es decir ningún tipo de clérigo.

[617] Labastida Muñoz, Horacio, "Reforma y república restaurada", en Porrúa, Miguel Ángel (comp.), *Documentos para la historia…*, *op. cit.*, p. 291.

[618] De fecha 16-17 de octubre de 1855.

[619] De acuerdo a la *Enciclopedia católica*, "Secular" *(saeculum)* es opuesto al claustro. Ante ello el *clero secular* es la jerarquía religiosa que vive fuera de los claustros, posee bienes materiales

Para el desarrollo de las elecciones nuevamente se recurre a la figura de las juntas electorales, en este caso llamadas *primarias, secundarias y de Estado,* que como entidades son el núcleo del proceso electivo, sin embargo, era claro que el sistema indirecto que elección tras elección se practicaba, estaba diseñado, en los términos de Emilio Rabasa, "por el poder absoluto, y perfectamente adaptado a su objeto".[620]

Bajo esta magistral definición es que la Junta Primaria se instala en toda población menor a 500 personas; cuando en los pueblos, haciendas o ranchos no lleguen a esta cantidad se deben incorporar a la junta inmediata. Las elecciones se efectúan en secciones electorales de donde surge el llamado *elector primario* que lo será cuando hayan alcanzado la mayoría de los sufragios en dicha sección; si del censo en ellas diera más de 500 habitantes, se nombrará otro elector, siempre y cuando que el exceso sea igual a la mitad de 500.

El aspirante a *elector primario* debe ser mayor de 21 años, vecino y residente en la municipalidad, al ser votado como *elector* tiene el derecho de integrar y votar en las *juntas secundarias o de partido*, cuya facultad es nombrar a los *electores de Estado o secundarios.*

La Junta Secundaria atiende la elección, donde por cada 20 electores primarios se elige de forma secreta y por cédula a un *elector secundario*, si la población no alcanza los 20 electores primarios, de igual manera se procederá a la elección de uno secundario. Para ser nombrado elector, tiene que ser avecindado en la población o tener residencia de un año, además de haber cumplido los 25 años de edad; triunfará aquel que lo hayan votado la mitad y uno más de los electores primarios.

Las *juntas de Estado* se integran por los *electores secundarios* que son nombrados en los partidos de cada estado, distrito o territorio y se reunirán en las capitales de sus demarcaciones para elegir primero al diputado propietario y posteriormente al suplente. Será legislador aquel ciudadano que hubiese alcanzado la mitad más uno de los votos, y haya cumplido con los requisitos de elegibilidad entre los cuales so-

---

como los laicos, le debe obediencia canónica al obispo pero no renuncia a su propia voluntad, en tanto que el *clero reglar,* son los religiosos que siguen una regla, especialmente aquellos que han sido ordenados.

[620] Rabasa, Emilio, *op. cit.*, p. 43.

bresale tener 25 años, poseer un capital (físico y moral), giro o industria que le produzca con qué subsistir.[621]

Los legisladores constituyentes iniciaron sus labores el 14 de febrero de 1856, asumiendo el compromiso de no ocuparse de ningún otro asunto que no sea la formación de la Constitución y las leyes orgánicas que de ella se deriven. Trabajos que habrán de cumplir dentro de un año dando origen a la nueva Constitución.

[621] Artículos del 5º al 58 de la Convocatoria para la elección de un Congreso Constituyente de 1855. Obtenido de http://www.memoriapoliticademexico.org/Textos/3Reforma/1855CCC.html

Quinta parte

Capítulo primero

Reforma, imperio y conflicto. La nueva realidad política

LA CONSTITUCIÓN POLÍTICA DE 1857

"Una Constitución sin prestigio es inútil; su destino era ir a aumentar el montón de constituciones hacinadas en los archivos del Congreso",[622] profirió el jurista Emilio Rabasa previo a la promulgación del nuevo ordenamiento. Cuánta razón tenía, quizá por la experiencia adquirida, por la conciencia de los legisladores o por los históricos descalabros constitucionales, pero la Carta Magna de 1857 ofreció a la nación mexicana una forma de organización política acorde a la nueva realidad social; la voluntad de la población era lo que se escuchaba en el parlamento, por ello los debates fueron intensos y el producto legislativo al ser consecuencia de los mismos, brindó a la nación un código de amplio reconocimiento.

El 5 de febrero de 1857 se proclamó la nueva Constitución;[623] al ser de gran prestigio, emblemática por la victoria, amada como símbolo, estaba destinada a no correr la suerte de las anteriores,[624] ningún clérigo formó parte del parlamento; ni tampoco las nuevas autoridades tuvieron que escuchar la ceremonia religiosa o *Te Deum* alguno que en los anteriores decretos se imponía a la representación política electa o designada; el constituyente entendió perfectamente la proclividad de la población mexicana al cristianismo pero su rechazo contundente al clero político.

[622] Rabasa, Emilio, *op. cit.*, p. 38.
[623] Firma por el territorio de Baja California el representante Mateo Ramírez.
[624] Rabasa, Emilio, *op. cit.*, p. 40.

En 155 diputados recayó la responsabilidad de separar la vida civil de la religiosa e impedir el mangoneo del clero en los asuntos públicos; las repercusiones no se hicieron esperar y el constituyente tuvo que enfrentar el activismo de la Iglesia que había conseguido que el papa Pío IX condenara las precisiones legislativas, acusando al gobierno de haberles declarado la guerra a sus intereses y a sus derechos.[625]

En medio de este cúmulo de presiones, los diputados suministraron al país una nueva Constitución que anunciaba una etapa política diferente; el manifiesto a la nación de la nueva ley fundamental fue elaborado y dado a conocer por Francisco Zarco, su intervención es una maravilla literaria de filosofía política, que gracias a la narrativa de Horacio Labastida[626] podemos conocer algunas frases, por sí mismas doctrinales (se respeta la literalidad del masculino genérico utilizado en aquella época):

- El pueblo se gobierna por el pueblo. El pueblo legisla. Al pueblo corresponde reformar, variar sus instituciones.
- La democracia es el mando, el poder, el gobierno, la autoridad, la ley.
- El gobierno popular y democrático se funda en la igualdad de los hombres, se manifiesta por su libertad.
- Las clases nacidas... para mandar y gobernar, son teorías que ya no tienen crédito.
- El gobierno debe buscar lo bueno y lo justo, debe indagar la verdad.
- El gobierno que no busca la verdad ejercerá el poder, pero no tendrá autoridad.
- No se ha hecho una constitución para un partido, sino una constitución para todo el pueblo, nada de exclusivismos, nada de proscripciones, nada de odios: paz, unión, libertad... he aquí el espíritu de la... Constitución.[627]

Dado los tiempos que estamos viviendo, las reflexiones de Francisco Zarco son fundamentales y muy contemporáneas;

[625] Vigil, M. José, "La Reforma", t. V, en Riva Palacio, Vicente (coord.), *op. cit.*, pp. 225-226.

[626] Labastida Muñoz, Horacio, "Reforma y república restaurada", en Porrúa, Miguel Ángel (comp.), *Documentos para la historia del México independiente*, *op. cit.*, pp. 314-318.

[627] *Idem.*

> ¿Cómo conocerá el gobierno la verdad? ...Necesita apelar a la conciencia y a la razón y conciencia pública, y de aquí la libertad de discusión, la libertad de imprenta, el sufragio universal, vehículos por donde se expresa y manifiesta la razón y la voluntad de todos. Esta voluntad en muchas veces no será unánime, y, como el gobierno es la práctica de las verdades admitidas, nada más lógico ni necesario que darles por órganos la mayoría... No es la mayoría despótica, porque no es precisamente el número el que predomina; es la razón, el derecho, el sentimiento público en que se apoya y representa ese número... si la minoría dice la verdad, pronto se convertirá en mayoría...[628]

La Constitución de 1857 engendró filosofía política, principios y valores que impactaron de manera directa en asuntos electorales, si bien es cierto que el conjunto de normas era perfectible, lo que se consignó fueron avances importantes en la democratización nacional, entre algunas medidas destacan:

1. Los derechos de las personas como base y objeto de las instituciones.
2. Disfrute de la libertad por el hecho de nacer en la República.
3. Libertad de enseñanza, expresión, para escribir y publicar.
4. El derecho de petición en materia política para la ciudadanía.
5. Derecho de asociación y de reunión con fines políticos.
6. Derecho a la ciudadanía: 18 años siendo soltero y 21 al ser casado.
7. Derecho a votar y ser votado, como prerrogativa y obligación.
8. La soberanía reside esencial y originalmente en el pueblo.
9. El poder público dimana del pueblo.
10. Nace el derecho del pueblo de alterar o modificar la forma de gobierno.
11. La forma de gobierno se constituye en una república representativa democrática federal compuesta de Estados Libres y Soberanos.
12. La soberanía se ejerce por medio de los poderes de la Unión.
13. La federación se divide para efectos de ejercer el poder, en Legislativo, Ejecutivo y Judicial.
14. El Poder Legislativo es unicameral, se integra en una asamblea a la que se le llama Congreso de la Unión y se reorganiza cada dos años. (Desaparece el Senado).

[628] *Ibidem*, pp. 315-316.

15. Por cada 40 mil habitantes o una fracción que pase de 20 se elegirá un diputado, éste deberá tener 25 años cumplidos y no pertenecer al estado eclesiástico. Por cada diputado propietario se integra un suplente.
16. Las elecciones son indirectas, en primer grado y mediante votación secreta.
17. El Poder Ejecutivo es unipersonal y se cambia cada cuatro años. (La vicepresidencia desaparece).
18. Para ser presidente de la República se requiere tener 35 años cumplidos, no pertenecer al estado eclesiástico y residir en el país al tiempo de verificarse la elección.
19. Los Estados adoptan, para su régimen interior, la forma de gobierno republicano, representativo y popular.
20. La Suprema Corte se integra por 11 ministros, un fiscal y un procurador General, los cuales son electos cada seis años en forma indirecta.[629]

La Constitución de 1857 no prohibió la reelección, hecho que al paso del tiempo causó nuevos conflictos; no obstante, fue vigente durante 60 años a pesar de las pugnas existentes entre personas con pensamiento conservador o liberal; con independencia de ello la Carta Magna observó 34 decretos de reforma constitucional, entre las que destacan la modificación porfirista al artículo 96,[630] mediante el cual elimina la elección del fiscal y procurador general para ser nombrados directamente por el presidente de la República; quizá la última reforma a la Constitución de 1857, de gran impacto en la vida política nacional, es la realizada al triunfo de la revolución, pues al cambiar los artículos 78 y 109 se prohíbe que el presidente y gobernadores sean reelectos y se amplía el mandato a seis años.[631]

[629] Artículos, 1º-3º, 6º-9º, 30, 34-36, 39, 40, 50-56, 75-80, 83, 91, 92, 109, de la Constitución Federal de los Estados Unidos Mexicanos de 1857.

[630] De fecha 22 de mayo de 1900.

[631] Decreto de reforma constitucional núm. 34; a los artículos 78 y 109 de la Constitución Federal de los Estados Unidos Mexicanos de 1857. Obtenido de http://www.ordenjuridico.gob.mx/Constitucion/CH13.pdf

Durante el tiempo de vigencia de la Constitución y a pesar de su longevidad, la nación no experimentó tranquilidad alguna, pues soportó la *guerra de Reforma*[632] que enfrentó bélicamente a dos corrientes políticas de opinión y de acción que se encontraban en la arena electoral y militar: conservadores y liberales.

Nuevamente la tensión histórica entre estos dos grupos se profundizó por cuatro circunstancias:

a) La promulgación misma de la Constitución que erradicaba privilegios a militares y eclesiásticos en la gobernanza, así como a la estructura política de la nación,
b) La disolución, por parte del presidente Ignacio Comonfort, del Congreso liberal que había confeccionado dicha Constitución,
c) La promulgación del Plan de Tacubaya, mediante el cual se pretende derogar el estatuto fundamental y convocar a un nuevo Congreso Constituyente, y
d) El encarcelamiento de los presidentes, del Congreso, Isidro Olvera, y de la Suprema Corte de Justicia, Benito Juárez García.

La ley electoral y la elección presidencial

En medio de la inestabilidad, el espíritu democrático de la nación no cesó, en el año mismo de publicación de la Carta Magna, el andamiaje electoral se complementa al promulgarse la Ley Orgánica Electoral que orientó elecciones primarias y de distrito también, llamadas secundarias.

Esta legislación dio claridad al desarrollo del proceso electivo para presidente de la República, presidente de la Suprema Corte de Justicia, ministros integrantes, fiscal y procurador, así como diputados al Congreso. El procedimiento señala que en los estados y territorios de la República se establezcan distritos electorales, compuestos cada uno de ellos por 40 mil habitantes o por cada fracción de más de 20; complementan la división geopolítica-electoral los ayuntamientos, los cuales continúan dividiendo sus municipios en secciones electorales

[632] Inicia el 17 de diciembre de 1857 y concluye el 1 de enero de 1861.

compuestas de 500 habitantes de todo sexo y edad para que den un elector por cada una de ellas.[633] En estas elecciones primarias, el voto es público, y se expresa verbalmente o al momento de firmar el acta donde se sufragaba.

Estos electores seccionales participan en las *juntas electorales de distrito*, las cuales no pueden declararse instaladas, ni funcionar, sino con la mayoría absoluta del número de electores nombrados en todo el distrito; cada Junta Electoral Distrital nombra en votación secreta por medio de boleta a un diputado propietario y un suplente. Se declara diputado electo al que hubiere reunido la mayoría absoluta de los electores presentes.[634]

Por lo que respecta al presidente de la República, presidente de la Suprema Corte de Justica, ministros integrantes, fiscal y procurador general, la Ley Orgánica Electoral de 1857 diseña que serán aquellos que, en su respectiva elección, obtengan la mayoría absoluta de los sufragios del número total de los electores de la República, o en defecto de esa mayoría, ser nombrado por el Congreso de la Unión[635] bajo las siguientes reglas:

1. El Congreso actúa como colegio electoral y procede a realizar el escrutinio de los votos, así como declarar electo a aquel que hubiese alcanzado la mayoría absoluta.
2. En el supuesto que no alcance la mayoría absoluta ninguno, el Congreso, votando por diputaciones, elegirá en votación secreta mediante cédulas, de entre los dos candidatos que hubieren obtenido la mayoría relativa.[636]

Para el proceso electoral de 1857, el país se dividió en 155 distritos, con derecho a participar 12,400 electores, de los cuales sufragó el 70.34 por ciento. Ignacio Comonfort, quien se desempeñaba como presidente sustituto, se impone convirtiéndose en presidente constitucional, en

[633] Artículos 1º-2º, del Capítulo I, de la Ley Orgánica Electoral de 1857. Obtenido de http://www.memoriapoliticademexico.org/Textos/3Reforma/1857LOE.html

[634] Artículos 22, 24, 33, 35, Capítulo III, de la Ley Orgánica Electoral de 1857.

[635] Véanse Capítulos V, VI, de la Ley Orgánica Electoral de 1857.

[636] Véase Capítulo VII, de la Ley Orgánica Electoral de 1857.

tanto que en la presidencia de la Suprema Corte de Justicia resulta triunfador el licenciado Benito Juárez García.

El presidente Comonfort, al adherirse al Plan de Tacubaya[637] y aceptar el encarcelamiento de los titulares de los poderes Legislativo y Judicial, propicia un nuevo golpe de Estado, pues por disposición del plan permanece en el cargo con facultades absolutas y totales, sin embargo, la inestabilidad del país propició que un grupo de militares lo desconocieran y ante la imposibilidad de actuar, renuncia.

La Constitución de 1857 había sido desconocida, el ordenamiento que prevalece es la Carta Magna de 1824, la cual disponía que ante la ausencia del presidente, la responsabilidad recae en el presidente de la Suprema Corte de Justicia; por lo cual, al establecerse esta hipótesis, asume en medio de una crisis política y militar el cargo de jefe del Poder Ejecutivo Benito Juárez García, que para entonces ya había sido liberado.

Eran tiempos agitados, el presidente Juárez desafió a un sector radical de la sociedad, el cual para no perder sus privilegios y garantizar sus intereses, impone a su presidente; fue "Félix María Zuloaga... electo por los partidarios del movimiento anticonstitucional, en su mayoría miembros conservadores del ejército y el clero... de esta manera se inició la guerra de Reforma".[638] Esta nueva revuelta habría de concluir al entrar triunfantes a la Ciudad de México las fuerzas liberales, el 1 de enero de 1861.

Lejos estaba el país de pacificarse y consolidar la república, reanimados caprichos ideológicos establecieron tendencias nacionales y extranjeras que trataron de influir en la forma de gobierno, en ese entorno se gesta la intrusión de Francia, España e Inglaterra, estas dos últimas deciden retirarse de la invasión; no así Francia, que veía en la intervención una enorme oportunidad de afianzar su imperio en el continente americano; dentro de este contexto la República se fractura y la ocupación militar se concreta.

La Ley Orgánica Electoral de 1857 conoció cuatro significativas reformas, que se resumen en el siguiente cuadro.

[637] Promulgado por Félix Zuloaga el 17 de diciembre de 1857, *Museo de las constituciones*. Obtenido de http://museodelasconstituciones.unam.mx/1917/plan-de-tacubaya-1857/

[638] Astudillo, César, *op. cit.*, p. 54.

Decreto que reforma la Ley Orgánica Electoral de 1857	*Contenido principal*
5 de mayo de 1869	Se incorpora la prohibición para ser diputados al Congreso federal, para aquellos que hubieran servido a la intervención o al imperio.
8 de mayo de 1871	Se establecen conductas electorales que pueden ser sancionadas por el funcionario de la mesa directiva de casilla, por alguna autoridad del orden común, o por un juez de distrito, dependiendo de la gravedad. Se crean responsabilidades para funcionarios públicos que permitan o toleren violencia, cohecho, soborno, así como el fraude o los abusos de sus subalternos contra la libertad electoral.
23 de octubre de 1872	Se prohíbe que el presidente de la República, los secretarios de despacho y los magistrados de la Suprema Corte de Justicia de la Nación puedan ser diputados. Estas restricciones comprenden a otros servidores públicos adicionalmente.
16 de diciembre de 1882	Se establece la obligación de dar a conocer públicamente los resultados de la elección de presidente de la República.

Fuente: Elaboración propia con información obtenida de https://archivos.juridicas.unam.mx/www/bjv/libros/2/842/42.pdf pp. 575-578; https://www.derecho.unam.mx/investigacion/publicaciones/librosfac/pdf/pub03/02DraElizondo.pdf pp. 85-88 y https://www.memoriapoliticademexico.org/Efemerides/12/16121882.html

Segundo Imperio mexicano

Operar la estructura política federalizada, representativa y democrática no fue sencillo, la lucha interna, la ambición y el deseo de recuperar privilegios fueron el pretexto perfecto para iniciar la segunda y última monarquía en México.

José María Gutiérrez de Estrada y Juan Nepomuceno Almonte, mexicanos de filiación conservadora, integraron una comisión en aquellos años violentos para ofrecerle al emperador francés Napoleón III, la restauración del régimen monárquico en México, el cual cristalizó con la designación del archiduque de Austria, Maximiliano de Habsburgo.[639]

La intrusión francesa se había consumado, el gobierno del presidente Juárez itinerante en la República se resistía a claudicar la bandera de la Constitución, a pesar de ello, con actos *legaloides* el general, senador y comandante en jefe del cuerpo expedicionario francés en México, Elie Fréderic Forey, con amplias facultades militares y políticas otorgadas por Napoleón, promueve, violando la soberanía nacional, la

[639] Maximiliano de Habsburgo acepta el trono el 10 de abril de 1864.

formación de un gobierno provisional para la organización de los poderes públicos.

Mediante decreto[640] Fréderic Forey programa la designación de una Junta Superior de Gobierno, la cual debía integrarse con 35 miembros y elegir por mayoría a tres ciudadanos mexicanos que se encarguen del Poder Ejecutivo,[641] en tanto resuelve la llamada *Asamblea de Notables* (nunca fue considerado integrar a alguna mujer, se limitaron a presentar propuestas masculinas), en definitiva, la forma de gobierno en México.

La Asamblea de Notables

El principal objetivo de la Junta Superior de Gobierno fue crear la Asamblea de Notables,[642] decisión que constituye el mayor agravio del imperio invasor, pues desconoce la soberanía popular y el amplio espíritu libertario gestado desde la lucha de la independencia y consolidado en sus diversas constituciones.

El decreto consideró que todo aquel aspirante a formar parte de la Asamblea de Notables debe tener por lo menos 25 años, ser ciudadano mexicano sin distinción de *clase y rango*, no estar inhabilitado para cargo político o civil y después de cumplir con su mandato gozar del privilegio de la reelección.

La vejación fue tal, que si los *notables* no concretaban a un acuerdo sobre la modalidad de gobierno en México, durante los tres días siguientes al inicio de la discusión, el decreto permitía que el Poder Ejecutivo disolviera la asamblea, y la Junta Superior sin dilación formara una nueva.[643]

[640] El decreto de fecha 16 de junio de 1863, establece la formación de una Junta Superior de Gobierno y la Asamblea de Notables. *Advenimiento de SS.MM.II Maximiliano y Carlota al trono de México. Documentos relativos y narración del viaje de nuestros soberanos de Miramar a Veracruz*, México, La Sociedad, 1864, J.M. Andrade y F. Escalante Imprenta, pp. 20-21.

[641] La Junta Superior de Gobierno eligió en primer lugar al general de división Juan N. Almonte, en segundo a Pelagio Antonio de Labastida, arzobispo de México, y en tercero al general de división Mariano Salas. *Ibidem*, p. 23.

[642] La Junta Superior de Gobierno eligió a 215 miembros que formarían la Asamblea de Notables. *Ibidem*, p. 20.

[643] *Ibidem*, pp. 20-22 y ss.

Como era de esperarse, *los notables*, en clara usurpación de la voluntad nacional, resuelven mediante dictamen de fecha 10 de julio de 1863, restablecer la monarquía, al considerar que la república bajo la modalidad federal, era el origen de todos los "males" de la patria, y que para fundar el "trono" no se puede escoger uno del país, porque "las cualidades principales que constituyen a un rey, son de aquellas que no pueden improvisarse y que no es dable que posea en su vida privada un simple particular, ni menos se fundan y establecen sin otros antecedentes por solo el voto publico".[644]

Las decisiones políticas se suscriben a lo siguiente:

1. La nación mexicana adopta por forma de gobierno la monarquía moderada, hereditaria, con un príncipe católico.
2. El Soberano tomará el título de Emperador de México.
3. La corona imperial de México se ofrece a… el príncipe Fernando Maximiliano, Archiduque de Austria, para sí y sus descendientes.
4. En el caso de que, por circunstancias imposibles de prever, el Archiduque Fernando Maximiliano no llegase a tomar posesión del trono que se le ofrece, la nación mexicana se remite a la benevolencia de… Napoleón III, Emperador de los franceses, para que le indique otro príncipe católico.[645]

Además, se remitió copia del acta al papa, donde se había proclamado la monarquía, "rogando a su santidad [decía el comunicado] se digne bendecir la obra… y al príncipe que ha elegido por soberano la nación".[646] Mayor mentira no podía haberse creado, nunca la nación eligió, pues el grupo de *notables* que había tomado la decisión, representaba todo, menos al pueblo mexicano.

Con aquella sustracción de la voluntad nacional se había consumado la imposición del segundo imperio; el Poder Ejecutivo recaía en una institución política denominada *regencia del Imperio mexicano* cuyo titular es de sobra conocido, pero no así la referencia que el Estatuto

[644] *Advenimiento de SS,MM.II. Maximiliano y Carlota al trono de México*, *op. cit.*, p. 63.
[645] *Idem*.
[646] Vigil, M. José, "La Reforma", t. V, en Riva Palacio, Vicente (coord.), *op. cit.*, p. 593.

Provisional del Imperio Mexicano estableció que en "caso de muerte o cualquier otro evento, que ponga al emperador en imposibilidad de continuar con el ejercicio del mando, la emperatriz... se encargará, *ipso facto*, de la regencia del Imperio".[647] Por lo que respecta a la soberanía, ésta padeció el mayor de los agravios legales, al considerarse que la soberanía nacional la representa el emperador.[648]

Por paradójico que parezca, el restablecimiento del imperio propició el proceso de restauración de la república. Tres años duró la monarquía francesa en México, pronto pierde el apoyo de la facción conservadora nacional, de la Iglesia y de la realeza europea; las decisiones políticas por demás liberales del archiduque fueron, sin lugar a dudas, una de las principales causas de ello.

En los momentos más críticos, Maximiliano concibe convocar a elecciones para que sea la población, a través de sus legítimos representantes y no los franceses, los que dicten un gobierno republicano nacional; de esta idea poco difundida, da cuenta el maestro Justo Sierra, señalando que el emperador había resuelto abdicar, pero decidió quedarse bajo la condición de convocar un congreso, el cual decidiría sobre la continuación del imperio, y en caso de rechazo, sobre la nueva forma de gobierno que adoptaría en México.[649]

Otra voluntad democrática, por demás interesante del emperador, es la Ley Electoral de Ayuntamientos,[650] donde el nombramiento de los munícipes se hará por *elección popular directa*, teniendo derecho a votar todo ciudadano mexicano mayor de 21 años, siempre y cuando sepa leer y escribir, tenga vecindad por más de un año en la municipalidad que pretende representar; y para ser votado, además de lo anterior, tener 25 años de edad y pagar por contribuciones directas una suma superior a los 20 pesos anuales. El pago de las contribuciones y la cua-

[647] Artículo 2º del Estatuto Provisional del Imperio Mexicano. Obtenido de http://www.ordenjuridico.gob.mx/Constitucion/1865.pdf

[648] *Ibidem,* Artículo 4º.

[649] Sierra, Justo, *Juárez su obra y su tiempo,* México, MAPorrúa, Gobierno del Estado de Campeche, 2007, pp. 445-446.

[650] De fecha 1 de noviembre de 1865, Boletín de las Leyes, núm. 138, publicado en el número 277 del *Diario del Imperio*, de fecha 20 de noviembre de 1865, p. 361. Obtenido de http://cdigital.dgb.uanl.mx/la/1080045869/1080045869_059.pdf

lidad de saber leer y escribir, sólo serían aplicables en aquellas municipalidades con población censal superior a 5 mil habitantes.[651]

Estas expresiones electorales del emperador no pudieron aplicarse, sin embargo, son constancia de su visión respecto a la gobernanza del imperio; era claro que las condiciones políticas y militares impedían la materialización de cualquiera de las determinaciones del monarca por muy ilustradas que éstas fueran.

Otra particularidad del imperio, como se estudió, es el hecho que en ausencia del monarca quedaba a la cabeza del gobierno, en la regencia, la archiduquesa María Carlota Amalia de Habsburgo, como lo ordenaba el estatuto; debido a ello, en diversas ocasiones gobernó de manera temporal, pero en una de éstas, obtuvo del consejo de ministros que se aprobara un proyecto de decreto que tenía por objeto emancipar a la población indígena la esclavitud en que los tenían los dueños de haciendas.[652]

El emperador se dio cuenta que la monarquía era insostenible, a pesar de la insistencia del partido conservador y su consejo de ministros de mostrarle otra realidad; una excepción dudosa se hizo presente en aquellos tiempos difíciles, cuando el jefe del ejército francés, François Bazaine, le expresó, mediante carta, que "me parece imposible que S. M. pueda continuar gobernando el país en condiciones normales y honrosas para su soberanía… es preferible para su gloria y defensa que S. M. haga entrega del poder a la nación".[653]

Benito Juárez por su parte, mantenía encendida la llama de la república, con una presidencia *movible* logró adhesión popular y la corriente liberal fortalecida continuó la lucha; su victoria indiscutible fue el hacer prisionero a Maximiliano de Habsburgo y fusilarlo en Querétaro,[654] concluyendo así el segundo imperio mexicano.

Para dar por terminado con el último periodo imperial, un dato revelador que refleja la austeridad republicana en contraste con la suntuosidad monárquica, son las condiciones económicas de los presidentes de

[651] Artículos 2º, 3º, 4º de la Ley Electoral de Ayuntamientos de 1865, Boletín de las Leyes, núm. 138, *op. cit.*, pp. 361-362.

[652] Vigil, M. José, "La Reforma", t. V, en Riva Palacio, Vicente (coord.), *op. cit.*, p. 718.

[653] *Ibidem*. p. 806.

[654] Maximiliano fue fusilado el 19 de junio de 1867 a las siete de la mañana, junto a los generales Miguel Miramón y Tomás Mejía.

aquella etapa, que desdibuja la imagen de que los mandatarios terminan sus periodos millonarios, llenos de excentricidades y poder. (Por lo menos en la etapa de la lucha por la república federal no fue así).

El siguiente cuadro nos ilustra la situación económica de los presidentes al término de sus mandatos.

Nombre del presidente	*Condiciones económicas*
Guadalupe Victoria	Murió en la miseria, viviendo sus últimos días en una hacienda (el Jobo) prestada.
Vicente Guerrero	Dejó a su muerte unos cuantos predios sin valor en el estado que lleva su nombre.
Miguel Barragán	Murió en tal pobreza que su hija tuvo que instalar un expendio de tabaco para sobrevivir.
José Valentín Canalizo	No dejó, a su muerte, recurso, ni siquiera para que se pudiera pagar los estudios de su familia.
Valentín Gómez Farías	Terminó solamente con su casa en Mixcoac, para sobrevivir, sus amistades lo patrocinaban.
José Joaquín Herrera	Al estar moribundo, la tesorería le prestó 200 pesos a cuenta de su sueldo como militar retirado, para medicinas, y con ello se pagó su funeral.
Ignacio Comonfort	Murió prácticamente en la pobreza, dejó muy poco patrimonio a su familia, mismo que había adquirido antes de ser presidente.

Fuente: Elaboración propia, con información en Vigil, M. José, "La Reforma", t. v., en Riva Palacio, Vicente (coord.), *op. cit.*, p. 652.

Mención especial merece Benito Juárez García en comparación directa con el propio Maximiliano, pues mientras el primero tenía un presupuesto a ejercer en la presidencia de 71,211 pesos que incluía su sueldo anual de 30 mil pesos y el gasto total del personal, estado mayor y material de la presidencia; Maximiliano desde el primer día que aceptó la Corona mexicana, se asignó como sueldo mensual 125 mil pesos otorgando además a su esposa la emperatriz Carlota, una retribución mensual, lo que sumaba un total anual, como *caja particular* de los príncipes, de 1'700,000 pesos.[655]

[655] Vigil, M. José, "La Reforma", t. v, en Riva Palacio, Vicente (coord.), *op. cit.*, pp. 652-653.

La lucha por el poder: Juárez se enfrenta a Porfirio Díaz

Ante este hecho, las condiciones políticas aparentaban ser inmejorables, tanto para el partido reformador como para el presidente; Benito Juárez, libre de obstáculos, podía esperar tranquilamente las elecciones y mediante el sufragio obtener el poder, sus detractores ideológicos ausentes o aniquilados del escenario político no constituían una oposición real a sus aspiraciones.[656] No así el grupo militar triunfante encabezado por Porfirio Díaz, que veían con recelo las aspiraciones reelectivas del Benemérito.

Las y los opositores del juarismo han cuestionado su actitud reelectiva, pero, para Justo Sierra, este comportamiento fue el correcto, de lo contrario —explica el maestro— habría prevalecido la anarquía, sin embargo al reelegirse constantemente, fue también el principio de la guerra civil.[657]

A pesar de ese contexto, las elecciones de 1867 fueron sin mayores complicaciones, el presidente obtiene 7,422 votos y Porfirio Díaz que se presenta por vez primera a la elección obtiene tan sólo 2,709 sufragios.

Las elecciones: factor de conflicto

La población celebraba su libre autodeterminación, la república triunfante, el orden constitucional restablecido, la ciudadanía se había expresado en las urnas; en ese tenor el periodo constitucional del presidente Juárez llegaba a su fin; nuevas elecciones generaban un ambiente de participación y esperanza, se creía que en 1871 los sectores sociales, militares y políticos estaban listos para participar civilizadamente en la renovación del Poder Ejecutivo; pero lejos estaba la nación de poder encauzar ese ánimo electoral con tolerancia y respeto.

En la última de las contiendas, tres candidatos se presentaron al proceso; el presidente en funciones Benito Juárez García obtuvo 5,837 votos,

[656] Sierra, Justo, *op. cit.*, pp. 473-475.
[657] *Ibidem*, p. 482.

el general Porfirio Díaz 3,555 y Sebastián Lerdo de Tejada sumó 2,874; ninguno alcanzó la mayoría absoluta que el artículo 44 de la Ley Orgánica Electoral de 1857 establecía; ante este supuesto la Cámara de Diputados erigida en colegio electoral decide (de acuerdo al artículo 51 de esa misma ley) entre los dos candidatos con la mayor cantidad de votos; en esta segunda elección, ahora en el Congreso, la votación es secreta, mediante boleta y por mayoría relativa; apegado a este supuesto, los resultados electorales fueron los siguientes: el presidente Benito Juárez alcanzó 108 voluntades contra tres de Porfirio Díaz. Juárez García había sido reelecto —una vez más— para ejercer de 1871 a 1875, con lo cual el Benemérito sumaba cinco periodos presidenciales.[658] La muerte de Juárez[659] impidió que terminara su último ciclo presidencial.

Pero la efervescencia electoral previa a estos hechos, compaginada con la inestabilidad política y militar de la nación, dando como resultado la elaboración del Plan de la Noria[660] que con el lema: Constitución de 57 y libertad electoral, concertado con el programa de acción: *menos gobierno y más libertades*, un grupo de militares encabezados por Porfirio Díaz se pronunció abiertamente contra la "reelección indefinida, forzosa y violenta del Ejecutivo federal..."[661] acusando al Congreso de haber tomado una decisión "cortesana, obsequiosa y resuelta siempre a seguir los impulsos del Ejecutivo".[662]

El Plan de la Noria se caracterizó por irrefutables incongruencias, sobre todo en el tema de la reelección, pues al paso de la historia veremos cómo las expresiones del general Díaz, que aseguraba que los partidarios de la "reelección indefinida prefieren sus aprovechamientos

[658] Primera de 1858-1861 de carácter interino; segunda de 1861-1865 de tipo constitucional; tercera de 1865-1867, con facultades prorrogadas mediante decreto de 8 de noviembre de 1865; cuarta de 1867-1871, mandato con base en facultades extraordinarias, y quinta de 1871-1875, de carácter constitucional, pero la muerte le impidió concluir su periodo.

[659] Ignacio Alvarado, médico de cabecera de Juárez, señala que el presidente murió por angina de pecho, el 18 de julio de 1872 a la edad de 66 años.

[660] El Plan de la Noria es una proclama de rebelión, encabezada por Porfirio Díaz, contra el gobierno de Juárez, promulgada el 8 de noviembre de 1871 en la hacienda que lleva el mismo nombre. Dicha hacienda le fue otorgada a Díaz como agradecimiento por sus servicios a la patria por la legislatura de Oaxaca, el 14 de febrero de 1868.

[661] Véase el Plan de la Noria. Obtenido de http://www.ordenjuridico.gob.mx/Constitucion/NORIA.pdf

[662] *Idem*.

personales a la Constitución, a los principios y a la República misma...",[663] le quedaron a la perfección cuando decide tomar el poder y no soltarlo por más de 30 años.

La parte final del *plan* es un verdadero *poema a la incongruencia democrática* del general, cuando afirma:

> Que los patriotas, los verdaderos constitucionalistas, los hombres del deber presten su concurso a la causa de la libertad electoral, y el país salvará sus más caros intereses. Que los mandatarios públicos, reconociendo que sus poderes son limitados, devuelvan honradamente al pueblo elector el depósito de su confianza en los periodos legales, y la observancia estricta de la Constitución será verdadera garantía de paz, que ningún ciudadano se imponga y perpetúe en el ejercicio del poder, y ésta será la última revolución.[664]

Sin embargo, el documento exterioriza dos conceptos que hasta entonces parecían impensables: que la elección de presidente de la República fuera *directa y personal;* y que el Congreso no pueda tener funciones electorales en ningún caso para la designación de funcionarios públicos;[665] estas perspectivas electorales se convertirán en principios democráticos; no sin antes pasar por un largo proceso de discusión política que durará más de un siglo, en el caso concreto de suprimir del Congreso la facultad de calificar elecciones, y en el caso del voto directo y personal ocasionará, una vez más, derramamiento de sangre en suelo nacional.

Con la muerte de Juárez, asumió de forma interina la presidencia de la República el presidente de la Suprema Corte de Justicia, el licenciado Sebastián Lerdo de Tejada; tres meses después de la muerte del Benemérito, en octubre de ese mismo año, se llamó a elecciones presidenciales, contendieron nuevamente: Sebastián Lerdo de Tejada y el general Porfirio Díaz, resultando ganador el primero de ellos.

En este periodo se restituye el Senado de la República[666] y se dispone que el Poder Legislativo de la nación se deposita en un Congreso

[663] *Idem.*
[664] *Idem.*
[665] *Idem.*
[666] Mediante reforma a la Constitución de 1857, de fecha 13 de noviembre de 1874.

General que se dividirá en dos cámaras: de Senadores y Diputados, donde la Cámara Alta se integra por dos senadores por estado, incluyendo al entonces Distrito Federal, las elecciones serán indirectas, y la legislatura de cada estado declarará electo al que hubiere obtenido la mayoría absoluta de los votos emitidos, o elegirá entre los que hubieren obtenido mayoría relativa; cada cámara califica las elecciones de sus miembros, resolviendo cualquier controversia que sobre las mismas se presenten, pero es facultad exclusiva de la Cámara de Diputados erigirse en colegio electoral para ejercer las facultades que la ley le señale, respecto al nombramiento del presidente constitucional de la República, magistrados de la Suprema Corte y senadores por el Distrito Federal.[667]

[667] Artículos 51, 58, 60, 72, fracción III, inciso A), numeral I, de la Constitución Política de 1857, reforma de 13 de noviembre de 1874. Obtenido de http://museodelasconstituciones.unam.mx/1917/wp-content/uploads/1874/11/13-noviembre-1874-Decreto-de-reformas-para-e-funcionamiento-de-las-camaras-de-lerdo-de tojada.pdf

Sexta parte

Porfiriato y revolución. Las determinaciones electorales

Las adhesiones políticas al héroe militar oaxaqueño se dejaban sentir desde 1867, sin embargo en la elección de 1871, el Club Central Porfirista, una organización partidista, lo arropó en la búsqueda por la presidencia (con el resultado antes expuesto), pero en ese proceso quienes seguían al general mostraron una organización electoral poco conocida en la época, pues articulaba una estructura de corte político con la militar que se consolidó en las siguientes décadas.

En el corto plazo, nuevas elecciones llamaban a la puerta de quienes aspiraban al poder, en 1876 concurrieron a las urnas los mismos protagonistas de las anteriores contiendas: el presidente Lerdo de Tejada en su afán reelectivo y el general Porfirio Díaz con su proclama de *no reelección*, la jornada por demás inconsistente detonó que un grupo militar se levantara en armas auspiciados por el Plan de Tuxtepec[668] lanzado por el general Díaz, donde desconoce al presidente reelecto y a todos los funcionarios y empleados designados por él, así como a los escogidos en las elecciones del año anterior.

En la versión reformada del Plan de Tuxtepec, denominado Plan de Palo Blanco,[669] la No-Reelección del presidente de la República y gobernadores de los estados adquiere calidad de ley suprema, en tanto el llamado Octavo Congreso Constituyente eleve a rango constitucional dicho principio. El mismo plan suprime al Senado y ratifica el desconocimiento del gobierno de Lerdo de Tejada.

[668] Dado en la villa de Ojitlán del distrito de Tuxtepec, Oaxaca, el 10 de enero de 1876.
[669] Dado el 21 de marzo de 1876 en Tamaulipas.

Debido al desconocimiento y derrota militar que sufrió el presidente Lerdo de Tejada, éste abandona el país y se reconoce como presidente interino a José María Iglesias, quien fungía como presidente de la Suprema Corte de Justicia, pero Díaz amparándose en el Plan de Tuxtepec que aclaraba que el presidente del Poder Judicial podrá ejercer como titular del Poder Ejecutivo, siempre y cuando hubiese aceptado el plan mencionado, y en caso de silencio, perdería dicho derecho. Así se decretó:

> Y haga conocer su aceptación por medio de la prensa, dentro de un mes contado desde el día en que el mismo plan se publique en los periódicos de la capital. El silencio o negativa del funcionario que rija la Suprema Corte investirá el jefe de las armas con el carácter de jefe del Ejecutivo.[670]

Ante la negativa de Iglesias de aceptar los términos del plan, el general Díaz dicta lo siguiente:

> Que, no habiendo manifestado su adhesión al plan de Tuxtepec, reformado en Palo Blanco, ninguno de los funcionarios invitados por el art. 6º del segundo, he tenido a bien decretar lo siguiente:
> El general en jefe del ejército Constitucionalista asume el poder ejecutivo de la Unión, conforme al art. 6º del plan de Palo Blanco, durante el periodo que, para el ejercicio de ese poder, se señala por dicho plan al presidente provisional.[671]

Con esta determinación se inauguró el Porfiriato. El general Díaz ejerció, inicialmente de carácter interino, del 26 de noviembre de 1876 al 5 de mayo de 1877 y posteriormente todos sus mandatos habrán de ser constitucionales y electoralmente *avalados.*

Su primer periodo (1877 a 1880) después de ganar su también primera elección obtuvo 11,475 votos a favor, se reconocen 482 boletas en blanco y no se registran votos otorgados a otras personas.[672] Es en este tiempo cuando surge la triste y lamentablemente célebre frase de don

[670] Artículo 6°, Plan de Tuxtepec. Obtenido de http://museodelasconstituciones.unam.mx/1917/wp-content/uploads/1876/01/10-enero-1876-Plan-de-Tuxtepec.pdf

[671] Dado en Palacio Nacional, el 28 de noviembre de 1876. Lo suscriben Porfirio Díaz y Luis C. Curiel.

[672] Ponce Alcocer, Ma. Eugenia, "Las elecciones presidenciales de 1877 a 1888", en Aguilar Rivera, José Antonio (coord.), *Las elecciones y el gobierno…*, *op. cit.*, p. 288.

Porfirio: "mátalos en caliente", la cual fue una instrucción telegráfica al gobernador de Veracruz, Luis Mier y Terán, para acabar rápidamente con un grupo de nueve comerciantes locales rebeldes.[673] Díaz demostraba con ello su intolerante y autoritaria forma de gobernar que lo acompañará durante toda su vida.

Treinta y cinco años duró la dictadura, y solamente en dos momentos no ejerció el gobierno, una de ellas un par de meses[674] por encabezar una expedición militar, y la segunda por cuatro años entre 1880 y 1884 cuando su entonces compadre Manuel González ejerció el mando[675] al ganarle las elecciones primarias del 27 de junio, y las secundarias del 12 de julio de 1880 al candidato del Partido Liberal Constitucionalista, Justo Benítez.

Periodo de gran movilidad político-electoral fue 1880, en esa etapa se intenta realizar en la legislación electoral, a iniciativa del *maestro* Justo Sierra, una reforma que obligaba nuevamente a los ciudadanos a saber leer y escribir para poder votar (como se ha estudiado, potestad exclusiva de hombres en ese periodo también); de hecho, la iniciativa fue presentada en octubre de ese mismo año y aprobada por la Cámara de Diputados, sin embargo, al turnarse al Senado para su revisión, quedó archivada.[676]

El *comportamiento* del general Díaz fue peculiar siempre, por ejemplo, un día antes de entregar el Poder Ejecutivo a Manuel González, presenta al Congreso sus *memorias*, una especie de informe y recuento de las actividades políticas y administrativas que había desarrollado; en ese documento incorpora la frase que se convirtió en la *muralla* que frenó cualquier expresión o aspiración política en el Porfiriato: "poca política, mucha administración".[677]

673 Serrano Álvarez, Pablo, *Porfirio Díaz y el Porfiriato. Cronología (1830-1915)*, México, INEHRM, 2012, p. 87.

674 Del 6 de diciembre de 1876 al 16 de enero de 1877, tiempo en que presidió la República Juan Nepomuceno Méndez.

675 Bravo Regidor, Carlos, "Elecciones de gobernadores durante el Porfiriato", en Aguilar Rivera, José Antonio (coord.), *Las elecciones y el gobierno…*, *op. cit.*, p. 257.

676 Serrano Álvarez, *op. cit.*, p. 101.

677 *Ibidem*, p. 103.

Ese periodo de *descanso*[678] del general Díaz, obligado por la reforma política que él mismo promovió siendo presidente, daba fin al sistema reelectivo consecutivo del Poder Ejecutivo federal y estatal, permitiendo una nueva postulación siempre y cuando hubiera transcurrido un periodo de por medio.[679]

Por esta circunstancia legal, el general Díaz obtiene sus cuatro años *sabáticos* de la presidencia de la República mas no del poder y, antes de que concluyera el impedimento legal, los periódicos del país iniciaron la promoción de su candidatura presidencial,[680] entre los cuales se anotan *El vigilante, El Laredense, El órgano del Progreso, El monitor Jalisciense, El sonorense, La Abeja, El Día* y *El progreso*; ante tanta *insistencia* de la opinión pública y *escuchando el clamor popular* decide presentarse nuevamente a las urnas.

Esta intención, apoyada por la prensa y la maquinaria gubernamental, permitió que la percepción social asimilara que él garantizaba paz, orden y desarrollo, cuando en realidad lo que representaba era la continuidad de los intereses políticos y económicos de la clase gobernante, jefes militares, caciques y latifundistas que bajo su régimen habían constituido en una oligarquía.

Para este momento la soberbia que envolvía a la corriente porfirista era tal, que junto con su equipo de campaña, el general Díaz se presentó a las elecciones sin programa político. María Eugenia Ponce Alcocer, citando la publicación del periódico la *Discusión de León* de fecha 15 de marzo de 1884, sobre el particular transcribe:

> El partido liberal que es la mayoría del país tiene su candidato y lo ha postulado desde hace muchos meses, ha organizado clubes, celebrado actos en todos los estados y funda periódicos para hacer propaganda [...] no sabemos que haya sido en el país, la costumbre de que los candidatos presenten su programa a los electores. El pueblo no recibe da los programas,

[678] El descanso es relativo, pues durante ese periodo desempeñó el cargo de ministro de fomento en el gobierno de Manuel González, responsabilidad que deja para gobernar su estado natal Oaxaca.

[679] Decreto de fecha 5 de mayo de 1878, que reforma los artículos 78 y 109 de la Constitución Política de la República Mexicana del 5 de febrero de 1857.

[680] A finales del mes de agosto de 1883, las muestras de adhesión eran constantes, todas expresadas en la prensa oficial.

señala al presidente a dónde quiere ir, le traza el derrotero y aquél simplemente dirige y organiza la marcha, siendo responsable como una guía por los extravíos que se sufren y por los perjuicios que se causen.[681]

La elección fue un formulismo, una simulación democrática donde el general fue elegido una vez más como titular del Poder Ejecutivo Federal para el periodo constitucional 1884-1888.

Porfirio Díaz no estaba dispuesto a volver a tener que esperar un *espacio de descanso* para una siguiente postulación; ante ello promueve una contrarreforma electoral,[682] justo un año antes de concluir su mandato, la cual permite la reelección para un periodo inmediato únicamente; en iguales circunstancias quedan los estados de la República, los cuales podían establecer en sus respectivas constituciones la reelección de los gobernadores.[683]

Ya no era necesario simular, Porfirio Díaz había ejercido el gobierno de manera absoluta y sintiéndose con autoridad moral y política, decide presentar otra reforma[684] que derriba de manera permanente todos los candados que limitaban las reelecciones. La convicción antirreeleccionista del general había sido aniquilada por él mismo, revelándose el único y verdadero impulso: la perpetuidad en el ejercicio del poder, sobreviniendo con ello, la dictadura como forma de gobierno o en los términos de Ponce Alcocer, una *dinastía republicana.*[685]

Dos reformas electorales más acontecerían al ser eliminada la prohibición reelectiva: la ley electoral de 1901, la cual redistritó al país en demarcaciones territoriales de 60 mil habitantes, con base en el censo general,[686] y la reforma constitucional de 1904 que aumentó de cuatro a seis años el ejercicio presidencial y devolvió la vicepresidencia de la República; diversos estudios coinciden en que la verdadera razón para

[681] Ponce Alcocer, Ma. Eugenia, "Las elecciones presidenciales de 1877 a 1888", en Aguilar Rivera, José Antonio (coord.), *Las elecciones y el gobierno…*, *op. cit.*, p. 296.

[682] De fecha 21 de octubre de 1887.

[683] Reformas y adiciones a la Constitución Política de la República Mexicana del 5 de febrero de 1857. Obtenido de http://constitucion1917.gob.mx/es/Constitucion1917/Reforma_del_21_de octubre_de_1887_a_los_articulos_78_y_109

[684] De fecha 20 de diciembre de 1890.

[685] Ponce Alcocer, Ma. Eugenia, "Las elecciones presidenciales de 1877 a 1888", en Aguilar Rivera, José Antonio (coord.), *op. cit.*, p. 299.

[686] El censo debía actualizarse en los años en que la numeración terminara en cero.

resucitar esta figura, fue que el círculo porfirista se preparaba para la muerte o retiro del dictador, resolviendo de esta manera el problema que representaba tener un presidente de 74 años de edad y que se resistía a dejar el poder.

La creación de la vicepresidencia representó, entonces, "la posibilidad de reemplazar con cierto grado de legitimidad, al hombre necesario y la extensión del periodo presidencial…".[687]

Porfirio Díaz es también el primer presidente que es electo por seis años (1904-1910), gestión que concluyó, pero que sentó las bases de la inconformidad social, la cual reventó en la siguiente disputa electoral al imponerse mediante mecanismos poco convencionales, al abanderado del Partido Antirreeleccionista, Francisco I. Madero. En esta última contienda distintos hechos marcan el futuro de la nación mexicana; el más importante fue el hartazgo de la sociedad, provocado por décadas de vejaciones e injusticias, lo cual propició que la población discutiera la vigencia del régimen porfirista.

En ese contexto irrumpe en el escenario nacional, el nacimiento del Partido Liberal Mexicano[688] cuyo programa dado a conocer en St. Louis Missouri, Estados Unidos,[689] plantea reformas constitucionales estructurales, entre las que destacan la reducción del periodo presidencial a cuatro años, la supresión de la reelección, las jefaturas políticas y la reorganización de los ayuntamientos para robustecer el poder municipal.

En materia de mejoramiento y fomento de la educación se pronuncia por la multiplicación de escuelas primarias y la declaratoria de obligatoriedad de la instrucción educativa hasta la edad de 14 años; en aspectos relativos al capital y trabajo, propone el establecimiento de jornadas laborales máximas de ocho horas, descanso dominical y el establecimiento de un salario mínimo, así como reglamentar el servicio doméstico, el trabajo a domicilio, la prohibición de contratación a menores

[687] Salmerón, Alicia, "Las elecciones federales de 1904", en Aguilar Rivera, José Antonio (coord.), *Las elecciones y el gobierno…*, *op. cit.*, pp. 309-310.

[688] Fundado en 1906, pero que tuvo organizaciones previas desde 1900. Sus creadores los hermanos Flores Magón.

[689] De fecha 1 de julio de 1906.

de 14 años y obligar a las y los patrones a pagar indemnizaciones de trabajo.[690]

El programa del partido liberal fue promulgado en un momento histórico donde las personas precursoras de la revolución estaban en otras actividades; Oscar Castañeda Batres es severo pero auténtico cuando señala:

> Para 1906, cuando Madero estaba entregado a los goces de la vida de un señorito bien; cuando Carranza era un hacendado porfiriano —ya senador del oligopolio—; cuando Obregón andaba en la búsqueda de hacerse propietario y Calles era sólo un maestro de escuela disipado, el programa del PLM de mano de Ricardo Flores Magón, aunque recortado por los moderados del partido, planteaba la revolución en términos concretos, para entonces "calenturientos".[691]

Otro factor que contribuye a la rebelión social es la edad del dictador, que, para la elección de 1910, cumplía 80 años y que aun aquellas personas con las que mantenía alianzas consideraban que por esta condición no se postularía; creencia que se reafirmó con la célebre entrevista realizada por el periodista norteamericano James Creelman,[692] donde exterioriza su seguridad de retirarse del poder.

La efervescencia democrática encontraba entonces estímulos, no sólo en las condiciones políticas y sociales del país, sino también en la propia actuación del mandatario; su conducta manipuladora permitió que algunos *despistados* de su propio círculo de poder se atrevieran a *pensar* en sucederlo; el propio Madero al referirse a la energía de su carácter, dijo que la había aplicado al dominio de sí mismo y que "sólo el hombre que sabe dominarse puede dominar a los demás".[693]

Madero no duda en elogiar el carácter del dictador en su libro *La sucesión presidencial de 1910*, al añadir que es un hombre emotivo, pues

[690] Castañeda Batres, Oscar, Sección Documental, en "Revolución mexicana y Constitución de 1917", *Programa del partido liberal*, en Porrúa, Miguel Ángel (comp.), *Documentos para la historia del México independiente 1808-1838*, México, LXI Legislatura, Cámara de Diputados-MAPorrúa, pp. 812-817.

[691] Castañeda Batres, Oscar, "Revolución mexicana y Constitución de 1917", en Porrúa, Miguel Ángel (comp.), *Documentos para la historia independiente 1808-1838*, México, LXI Legislatura, Cámara de Diputados-MAPorrúa, p. 663.

[692] Publicada en *Poarson's Magazine* en marzo de 1908.

[693] Madero, Francisco I., *La sucesión presidencial de 1910*, México, Editora nacional, 2005, p. 122.

aun cuando se le acusa de llorar ante cualquier situación, esto demuestra que "bajo su semblante de bronce, late un alma humana, y como humana sensible".[694]

También se refiere a su integridad como administrador y hasta lo defiende de las diversas acusaciones que sobre su comportamiento en el manejo de las finanzas públicas le formulan sus detractores.

> Muchos de sus enemigos aseguran que se ha enriquecido considerablemente en la presidencia, y que posee $60.000,000.00 en el extranjero, pero no aducen ninguna prueba... nosotros no damos crédito a tales rumores fundándonos en sus costumbres tan sencillas, en la educación que ha dado a su hijo, haciéndolo trabajar para que labrase de un modo lícito su fortuna...[695]

El dominio entonces de su carácter, los diferentes logros militares, el desarrollo de la economía y la paz que había logrado permitieron que diversos personajes y sectores nacionales e internacionales aún antagónicos a su práctica política e ideológica reconocieran su talento, quizá por eso la descripción que también de él hace el periodista Creelman, al destacar que no obstante que siempre tuvo la posibilidad de coronarse y establecer una monarquía en México, en lugar de ello, se presentaba a la contienda; gobernando con "tal energía que las elecciones se han convertido en meras formalidades: con toda facilidad podría haberse coronado".[696]

La entrevista es una mirada a las convicciones políticas del dictador; su visión democrática, y su concepción de poder revela la apreciación que del mismo tenía tras tres décadas de ejercerlo. Así se expresaba:

> Es un error suponer que el futuro de la democracia en México ha sido puesto en peligro por la prolongada permanencia en el poder de un solo presidente —dijo en voz baja—. Puedo con toda sinceridad decir que el servicio no ha corrompido mis ideales políticos y que creo que la democracia es

[694] *Ibidem*, p. 123.
[695] *Idem*.
[696] Creelman, James, "El presidente Díaz. Héroe de las Américas", *Pearson's Magazine*, vol. XIX, núm. 3, 1908. Obtenido de https://www.bibliotecas.tv/zapata/bibliografia/indices/entrevista_diaz_creelman01.html

el único justo principio del gobierno, aun cuando llevarla al terreno de la práctica sea posible sólo en pueblos altamente desarrollados...
He esperado pacientemente porque llegue el día en que el pueblo de la República Mexicana esté preparado para escoger y cambiar sus gobernantes en cada elección, sin peligro de revoluciones armadas, sin lesionar el crédito nacional y sin interferir con el progreso del país. Creo que, finalmente, ese día ha llegado.[697]

Esta entrevista, por paradójico que parezca, estimuló al *apóstol de la democracia* para hacer público su planteamiento político de cara a las elecciones. Publicado en 1908, *La sucesión presidencial de 1910* responde a la provocación, de manera cierta:

Sí estamos aptos para la democracia. Comprendamos que 30 años de no practicarla han atrofiado algo el organismo nacional; pero también comprendemos que cuando más se deje pasar el tiempo, la atrofia será más completa. Es, pues, indispensable si no queremos que nuestra patria llegue a verse miserablemente atrofiada, que hagamos un vigoroso esfuerzo para poner en movimiento su organismo.[698]

El contenido de la entrevista propicia que Madero realice un diagnóstico de la situación política, económica y social de México durante la dictadura, y contribuye para que éste acepte que antes los asuntos públicos poco le interesaban, pues estaba acostumbrado a que todos aceptaran la situación que se vivía y con resignación seguía la corriente, encerrándose —decía— en su egoísmo; pensaba que al desaparecer de la escena política el general Porfirio Díaz, vendría una reacción en favor de los principios democráticos o que alguien destacado iniciara alguna campaña por la democracia.[699] Pero no fue así:

La primera esperanza la perdí cuando se instituyó la vicepresidencia en la república, pues comprendí que, aun desapareciendo el general Díaz, no se verificaría ningún cambio, pues su sucesor sería nombrado por él mismo, indudablemente entre sus mejores amigos, que tendrán que ser los que más simpaticen con su régimen de gobierno...

[697] *Idem*.
[698] Madero, Francisco I, *op. cit.*, p. 310.
[699] *Ibidem*, p. 8.

En cuanto al prohombre que iniciaría algún movimiento regenerador, no ha parecido y hay que perder las esperanzas de que parezca, pues en más de treinta años de régimen absoluto, no se ha podido dar a conocer más prohombres que los que rodean al general y ésos no pueden ser grandes políticos, ni mucho menos políticos independientes...[700]

Es curioso el destino; quien pedía que surgiera un *prohombre* que peleara por la democratización del país terminó personificando al actor que tanto anhelaba y que en algún momento pensó que ya no existiría.

No es objeto del presente estudio hacer referencia a la lucha maderista, sin embargo, es de destacar que en 1905 Madero plantea por vez primera la creación de clubes,[701] verdaderas organizaciones políticas con plataforma electoral y programa de acción, antecedente claro del nacimiento de partidos políticos independientes al poder público.

Hasta antes del surgimiento del Partido Liberal Mexicano esta visión de los llamados partidos políticos no eran otra cosa más que facciones de interés específico, incluso las denominadas corrientes conservadoras, republicanas o liberales que se registraron durante el siglo XIX eran más bien organizaciones reducidas de personas, en muchos de los casos militares que comulgaban con una idea específica, mas no aglutinaban el interés público, situación semejante con los llamados partidos lerdistas, porfiristas, reyistas y científico, los cuales eran ausentes de principios o ideológica política, más bien representaban el protagonismo del postulante.

Sin embargo, la creación de los clubes estatales y la unión entre éstos fortaleció la idea de concebir un partido político de cobertura nacional, totalmente independiente al poder y erradicar así la lucha aislada en cada Estado.

En ese contexto Madero propone la creación del Partido Nacional Democrático,[702] el cual no llegó a constituirse en ese momento (1904), él justifica afirmando que "muchos amigos me hicieron comprender que no era oportuno, porque una lucha tan larga nos hubiera aniquila-

[700] *Ibidem*, pp. 8-10.

[701] El primero de ellos es el "Club Democrático Benito Juárez", fundado en Coahuila, del cual hace referencia en su libro *La sucesión presidencial de 1910*, que tenía como propósito la no reelección del gobernador y presidentes municipales, la defensa del voto y la libertad.

[702] Madero, Francisco I., *op. cit.*, p. 16.

do antes de llegar a las siguientes elecciones…";[703] no obstante, el eje central de la transformación planteada tendría su base en la democracia efectiva, respeto al voto, la erradicación del poder absoluto y la existencia de partidos políticos que representen el interés público.

Aunado a lo anterior, la implosión en la sociedad mexicana, principalmente en la fuerza laboral ocasionada por la explotación y vejaciones de la que eran objeto, creó condiciones óptimas para una nueva insurrección. La narrativa de Oscar Castañeda nos muestra de las injusticias del Porfiriato, y con una frase sintetiza todo el absolutismo del presidente: "Durante treinta años México se llamará Porfirio Díaz".[704]

La brutal manera de gobernar se ilustra en Río Blanco donde al igual que en Cananea fueron detonantes del enojo social que veía en su gobernante a un tirano. La narrativa de los hechos en Río Blanco es reveladora, ahí 6 mil personas trabajadoras y sus familias sostenían la huelga, pasaban hambre por estar dos meses sin tener sustento alguno; ante ello solicitaron al encargado de la tienda de raya que les dieran cierta cantidad de maíz y frijol, para alimentarse durante una semana, tiempo en el cual se tenía provisto que les llegara su salario, la respuesta del encargado fue humillante: "A estos perros no les daremos ni agua", fue entonces que una mujer, Margarita Ramírez, exhortó a que tomaran lo que por derecho les correspondía.[705] La respuesta del dictador no se hizo esperar y se masacró a una población trabajadora, sin que nadie de la representación política formal levantara la voz para cuestionar la manera de actuar del gobierno.

El planteamiento político de Madero

Madero en sus reflexiones se pregunta: ¿Cuándo gobierna una persona de manera absoluta?, la respuesta es contundente: cuando "no hay nunca oposición sostenible… no existen partidos políticos… la prensa independiente apenas vive y es muy tímida y por último, las más concluyente de

[703] *Idem.*

[704] Castañeda Batres, Oscar, "Revolución mexicana y Constitución de 1917", *op. cit.*, p. 631.

[705] Castañeda Batres, Oscar, Sección Documental, en "Revolución mexicana y Constitución de 1917", *Río Blanco, 3 de diciembre de 1906, John Kenneth Turner, op. cit.*, p. 793.

todas y es que los funcionarios públicos son siempre electos por unanimidad de votos, y con la misma unanimidad las cámaras aprueban los actos de gobierno".[706]

El ideario de Madero, contenido en *La sucesión presidencial en 1910*, entre otros aspectos considera:

- La creación de un partido político nacional independiente.
- El partido será el antirreeleccionista con dos alas: la del conservadurismo y la liberal.
- El partido elegirá en una convención, integrada por personas delegadas de toda la República, democráticamente (por mayoría de votos) a la persona que se presentará como candidato a la presidencia.
- El ideal es que la nación se organice en partidos políticos para la renovación del poder público.
- Ubica al militarismo como enemigo de las libertades y principal obstáculo para la democracia.
- Se pronuncia por la prensa libre.
- Condena al régimen del poder absoluto.
- La instrucción pública debe ser generalizada como alternativa para el desarrollo.
- La justicia como protectorado del más débil.
- El patriotismo como fundamento de la nación, entendiéndolo como el sacrificio a las ambiciones personales y amoldar los intereses particulares a los actos a la ley.
- Una representación política auténtica y legítima.
- Manifestación libre de la voluntad nacional.
- La democracia como única opción en la lucha contra el absolutismo.
- Libertad de sufragio, no reelección.
- Prevé, de no respetarse la voluntad popular, que la población se levante en armas.
- La población no necesita tutelas y está apta para ejercer sus derechos.

[706] Madero, Francisco I., *op. cit.*, p. 164.

La obra de Madero concluye con una carta remitida al presidente Díaz donde, además de enviarle una copia de su libro, reflexiona sobre la próxima contienda electoral, asegurándole que el deseo de la nación es que su sucesor sea la ley,[707] pidiéndole, además, se aparte de cualquier pretensión de una nueva postulación. Es claro que esta demanda fue ignorada.

La guía de movilidad política de Madero fue su libro; en 1909 inicia giras por todo el país, dándose cuenta que las condiciones políticas han cambiado y que es el momento propicio para formar un partido político nacional e independiente. Con esta condición, aunado a otras organizaciones contrarias a la hegemonía política del presidente Díaz, inician también el montaje de organizaciones políticas, tal es el caso de los partidos: Nacional Democrático[708] y Club Soberanía Popular, sin embargo éste, una vez enterado que el general Díaz se presentaría a las urnas, claudicó en sus intenciones de tener candidato a la presidencia de la República y terminó apoyándolo.

Contrario el caso del movimiento antirreeleccionista, donde los clubes estatales designan delegaciones para que asistan a la Convención Nacional Independiente del Partido Antirreeleccionista, misma que se celebra del 15 al 18 de abril de 1910 en la Ciudad de México con 200 asistentes, dando por resultado la fundación del Partido Antirreeleccionista, postulando a Francisco I. Madero y a Francisco Vázquez Gómez como candidatos a la presidencia y vicepresidencia, respectivamente.[709]

La elección presidencial en 1910

La popularidad de Madero se incrementó debido a su planteamiento político; como candidato de los partidos Antirreeleccionista y Nacional

[707] *Ibidem*, p. 371.

[708] Se funda el 22 de enero de 1909. Sus promoventes, Benito Juárez Maza, Heriberto Barrón y Juan Sánchez Arcona.

[709] Pérez de los Reyes, Marco Antonio y García Sánchez, Inti Enrique, "1911. Las primeras elecciones de un país en transición", México, Instituto de Investigaciones Jurídicas de la UNAM-Tribunal Electoral del Poder Judicial de la Federación, pp. 373-374. Obtenido en https://revistas-colaboracion.juridicas.unam.mx/index.php/justicia-electoral/article/viewFile/12159/10964

Democrático enfrenta al general Díaz; como era de esperarse, las elecciones se desarrollaron con infinidad de irregularidades, que incluye la aprehensión del propio candidato opositor el cual es puesto a disposición de las autoridades carcelarias en el estado de San Luis Potosí, desde donde *presencia* la farsa electoral.

Las jornadas comiciales[710] fueron altamente cuestionadas; el resultado fue por demás fraudulento: Porfirio Díaz, postulado por los partidos Nacional Reeleccionista, Nacional Porfirista y Club Soberanía Popular, obtiene 18,625 votos que representan más del 98 por ciento de la votación emitida contra 196 sufragios obtenidos por Francisco I. Madero.

A pesar de que se trató, por vía jurídica, de hacer valer las causales de nulidad establecidas en la ley electoral de 1901, la Cámara de Diputados, erigida como colegio electoral, resolvió que las peticiones eran infundadas.[711]

Los desequilibrios e injusticias, la falta de oportunidades para el desarrollo, el analfabetismo en prácticamente toda la población, la carencia de un sistema de salud, los atropellos laborales, la materialmente esclavitud del campesinado mexicano, el acaparamiento de tierras y la inexistente democracia fueron algunos elementos por lo cual diversos segmentos sociales decidieron propiciar un cambio en las estructuras sociales y políticas de México por la vía armada.

El Plan de San Luis[712] sería la herramienta moral, política y jurídica por medio del cual se cristalice la revuelta; a través de esta proclama, Madero exhorta a la población a levantarse en armas el 20 de noviembre de 1910 a partir de las seis de la tarde; declara ilegales las elecciones de presidente, vicepresidente, senadores, diputados y magistrados de la Suprema Corte de Justicia de la Nación, además decreta que la República se ha quedado sin gobernantes legítimos, ante lo cual y por disposición del propio plan, asume la presidencia provisional, en tanto se convoca a elecciones extraordinarias. De acuerdo con el plan, se declara ley el

[710] Las elecciones primarias fueron el 26 de junio y las secundarias el 10 de julio de ese mismo año.

[711] Pérez de los Reyes, Marco Antonio y García Sánchez, Inti Enrique, "1911. Las primeras elecciones de un país...", *op. cit.*, pp. 375-376.

[712] Dado el 5 de octubre de 1910. Elaborado por Francisco I. Madero, en San Luis Potosí, pero redactado en San Antonio, Texas.

principio de no reelección de presidente, vicepresidente, gobernadores de los estados y presidentes municipales.[713]

Para el caso de los gobernadores, la facultad de designación la asume el propio Madero en su calidad de presidente provisional, sin embargo, abre la posibilidad de una elección indirecta al facultar a los jefes de armas de las entidades federativas para que ellos voten y por mayoría se decida al gobernador. Madero concluye el Plan de San Luis con una advertencia, la misma, por cierto, hecha por el general Porfirio Díaz en el Plan de la Noria cuando se sublevó contra el presidente Benito Juárez: *Que ningún ciudadano se imponga y perpetúe en el ejercicio del poder y ésta será la última revolución.*[714]

¡La revolución había comenzado! Habría de transcurrir 18 meses de insurgencia, la ingobernabilidad paralizó la nación, el suelo mexicano se manchó, una vez más, por la sangre de las familias mexicanas, cuya única aspiración fue vivir en libertad y con justicia.

Durante 1911 dos hechos electorales evidenciaron el interés del régimen de acotar las banderas enarboladas por las y los revolucionarios. El primer incidente es el informe presidencial de Porfirio Díaz del 1 de abril de ese mismo año, donde aborda los asuntos que la revolución había colocado en la discusión pública, no sin antes descalificarla al afirmar que ésta fue "promovida por algunos mexicanos lamentablemente equivocados o perversamente engañados".[715]

Dentro de las decisiones tomadas para tratar de calmar el ánimo social, destacan los cambios en su gabinete, los cuales responden —justifica— al deseo de llevar a la práctica la renovación del personal político, pues su propósito es "no gobernar indefinidamente con un mismo gabinete, cualesquiera que sean los méritos de las personas que lo compongan, dando así entrada a nuevas energías en la dirección de los negocios públicos".[716]

[713] Castañeda Batres, Oscar, Sección Documental, en "Revolución mexicana y Constitución de 1917", *Plan de San Luis Potosí*, *op. cit.*, pp. 820-830.

[714] *Ibidem*, p. 830.

[715] Castelazo, José R., "La administración pública en los informes presidenciales 1824-1920", en Carrillo Castro, Alejandro (coord.), *200 años de Administración Pública en México*, México, INAP, 2011, t. IV, vol. 1, p. 419.

[716] *Idem*.

Dos noticias impactarán a la clase gobernante del otrora poderoso presidente en dicho informe: la atención de las quejas que sobre abuso y agresiones se levantaban sobre algunas autoridades y el intocable, por más de tres décadas, principio de la no reelección. Sobre el cual expuso:

> El principio de no reelección de los funcionarios del Poder Ejecutivo que derivan del sufragio popular, no había sido puesto a discusión en épocas recientes en ninguna Asamblea legislativa de la República, razón por la cual el Ejecutivo Federal no había juzgado conveniente manifestar su opinión sobre un asunto cuya índole es más bien del resorte de dichas Asambleas; pero ya que en algunas legislaturas de Estados y en la prensa se ha agitado últimamente la cuestión, el Ejecutivo aprovecha la oportunidad para manifestar su absoluto acuerdo con el pensamiento de que se trata y para declarar que, si se formula una iniciativa ante la Representación Nacional en el sentido de la periódica renovación de los funcionarios aludidos, dicha iniciativa contará con su decidido apoyo.[717]

Ante esta declaración y prácticamente el mismo día, el diputado por Baja California, integrante del grupo de los Científicos, Francisco Bulnes presenta la iniciativa de reforma a los artículos 78 y 109 de la Constitución General de la República, para establecer la No-Reelección de presidente y vicepresidente de la República y gobernadores de los estados.

Después de la presentación de la intención legislativa, en una celeridad inusitada del Congreso, en tan sólo 16 días las comisiones unidas de asuntos constitucionales emiten dictamen y el 24 de abril de 1911 (23 días después del informe del presidente Díaz y de la presentación de la iniciativa de Bulnes) se procedió a la votación cuyo resultado fue de 160 votos a favor del dictamen.[718]

El propósito de democratizar al país no quedó solamente en la reforma de esos dos artículos, por encomienda del presidente Díaz, el responsable de operar políticamente la pretensión legislativa es el ministro de Hacienda, José Yves Limantour, quien encargó a una comisión

[717] *Ibidem*, p. 420.

[718] El Recinto de Donceles: 100 años de historia, Instituto de Investigaciones Parlamentarias, Asamblea Legislativa del Distrito Federal, V Legislatura, 2010, p. 1. Obtenido de http://www.aldf.gob.mx/archivo-e96b74fc2664957f139e32f7fe6b7d90.pdf (Consultado el 24 de octubre de 2017)

de diputados, integrada por José N. Macías, Francisco Bulnes y Ramón Prida, la elaboración del anteproyecto de una nueva ley electoral; sobre el particular el diputado Prida escribió: "el proyecto fue concluido en pocos días y entregado, por conducto del señor ministro que había presidido nuestros trabajos, al gobierno, el que después de hacer algunas reformas, lo envió a la Cámara de Diputados..."[719] para el 12 de mayo de 1911, 13 días antes de su renuncia como presidente de México; la cámara conoce la iniciativa del gobierno que tiene por objeto el reconocimiento de los partidos políticos y el voto universal en el sistema electoral.[720]

Así se expresó el presidente Díaz, al presentar su iniciativa de ley electoral:

> El Ejecutivo ha considerado conveniente partir del sistema de sufragio universal y del voto indirecto, establecido por la Constitución, y para preparar la iniciativa de ley electoral, sólo se ha preocupado de que en ella se asegure la efectividad del sufragio y la organización de los partidos políticos que lo deban orientar... Por último, el reconocimiento de los partidos por el poder público es la más importante de las novedades que en nuestro sistema electoral se introduce y que es precisamente la mayor garantía de que la renovación de los poderes se hará sistemáticamente, en forma práctica y traduciendo la voluntad de la nación...[721]

La reforma político-electoral porfirista había llegado demasiado tarde, la revolución estaba en su momento más álgido, la presidencia debilitada y los grupos políticos revolucionarios con otras prioridades, ante este escenario la discusión parlamentaria entró en receso; habrían de pasar cinco meses para que el Congreso diera cauce a los debates sobre dicha iniciativa; es en octubre cuando deciden analizarla, y tan sólo "tres

[719] Prida, Ramón, *La nueva Ley electoral. Observaciones sobre la ley de 19 de diciembre de 1911*, México, Imp. Universal de Andrés Sánchez Juárez, 1912, p. 5. Obtenido de http://www.trife.gob.mx/sites/default/files/Parte2.pdf

[720] Arreola Ayala, Álvaro, *Legislación electoral y los partidos políticos en la república mexicana 1917-1945*, México, INEHRM, 2015, p. 94.

[721] Díaz, Porfirio, "Exposición de motivos de la Iniciativa de ley electoral", *Diario de los Debates*, México, Cámara de Diputados del Congreso de los Estados Unidos Mexicanos, XXV Legislatura, 2º periodo, 12 de mayo de 1911, p. 259. Obtenido de http://www.trife.gob.mx/sites/default/files/Parte7.pdf

semanas duró la discusión del proyecto, hasta que finalmente pasó al Senado donde también fue ampliamente discutido, sufriendo algunas modificaciones".[722]

El general no pudo presenciar la aplicación de estos nuevos principios; pero el hecho que presentaran iniciativas, cuya aprobación quisieron hacer sumariamente, evidenció lo que el país ya reconocía: la dictadura se había colapsado.

La renuncia de Porfirio Díaz

A pesar de la ruta electoral propuesta por el gobernante, la renuncia del general Porfirio Díaz, por sí misma, es un hecho que define la gobernanza en México. Es claro que entendió que el régimen, su régimen, había concluido, ante ello opta por una salida política creyendo que de esta manera se pondría fin a la revolución, y se acuerda una reunión[723] entre Francisco S. Carvajal, representante de Porfirio Díaz, y los revolucionarios Francisco Vázquez Gómez, Francisco Madero y María Pino Suárez, quienes convienen la renuncia del general Díaz y del vicepresidente Ramón Corral. Un arreglo más fue que de conformidad con la ley, Francisco León de la Barra obtuviera la presidencia interina con la promesa de llamar a elecciones.

El último periodo de gobierno del general Díaz debía terminar en 1916, pero la etapa del gobierno de un solo hombre acaba el 25 de mayo de 1911, con la renuncia formal al cargo de presidente de la República, en una carta por demás emotiva:

> A los CC. Secretarios de la H. Cámara de Diputados.
> Presente.
> El Pueblo mexicano, ese pueblo que tan generosamente me ha colmado de honores, que me proclamó su caudillo durante la guerra de Intervención, que me secundó patrióticamente en todas las obras emprendidas para impulsar la industria y el comercio de la República, ese pueblo, señores diputados, se ha insurreccionado en bandas milenarias armadas, manifestando que mi presencia en el ejercicio del Supremo Poder Ejecutivo, es causa de su insurrección.

[722] Arreola Ayala, Álvaro, *op. cit.*, p. 97.
[723] La cumbre fue Ciudad Juárez, el 21 de mayo de 1911.

No conozco hecho alguno imputable a mí que motivara ese fenómeno social; pero permitiendo, sin conceder, que pueda ser culpable inconsciente, esa posibilidad hace de mi persona la menos a propósito para raciocinar y decir sobre mi propia culpabilidad.

En tal concepto, respetando, como siempre he respetado la voluntad del pueblo, y de conformidad con el artículo 82 de la Constitución Federal, vengo ante la Suprema Representación de la Nación a dimitir sin reserva el encargo de Presidente Constitucional de la República, con que me honró el pueblo nacional; y lo hago con tanta más razón, cuando que para retenerlo sería necesario seguir derramando sangre mexicana, abatiendo el crédito de la Nación, derrochando sus riquezas, segando sus fuentes y exponiendo su política a conflictos internacionales.

Espero, señores diputados, que calmadas las pasiones que acompañan a toda revolución, un estudio más concienzudo y comprobado haga surgir en la conciencia nacional, un juicio correcto que me permita morir, llevando en el fondo de mi alma una justa correspondencia de la estimación que en toda mi vida he consagrado y consagraré a mis compatriotas. Con todo respeto.[724]

Después de su renuncia se exilia en París donde muere y hasta la fecha permanecen sus restos. El ascenso y pérdida del poder del general estuvo vinculado, por paradójico que parezca, al principio de la no reelección. Su amor a México es indiscutible como también su deseo de mantener y ejercer el poder de manera absoluta, así condujo su gobierno durante 36 años. Lo cierto es que con independencia de la valoración que la historia ha hecho de su mandato, es tiempo de que sus restos se ubiquen en México.

ELECCIONES PRESIDENCIALES DEL PORFIRIATO

Elección	*Inician 1 de diciembre y concluyen 30 de noviembre*	*Escrutinio de votos de la Cámara de Diputados erigida en colegio electoral*	*Población en la República Mexicana*
Primera	29/nov/1876 al 06/dic/1876	Ejerce de manera interina, al ser general en jefe del Ejército Constitucionalista, de acuerdo con el Plan de Tuxtepec.	Entre 1874-1878 la población fue 9'384,193.*

[724] Castañeda Batres, Oscar, Sección Documental, en "La Revolución mexicana y Constitución de 1917", *Carta de renuncia del general Porfirio Díaz, op. cit.*, p. 692.

(*Continuación*)

Elección	*Inician 1 de diciembre y concluyen 30 de noviembre*	*Escrutinio de votos de la Cámara de Diputados Erigida en colegio electoral*	*Población en la República Mexicana*
Segunda	18/feb/1877 al 30/nov/1880	Porfirio Díaz obtiene 11,475 votos, no se registra votos otorgados a otra persona y 482 boletas en blanco.	En 1880: 9'577,279
Tercera	1884-1888	De 15,953 votos, Porfirio Díaz obtiene 15,766, Ramón Corona 32, Ignacio Manuel Altamirano 26, Vicente Riva Palacio 19, Gerónimo Treviño 15, Trinidad García de la Cadena 12 y 10 boletas en blanco.	En 1886: 10'791,685
Cuarta	1888-1892	De 16,700 sufragios emitidos, Porfirio Díaz obtuvo 16,662 votos.	En 1888: 11'490,830
Quinta	1892-1896	S/I	En 1895 (primer censo): 12'632,427
Sexta	1896-1900	Compite contra Nicolás de Zúñiga y Miranda.	Sin actualizar censo
Séptima	1900-1904	Compite nuevamente contra el candidato independiente Nicolás de Zúñiga y Miranda.	En 1900 (segundo censo): 13'607,259
Octava	1904-1910	Primera elección donde se incorpora nuevamente la vicepresidencia y el periodo gubernamental se amplía de cuatro a seis años. Resultado de la elección: Porfirio Díaz obtiene 19,008 votos. Su opositor nuevamente es Nicolás de Zúñiga y Miranda.	
Novena	1910-1916 (el periodo fue interrumpido por su renuncia en 1911).	Porfirio Díaz obtiene 18,625 votos contra 789 de Francisco I. Madero.	En 1910 (tercer censo): 15'160,369

*Secretaría de Gobernación.

Fuente: Elaboración propia con información presentada en Ponce Alcocer, Ma. Eugenia, "Las elecciones presidenciales de 1877 a 1888", en Aguilar Rivera, José Antonio (coord.), *op. cit.*, pp. 282-307, complementada con el Tercer Censo de Población de los Estados Unidos de fecha 27 de octubre de 1910, y Pérez de los Reyes, Marco Antonio y García Sánchez, Inti Enrique, "1911. Las primeras elecciones de un país...", *op. cit.*, p. 369.

La Revolución de 1910 es la suma de inconformidades; diversas causas hicieron que distintos sectores se levantaran en armas, fue el triunfo de la misma lo que demostró que no era suficiente renovar el Poder Ejecutivo y tener elecciones para acabar con los enfrentamientos e injusticias, pues a pesar de que Francisco I. Madero había sido postulado por diversos partidos y organizaciones políticas, entre los que destacan, el Partido Constitucional Progresista, Antirreeleccionista, Católico Nacional, Popular Evolucionista y Liberal Nacional, y con ellos ganar las elecciones extraordinarias de 1911[725] obteniendo 20,145 votos (representó más del 99 por ciento de la votación), contra 87 votos de Francisco León de la Barra del Partido Liberal Radical y 16 alcanzados por Francisco Vázquez Gómez del Partido Liberal Puro,[726] esta aplastante mayoría no fue suficiente para erradicar las diferencias entre la *familia revolucionaria.*

El éxito electoral de Madero, no obstante lo contundente del resultado, no estuvo exenta de inconformidades, pues en diversos estados y territorios de la nación hubo protestas por la forma irregular en que se desarrolló el proceso electoral. Sinaloa, Sonora, Baja California, Chiapas y Veracruz son ejemplo de ello.

> En algunas entidades federativas… se impugnaron los resultados de ciertas casillas electorales, los promoventes argumentaron imprecisiones en la interpretación y aplicación de la ley electoral por parte de las autoridades, parcialidad en el proceso, inducción al voto, desviación de recursos públicos, actos de hostigamiento y de represión y por ello llegaron a solicitar la nulidad de la votación respectiva. Ninguna de estas impugnaciones alcanzó su objetivo.[727]

Otra de las discrepancias contra el guía demócrata fueron las establecidas en los planes, primero el de Tacubaya,[728] cuyo manifiesto a la nación

[725] Francisco I. Madero fue el último presidente electo por el sistema de votación indirecta. Las elecciones primarias fueron el 1 de octubre y el 15 del mismo mes las secundarias.

[726] Pérez de los Reyes, Marco Antonio y García Sánchez, Inti Enrique, "1911. Las primeras elecciones de un país…", *op. cit.*, p. 387.

[727] *Ibidem*, p. 388.

[728] Fechado el 31 de octubre de 1911, el Plan de Tacubaya se dice reformador del Plan de San Luis y es suscrito por Paulino Martínez, doctor Policarpo Rueda y Francisco I. Guzmán, claros seguidores del licenciado Emilio Vázquez Gómez.

exponen a Madero de haber abandonado a quienes combatieron en la revolución, de burlarse de las promesas realizadas, de restaurar cacicazgos y declarar fuera de la ley a las y los revolucionarios. En este plan, que se emite apenas seis días antes de que Madero tome posesión como presidente de México, se convoca a una nueva rebelión, justificándola por la necesidad de resolver el problema agrario e impartir justicia. El Plan de Tacubaya que reforma al de San Luis, se compone esencialmente de tres puntos:

> I. Se declaran nulas las elecciones de 1° y 15 de octubre y nulos todos los actos que de ellos se deriven.
> II. Se declaran disueltas las Cámaras de la Unión y nulos todos sus actos, así como las leyes y decretos emanados de ellas o que de ellas emanen, desde el 15 de septiembre último hasta el 15 de diciembre.
> III. La revolución nacida del Plan de Tacubaya tiene por móvil, inmediatamente, llevar al señor Lic. D. Emilio Vázquez Gómez a la Presidencia de la República, quien a pesar de habernos aconsejado siempre la paz y el orden, es el único estadista que nos da garantías: a nosotros, al país y a todos los hombres, quien se entregará honrada y patrióticamente en la Presidencia. Al cumplimiento de los ideales de la gloriosa revolución pasada, y a quien el señor Madero ha reducido, por desgracia para la República, a una completa esterilidad.[729]

Estos hechos no impidieron que Madero rindiera protesta como jefe del Ejecutivo federal,[730] sin embargo, la creciente rivalidad entre la dirigencia triunfante del movimiento[731] propició que el compacto grupo revolucionario ampliara sus diferencias. Estas objeciones se sumaron a la inconformidad por los Tratados de Ciudad Juárez que ordenaba la conclusión de las hostilidades, lo cual molestó a distintos grupos revolucionarios, pues consideraban que las razones de su levantamiento aún no se habían satisfecho.

Otro hecho impactaría la estabilidad del maderismo cuando las y los liberales se sintieron traicionados, pues al ser postulado Madero por el

[729] Plan de Tacubaya de 1911, que reforma al de San Luis. Obtenido de http://www.memoriapoliticademexico.org/Textos/6Revolucion/1911PDT.html

[730] Rinde protesta el 6 de noviembre de 1911.

[731] La pugna se debió, fundamentalmente, al incumplimiento del Plan de San Luis, en lo concerniente a la restitución de terrenos despojados a campesinos por los latifundistas porfiristas.

Partido Católico Nacional, se violentaba el principio de no intervención de la Iglesia en asuntos políticos, este abanderamiento engendró nuevas hostilidades que en su conjunto fue el pretexto para que la lucha armada continuara.

Madero pretendió por decreto concluir con la revolución pensando quizá que los males de la nación se acabarían con el nacimiento de la democracia electoral, no imaginó que la verdadera lucha se había gestado popularmente por la reivindicación de las personas que históricamente habían sido oprimidas, por ello, la proclama justa y socialmente aceptada es la enarbolada por Emiliano Zapata, quien suscribe el Plan de Ayala[732] y que da a conocer 22 días después de que Madero asume la presidencia de la República, expresando el desconocimiento a su mandato y reivindica adicionando el Plan de San Luis la restitución agraria.

El general Pascual Orozco, a través del Pacto de la Empacadora,[733] también desconoce a Madero declarándolo traidor a la patria y por tanto nulas las elecciones, además de convocar a la rebeldía armada. El país volvería a incendiarse.

Cambio estructural y político: la ley electoral de 1911

Sin embargo Madero, siempre fiel a su creencia sobre la democracia, decreta la reforma constitucional electoral,[734] donde establece que el presidente y vicepresidente de la República, así como los gobernadores de los estados, durarán en el ejercicio gubernamental seis años y *nunca podrán ser reelectos*;[735] dentro de los legisladores que aprueban y firman el decreto de reforma constitucional, se encuentra el diputado por el territorio de la Baja California, Francisco Bulnes, mismo que había presentado originalmente el 24 de abril de 1911, la iniciativa de la no reelección, como se estudió. Con la reforma vigente y constitucionalmente activo el principio de la *no reelección*, una nueva legislación electoral habrá de nacer.

[732] Dado el 28 de noviembre de 1911, bajo el lema "Reforma, libertad, justicia y ley".
[733] Dado en Chihuahua, el 25 de marzo de 1912.
[734] Realizada por el Congreso el 7 de noviembre de 1911 y dada a conocer el 27 del mismo.
[735] Artículos 78, 109 de la Constitución Federal de los Estados Unidos Mexicanos de 1857. Obtenido de http://www.ordenjuridico.gob.mx/Constitucion/CH13.pdf

La ley electoral de 1911[736] es, sin duda, un *antes y un después* del sistema electoral mexicano; compuesta por ocho capítulos y 112 artículos, es producto de tres circunstancias: la primera, una dictadura que desencadenó una revolución; la segunda, por curiosa que parezca, la promesa de un general que juró luchar contra la reelección y que al obtener el poder ignoró su compromiso, y tercera, la intención de Díaz manifiesta en su último informe de gobierno[737] donde se comprometió a actualizar el sistema electoral mexicano, con la finalidad de acabar con la revolución que él mismo había propiciado.

La ley tendrá diversas modificaciones por parte de los senadores, algunas otras de los diputados e incluso del nuevo presidente de la República; en este contexto Francisco I. Madero envía el 11 de diciembre de ese mismo año, observaciones modificatorias a seis artículos del citado código.[738] La legislación da origen a los partidos políticos como entidades jurídicas de interés público, garantiza y pone énfasis en la secrecía del voto, da claridad y transparencia al cómputo electoral y se otorga el derecho a formular reclamaciones por irregularidades electorales a la ciudadanía y partidos políticos.

El reconocimiento legal a los partidos es una aportación importante para la democracia mexicana, pues reglamenta la forma en que pueden constituirse y participar en los procesos electorales, al establecer como mínimo para su conformación 100 personas ciudadanas e imponer a estas entidades jurídicas una junta directiva en donde recae la representación, además están obligados a contar con un programa político y de gobierno que deben registrar ante el ministerio de gobernación; se les confiere el derecho a tener representantes ante los organismos electorales y se les exige que cuando menos un mes antes de las elecciones presenten sus candidatos,[739] dicho registro no establece en la ley ningún tipo de formalidad, pero Ramón Prida, diputado inicialista de la norma,

[736] Promulgada el 19 de diciembre de 1911.
[737] De fecha 1 de abril de 1911.
[738] Las modificaciones son a los artículos 17, 30, 108, 110, 116 y 117.
[739] Véase el Capítulo VIII, De los Partidos Políticos, de la Ley electoral de 1911. Obtenido de https://portal.te.gob.mx/sites/default/files/Parte8.pdf

un año más tarde —en su obra literaria aquí citada—, recomendaría que el registro del partido político se "haga por medio de oficios".[740]

El voto directo

La ley, sin embargo, no se atrevió en su nacimiento a erradicar el voto indirecto y continuó con el sistema electoral de elecciones primarias y secundarias que se tenía durante las últimas cinco décadas, esta particularidad generó un amplio debate entre la intelectualidad política de la época, la cual se preguntaba cómo es posible que siendo el principio del *sufragio efectivo* la base fundamental del movimiento armado, se continuara, en la primera ley electoral del gobierno revolucionario, con el voto indirecto.

Los diputados y senadores no discutieron a profundidad el tema del voto directo, sólo unos cuantos se atrevieron a fijar su postura, pues la mayoría entendía que al ser la ley electoral una legislación secundaria, no podía contrariar la Constitución federal que mantenía vigente el principio de votación indirecta.

La *línea política* que habrían de seguir los legisladores al momento de discutir la ley fue dada a conocer en la exposición del dictamen que presentaron las comisiones unidas: *primera de gobernación y segunda de puntos constitucionales*[741] al pleno de la cámara el 21 de septiembre de 1911; ahí justifican que al ser el voto indirecto un precepto consagrado en la Constitución general, no podían incorporar un tipo de votación distinta en ley secundaria, pues al hacerlo se violaría la Constitución.

> El primer punto es si el voto debe ser directo o indirecto y el punto está resuelto en nuestra Constitución: el artículo 76 dice terminantemente que la elección de presidente será indirecta en primer grado y en escrutinio secreto...
> Tratándose de los diputados y senadores también establece de un modo expreso que la elección debe ser indirecta en primer grado, [también considera] el mismo procedimiento para la elección de los ministros de la Suprema Corte.

[740] Prida, Ramón, *op. cit.*, p. 95.

[741] Forman parte de estas comisiones los diputados Ramón Prida, José R. Aspe, Fausto Moguel y José N. Macías.

La cuestión, pues, del voto directo o indirecto se resolvía para las comisiones en una cuestión más grave: la reforma a la Constitución federal... Ahora bien, lo repetimos, no son éstos los tiempos para hacer esta clase de estudios, ni está la república en condiciones de que se pueda conocer el sentir general de la nación en esta materia. Precisa pues aplazar esta cuestión, como otras de igual importancia para cuando, serenados los espíritus y vuelta la tranquilidad a todos los ánimos, se estudie la mejor forma de llevar a la ley estas ideas que la mayoría de los subscritos juzgan son las que resueltamente convienen al país.

Si por las condiciones especiales del momento no podemos cambiar la forma del voto, ni substraer de la elección popular a los ministros de la Suprema Corte de Justicia, debemos... buscar una fórmula que sin romper con el precepto constitucional diera garantía a los ciudadanos de que sus votos se tomarían en cuenta y que su voluntad será respetada.[742]

Durante el proceso de discusión, el diputado coahuilense, Manuel Aguirre Berlanga, cuestionó el dictamen, pues consideró una burla que la nueva ley no contemplara el voto directo, así se expresó:

Es verdad [lo] que dicen en su parte expositiva: [refiriéndose al dictamen de la comisión] para que el sufragio fuera realmente efectivo, deberíamos establecer el voto directo, que es el que suple de una manera más completa las exigencias de la ciudadanía. Pero como tenemos la traba de la constitución que ha establecido el voto indirecto, y es urgentísimo que expidamos esta ley, nos limitamos por ahora, no obstante de ser partidarios del voto directo a establecer el voto indirecto, es decir, el voto que se presta a más abusos. Más aún, el voto que lejos de cumplir con el precepto constitucional, lejos de llenar los requisitos de ley, los contraría...

El sufragio para que sea efectivo necesita dar representación a las mayorías y dar representación a las minorías, porque de otra manera será imposible, materialmente imposible que existan partidos y que exista democracia. Hagamos historia.[743]

[742] Selección *Diario de los Debates* de la Cámara de Diputados del Congreso de los Estados Unidos Mexicanos, XXV Legislatura, 1° periodo, 2° año, 21 de septiembre de 1911, en *La ley electoral de 1911. Un instrumento revolucionario*, México, Tribunal Electoral del Poder Judicial de la Federación, Instituto de Investigaciones Bibliográficas de la Universidad Nacional Autónoma de México, 2012, pp. 278-279. Obtenido de https://portal.te.gob.mx/sites/default/files/Parte8.pdf

[743] Selección *Diario de los Debates* de la Cámara de Diputados del Congreso de los Estados Unidos Mexicanos, XXV Legislatura, 1° periodo, 20 de octubre de 1911, *op. cit.*, pp. 379-380. Obtenido de https://portal.te.gob.mx/sites/default/files/Parte16.pdf

Lo cierto es que, en paralelo, el Senado de la República recibe, el 9 de octubre, la iniciativa de reforma a la Constitución federal de los artículos 55, 58 y 76, que presentaban los senadores y además abogados constitucionalistas, Emilio Rabasa y Miguel S. Macedo, misma que, también, hace suya la diputación de Sinaloa, y que al aprobarse cambiará radicalmente y hasta la fecha, el sistema electoral mexicano, al transitar de votación indirecta al voto directo.

La trascendental intención legislativa parece hasta cierto punto sencilla, pues solamente es cambiar una palabra para establecer que la elección de diputados (art. 55), senadores (art. 58) y presidente (art. 76) y vicepresidente de la República será directa. El cambio en la redacción había significado mucho en la vida de miles de mexicanos, que siempre anhelaron la posibilidad de elegir a sus representantes de manera personal.

La presentación de la reforma constitucional que hacen los diputados Rabasa y Macedo es por demás ilustrativa respecto a lo nocivo del voto indirecto:

> El ciudadano no puede sentirse interesado ni mucho menos apasionado en un movimiento electoral en que su voto nada significa, si no ha de ser él uno de los electores secundarios, y su interés es tanto menor cuando mayores ve las posibilidades del fraude, de la intriga y aun del cohecho a que tanto se presta el voto indirecto. El ciudadano ve que su papel no es el de elector sino el de instrumento; que su intervención no cuenta en el resultado final y corre peligro de hacer de una alta función una complicidad positiva, y ve la casilla electoral no sólo con desdén, sino con desprecio y aun con indignación.[744]

Las discusiones en la Constitución de 1857 también reflejó, por parte de algunos diputados, en justicia hay que escribirlo: el ideal de la votación directa. Y a pesar de no haber prosperado el propósito, legisladores como Francisco Zarco, Ignacio Ramírez o José Antonio Gamboa, pugnaron por votaciones directas, sin embargo, en aquel parlamento, la intención legislativa fue aniquilada por 61 voluntades contra 21.[745]

[744] Selección, *Diario de los Debates* de la Cámara de Senadores del Congreso de los Estados Unidos Mexicanos, 1911-1912, *op. cit.*, p. 562. Obtenido de https://portal.te.gob.mx/sites/default/files/Parte38.pdf

[745] Woldenberg, José, *La concepción de la democracia en el constituyente de 1916-1917 con relación al de 1856-1857*, México, Secretaría de Cultura-INEHRM, 2016, p. 71.

Finalmente, la aspiración democrática del voto directo se materializa en la sesión del 15 de abril de 1912, cuando el Senado hace la declaratoria formal, tras recibir la aprobación de la Cámara de Diputados y de 19 congresos estatales, con lo cual es procedente la reforma constitucional que garantiza este tipo de votación para la elección de presidente, vicepresidente, senadores y diputados.

Una vez resuelto el problema constitucional, los legisladores se ven en la necesidad de generar una *ley electoral especial,* por así decirlo, para las elecciones de diputados y senadores, así como para ministros de la Suprema Corte, que habrán de desarrollarse el 30 de junio de 1912.

Éstas son las primeras elecciones donde los ciudadanos votan (nuevamente atendemos a la literalidad al ser derecho exclusivo para hombres) de *manera directa* por sus representantes parlamentarios, pero también es la primera elección de carácter mixto, pues al ser aun los ministros de la Corte electos popularmente, los legisladores consideraron que, para ellos, debía de prevalecer el sistema de votación indirecta. Reforma que fue considerada en la legislación en comento.

La ley electoral *especial* decretada por el Congreso, el 20 de mayo de 1912, consignó que las próximas elecciones ordinarias de diputados y senadores al Congreso de la Unión fueran directas, se realizará el domingo 30 de junio y al mismo tiempo se hará la designación de electores para ministros de la Suprema Corte de Justicia de la Nación.

> En esta elección contendieron las primeras organizaciones partidistas registradas conforme a los nuevos lineamientos legales, todos con diversas propuestas ideológicas: Partido Católico, Partido Popular Evolucionista, Constitucional Progresista (antes Partido Antirreeleccionista), Partido Independiente, Partido Popular Obrero y el Partido Liberal, además de un buen número de candidatos independientes.
> La paradoja de esas elecciones es que, a pesar de contar con un nuevo marco legal abierto y con el principio reglamentado del voto directo, la población no fue a las urnas. El abstencionismo fue casi de ochenta por ciento de la población empadronada...[746]

El país, no obstante haber resuelto el tema de la participación democrática directa, muchas inconformidades existían en el ambiente; los

[746] Arreola Ayala, Álvaro, *op. cit.*, p. 102.

segmentos sociales, militares, políticos, económicos y la burocracia gubernamental heredada del Porfiriato, no parecían satisfechos con la transición lograda, la exigencia de resultados inmediatos en el campo, por ejemplo, trajo consigo el levantamiento de Emiliano Zapata, y por otra parte, la resistencia de contar con un gobierno democrático, de libertades y leyes ocasionó la sublevación de Victoriano Huerta.

Diversos agravios sociales y políticos se le pueden contabilizar al usurpador, pero dentro de ellos destacan como verdadero crimen a la naciente democracia mexicana:

- El asesinato de Francisco I. Madero y Pino Suárez.
- El asesinato del senador Belisario Domínguez y la aprehensión de más de 100 diputados.
- La usurpación del poder, debido a que el presidente interino Pedro Lascuráin ejerce tan sólo 45 minutos la presidencia y luego renuncia, suficiente para darle "legalidad" al arribo de Victoriano Huerta al Poder Ejecutivo Federal.
- La desaparición de las cámaras legislativas, las cuales habían sido electas popularmente, y
- La falacia de convocar a nuevas elecciones legislativas.

La motivación de Huerta para liquidar las legislaturas es autoritaria e irracional, expresa el deseo de un dictador por legitimar sus acciones. Para la disolución parlamentaria, señaló que el Poder Legislativo se había convertido en el peor enemigo del Ejecutivo, una agrupación demagógica cuya única finalidad era impedir la obra del gobierno y que además usurpó funciones del Ejecutivo; qué gran paradoja, el usurpador sintiéndose usurpado. Seis artículos comprenderán el infame decreto del 10 de octubre de 1913.

> Art. 1º Se declaran disueltas desde este momento e inhabilitadas para ejercer sus funciones, las cámaras de diputados y senadores de la XXVI Legislatura del Congreso de la Unión. En consecuencia, cualesquiera actos y disposiciones de dicho cuerpo legislativo serán nulos y no podrán recibir la sanción del Poder Ejecutivo de los Estados Unidos Mexicanos.

Art. 2º Se convoca al pueblo mexicano a elecciones extraordinarias de diputados y senadores del Congreso de la Unión. Estas elecciones se verificarán el día 26 del mes en curso y servirá para ellas la división territorial verificada para las elecciones extraordinarias de presidente y vicepresidente, que se celebrarán en la misma fecha.

Art. 3º Por ser esta vez el Senado se renovará por entero, debiendo durar los senadores de número impar, así como los C. C. Diputados hasta el 15 de septiembre de 1914 y los de número par, hasta el 15 de septiembre de 1916.

Art. 4º Las próximas cámaras se reunirán el día 15 del próximo mes de noviembre, para la revisión de credenciales debiendo quedar instaladas el 20 del mismo, y deberán ocuparse preferentemente de calificar las elecciones de presidente y vicepresidente de la República y de juzgar los actos cumplidos por el gobierno interino, desde la presente fecha hasta la reinstalación de las cámaras.

Art. 5º Las elecciones extraordinarias de diputados y senadores a que se convoca por el presente decreto, se sujetarán a las disposiciones relativas de las leyes electorales vigentes, en cuanto no se opongan al presente decreto.

Art. 6º Para las elecciones de diputados servirá la misma división territorial a que se sujetaron las elecciones de 1912.[747]

En la elección convocada para el 26 de octubre, la confusión, apatía ciudadana y la dispersión de la oposición en 26 partidos políticos postulando cada uno de ellos a un candidato al Poder Legislativo, así como el retiro de la contienda del Partido Antirreeleccionista y su abanderado, aunado a que el frente opositor Junta Nacional Unificadora fue reprimida, el resultado era de esperarse: ausencia de electores, solamente sufragó entre el 5 y 7 por ciento de la población.

Esta circunstancia actualizó para el caso de la presidencia, el supuesto del artículo 42, fracción III, de la ley electoral huertista de mayo de 1913, que consideraba que si la mayoría de las casillas electorales no hubieran funcionado, las elecciones se anulan.

Hecho que fue decretado por la convenientemente instalada segunda Legislatura XXVI,[748] la cual anuncia, después de la anulación de la

[747] Decreto de disolución del Poder Legislativo y convocatoria a elecciones, pp. 131-134. Obtenido de https://archivos.juridicas.unam.mx/www/bjv/libros/6/2714/17.pdf

[748] Fue instalada el 18 de noviembre de 1913.

elección presidencial, una nueva fecha para otros comicios. Momento que nunca llegó.[749]

Este inédito golpe de Estado ocasionó el levantamiento de una nueva insurgencia, encabezando el movimiento el gobernador de Coahuila, Venustiano Carranza, a través del Plan de Guadalupe, que en siete puntos sintetiza el descontento popular y establece el desconocimiento del general Victoriano Huerta; de los poderes Legislativo y Judicial, y de los gobernadores de los estados que sigan reconociendo después de 30 días de la publicación del plan, al usurpador y a los poderes federales.

La sublevación la realiza un ejército formal, cuya organización se encomienda al propio Carranza y que por tanto se le proclama como primer jefe del Ejército Constitucionalista, quien al ocupar la Ciudad de México se encargará interinamente del Poder Ejecutivo debiendo convocar a elecciones generales tan luego como se haya consolidado la paz, entregando el poder al que hubiera sido electo.[750]

El Plan de Guadalupe, bandera de la revuelta, enfrenta dos modificaciones sustanciales, la primera en Torreón, Coahuila, el 8 de julio de 1914, apenas siete días antes de la renuncia de Victoriano Huerta,[751] y 36 días, incluso antes, de que Carranza asumiera la presidencia.[752]

En Coahuila se discute y se acuerda el llamado Pacto de Torreón, en donde la División del Norte, a cargo del general Francisco Villa, a través de sus delegados, proponen que ningún jefe constitucionalista figure como candidato para presidente o vicepresidente de la República en las elecciones futuras, era evidente la animadversión creciente entre el centauro del norte y el primer jefe.

Los enviados de la División del Norte presionaron hasta el último momento para pactar la realización de una convención revolucionaria donde surja el programa de gobierno que deberá desarrollar el presidente que resulte electo.

[749] Arroola Ayala, Álvaro, *op. cit.*, pp. 106-107.

[750] Castañeda Batres, Oscar, Sección Documental, en "Revolución mexicana y Constitución de 1917", *Plan de Guadalupe, Hacienda de Guadalupe, Coahuila, 26 de marzo de 1913, op. cit.*, pp. 843-845.

[751] Victoriano Huerta renuncia el 15 de julio de 1914.

[752] Venustiano Carranza asume la presidencia el 13 de agosto de 1914.

En el Pacto de Torreón, los acuerdos estipulan que, al tomar posesión, el primer jefe del Ejército Constitucionalista como presidente interino convocará a una convención que tendrá por objeto discutir y fijar la fecha en que se realicen las elecciones, así como el programa de gobierno que deberán aplicar los funcionarios electos.[753]

Al triunfo de la revolución constitucionalista[754] según lo pactado, se debe convocar a una convención de militares en la Ciudad de México, para entonces, los desacuerdos entre Carranza y los generales Francisco Villa y Emiliano Zapata habían crecido, de tal forma que la ruptura en la *familia revolucionaria* era inminente.

Debido a la influencia de los caudillos del norte y del sur, éstos logran que la sede de la Convención se cambie para Aguascalientes, perdiendo el presidente Carranza con ello, todo control y poder de persuasión al interior de la asamblea, lo que siguió fue consecuencia lógica y natural: el nacimiento de una disidencia revolucionaria de corte social.

Ante esta circunstancia, el 10 de octubre de 1914 se reúnen en Aguascalientes los jefes de la División del Norte y del ejército carrancista, determinados a declarar a la Convención como *soberana*, constituyendo este hecho una diferencia sustancial, pues Carranza sólo quería que tuviera carácter de asamblea consultiva.

Finalmente la Convención es declarada soberana y con esa legitimidad toman diversas decisiones, entre las que destacan la adopción del Plan de Ayala, plataforma social y política del zapatismo que aborda de manera clara la imperante necesidad de proceder a una profunda reforma agraria, la cual Carranza no comparte y mucho menos avala.

En lo político, la plataforma zapatista planteó que al triunfo de la revolución, "una junta de los principales jefes revolucionarios de los distintos estados nombrará o designará un presidente interino de la República, quien convocará a elecciones para la nueva formación del

[753] Castañeda Batres, Oscar, Sección Documental, en "Revolución mexicana y Constitución de 1917", *Pacto de Torreón, Torreón, Coahuila, 8 de julio de 1914, Reformas al Plan de Guadalupe*, *op. cit.*, pp. 846-849.

[754] Con la firma de los Tratados de Teoloyucan, el 13 de agosto de 1914, se entrega la Ciudad de México al ejército constitucionalista y se pacta la disolución del ejército federal.

Congreso de la Unión y éste, a su vez, convocará a elecciones para la organización de los demás poderes".[755]

El conflicto era insostenible, la asamblea decide cesar en sus funciones como primer jefe del Ejército Constitucionalista y encargado del Poder Ejecutivo a Venustiano Carranza, ante lo cual el 1 de noviembre de 1914, la Convención Soberana de Aguascalientes elige con 88 votos a favor a Eulalio Gutiérrez como presidente provisional de la República, quien se impuso a Juan Cabral que alcanzó 37 sufragios.[756]

En ese contexto Carranza impulsa el segundo paquete de adiciones al Plan de Guadalupe,[757] donde se formaliza la ruptura con el general Francisco Villa, al acusarle de desobediencia al cuartel general de la revolución constitucionalista, de insubordinación con carácter de reaccionario para en definitiva descalificar la Convención de Aguascalientes.

Las adiciones al Plan de Guadalupe están contenidas en siete artículos, destacando en primer lugar la ratificación de Carranza como primer jefe del Ejército Constitucionalista, y al triunfo de la revolución, despachar como presidente interino, hasta que vencido el enemigo sea restablecida la paz en la República. Es decir, la expiración del mandato era totalmente impreciso. Pero una vez alcanzada la paz, reinstalada la suprema jefatura y después de efectuarse las elecciones de ayuntamientos en la mayoría de los estados de la República, el primer jefe del Ejército Constitucionalista como encargado del Poder Ejecutivo, asumía el compromiso de convocar a elecciones para el Congreso de la Unión.

Una vez instalado el Congreso, éste expedirá las convocatorias correspondientes para la elección de presidente de la República y al efectuarse, el primer jefe de la nación entregará al electo, el Poder Ejecutivo. Adicionalmente, las reformas al plan le permiten a Carranza nombrar a gobernadores y comandantes militares de los estados, así como removerlos libremente.[758]

[755] Castañeda Batres, Oscar, Sección Documental, en "Revolución mexicana y Constitución de 1917", *Plan de Ayala, 25 (28) de noviembre de 1911*, artículo 12, *op. cit.*, p. 837.

[756] Castañeda Batres, Oscar, *op. cit.*, pp. 735-737.

[757] Se llevó a cabo en Veracruz, el 12 de diciembre de 1914.

[758] Castañeda Batres, Oscar, Sección Documental, "Revolución mexicana y Constitución de 1917", *Adiciones al Plan de Guadalupe y Decretos dictados conforme a las mismas, Veracruz, 12 de diciembre de 1914, op. cit.*, pp. 851-857.

Políticamente Venustiano Carranza ganaba la partida, no sólo se abría camino para, sin objeción legal alguna, postularse para presidente constitucional de la República, sino que también, en tanto eso sucedía, tener injerencia política y militar en las entidades federativas del país.

Para efectos del objeto de estudio del presente libro, antes de entrar al análisis de la convocatoria del Congreso Constituyente, es necesario reivindicar la posición político-electoral del movimiento zapatista y villista, por tanto, destacable es el Manifiesto a la Nación y Programa de Reformas Político Sociales de la Revolución, aprobado por la Soberana Convención Revolucionaria,[759] mismas que evidencian su perspectiva electoral, siendo prueba clara e inobjetable del ideario político de quienes son, sin lugar a dudas, la expresión más auténtica del movimiento revolucionario y a quienes se les ha tratado de señalar como carentes de una visión de alcance democrático, encasillándolos solamente en el aspecto social y agrario.

La visión política de esos caudillos queda demostrada en las determinaciones de la Soberana Convención que en tan sólo siete artículos[760] del manifiesto y programa de reformas, planteó profundos cambios, entre los que destacan: suprimir vicepresidencia, jefaturas políticas y el Senado, al cual califican como "institución aristocrática y conservadora por excelencia"; también se pronuncian por el parlamentarismo como forma de gobierno de la República y decretan la implementación del voto directo, tanto en las elecciones federales como en las locales; dictaminan reformar las leyes electorales de la federación y de los estados a fin de evitar que se falsifique el voto de los ciudadanos que no saben leer ni escribir.[761]

[759] En Jojutla, Morelos el 18 de abril de 1916,

[760] Del 32 al 37.

[761] Castañeda Batres, Oscar, Sección Documental, en "Revolución mexicana y Constitución de 1917", *Manifiesto a la nación y programa de reformas político-sociales de la revolución, op. cit.*, pp. 869-870.

Séptima parte

Formación del Congreso Constituyente de 1917. Convocatoria a elecciones y nueva ley electoral

El 15 de septiembre de 1916, Venustiano Carranza convocó a un nuevo Congreso Constituyente, la convocatoria surge simultáneamente con la ley electoral[762] y forman dos estructuras jurídicas para la democratización del país, pues con ello se habrá de elegir representantes que tendrán la responsabilidad de conocer, discutir y aprobar la iniciativa del proyecto de la nueva Constitución.

El anuncio electoral señala que la jornada cívica será el domingo 22 de octubre, sirviendo como base para la elección de la diputación, el censo de población de 1910[763] y la división territorial electoral de 1912.

La ley confiere a los partidos políticos una categoría más institucional y menos *caudillista,* pues los faculta para participar en los procesos electorales, sin más condición "que no llevar nombre o denominación religiosa y no formarse exclusivamente en favor de individuos de determinada raza o creencia".[764]

En esta regulación, la autoridad municipal es el centro de las operaciones, pues lo mismo divide la municipalidad en secciones electorales de 500 a 2 mil habitantes, que nombra a quienes pueden fungir como em-

[762] Véase Ley electoral para la formación del Congreso Constituyente de los Estados Unidos Mexicanos. Obtenido de https://constitucion1917.gob.mx/work/models/Constitucion1917/Resource/251/1/images/003.pdf

[763] La nación contaba con 15'160,369 habitantes.

[764] Artículo 53, de la Ley electoral para la formación del Congreso Constituyente de los Estados Unidos Mexicanos.

padronadores[765] responsables de conformar el censo electoral por sección e integrar la Junta Empadronadora, la cual dirige labores inherentes a la función electoral de la sección.

La Junta imprime las boletas electorales y designa en cada sección un *instalador* propietario y un suplente, que deben escoger lugar para instalar la casilla, la cual debe ser de fácil acceso y estar dentro de la sección respectiva. Otra de las responsabilidades de la autoridad municipal es la de publicar el padrón del censo electoral en el periódico oficial del Estado, si lo hubiese, si no por medio de listas fijarse en lugares públicos, también conoce sobre las inconformidades que la ciudadanía, candidatos independientes o partidos políticos, asuman sobre las inexactitudes del padrón.[766]

La secrecía del voto desaparece, pues las llamadas juntas computadoras,[767] que se integran posterior a la elección, al conocer y examinar los expedientes de cada sección, "leerá una por una las boletas de cada expediente, diciendo en voz alta el nombre del votante, el de la persona por quien sufragó y si fue votado para diputado propietario o suplente, nombre que repetirá también en voz alta el otro escrutador después de ver la boleta respectiva...".[768]

Después de décadas de intentar perfeccionar el andamiaje electoral mexicano, es incomprensible que se concluyera que en la elección de diputados constituyentes, cuando existiera un empate, es decir, que dos candidatos resultaran con el mismo número de votos, la decisión normativa para resolver esa eventualidad fuera que el presidente de la mesa "sorteará sus nombres públicamente, y declarará electo el que señale la suerte".[769]

[765] Por cada sección electoral se designan a tres empadronadores, siendo el primero de los nombrados quien se desempeñe como presidente de la Junta Empadronadora por cada sección.

[766] Artículos 1º, 2º, 4º, 11, 14, 15, de la Ley electoral para la formación del Congreso Constituyente de los Estados Unidos Mexicanos.

[767] Se integran por los presidentes de las casillas electorales del distrito de que se trate y designan de entre ellos una mesa directiva, constituida por un presidente, un vicepresidente, dos secretarios y dos escrutadores, con la finalidad de verificar el cómputo general de votos.

[768] Artículo 40, de la Ley electoral para la formación del Congreso Constituyente de los Estados Unidos Mexicanos.

[769] Artículo 42, de la Ley electoral para la formación del Congreso Constituyente de los Estados Unidos Mexicanos.

A pesar de sus peculiaridades, como las descritas anteriormente, la legislación inaugura un extenso catálogo de sanciones no sólo administrativas, sino también de carácter penal, para las y los ciudadanos que irresponsablemente participen o dejen de hacerlo sin causa justificada de la función electoral, también se castiga a las personas que actúen ilícitamente durante el proceso electoral.

La siguiente tabla nos ayuda a vislumbrar el régimen de sanción: (Las expresiones masculinas son en razón que así se describen en los textos fuente).

Responsables	*Función electoral*	*Conducta sancionable*	*Sanción*
Empadronadores	Ciudadano mexicano, vecino de la sección que sabiendo leer y escribir, tiene la responsabilidad de formar el censo electoral. No debe tener empleo o cargo público.	Por no desempeñar sin causa justificada la responsabilidad. Por ser negligente en el desempeño. Por no repartir las boletas electorales entre las personas enlistadas en el padrón.	Un mes de reclusión o multa de 20 a 200 pesos.
Instalador	Ciudadano mexicano, vecino de la sección que sabiendo leer y escribir, formar parte del padrón de la sección, tiene la responsabilidad de designar el lugar de instalación de la casilla. No debe tener empleo o cargo público.	No pueden excusarse para cumplir la función, más que por causa grave, de no hacerlo incurren en responsabilidad. Por no desempeñar o ser negligente en la responsabilidad.	Un mes de reclusión o multa de 20 a 200 pesos.
Ciudadanía empadronada	Integran la mesa directiva de casilla.	Si al inicio de la jornada electoral no se han presentado cuando menos nueve ciudadanos inscritos en el padrón para integrar la mesa directiva de casilla.	Se cita con la policía y mediante orden escrita se integra a las personas necesarias.
Funcionario de la mesa de casilla	La casilla se integra con un presidente, dos secretarios y dos escrutadores. La jornada es de nueve de la mañana a tres de la tarde.	Por no desempeñar el cargo.	Un mes de reclusión o multa de 20 a 200 pesos.
Tropa armada	Sin función electoral.	Durante la jornada electoral no pueden estar en las calles adyacentes a la cuadra que estuviera instalada la casilla.	Reclusión de uno a 11 meses y multa de 200 a 1,000 pesos.

(*Continuación*)

Responsables	*Función electoral*	*Conducta sancionable*	*Sanción*
Los individuos de tropa	Votar en la sección donde se encuentre su cuartel o campamento.	No pueden presentarse uniformados y armados en la casilla.	Sanción penal de acuerdo con código penal del D.F.
Persona	Cualquier miembro de la población que altere el desarrollo de la jornada.	Que no esté facultada para estar en la casilla.	Un mes de reclusión, multa de 100 a 500 pesos.
		Que haga a los votantes indicaciones o aconseje sobre el sentido en que deben votar o que pretenda entrar en consideraciones sobre las consecuencias del acto.	Reclusión de un mes a 11 meses y multa de 200 a 1,000 pesos.
		Que cometa una conducta ilícita, no señalada por la ley electoral o el código penal del Distrito Federal	Reclusión de seis meses a dos años y multa de 200 a 1,000 pesos. O ambas según la gravedad.
El ciudadano votante		Sólo puede votar en una casilla.	Se anula su voto o votos. Un mes de reclusión y multa de 100 a 500 pesos.
Falta innominada	Población innominada.	Infracciones cometidas por conductas reguladas por la ley electoral o el código penal y que no tienen específicamente una sanción.	De seis meses a dos años de reclusión y multa de 200 a 1,000 pesos o ambas.
El expediente y acta electoral bajo cubierta cerrada	La mesa directiva de casilla lo remite.	La violación, ocultación o destrucción de la cubierta que contenga el expediente electoral.	Reclusión de seis meses a dos años.

Fuente: Elaboración propia con base en la Ley electoral para la formación del Congreso Constituyente de los Estados Unidos Mexicanos de 1916. Obtenido de https://constitucion1917.gob.mx/work/models/Constitucion1917/Resource/251/1/images/003.pdf

Otra característica de la ley electoral es que el Congreso no cede su facultad de autocalificación de las elecciones, hecho que durante las próximas décadas habrá de ser materia de discusión, pues se estima que la cámara que enjuicia, al mismo tiempo es parte del conflicto, por tanto carece de legitimidad para resolver en definitiva las controversias que de carácter electoral se presenten, máximo cuando en la asamblea sólo exista una tendencia ideológica o partidista.

La convocatoria para la elección de diputados constituyentes trasparentó que los servicios que presten a la patria serán recompensados, no sólo con el reconocimiento público e histórico, sino que también se garantiza el salario que percibirán durante sus funciones, siendo la cantidad de 60 pesos diarios, y, en determinados casos, tendrán el derecho a que se les pague los gastos de viaje para los legisladores foráneos.

El colegio electoral del Congreso Constituyente

El profesor Jesús Romero Flores, último diputado constituyente,[770] participó en la obra *Historia del Congreso Constituyente de 1916-1917*,[771] editada por Enrique Martínez Prado, para reconocérsele en vida como ilustre mexicano. La obra transmite no sólo el sentir de un testigo de los acontecimientos, sino que también proporciona información valiosa como fuente de origen, de aquellos momentos fundacionales y que junto con el *Diario de los Debates*, son sustento para la elaboración del presente capítulo.

La integración del Congreso debía pasar primero por una fase donde los presuntos diputados se reunían en las llamadas *juntas preparatorias*, responsables inicialmente de calificar la elección; ahí el colectivo actuaba como colegio electoral resolviendo no sólo impugnaciones de origen establecidas en los expedientes electorales, sino que también conocían y resolvían impugnaciones que en dichas sesiones realizaba algún diputado sobre el otro. Es de señalar que, durante las actividades legislativas, la cámara en distintos momentos se convirtió en Colegio Electoral, compaginando sus funciones creadoras de la norma con la de tribunal electoral.

Una de las principales causas para desaprobar la integración de algún presunto diputado al Congreso Constituyente fue que no podían ser electos aquellos "que hubieren servido en empleos públicos o ayudado con las armas a los gobiernos o facciones hostiles en la causa constitucionalista".[772]

[770] Murió el 1 de noviembre de 1987.

[771] Romero Flores, Jesús, *Historia del Congreso Constituyente de 1916-1917*, México, Editorial Gupy, 1985. Obtenido de http://biblioteca.diputados.gob.mx/janium/bv/dp/hist_cong_const.pdf

[772] Artículo 4º reformado del Plan de Guadalupe, último párrafo.

Las juntas preparatorias se congregaron entre el 21 y 30 de noviembre de 1916, en esas sesiones se confirmaron las inclinaciones ideológicas y políticas de muchos de los integrantes de la naciente asamblea, ahí los grupos parlamentarios se aglutinaban en tendencias; la de los *liberales radicales* fue una de ellas, otra la de los *liberales moderados*, comandados, el primero, por Álvaro Obregón, y los segundos, por el presidente Carranza. Un tercer grupo lo formaban los diputados que habían participado en la anterior legislatura haciéndose llamar *renovadores*.

Esta división *práctica-ideológica* ocasionó discusiones enérgicas y prolongadas en la aceptación de uno u otro de los presuntos legisladores, es decir, el primer filtro para poder integrar la cámara era lograr la aprobación de los diputados integrantes de las juntas preparatorias, que como órgano de gobierno parlamentario, en ellos se depositó, inicialmente, la facultad de conducir la calificación de la elección de los diputados.

Más allá de ello, la división en las facciones mencionadas trajo confrontaciones ideológicas inteligentes, apasionantes y productivamente exitosas en la conformación de la nueva Carta Magna.

La directiva de las *juntas preparatorias* es producto de un intenso debate, fundamentalmente de forma en cuanto al método de votación e interpretación de la reglamentación interna, en ese marco, la primera mesa directiva quedó integrada por Manuel Amaya como presidente; Heriberto Jara e Ignacio L. Pesqueira como primer y segundo vicepresidente respectivamente, y como secretarios los diputados Rafael Martínez de Escobar, Alberto M. González, Luis llisaliturri e Hilario Medina.

La elección de la presidencia de esta mesa directiva nos permite identificar el grado de polarización que prevalecía en el parlamento, pues el diputado Manuel Amaya logra imponerse apenas por un voto sobre el diputado Esteban Calderón, al alcanzar 50 sufragios el primero, contra 49 del segundo.

En la organización propia de los trabajos, dos comisiones dictaminadoras fueron las encargadas de examinar los comicios, la primera de ellas revisó la elección de todos los presuntos diputados y la segunda la elección de los miembros de la primera comisión.

"La primera [comisión] tuvo un trabajo abrumador, ya que dictaminó sobre más de doscientos casos electorales, sosteniendo sus miembros verdaderas campañas parlamentarias para defender sus dictámenes de los impugnadores";[773] derivado de la revisión de los expedientes, a algunos diputados no le fueron aceptadas sus cartas credenciales, tal es el caso de Fernando González Roa, diputado suplente del distrito 2º de Guanajuato, denunciado de ser gran admirador de Félix Díaz, proclive al grupo de los científicos y porfiristas consumado; otro de los casos fue el diputado propietario del distrito 6º de Zacatecas, Pedro López, a quien se le acusó de ser funcionario público durante el gobierno de Huerta, y un expediente más fue el del periodista, también de Guanajuato, Heriberto Barrón.

Las juntas preparatorias, como colegio electoral, conocieron diversas irregularidades, las cuales se sintetizan en errores de integración de la carpeta, falta de actas o llenadas inadecuadamente por las juntas computadoras, nombramiento a destiempo de los instaladores por parte del ayuntamiento, paquetes electorales abiertos, entre otras, pero básicamente los diputados impugnadores lo hacían amparándose en el artículo 4º reformado del Plan de Guadalupe que hemos dado cuenta.

Para ejemplificar lo anterior, citaremos el proceso del diputado Ignacio Roel del primer distrito de Baja California, que al ser examinado su caso[774] y declarada válida su elección, el diputado queretano, Juan de Dios Bojórquez, objeta la determinación solicitando que se separe del dictamen general para discutirse en lo particular, pues se tiene dudas obre su lealtad revolucionaria; propuesta que fue aceptada.[775] Al diputado Ignacio Roel se le incriminan dos tipos de acusaciones: las inherentes al jefe militar de la zona de Baja California, Esteban Cantú, y las actuaciones propias durante el conflicto revolucionario.

Por lo que se refiere a las imputaciones hechas al gobernador del territorio de Baja California, Esteban Cantú, que le afectaron al diputado Roel por su estrecha relación con el exmiembro del ejército federal figuraron las siguientes:

[773] *Ibidem*, p. 21.

[774] Se pretendió calificar su elección en la 5ª Junta Preparatoria, celebrada el 27 de noviembre de 1916, sin embargo se difirió para nueva fecha.

[775] Por ello es en la 6ª Junta Preparatoria, celebrada el 28 de noviembre, cuando se discute su expediente.

- Que Baja California no estaba controlada por el gobierno de la revolución.
- Que la dominación del territorio es del exfederal Esteban Cantú y que éste no está del todo sometido al gobierno revolucionario.
- Que Baja California recibe a todas las y los empleados destituidos por el gobierno.
- Que Esteban Cantú, al ser traidor de la causa, impidió la llegada del personal docente a la región que tenían como finalidad educar a la población de acuerdo con los principios de la revolución.
- De ser representante de Esteban Cantú y no de Baja California.

Por lo que respecta a las impugnaciones por su desempeño durante la insurrección, a Ignacio Roel se le acusó de:

- Ser porfirista, enemigo de la revolución constitucionalista (nadie lo pudo probar).
- Salir huyendo del pueblo San Pedro de las Colonias, Coahuila, al ingresar el Ejército Constitucionalista.
- Prestar servicios incondicionales a Esteban Cantú, quien era calificado por algunos diputados como enemigo de la revolución.

Cuatro diputados destacaron en la presentación de objeciones contra el legislador bajacaliforniano, siendo éstos: Juan de Dios Bojórquez, Félix F. Palavicini, Manuel Cepeda Medrano y Ernesto Meade Fierro; en tanto que, en la defensa de éste, se enlistaron los diputados Francisco J. Mujica, Crisóforo Rivera Cabrera, Luis T. Navarro y el propio Roel.

Sobre la incriminación de que Baja California estaba sustraída del gobierno de la revolución, Ignacio Roel, en la más alta tribuna del país, reveló que se entrevistó con el general Álvaro Obregón en representación del gobierno de Baja California, manifestándole éste, que estaba de acuerdo con la realización de elecciones en el distrito primero y la obra revolucionaria que en la entidad se desarrollaba, y fue más allá al mencionar:

> A raíz del arreglo tenido con el general Obregón, el gobierno *de facto* recibió cien mil pesos, [legisladores le gritan] (¡Se dice el gobierno de la revolución!) —Recibió cien mil pesos, oro nacional, el gobierno del señor

Carranza, en vez de invertirlos allá el coronel Cantú; ex federal, como todos ustedes dicen, es diferente de los otros ex federales. (Voces: ¡No! ¡No!) Sí, señor; es absolutamente diferente, y ha habido ya comisiones del gobierno actual que han comprobado los hechos, que han ido a ver la obra revolucionaria hecha allí; un gran número de personas están mal informadas por la prensa; pero la prensa, de una manera general, obra en un sentido... (Voces: ¡No se oye!) Eso se puede consultar perfectamente a la Secretaría de Gobernación; de esa manera se zanja la cuestión. Yo puedo si ustedes quieren, describirles la obra llevada a cabo en el distrito norte. (Voces: ¡Ya la conocemos!) —Ustedes no la conocen; ustedes no conocen nada.[776]

Sobre la acusación de prestar servicio a quienes se oponían al gobierno constitucionalista y haber abandonado el pueblo de San Pedro de las Colonias, Coahuila, cuando entró el ejército revolucionario, Roel, con toda claridad, explicó que el único cargo público que ha tenido ha sido el de médico municipal en la época del presidente Madero, "he operado... a los revolucionarios heridos y si hubiera sido yo enemigo de la revolución, los hubiera vendido... Salí de San Pedro, porque no soy hombre de armas".[777]

En ese ambiente de animosidad para el gobernador del territorio de Baja California, Ignacio Roel llamó patriota a Esteban Cantú, lo que le fue recriminado por quienes pensaban distinto, ante ello, el diputado se justifica: "si dije algo en favor del coronel Cantú, fue por amor a la verdad y a la justicia... porque ha hecho la obra revolucionaria en el distrito norte de la Baja California... y lo puede comprobar el señor general Obregón... por esa razón he hablado en favor del general Cantú".[778]

De la discrepancia sobre la conducta revolucionaria de Esteban Cantú, Cándido Aguilar, también diputado constituyente, ministro de Relaciones Exteriores de Carranza y yerno del primer jefe, al expresarse en la Junta Preparatoria, prácticamente dio por terminado el debate cuando expuso:

Fueron ayer a preguntarme si el territorio de la Baja California estaba controlado por el gobierno y yo les contesté que sí, aunque no de una manera

[776] *Diario de los Debates del Congreso Constituyente 1916-1917*, t. I, 2ª ed., México, INEHRM-Secretaría de Cultura, Gobierno de la República, 2016, pp. 179-180.
[777] *Ibidem*, p. 186.
[778] *Idem*.

absoluta. El señor Cantú no ha sido rebelde para el señor Carranza, ni ha sido tampoco desleal. Yo creo, señores, por el interés nuestro, por política, por todo lo que ustedes crean conveniente, que debemos aceptar al señor Roel, y así no daremos un arma más a aquel rebelde para que se acabe de rebelar.[779]

Un hecho cierto, es que la animadversión que se expresó contra el diputado Ignacio Roel, fueron orientadas por la desconfianza a Esteban Cantú, por haber sido miembro del ejército federal, sin embargo la intervención del general Cándido Aguilar, hombre de plena solvencia revolucionaria, influyó positivamente para que los diputados votaran y declarar con ello al médico Ignacio Roel diputado constituyente, representante del territorio de Baja California.

El anterior caso es una muestra de lo complejo que fue la aceptación de los legisladores como constituyentes; y mucho más lo era cuando algún diputado que hubiera pertenecido a la legislatura que conoció la renuncia de Madero, hubiera consentido tal atropello.

El diputado Jesús Romero Flores explica el ambiente en la Cámara de Diputados:

> Se notaba un sentimiento de animadversión entre un grupo de presuntos diputados en contra de los que anteriormente habían sido diputados de la XXVI Legislatura, llamados diputados renovadores y que funcionó durante el gobierno del presidente Madero; se les acusaba de haber aceptado la renuncia de los Señores Madero y Pino Suárez. Yo no participé de esa animadversión, porque juzgué, y sigo juzgando, que tales diputados obraron de buena fe al aceptar tales renuncias, porque creyeron que de esa manera salvarían la vida de los ilustres mártires de nuestra democracia, y también porque la actitud de tales renovadores… fue muy interesante después de los sucesos de la Decena Trágica haciendo oposición al dictador Huerta, lo que les valió ser encarcelados en la Penitenciaría por el propio dictador.[780]

En efecto, diversas investigaciones históricas indican la indignación y repudio que se tenía a los diputados de la anterior legislatura, a

[779] *Ibidem*, p. 262.
[780] Romero Flores Jesús, *op. cit.*, p. 21.

tal grado que para ser aceptados, en algunos casos se solicitó la opinión del propio Carranza, quien a través de un mensaje escrito[781] dijo:

> Tengo conocimiento de que hay el propósito de desechar las credenciales de unos diputados al Congreso Constituyente, acusándolos de haber pertenecido en México como diputados a la primera XXVI Legislatura del Congreso de la Unión, después de los sucesos de febrero de mil novecientos trece; pero sobre este hecho puede usted hacer, en el momento oportuno, a quienes hagan tal impugnación, la declaración de que yo di instrucciones al licenciado Eliseo Arredondo, para que las transmitiera a los partidarios de la revolución dentro de la cámara, en el sentido de que, como sus servicios me serían menos útiles en las operaciones militares, continuaran en sus puestos, organizaran la oposición contra Huerta, procurasen que no se aprobase el empréstito que trataba de conseguir y le estorbaran en cuanto fuera posible, hasta conseguir la disolución del congreso. A esto se debió que permanecieran en México y por eso he seguido utilizando sus servicios, pues algunos de aquellos diputados han permanecido al lado de la Primera jefatura...[782]

El día último de noviembre, una vez discutidas y aclaradas las dudas respecto a los diputados de la anterior legislatura, se aprueban las credenciales de la mayoría de los presuntos diputados, y se procede a elegir la mesa directiva.[783] La instalación del histórico Congreso es después de las 10 de la noche del 30 de noviembre, en el Teatro Iturbide, hoy de la República, en la ciudad de Querétaro; en el recinto se escucharon las palabras del diputado presidente Manuel Rojas, las cuales conmocionaron a los asistentes cuando escucharon: "el Congreso Constituyente de los Estados Unidos Mexicanos... queda hoy legítimamente constituido".[784] Inmediatamente se convocó a la sesión inaugural al día siguiente, 1 de diciembre, en punto de las cinco de la tarde.

[781] Leído el 20 de noviembre de 1916.

[782] *Diario de los Debates del Congreso Constituyente 1916-1917*, t. I, *op. cit.*, p. 61.

[783] La mesa se integró por un presidente, dos vicepresidentes, cuatro secretarios y cuatro prosecretarios, siendo electo Luis Manuel Rojas como presidente de la mesa directiva al obtener 86 votos contra 68 del diputado Manuel Aguirre Berlanga, cuatro de Cándido Aguilar y dos de Heriberto Jara.

[784] *Diario de los Debates del Congreso Constituyente 1916-1917*, t. I, *op. cit.*, p. 379.

El sentido popular del nuevo parlamento queda demostrado no sólo por los perfiles de sus integrantes (que nada tiene que ver con la formación académica y profesional de sus miembros, sino por su convicción social), cuando el diputado sonorense Antonio de la Barrera,[785] momentos antes de concluir la sesión, preguntó en tono fuerte a la mesa directiva: "la mayor parte de los presentes somos pobres. El reglamento dice que se deberá uno presentar como se acostumbra en estas solemnidades; quizá muchos compañeros no tengan el famoso frac, la levita cruzada...", a lo cual el secretario interrumpe y aclara que la etiqueta se suprime, pero el legislador insiste: "suplico atentamente a la honorable presidencia se sirva decirnos algo al respecto". A lo cual el diputado presidente se limitó a decir: "Con toda libertad, sin etiqueta".[786]

Nuevamente, el constituyente Jesús Romero Flores nos transmite la sensación de aquel momento:

> Eran las diez de la noche cuando se levantó la sesión. Afuera de la ciudad de Querétaro ardía en pleno entusiasmo; la muchedumbre pululaba en las calles y plazas; resonaban las músicas militares y las bandas de guerra tocaban, desfilando rumbo a sus cuarteles. Yo, idealista como siempre, soñaba que aquello era el principio de una patria nueva: el entusiasmo más sincero estremecía todo mi ser.[787]

Los trabajos del Congreso no se hicieron esperar, la mesa directiva recibía diferentes solicitudes para que fueran consideradas al momento de redactar la Constitución, para ejemplo, la petición de un grupo de mujeres de Monterrey que protestaban por la reforma educativa, las cuales expresaron que eran "leyes... vejatorias u opresoras de nuestra santa religión",[788] solicitando reconsiderar la redacción del artículo 3o.[789]

[785] Posteriormente llegó a desempeñarse como administrador de la Aduana de Tijuana, Baja California.

[786] *Diario de los Debates del Congreso Constituyente 1916-1917*, t. I, *op. cit.*, pp. 384-385.

[787] Romero Flores Jesús, *op. cit.*, p. 24.

[788] Carta de protesta firmada por mujeres, dirigida a la nación mexicana y entregada a la mesa directiva del Congreso, el 5 de enero de 1917, Archivo de Congreso Constituyente 1916-1927, p. 335. Obtenido de http://www.diputados.gob.mx/Archivo_Historico/CompilacionVF30012015.pdf

[789] La propuesta de Venustiano Carranza limitaba la educación laica a los establecimientos oficiales de educación, los diputados constituyentes cambiaron la redacción de origen para establecer el principio laico en la enseñanza primaria elemental y superior, también en establecimientos

Ante ello, un grupo de mujeres del organismo "Patria Mexicana" de la Ciudad de México, envía también al Congreso una contrapropuesta a lo señalado por el memorial de las mujeres regias,[790] que ilustra el activismo de las damas de la época.

En una época donde la masculinización de la agenda pública era lo normalizado, es de reconocer la organización e impulso que las mujeres realizaron en la presentación de distintas iniciativas ciudadanas, que se sumaron a las entregadas por hombres que carecían de la representación necesaria para incidir en el parlamento; un ejemplo de ello es la petición que hacen para que algunas ciudades fronterizas cambiaran de nombre, en tal caso se propuso que Tijuana se llame Cuauhtémoc, Mexicali Cuitláhuac, Nogales se denomine Hidalgo, y Tapachula Belisario Domínguez, entre otros.[791] El resultado de la propuesta es de sobra conocido.

Número de constituyentes en 1824, 1857 y 1917

En un rápido análisis comparativo del número de constituyentes y estados que representaban, podemos visualizar el desarrollo de la representación política en las constituciones de 1824, 1857 y 1917, donde no solamente entidades constituidas contaron con un portavoz, sino también los territorios; tal es el caso de Baja California, donde en cada momento constitucional se contó con un parlamentario.[792]

---

privados, adicionalmente prohibieron que ninguna corporación religiosa, ministro de culto, pueda establecer o dirigir escuelas. Véase *Diario de los Debates del Congreso Constituyente 1916-1917*, t. I, *op. cit.*, pp. 507, 546.

[790] *Diario de los debates del Congreso Constituyente 1916-1917*, 2a. ed., México, INEHRM-Secretaría de Cultura, Gobierno de la República, 2016, p. 262.

[791] Proyecto de petición para cambiar los nombres de ciudades fronterizas, propuesto por Rafael de la Huerta el 24 de enero de 1917, *op. cit.*, pp. 366-367.

[792] Los diputados por el territorio de Baja California fueron en 1824, Manuel Ortiz de la Torre; en 1857, Mateo Ramírez, y en 1917, Ignacio Roel Treviño.

ESTADOS Y TERRITORIOS CON REPRESENTACIÓN POLÍTICA

Constitución	*Número de estados con representación*	*Diputados constituyentes*
1824	24	98
1857	26 y un territorio	95
1917	29	219

Fuente: Elaboración propia con información de Covarrubias Dueñas, José de Jesús, *Dos siglos de constitucionalismo en México*, México, Porrúa, 2009, pp. 379, 574.

En lo que respecta a la Constitución que nos rige, fue firmada el 31 de enero de 1916 y promulgada el 5 de febrero de 1917, fueron 219 los diputados acreditados, que representaban 215 distritos electorales.[793] El Congreso se reunió 69 ocasiones, de las cuales 66 fueron sesiones ordinarias, una permanente y dos más; la inaugural y la de clausura[794] complementan los trabajos legislativos.

Contrario a lo que se pueda especular, los constituyentes en su mayoría poseían formación académica y profesional, pues en la cámara fundacional "hubo 59 abogados, 33 militares, 21 médicos, 18 ingenieros, 15 profesores, ocho periodistas, ocho campesinos, seis comerciantes y cuatro obreros".[795]

Es claro que el parlamento contó con personajes altamente preparados y conscientes del objetivo trazado, quizá por ello confeccionaron una nueva carta de derechos, contrario a la intención de Carranza que fue siempre la de modificar la Constitución de 1857, a pesar de ello, los diputados nos dieron una Constitución inédita y una de las de mayor resonancia en el siglo XX. Los legisladores que confeccionaron el nuevo texto fundamental fueron los siguientes:

[793] A pesar de que la representación distrital era de 244, sólo asistieron representantes de 215 distritos electorales.

[794] Así lo reseña Patricia Galeana en la presentación del *Diccionario biográfico de los diputados constituyentes de 1917*, México, Secretaría de Cultura, INEHRM, Siglo XXI Editores, 2016, p. 11.

[795] *Ibidem*, p. 12.

Estado	*Núm.*	*Nombre*	*Edad*	*Profesión*	*Núm. de sesiones que asistió*
Aguascalientes	2	Daniel Cervantes Hernández	60	Químico farmacéutico	55
		Aurelio L. González (NFC)	57	Comerciante	No asistió a ninguna sesión, pidió licencia por enfermedad en la 28ª sesión del Congreso.
Baja California	1	Ignacio Roel Treviño	32	Médico	58
Campeche	2	Juan Zubarán (NFC)	Por encomienda de Venustiano Carranza, los diputados propietarios fueron en misión diplomática. El suplente Adalberto Galeano no se encuentra en los archivos y Enrique Arias Solís aparece en el listado de afirmativa del dictamen sobre credenciales presentada por la 2ª Comisión Revisora. Pero no asistió ni participó.		
		Herminio Pérez Abreu (NFC)			
Coahuila	6	Manuel Aguirre Berlanga (deja el puesto para hacerse cargo de la Secretaría de Gobernación con Venustiano Carranza)	30	Abogado	1
		Manuel Cepeda Medrano	31	Maestro	35
		Ernesto Meade Fierro	29	Periodista	55
		José Rodríguez González (suplente)	37	Maestro	58
		José María Rodríguez y Rodríguez	47	Médico	51
		Jorge E. Von Versen		Periodista y militar	48
Colima	1	Francisco Ramírez Villarreal	26	Abogado	19
Chiapas	5	Lisandro López	44	Abogado	41
		Cristóbal Llaven Castillo	61	Ingeniero militar	38
		J. Amílcar Vidal Sánchez	27	Ingeniero	49
		Enrique Suárez	36	Abogado	36
		Daniel A. Zepeda	61	Abogado	12

(*Continuación*)

Estado	*Núm.*	*Nombre*	*Edad*	*Profesión*	*Núm. de sesiones que asistió*
Chihuahua	1	Manuel M. Prieto	29	Con estudios en la Unión Americana	56
Distrito federal	14	Ciro Bernal Ceballos	44	Periodista	55
		Carlos Duplán Maldonado (diputado suplente)	27	Con estudios superiores en Washington, D. C.	23
		Francisco Espinoza Peñarrieta	62	Abogado	8
		Alfonso Herrera Mendoza	47	Profesor	51
		Lauro López Guerra	41		19
		Amador Lozano Jaureg	59	Economista	61
		Rafael Martínez Gómez (NFC)	36	Periodista	56
		Antonio Norzagaray Angulo	29		No asistió a ninguna sesión. Se justificó por cuestiones médicas y en enero de 1917 toma posesión como gobernador de Aguascalientes.
		Félix Fulgencio Palavicini Loria	36	Ingeniero topógrafo y periodista	53
		Ignacio L. Pesqueira Morales	60	Agente minero	46
		Rafael L. de los Ríos Ordaz	27	Abogado	50
		Román Rosas y Reyes (siendo suplente de Rafael L. de los Ríos, también firma la Constitución)	27	Con estudios en la carrera de leyes	11
		Arnulfo Silva	45		54
		Gerzayn Ugarte Rodríguez	36	Maestro sin título	62
Durango	7	Fernando Castaños	29	Abogado	41
		Silvestre Dorador	46	Encuadernador y tipógrafo	60
		Rafael Espeleta	61	Abogado	68
		Fernando Gómez Palacio	36	Médico	62
		Antonio Gutiérrez Rivera	33	Auxiliar de un periódico y pagador de ferrocarril	59
		Alberto Terrones Benítez	30	Abogado	65
		Jesús de la Torre		Periodista	55

Guanajuato	19	Luis M. Alcocer (siendo suplente de David Peñaflor, también firma la Constitución)	40	Abogado	32
		Manuel G. Aranda Valdivia	48	Ingeniero minero	62
		Nicolás Cano	37	Minero	61
		Enrique Colunga	40	Abogado	59
		Ramón Frausto	38	Minería	34
		Vicente M. Valtierra	37	Ingeniero	62
		José Natividad Macías	60	Abogado	60
		Jesús López Lira	29	Médico	57
		David Peñaflor	29	Teniente coronel	1
		José Villaseñor Lomelí	41	Obrero	21
		Antonio Madrazo (NFC)	42	Ingeniero	14
		Santiago Manrique (siendo suplente de Antonio Madrazo, firma la Constitución)	37	Obrero	32
		Hilario Medina Gamboa	26	Abogado	56
		Ignacio López	41	Ingeniero minero	61
		Francisco Díaz Barriga (siendo suplente de Alfredo Robles Domínguez, firma la Constitución)	38	Medicina	40
		Fernando Lizardi Santana	34	Abogado	60
		Gilberto M. Navarro	40		51
		Luis Fernández Martínez	27	Periodista	64
		Carlos Ramírez Llaca	32		53
Guerrero	3	Fidel Jiménez Leyva	48	Con estudios de derecho	40
		Fidel R. Guillén Zamora	27	Médico cirujano y partero	22
		Francisco Figueroa Mata	47	Profesor	48
Hidalgo	10	Antonio Guerrero	31	Con estudios de medicina	66
		Leopoldo Ruiz Labastida	39	Maestro	52
		Alberto M. González	38	Abogado	63
		Rafael Vega Sánchez	29		55
		Alfonso Cravioto Mejorada	34	Abogado	47

(*Continuación*)

Estado	*Núm.*	*Nombre*	*Edad*	*Profesión*	*Núm. de sesiones que asistió*
		Matías Rodríguez Melgarejo	41	Militar	45
		Ismael Pintado Sánchez	28	Derecho	54
		Refugio M. Mercado	41	Terminó sus estudios sacerdotales. Abogado	53
		Crisóforo Aguirre (diputado suplente)	57	Juez	18
		Alfonso Mayorga Olivares	31	Comercio y trabajos de campo	64
Jalisco	21	Luis Manuel Rojas Arreola	46	Abogado y literato	66
		Marcelino Dávalos Vázquez	46	Abogado	47
		Federico E. Ibarra	37	Abogado	62
		Manuel Dávalos Ornelas	38	Maestro normalista	47
		Francisco Martín del Campo González	31	Abogado	57
		Bruno Moreno Molina	50	Contador privado	65
		Gaspar Bolaños Velázquez	33	Periodista	63
		Ramón Castañeda y Castañeda	47	Abogado	63
		Juan de Dios Robledo	33	Con estudios de jurisprudencia	55
		Jorge Villaseñor	32	Ingeniero	64
		Amado Aguirre y Santiago	54	Ingeniero topógrafo e hidrógrafo, además ingeniero de minas y metalurgista	68
		José I. Solórzano	28	Abogado	61
		Ignacio Ramos Práslow	32	Abogado	32
		Francisco Labastida Izquierdo	43	Ingeniero	66
		José Ynocencio Edelmiro Manzano Briseño	32	Abogado	62
		Joaquín Aguirre Berlanga	32		41
		Esteban Baca Calderón Ojeda	41	Maestro	66
		Paulino Machorro Narváez	30	Abogado	64

		Sebastián Allende Rojas y Rodríguez	37	Abogado	21	
		Carlos Villaseñor Villanueva (diputado suplente)	42	Médico cirujano y farmacéutico	11	
		Rafael Ochoa (NFC)	40	Abogado	43	
Estado de México	12	Aldegundo Villaseñor Díaz	29		41	
		Fernando Moreno	34	Médico cirujano	46	
		Enrique O'Farril	31	Abogado	57	
		Guillermo Ordorica Manjarrez	43	Abogado	42	
		José J. Reynoso	49	Ingeniero en minas, topógrafo, metalurgista y ensayador	52	
		Antonio Aguilar	44	Abogado	57	
		Juan Manuel Giffard	27	Abogado		
		José E. Franco Espinoza (NFC)	30	Farmacéutico y médico	19	
		Manuel A. Hernández (siendo suplente de José E. Franco, firma la Constitución)	32	Abogado	31	
		Enrique A. Enríquez Rodríguez	30	Abogado	57	
		Donato Bravo Izquierdo	27	Obrero	51	
		Rubén Martí Atalay	40	Con estudios profesionales en Scranton, Nueva York	58	
Michoacán	16 o 17	Francisco Ortiz Rubio (NFC)	35			Asistió a nueve sesiones, en la 11ª pidió licencia por cuestiones de salud.
		José Pilar Ruiz (siendo suplente de Francisco Ortiz Rubio, firma la Constitución)	39	Medicina	40	
		Alberto Peralta	27	Con estudios interrumpidos	32	
		Cayetano Andrade López	47	Periodista	57	
		Uriel Avilés (siendo suplente de Salvador Herrejón, firma la Constitución)	32	Tipógrafo, impresor y militar	28	
		Gabriel R. Cervera Riza	32	Profesor	56	
		Onésimo López Couto			46	

(*Continuación*)

Estado	*Núm.*	*Nombre*	*Edad*	*Profesión*	*Núm. de sesiones que asistió*
		Salvador Alcaraz Romero	37	Ingeniero civil	42
		Manuel Martínez Solórzano (siendo suplente de Pascual Ortiz Rubio, firma la Constitución)	54	Médico	41
		Martín Castrejón	37	Militar	51
		Alberto Alvarado (diputado suplente)	39	Con estudios profesionales	56
		José Álvarez	32	Contador	63
		José Silva Herrera	42	Abogado	65
		Rafael Márquez	35	Comerciante	64
		Amadeo Betancourt Villaseñor	41	Médico cirujano	58
		Francisco J. Múgica Velázquez	33		61
		Jesús Romero Flores	32	Maestro de Instrucción Primaria	48
Morelos	3	Antonio Garza Zambrano	37	Agricultor	51
		José L. Gómez.	29	Abogado	44
		Álvaro L. Alcázar Mondragón	36		61
Nuevo León	8	Manuel Amaya			54
		José Nicéforo Zambrano Cavazos	56	Conductor de carros de carga, comerciante	2
		José Lorenzo Sepúlveda Rodríguez (siendo suplente de Nicéforo Zambrano, firma la Constitución)			31
		Luis Ilizaliturri	31	Abogado	56
		Ramón Gámez	36	Ingeniero	
		Reynaldo Garza Martínez	53	Ganadero	65
		Agustín Garza González (NFC)	44	Médico	33
		Plutarco González (siendo suplente de Agustín de la Garza, firma la Constitución)	47	Abogado	7

Oaxaca	9	Salvador González Torres	32	Ingeniero	55
		Juan Sánchez (siendo suplente de Israel del Castillo, firma la Constitución)	28	Abogado	28
		Leopoldo Payan	45		63
		Luis Espinosa	32		61
		Manuel Herrera	27	Abogado	66
		Porfirio Sosa Ceniceros	38		56
		Celestino Pérez	23	Abogado y profesor en derecho constitucional	60
		Crisóforo Cabrera Rivera		Abogado	56
		José F. Gómez (siendo suplente de Genaro López Miro, firma la Constitución)	25	Campesino	26
Puebla	18	Salvador R. Guzmán (asistió como suplente de su padre, Daniel Guzmán) (NFC)	29	Médico	63
		Rafael P. Cañete	61	Abogado	65
		Miguel Rosales	47	Comerciante ferretero	57
		Gabriel Rojano	29	Con estudios de abogacía	53
		Luis David Pastrana Jaimes	34	Abogado	63
		Froylán Cruz Manjarrez Romano	26	Periodista, con estudios en comercio	56
		Antonio de la Barrera	33	Abogado	46
		José Rivera	30	Profesor de instrucción primaria elemental	54
		Epigmenio A. Martínez		Trabajador agrícola	62
		José Pastor Anselmo del Sagrado Corazón de Jesús Rouaix Méndez	43	Ingeniero topógrafo	44
		Luis T. Navarro	36	Ingeniero	45
		Porfirio del Castillo Tobón	33	Maestro	56
		Federico Dinorín	35		36
		Gabino Bandera Mata	29	Con estudios de medicina	5
		Leopoldo Vázquez Mellado (NFC)	36	Comerciante	23

(*Continuación*)

Estado	*Núm.*	*Nombre*	*Edad*	*Profesión*	*Núm. de sesiones que asistió*
		Gilberto de la Fuente	46	Médico	53
		Alfonso Cabrera	36	Médico	25
		José Verástegui	34	Burócrata, revolucionario y político	60
Querétaro	3	Juan N. Frías Nepomuceno	50	Abogado	53
		José Ernesto Ezequiel Perusquía Layseca	40		46
		José María Truchuelo	27	Abogado	62
San Luis Potosí	9	Samuel M. de los Santos Rivera	30	Con estudios de la carrera de leyes	60
		Arturo Méndez	49	Médico cirujano	59
		Rafael Martínez Mendoza (siendo suplente de Rafael Cepeda, firma la Constitución)	29	Abogado	18
		Rafael Nieto	34	Con estudios de primaria	4
		Cosme Dávila (siendo suplente de Rafael Nieto, firma la Constitución)	44	Sastre	36
		Dionisio Zavala Armendáriz	35	Minero	64
		Gregorio A. Tello Arriaga	31	Profesor	56
		Rafael Curiel	34	Ingeniero	10
		Rafael Cepeda (NFC)	33	Ingeniero	
Sinaloa	5	Pedro R. Zavala	41	Ingeniero, militar	62
		Andrés Magallón Ramírez	35	Tipógrafo	47
		Carlos M. Ezquerro	51		48
		Cándido Avilés Inzunza	36	Con estudios de preparatoria	65
		Emiliano Celso García Estrella	41	Con estudios de medicina	46

Sonora	4	Luis G. Monzón	45	Maestro	60
		Flavio A. Bórquez	48	Cursó la primaria	66
		Ramón Ross	53		53
		Juan de Dios Bojórquez León	25	Ingeniero agrónomo	56
Tabasco	3	Rafael Martínez de Escobar	29	Abogado	58
		Santiago Ocampo Cano	44	Sastre	38
		José del Carmen Sánchez Magallanes	26	Profesor y abogado	37
Tamaulipas	4	Pedro A. Chapa	27	Arquitecto	61
		Zeferino Fajardo Luna	32	Profesor de instrucción primaria y notario público	66
		Emiliano P. Nafarrate	35		47
		Fortunato de Leija Sepúlveda	52	Abogado	58
Tepic	3	Cristóbal Limón López	34	Con estudios de primaria y del seminario conciliar de Tepic	53
		Marcelino M. Cedano (siendo suplente firma la Constitución)	28	Profesor normalista	34
		Juan Espinosa Bávara	40		58
Tlaxcala	3	Antonio Hidalgo Sandoval	41	Obrero	65
		Modesto González Galindo	43	De ascendencia indígena, trabajó en el campo	53
		Ascensión Tépal	34	Labores del campo	65
Veracruz	18	Saúl Rodiles Peña	32	Maestro	63
		Carlos L. Gracidas	29	Tipógrafo	36
		Enrique Meza (siendo suplente de Adalberto Tejeda, firma la Constitución)	28	Abogado	53
		Benito G. Ramírez Garrido	26	Maestro	55
		Eliseo Luciano Céspedes Vera	25	Abogado	61
		Adolfo G. García Jaimes	40		55

(*Continuación*)

Estado	*Núm.*	*Nombre*	*Edad*	*Profesión*	*Núm. de sesiones que asistió*
		Josafat S. Márquez	33	Con estudios normalistas	57
		Alfredo Solares	45	Artista teatral	36
		Alberto Román	45	Médico cirujano	60
		Silvestre Aguilar	31	Estudios de primaria	55
		Ángel S. Juarico	61	Talabartero	61
		Heriberto Jara Corona	38	Contador	61
		Victorio E. Góngora	43	Ingeniero	59
		Cándido Aguilar Vargas	38	Estudios de primaria	15
		Marcelo Torres	41	Médico	65
		Galdino H. Casados	38	Con estudios de primaria	58
		Juan de Dios Palma	43	Maestro	65
		Fernando A. Pereira	35	Telegrafista	58
Yucatán	4	Antonio Ancona Albertos	33	Periodista	57
		Enrique Recio	33	Con estudios de derecho	63
		Héctor Victoria Aguilar	31		55
		Miguel Alfonso Romero	27	Médico	55
Zacatecas	7	Adolfo Villaseñor Román	29	Ingeniero topógrafo e hidrógrafo	60
		Julián Adame Alatorre	35	Ingeniero topógrafo e hidrógrafo	63
		Jairo R. Dyer Castañeda	48	Médico	67
		Samuel Castañón (siendo suplente de Rosendo A. López, firma la Constitución)	33	Carpintero	28
		Andrés L. Arteaga de León (siendo suplente de Antonio Cervantes, firma la Constitución)	31	Profesor y abogado	38
		Antonio L. Cervantes	46	Trabajo de campo	51
		Juan Aguirre Escobar	43	Con estudios de preparatoria	47

Fuente: Elaboración propia con base en información, *Diario de los Debates del Congreso Constituyente 1916-1917*, t. III, *op. cit.*, pp. 729-735; *Diccionario biográfico de los diputados constituyentes de 1917*, *op. cit.*, pp. 15-159, y *Primer Centenario de la Constitución del pueblo mexicano 1917-2018*, 7ª ed., México, H. Cámara de Diputados, LXIII Legislatura, MAPorrúa, 2018, pp. 15-73.

Capítulo segundo

La Constitución de 1917 en su ámbito político-electoral

La redacción inicial de la Constitución de 1917 proyectó la forma en que se desarrolla e integra el poder público.

El objetivo de quienes detentan o aspiran al mando en aquella época en esencia es que la población tenga el derecho de elegir e instruir el modo en que se debe ejercer dicho poder,[796] por consiguiente al ser la revolución producto de diferentes demandas, se encontró en la elaboración del nuevo ordenamiento la oportunidad para añadir visiones tradicionalmente relegadas como las sociales, humanas y económicas.

En ese sentido, la Constitución del 1917 fue revolucionaria "no sólo por su contenido… sino porque rompió con el formulismo jurídico, para el cual una constitución debía limitarse a la organización política dejando para leyes secundarias, las formas sociales y económicas. En ese aspecto, el documento de 1917 fue único en su tiempo…".[797]

La ley fundamental, entonces, contrariando la costumbre que prescribía que los derechos sociales o económicos no se debían contemplar en la Constitución, los incorpora porque es ahí donde se plasma "la consumación ideológica de la revolución".[798]

[796] Definición de los elementos constitucionales expresada por el diputado por Guanajuato, José Natividad Macías, *Diario de los Debates del Congreso Constituyente 1916-1917*, t. I, *op. cit.*, p. 630.

[797] Castañeda Batres, Oscar, *op. cit.*, p. 749.

[798] Astudillo Reyes, César, *El derecho electoral en el federalismo mexicano*, México, Secretaría de Cultura-INEHRM, UNAM, Instituto de Investigaciones Jurídicas, 2018, p. 63.

Era claro que los legisladores alcanzaban un ordenamiento con instituciones políticas sólidas y derechos sociales que, a más de un siglo de promulgación, se puede confirmar la realización del objetivo inicial: que la democracia y las exigencias sociales no fueran pretexto para nuevos levantamientos bélicos.

Hoy el sistema político enfrenta nuevos desafíos; la democracia, en el contexto actual, se ve amenazada por las conductas de quienes debiendo perfeccionarla, atentan contra ella de manera cotidiana.

Recordar las controversias ideológicas o incluso de interés que se produjeron en la asamblea constituyente para establecer las reglas del juego democrático es una enseñanza que los fundadores del texto constitucional legaron, pues no puede existir momento de mayor tensión o inestabilidad, que discutir un documento creador de un sistema, régimen e instituciones en medio de una guerra y, a pesar de ello, deliberar, acordar e incorporar los temas que mantenían al país en medio de una revuelta.

El argumento constitucional ha tenido desde su nacimiento elogios nacionales e internacionales, pero la mayor aportación de los legisladores de 1917, fue que en pluralidad, con tolerancia y con un espíritu creador, pudieron conciliar las divergencias. Nuestros constituyentes nos dieron una extraordinaria lección al momento de concebir el estatuto supremo y es que se puede cambiar de sistema y régimen por cauces democráticos. A ellos les costó sangre aprenderlo.

Con pasión y entrega, con armas y sin ellas, las y los fundadores lucharon por la conquista de derechos sociales, pero fueron igualmente intensos en la lucha por obtener el sufragio efectivo, la democracia, la soberanía popular, la votación directa, división de poderes, el municipio libre, la autonomía de los estados, la erradicación del centralismo y las elecciones periódicas; hoy con el aprendizaje adquirido, debemos levantar nuevamente las banderas de la transformación; hacerlo, sólo es posible conociendo el origen, las causas y por supuesto los costos que pagó la nación mexicana para conseguirlo, toda vez que la población "que no conoce su historia está condenada a repetirla".[799]

[799] Distintas personas han adjudicado la frase a Confucio o Napoleón, lo cual hace difícil encontrar su verdadera autoría.

En este contexto, estudiaremos el debate que dio origen a los artículos que rigen la vida político-electoral de la república, no sin antes echar un vistazo a lo que ha sido más de un siglo de vigencia de la histórica Carta Magna.

Particularidades de la Constitución de 1917

La Constitución vigente de 1917 consta de 136 artículos, solamente 22[800] continúan intactos, el resto ha tenido 733 reformas[801] siendo el artículo 73, que trata sobre las facultades del Congreso, el que más modificaciones ha experimentado al realizársele 82 cambios.[802]

Otra particularidad de la Constitución es que, al igual que sus antecesoras, fue escrita con lenguaje excluyente, invisibilizó a la mujer y a pesar de la discriminación que ello conlleva, el parlamento en más de 102 años de vigencia de la carta fundacional, continúa reproduciendo el agravio, a pesar del esfuerzo que en los últimos años se ha realizado para tratar de actualizarla y erradicar con ello la discriminación aludida.

Una de las singularidades de la Constitución es precisamente el número de modificaciones, que superan por mucho, a las reformas realizadas a la Constitución de 1857, la cual observó tan sólo 84 transformaciones para 50 artículos.[803] Otro detalle del proyecto original es que se enuncia en medio de hechos históricos poco conocidos, el *primero* de ellos es la intención del primer jefe del Ejército Constitucionalista de únicamente reformar la Constitución de 1857 y no necesariamente promulgar una nueva; el *segundo* es que el proyecto de Carranza se integró originalmente por 132 artículos,[804] incorporándose en el proceso

[800] Constitución Política de los Estados Unidos Mexicanos, en Suprema Corte de Justicia de la Nación, con base en la última reforma publicada en el *Diario Oficial de la Federación* de fecha 9 de agosto de 2019. Obtenido de https://www.scjn.gob.mx/constitucion-politica-de-los-estados-unidos-mexicanos

[801] Del artículo 1º al 136 se han producido 719 reformas; nueve a los artículos transitorios y cinco artículos transitorios de decreto de reforma, para dar un total de 733 modificaciones a la Constitución de origen. Obtenido de http://www.diputados.gob.mx/LeyesBiblio/ref/cpeum_art.htm (Con base en información de la última reforma publicada en el *Diario Oficial de la Federación*, de fecha 9 de agosto de 2019).

[802] *Idem.*

[803] Covarrubias Dueñas, José de Jesús, *op. cit.*, p. 572.

[804] *Diario de los debates del Congreso Constituyente 1916-1917*, t. I, *op. cit.*, pp. 506-534.

de discusión parlamentaria cuatro más,[805] y el *tercer* hecho relevante es el propósito que tuvieron distintas personas en incorporar el sufragio femenino.

El voto femenino

La maestra Hermila Galindo es quien por vez primera formaliza la intención de facultar el voto femenino al presentar ante el Congreso, "un memorial solicitando que se le conceda el voto a la mujer, a fin de tener derecho para tomar participación en las elecciones de diputados";[806] la cámara, por esas mismas fechas, recibió en el mismo sentido la petición del diputado por Oaxaca Salvador González Torres, quien expuso la necesidad de otorgar derechos políticos a la mujer.[807] Circunstancia distinta fue la propuesta de Inés Malváez, quien alegó la inconveniencia del sufragio femenino porque "consideraban que su actividad [refiriéndose a lo que deberían hacer las mujeres] daría mejores frutos si se centraba en obras educativas y asistenciales, evitando involucrarse en el mundo de la política, plagado de vicios y capaz de corromper la moralidad atribuida a las mujeres, quienes eran consideradas como espíritus nobles y elevados, debido a su vocación maternal".[808]

El dictamen de referencia negó de manera implícita el derecho femenino, lacónicamente sentenció que la resolución implica la aceptación del sufragio limitado para los ciudadanos y la negación del sufragio femenino,[809] ante estas circunstancias la Comisión dictaminadora[810] decide tratar el tema, justificando la negativa de la siguiente manera:

[805] Los artículos incorporados fueron el 123, 132, 133 y 134.

[806] *Diario de los Debates del Congreso Constituyente 1916-1917*, t. I, *op. cit.*, pp. 590.

[807] En todos estos casos se negó la oportunidad de ser escuchados en el pleno de la cámara, pues la mesa directiva del Congreso consideró procedente solamente turnarla a comisiones. Véase en Décima sesión ordinaria de fecha 12 de diciembre de 1916, *Diario de los Debates del Congreso Constituyente 1916-1917*, t. I, *op. cit.*, pp. 723, 730.

[808] Cano, Gabriela, "Sufragio femenino en el México posrevolucionario", en *La revolución de las mujeres en México*, México, SEP-INEHRM, 2014, p. 37.

[809] *Diario de los Debates del Congreso Constituyente 1916-1917*, t. III, *op. cit.*, p. 317.

[810] Diputados miembros de la comisión: Francisco J. Múgica, Enrique Recio, Enrique Colunga, Alberto Román y L.G. Monzón.

El hecho de que algunas mujeres excepcionales tengan las condiciones necesarias para ejercer satisfactoriamente los derechos políticos no funda la conclusión de que éstos deben concederse a las mujeres como clase. La dificultad de hacer la selección autoriza la negativa.
La diferencia de los sexos determina la diferencia en la aplicación de las actividades; en el estado en que se encuentra nuestra sociedad, la actividad de la mujer no ha salido del círculo del hogar doméstico, ni sus intereses se han desvinculado de los miembros masculinos de la familia... las mujeres no sienten, pues, la necesidad de participar en los asuntos públicos, como lo demuestra la falta de todo movimiento colectivo en ese sentido... En las condiciones en que se encuentra la sociedad mexicana no se advierte la necesidad de conceder el voto a las mujeres.[811]

Finalmente el dictamen sometido a discusión el 26 de enero de 1917, encuentra posicionamientos que, lejos de impulsar el sufragio femenino, pretendió que no hubiera la menor duda respecto a la imposibilidad de ejercerlo, tal es el emplazamiento que hace el diputado Félix Palavicini, quien solicita se aclare la redacción, pues, de una interpretación gramatical: el derecho a votar es de todos los ciudadanos, lo cual constituye una categoría genérica que permitiría votaciones femeninas, por lo cual solicitó se explicara los alcances jurídicos de la redacción, pues el parlamentario consideró que "estamos en peligro de que se organicen [las mujeres] para votar y ser votadas".[812] La respuesta fue contundente, el diputado Luis Monzón refirió: "No tomamos en consideración esa opinión de que la mujer también debía tener el voto".[813]

Gracias a la ambigüedad del genérico *todos los ciudadanos* y la falta de precisión de la dictaminadora y del constituyente, Hermila Galindo logra ser candidata a diputada,[814] decidiéndose participar por el quinto distrito federal.[815] La jornada electoral concluye sin éxito para la aspirante, pues ninguna mujer pudo votar por ella porque ese derecho les

[811] *Diario de los Debates del Congreso Constituyente 1916-1917*, t. III, *op. cit.*, pp. 317-319.
[812] *Ibidem*, p. 473.
[813] *Idem*.
[814] Rechazó ser candidata a diputada por el octavo distrito electoral, pues consideró que ahí la victoria sería fácil y ella quería demostrar que en condiciones de igualdad podía ganar en algún distrito más competido, ante ello opta por el distrito quinto, donde pensaba que la contienda sería más difícil.
[815] Valles Ruiz, Rosa María, "Entre palmas y rosas; diatribas y reprobación", en *La revolución de las mujeres en México*, México, INEHRM, Secretaría de Cultura, 2016, p. 49.

había sido negado. Tras esta experiencia la redacción de origen fue enmendada en la ley electoral de 1918 al prohibirse en definitiva el voto pasivo y activo para la mujer.

Más de tres décadas transcurrieron para obtener el derecho a la ciudadanía igualitaria[816] y 57 años para estipular el derecho de igualdad ante la ley, consagrado en el artículo 4° de la ley suprema.[817]

Consecuentemente al conquistarse estos derechos podríamos pensar que todas las prerrogativas que anteriormente disfrutaban los hombres serían alcanzadas por las mujeres, sin embargo esto no ha sido de todo cierto, pues se ha tenido que establecer acciones afirmativas y recurrir a la protección de tribunales electorales para tratar de erradicar la discriminación de la que han sido objeto históricamente; a pesar de ello, la lucha por la vigencia y aplicación plena de los derechos políticos femeninos continúa, pues la cultura de dominación masculina sigue estando presente en la sociedad mexicana generando constantes resistencias.

La denominación de la Constitución

Presagiando las impetuosas discusiones de los distintos artículos constitucionales, el debate sobre la denominación misma de la Constitución y por tanto de la nación, enfrentó dos posturas: la que pugnó por llamarla Constitución Política de la República Federal Mexicana y la proclive a la denominación de origen: Constitución Política de los Estados Unidos Mexicanos.

Este disenso retomó la vieja disputa entre federalistas y centralistas; el dictamen de la comisión de reformas explica la discrepancia de conceptos, pero toma *partido* al proponer que la ley fundamental se llame Constitución Política de la República Federal Mexicana, lo que ocasiona que a sus miembros[818] se les acuse de tratar de reimponer el centralismo.

[816] Con la reforma al artículo 34, de la CPEUM, de fecha 17 de octubre de 1953, publicada en el *Diario Oficial de la Federación*, p. 2. En donde se reconoce la ciudadanía plena a las mujeres en condiciones de igualdad, sin embargo no sería hasta 1958 cuando por vez primera puedan votar por titular del Poder Ejecutivo Federal.

[817] Reforma de fecha 31 de diciembre de 1974, *Diario Oficial de la Federación*, p. 2.

[818] Firman el dictamen los diputados: Francisco J. Múgica, Alberto Román, Luis G. Monzón, Enrique Recio y Enrique Colunga.

El informe alusivo establece, sin embargo, razones más prácticas que ideológicas, al señalar que:

> Bien sabido es que, en el territorio frontero al nuestro, por el Norte, existían varias colonias regidas por una "carta" que a cada uno había otorgado el monarca inglés; de manera que esas colonias eran positivamente Estados distintos; y, al independizarse de la metrópoli y convenir en unirse, primero bajo la forma confederada y después bajo la federativa, la República, así constituida, tomó naturalmente el nombre de Estados Unidos.
> Nuestra patria, por el contrario, era una sola colonia regida por la misma ley, la cual imperaba aun en las regiones que entonces no dependían del virreinato de Nueva España y ahora forman parte integrante de la nación, como Yucatán y Chiapas. No existían Estados; los formó, dándoles organización independiente, la Constitución de 1824.
> Los ciudadanos que por primera vez constituyeron a la nación bajo forma republicana federal, siguiendo el modelo del país vecino, copiaron también el nombre de "Estados Unidos", que se ha venido usando hasta hoy solamente en los documentos oficiales. De manera que la denominación de Estados Unidos Mexicanos no corresponde exactamente a la verdad histórica.
> Durante la lucha entre centralistas y federalistas, los primeros preferían el nombre de República Mexicana y los segundos el de Estados Unidos Mexicanos; por respeto a la tradición liberal, podría decirse que deberíamos conservar la segunda denominación; pero esa tradición no traspasó los expedientes oficiales para penetrar en la masa del pueblo: el pueblo ha llamado y seguirá llamando a nuestra patria "México" o "República Mexicana"; y con estos nombres se le designa en el extranjero.
> Cuando nadie, ni nosotros mismos, usamos el nombre de Estados Unidos Mexicanos, conservarlo oficialmente parece que no es sino empeño de imitar al país vecino. Una república puede constituirse y existir bajo la forma federal, sin anteponerse las palabras "Estados Unidos".[819]

Sin detrimento de lo anterior es un hecho que en el proyecto de Carranza utiliza de manera indistinta: República Mexicana, Estados Unidos Mexicanos, Nación Mexicana, Unión o incluso territorio nacional al referirse al Estado mexicano, es decir, las palabras y más aún los conceptos son utilizados de manera semejante, lo cual evita, según lo expresa de

[819] *Diario de los Debates del Congreso Constituyente 1916-1917*, t. I, *op. cit.*, pp. 593-594.

manera sarcástica el constituyente Luis Manuel Rojas, "una repetición cansada: eso de salir con esta sola expresión: 'Estados Unidos Mexicanos', y a los cuatro renglones otra vez 'Estados Unidos Mexicanos', casi es una letanía por el estilo de las que usa la iglesia".[820]

Luego de haber intervenido seis oradores en contra y cinco a favor, la votación del pleno fue contundente: 108 legisladores consideraron que el nombre debía de ser Constitución Política de los Estados Unidos Mexicanos, y tan sólo 57 se manifestaron a favor de República Federal Mexicana,[821] la razón que justifica el resultado de la votación es sencilla: la mayoría interpretó el cambio de denominación como una forma de pretender imponer el centralismo nuevamente; Félix Palavicini sintetizó, en una de sus muchas intervenciones, este sentimiento cuando afirmó que "se llamó Estados Unidos Mexicanos en todas las constituciones federales y se llamó República Mexicana en todas las constituciones centralistas...".[822]

Un siglo de coincidencias

Únicamente son 22 los artículos originales que prevalecen,[823] éstos han resistido la tendencia reformista de todas las preferencias políticas e ideológicas que han coexistido en el Congreso en más de un siglo. De los artículos intocados que tienen injerencia en el derecho electoral mexicano se encuentran el 8º, 9º, 38, 39, 50, 57, 64, 80, 81, 86 y 136; el proceso de discusión y aprobación de cada uno de ellos, no estuvo exento de ofuscadas discusiones; por ejemplo, el artículo 8º que refiere al derecho de petición que en materia política es atribución exclusiva de la ciudadanía, el disenso se debió a la exclusión de las personas que no supieran leer y escribir al consignarse que la petición fuera por escrito, lo cual fue calificado como una prerrogativa restrictiva; a lo an-

[820] *Ibidem*, p. 596.
[821] *Ibidem*, p. 617.
[822] *Ibidem*, p. 609.
[823] Con base en las últimas reformas aprobadas a la CPEUM y publicadas en el *Diario Oficial de la Federación*, de fecha 9 de agosto de 2019.

terior se sumó la confusión por la *ambigüedad* del concepto *breve tiempo*, que refiere a la respuesta escrita que debe dar la autoridad a la petición formulada. A pesar de estos desconciertos la votación fue aplastante,[824] definiéndose la redacción que aún se conserva.

El artículo 9º, por su parte, que se ocupa de la libertad de asociación y reunión, generó un intenso debate entre la clase política revolucionaria; la principal inquietud fue que al hacerse modificaciones de *forma* al planteamiento de Carranza, el Código Penal vigente en aquella época, se actualizara y permitiera nuevamente que por conveniencia de la clase gobernante en turno, se disolvieran reuniones políticas de carácter lícito.

El temido contenido del artículo 922 del Código Penal decía: "Cuando una reunión pública de tres o más personas que, aun cuando se forme con un fin lícito, degenere en tumultos y turbe la tranquilidad o el reposo de sus habitantes, con gritos y riñas u otros desórdenes, serán castigados los delincuentes con arresto menor y multa…";[825] en la exposición se dejó claro que la motivación fundamental de ese cambio obedecía a la necesidad de que los cuerpos policiacos no puedan impedir una reunión política, y si en ellas se encuentran personas armadas o haciendo escándalos, se les expulse, pero que no por esos pretextos se disuelva una concentración.[826]

Debido al temor fundado de los constituyentes, la redacción que había enviado Carranza se cambia y se confecciona una nueva, la cual prevalece hasta nuestros días, garantizando que en México se realicen reuniones, manifestaciones y demandas ciudadanas en un clima de respeto por parte del gobierno mexicano.[827]

Otro de los artículos originales donde el constituyente pretendió impulsar una voluntad *participativa-coercitiva* es el 38, el cual determina la suspensión de los derechos o prerrogativas de la ciudadanía cuando incumplan sin causa justificada con las obligaciones que se les impone

[824] En votación por mayoría de 168 a favor, dos en contra, la propuesta fue aceptada el 15 de diciembre de 1916. Véase *Diario de los Debates del Congreso Constituyente 1916-1917*, t. I, *op. cit.*, pp. 726-728.

[825] *Diario de los Debates del Congreso Constituyente 1916-1917*, t. II, *op. cit.*, p. 99.

[826] *Idem.*

[827] Una de las excepciones a esta determinación, que son internacionalmente reconocidas, son las agresiones del gobierno mexicano a las manifestaciones estudiantiles de 1968 y 1971.

en la República.[828] Es decir, en México se estableció el voto obligatorio sancionable, sin embargo en la práctica no se conoce un solo caso en donde se haya suspendido los derechos de un ciudadano o ciudadana por no haber sufragado.

La soberanía popular como poder supremo, consagrada en el artículo 39, fue para Oscar Castañeda de lo más trascendente o revolucionario, pues estableció "la soberanía nacional, [y] no del Estado",[829] es decir, la soberanía, como poder supremo, reside en la población y *tiene en todo tiempo el inalienable derecho de alterar o modificar la forma de su gobierno.*

La redacción de este artículo probó la filosofía política que prevalecía en los constituyentes, es claro que nunca dudaron en establecer el poder popular como guía para el desarrollo político; las experiencias recogidas en el devenir histórico permitieron que dicho artículo (cuya redacción original data de 1857) fuera respetado en su literalidad por el parlamento de 1917,[830] ahí, el constituyente reconoció que la "soberanía es una de las conquistas más preciadas del espíritu humano en su lucha con los poderes opresores... la soberanía popular... es considerada... la base esencial de los regímenes democráticos".[831]

Esta convicción de soberanía y gobierno se "trata de una noción democrática básica, piedra fundamental de la idea democrática, que establece la fuente de todo, la soberanía popular",[832] pues todo poder público procede de ella; ante ello, en más de siglo y medio dicho principio sigue siendo eje rector en la evolución democrática del México contemporáneo.

Por lo que respecta al Poder Legislativo, éste se sitúa en un Congreso General, dividido en dos cámaras: una de Diputados y otra de Senadores (la denominación constitucional hasta la fecha es con base en el masculino genérico); esta idea de tener un sistema bicameral no fue tema de discusión en la cámara, pues la consideración establecida en el artículo 50

[828] La reforma a la fracción III del artículo 36, obligó a la ciudadanía no sólo a votar en las elecciones, sino también en las consultas populares, Reforma publicada en el *Diario Oficial de la Federación,* de fecha 9 de agosto de 2012.

[829] Castañeda Batres, Oscar, *op. cit.,* p. 752.

[830] Fue aprobado sin discusión y por unanimidad el 25 de enero de 1917. Véase *Diario de los Debates del Congreso Constituyente 1916-1917,* t. II, *op. cit.*

[831] Castañeda Batres, Oscar, *op. cit.,* pp. 192-193.

[832] Woldenberg, José, *op. cit.,* p. 63.

fue aprobada por todos,[833] al igual que la determinación de que por cada senador propietario existiera un suplente.[834]

Olvidados quedaron los argumentos de los constituyentes de 1857, que se habían expresado contra la institución senatorial; José Woldenberg nos ilustra sobre la argumentación del diputado de 1857, Joaquín García Granados, cuestionando la figura del senador, los cuales —dijo— "se creerán siempre más distinguidos que los diputados y tendrán aspiraciones aristocráticas", por ello quizá consideraba a la cámara senatorial como "funesta".[835]

La ausencia de los diputados

En todos los tiempos las y los legisladores comprometidos han luchado contra la imagen por demás vergonzante de quienes, irresponsablemente, se ausentan de las sesiones o incumplen con su responsabilidad; este problema, en cada etapa de la historia constitucional de nuestro país se ha tratado de solucionar.

Por ejemplo en 1857, de 155 diputados integrantes del Congreso, con dificultad se alcanzaba los 79 legisladores necesarios para declarar el cuórum legal; "sólo hubo en las primeras sesiones unos 80, muchos fueron los que no se presentaron jamás ni se movieron de sus provincias... quizá pueda explicarse aquella abstención por la falta de fe y por el desaliento, pero la falta de fe suele no ser sino una forma de la falta de patriotismo".[836] Más fuerte aún la expresión de Francisco Zarco, citada por Emilio Rabasa: "lo que pasa, [que esto] demuestra que el pueblo no acertó a encontrar setenta y nueve personas que tuvieran la conciencia del deber".[837]

833 Se aprueba por unanimidad con 165 votos, el 29 de diciembre de 1916. Véase *Diario de los Debates del Congreso Constituyente 1916-1917*, t. II, *op. cit.*, p. 296.

834 Artículo 57 de la CPEUM, aprobado sin discusión y de manera unánime con 157 votos, el 3 de enero de 1917. Véase *Diario de los Debates del Congreso Constituyente 1916-1917*, t. II, *op. cit.*, p. 357.

835 Woldenberg, José, *op. cit.*, p. 69.

836 Rabasa, Emilio, *op. cit.*, pp. 44-45.

837 *Ibidem*, pp. 50-51.

Por lo que respecta a la Constitución de 1917, los estrenados legisladores sufrieron de lo mismo, ellos trataron de regular el tema con una medida consagrada en el artículo 64 al señalar que *los diputados y senadores que no concurran a una sesión, sin causa justificada o sin permiso de la Cámara respectiva, no tendrán derecho a la dieta correspondiente al día que falten*; esta determinación de retribución económica por trabajo realizado es hasta la fecha uno de los principales problemas en los parlamentos: se paga aun cuando el diputado falte a sus labores, pues la mayoría invariablemente "justifica" su inasistencia.

Pero el debate sobre el citado artículo retó la *conciencia* de los parlamentarios; teniendo como principal expositor al diputado Francisco Múgica, quien exigió que si "la nación paga a los diputados y a los senadores para que vengan hacer labor al parlamento; creo muy justo que aquellos que no asistan a las deliberaciones... pido que no se les pague".[838] El dato por demás revelador y vergonzante que ilustra el grado de ausentismo en la cámara, proviene de la tesorería del Congreso que informó que se había pagado a 202 diputados, y tan sólo en dos ocasiones se tuvo una asistencia que rebasó los 170 representantes;[839] "esto significa falta de dignidad, falta de decoro de los ciudadanos que se presentan a cobrar el sueldo que no han devengando".[840] El artículo en comento fue aprobado en votación dividida[841] y estipula hasta la fecha descontarles la *dieta* a los faltistas; sin embargo han encontrado en *el permiso* o *el justificante*, la manera de evitar las reducciones salariales.

En lo referente al Poder Ejecutivo que infiere con el nombre del titular, tipo de elección e irrenunciabilidad ordinaria al cargo, son apreciados en los artículos 80,[842] 81[843] y 86[844] que fueron aprobados fácilmente; en

[838] *Diario de los Debates del Congreso Constituyente 1916-1917*, t. II, *op. cit.*, p. 373.

[839] *Idem.*

[840] *Idem.*

[841] Aprobada por mayoría con 132 votos a favor, 23 en contra, el 9 de enero de 1917. Véase *Diario de los Debates del Congreso Constituyente 1916-1917*, t. II, *op. cit.*, p. 573.

[842] Aprobado por 140 votos a favor, dos en contra, *Diario de los Debates del Congreso Constituyente 1916-1917*, t. III, *op. cit.*, p. 129.

[843] Aprobado por unanimidad, *Diario de los Debates del Congreso Constituyente 1916-1917*, t. III, *op. cit.*, p. 129.

[844] *Idem.*

lo que respecta al ejercicio del Poder Ejecutivo convinieron en su carácter unipersonal, e hicieron "del Poder Ejecutivo no solamente la cúspide del poder estatal, sino también su eslabón fuerte";[845] el régimen presidencial se había constitucionalizado, el titular lo sería el presidente de los Estados Unidos Mexicanos y la elección de manera directa. El cargo solamente es renunciable por causa grave, apreciación que no está bajo el arbitrio del presidente solicitante, sino que es el Congreso de la Unión quien califica la causa de renuncia invocada y resuelve en consecuencia.

En cada momento histórico, México ha formalizado su actualización ideológica que invariablemente las esferas de poder implementan en la gobernanza nacional; el Constituyente de 1917 determinó con gran sabiduría la inviolabilidad de la Constitución, pues en ella se encuentra inscrito el sentir de un pueblo, pero también las convicciones que lo rigen. La constitucionalidad de los actos de las autoridades, de los partidos políticos y de la ciudadanía en la materia electoral es primordial, pues lo fundamental es la integración de la representación política en el marco de la legalidad.

Pero adicionalmente, la redacción del artículo 136 presagia y protege que ante la posibilidad de inestabilidades políticas ocasionadas por revueltas futuras o por la existencia de algún gobernante que habiendo llegado por la vía democrática pretenda perturbar el régimen democrático mexicano, se encuentre con la protección constitucional que ella misma provee. Así expresó el constituyente:

> Esta Constitución no perderá su fuerza y vigor, aun cuando por alguna rebelión se interrumpa su observancia. En caso de que, por cualquier trastorno público, se establezca un gobierno contrario a los principios que ella sanciona, tan luego como el pueblo recobre su libertad, se restablecerá su observancia, y con arreglo a ella y a las leyes que en su virtud se hubieren expedido, serán juzgados, así los que hubieren figurado en el gobierno emanado de la rebelión, como los que hubieren cooperado a ésta.[846]

[845] Woldenberg, José, *op. cit.*, p. 85.
[846] Artículo 136, CPEUM. Vigente.

ARTÍCULOS QUE CONSERVAN LA REDACCIÓN ORIGINAL

Art.	*Contenido*
8º	Derecho de petición.
9º	Derecho de asociarse o reunirse pacíficamente con objeto lícito.
12	Prohibición a otorgar títulos de nobleza, ni prerrogativas y honores hereditarios.
13	Nadie puede ser juzgado por leyes privativas ni por tribunales especiales.
23	Ningún juicio criminal deberá tener más de tres instancias. Nadie puede ser juzgado dos veces por el mismo delito.
38	Supuestos en que los derechos o prerrogativas de la ciudadanía se suspenden.
39	La soberanía nacional.
47	Sobre la extensión territorial y límites del estado de Nayarit.
50	El Poder Legislativo se deposita en un Congreso General, que se divide en dos cámaras de la de Senadores y la de Diputados.
57	Por cada senador propietario se elegirá un suplente
64	Los diputados y senadores no pueden faltar a las sesiones del Congreso sin causa justificada o sin permiso de la cámara respectiva.
68	De la residencia de las cámaras.
80	El ejercicio del Poder Ejecutivo es unipersonal y se denomina: "presidente de los Estados Unidos Mexicanos".
81	La elección del presidente de la República es directa.
86	El cargo de presidente de la República sólo es renunciable por causa grave.
91	De los requisitos para ser secretario del Despacho: ser ciudadano mexicano por nacimiento, estar en ejercicio de sus derechos y tener 30 años cumplidos.
118	Prohibición de los Estados, salvo con el consentimiento del Congreso de la Unión, tener tropa permanente, ni buques de guerra. Hacer la guerra por sí a alguna potencia extranjera entre otros diversos supuestos.
126	Prohibición a realizarse pago alguno que no esté comprendido en el presupuesto o determinado por la ley.
128	Todo funcionario, sin excepción, antes de tomar posesión de su encargo, prestará la protesta de guardar la Constitución y las leyes que de ella emanen.
129	En tiempo de paz, ninguna autoridad militar puede ejercer más funciones que las que tengan exacta conexión con la disciplina militar
132	Los fuertes, los cuarteles, almacenes de depósito y demás bienes inmuebles destinados por el Gobierno de la Unión al servicio público o al uso común, estarán sujetos a la jurisdicción de los poderes federales.
136	De la inviolabilidad de la Constitución.

Fuente: Elaboración propia con información presentada por la Cámara de Diputados. Obtenido de http://www.diputados.gob.mx/LeyesBiblio/ref/cpeum_per.htm (con base en última reforma publicada en el *Diario Oficial de la Federación*, el 15 de mayo de 2019).

Actualmente son 48 artículos que involucran definiciones, reglas, principios, conceptos, partes intervinientes y procedimientos que constituyen el fundamento del derecho electoral.[847]

Los derechos humanos

El artículo 1° concentró desde su origen elementos de gran valía para la democratización plena en México; aprobado por unanimidad[848] sancionó dos axiomas: que la autoridad debe garantizar el disfrute de los derechos naturales de quienes son habitantes de la República y que no debe restringirse ni modificarse la protección concedida.[849] A pesar de la plena coincidencia en los principios descritos, algunas visiones entraron en pugna y con la finalidad de perfeccionar la causa garantista se solicitó[850] que se redactara explícitamente que las garantías son irrenunciables, y que en lugar de llamárseles *garantías individuales* se los nombrara *garantías constitucionales*, porque "las garantías constitucionales, que es genérica, concurren y coexisten dos clases de garantías: las garantías individuales y las garantías sociales".[851]

Es claro que la esencia fue que en ninguna circunstancia se debe desvalorizar o peor aún perder este importante derecho, toda vez que una nación que se diga democrática lo es porque está estrechamente vinculada con el respeto a los derechos humanos.

Ante esta premisa, la reforma al artículo 1° en 2011[852] incluyó los principios de igualdad, interpretación conforme, pro-persona, de no discriminación, de progresividad y de convencionalidad; al añadirlos se

[847] Los artículos son del 1° al 9°, 24, del 33 al 41, del 61 al 60, 71, del 80 al 83, 94, 99, del 108 al 116, 122, 125, 130 y 134.

[848] Con la asistencia de 144 diputados fue aprobado por unanimidad el 13 de diciembre, *Diario de los Debates del Congreso Constituyente 1916-1917*, t. I, *op. cit.*, p. 634.

[849] *Diario de los Debates del Congreso Constituyente 1916-1917*, t. I, *op. cit.*, p. 620.

[850] Propuesta del diputado por el Distrito Federal, Rafael Martínez.

[851] Propuesta del diputado por Tabasco, Rafael Martínez de Escobar, *Diario de los Debates del Congreso Constituyente 1916-1917*, t. I, *op. cit.*, p. 625.

[852] La reforma que consagró la amplitud e integralidad de los derechos humanos y las garantías individuales fue publicada en el *Diario Oficial de la Federación*, el 10 de junio de 2011.

convirtió en una de las mejoras democráticas más significativas en la historia del país, equiparable, incluso, a la incorporación de los derechos sociales en la publicación de la Constitución de 1917.

Al apreciarse en el artículo 1º, que en México "todas las personas gozarán de los derechos humanos reconocidos en [la] Constitución y en los tratados internacionales de los que el Estado mexicano sea parte..." y que "las normas relativas a los derechos humanos se interpretarán de conformidad con esta Constitución y con los tratados internacionales de la materia favoreciendo en todo tiempo a las personas la protección más amplia" y que además "todas las autoridades, en el ámbito de sus competencias, tienen la obligación de promover, respetar, proteger y garantizar los derechos humanos de conformidad con los principios de universalidad, interdependencia, indivisibilidad y progresividad...", aunado al principio de la no discriminación, "motivada por origen étnico o nacional, el género, la edad, las discapacidades, la condición social, las condiciones de salud, la religión, las opiniones, las preferencias sexuales, el estado civil o cualquier otra que atente contra la dignidad humana y tenga por objeto anular o menoscabar los derechos y libertades de las personas", es concluyente que nuestra Carta Magna, desde la perspectiva político-electoral, está protegiendo de manera extensa y esencial los derechos políticos de las y los ciudadanos que constituyen derechos de las personas mundialmente reconocidos.

La libre expresión

La libertad de expresión, opinión y difusión de las ideas, son valores esenciales en una república, las personas precursoras del constitucionalismo encontraron en estos principios la *piedra angular* de una verdadera democracia, por ello en todos los ordenamientos jurídicos trataron de incorporar la libertad de expresar ideas, posturas o señalamientos, así como la libertad de publicarlo; estos principios acompañaron a las y los innovadores en el ideal de nación.

Desde su origen, los artículos 6º y 7º constitucional han encontrado diversas reformas, pero ninguna ha atentado contra el espíritu garantista de hombres y mujeres para expresar ideas en completa libertad, por el contrario, se ha pretendido ampliar el derecho para consolidar su correcta observancia; en ese contexto germina la reforma al artículo 6º que incorpora el derecho a la información,[853] así como la presición de que toda información del gobierno es pública,[854] el derecho de réplica,[855] la protección de datos personales y la creación de un organismo garante que permita que la ciudadanía conozca datos e informes de las entidades públicas, incluyendo a los partidos políticos, personas físicas, morales o sindicatos que reciba y ejerza recursos públicos.[856]

Libertad religiosa con intolerancia al activismo político

Relacionado al aspecto religioso, los legisladores de 1917 tutelaron la tolerancia, respeto y garantías a la práctica de cultos, impidiendo que el Congreso pudiera dictar leyes prohibitivas de religión alguna, pero fueron contundentes al negar cualquier tipo de activismo político de sacerdotes y asociaciones religiosas.

En México la libertad religiosa existió hasta la Constitución de 1857, pues en los ordenamientos anteriores, incluyendo la proclama independentista, establecían la intolerancia a cualquier otra profesión de fe, solamente la devoción católica era permitida; pues bien, después de las reformas constitucionales dictadas en 1857, se permitió la libertad de conciencia y se reglamentó el culto religioso; por su parte, en los debates del Constituyente de 1917, la discusión del artículo 24 registró un voto particular del diputado Enrique Recio, quien pidió se incorporaran dos fracciones más para prohibir al sacerdote de cualquier culto, impartir la confesión auricular y que el sacerdocio se limitara a los ciudadanos mexicanos por nacimiento, los cuales tendrían que ser casados civilmente si son menores de 50 años.[857] La iniciativa del diputado se fundó en lo siguiente:

[853] Reforma de fecha, 6 de diciembre de 1977, *Diario Oficial de la Federación*, p. 2.
[854] Reforma de fecha 20 de julio de 2007, *Diario Oficial de la Federación*, p. 3.
[855] Reforma de fecha 13 de noviembre 2007, *Diario Oficial de la Federación*, primera sección, p. 2.
[856] Reforma de fecha 29 de enero de 2016, *Diario Oficial de la Federación*, Edición vespertina, p. 4.
[857] *Diario de los Debates del Congreso Constituyente 1916-1917*, t. II, *op. cit.*, p. 392.

> La confesión es un acto que ata fuertemente las conciencias y pone, en consecuencia, la vida privada de las familias bajo la inmediata fiscalización del sacerdote... la confesión involucra asuntos domésticos en el poder temporal del sacerdote y... llega éste a dominar en el medio en que vive... La confesión sienta en el hogar a una autoridad distinta a la del jefe de familia, y esto es sencillamente abominable.[858]

Por lo que respecta a la necesidad de que los sacerdotes fueran mexicanos por nacimiento y además estuvieran casados civilmente, su argumentación se apoyó en que:

> Con el pretexto de ejercer el sacerdocio (sobre todo en el culto católico), han venido a nuestro país individuos de conducta nada recomendable, sin cariño ninguno para nuestro país y sus instituciones republicanas... Me declaro partidario de que, para ejercer el sacerdocio... se requiere ser casado... porque creo que las leyes de la naturaleza son inviolables y que es una necesidad la conservación de la especie; y persistir cándidamente en que los sacerdotes vivan en castidad perpetua, es sencillamente una irrisión.[859]

El artículo 24 fue aprobado por mayoría,[860] desechando el voto particular, sin embargo, un nuevo intento de reforma, ésta sí exitosa, impidió al Congreso dictar leyes prohibitivas de religión alguna,[861] con lo cual se erradicó el fantasma de la intolerancia religiosa en cualquier sentido. Otra modificación trascendental al citado artículo fue la negativa de utilizar los actos públicos religiosos con fines políticos, de proselitismo o de propaganda política.[862]

Intolerancia al activismo politico religioso

El artículo 130 publicado, pero que en su lectura y discusión de origen aparece como 129, vedó la personalidad jurídica de las iglesias, en tanto

[858] *Idem*.
[859] *Ibidem*, p. 393.
[860] El artículo fue aprobado por 93 votos, contra 63, el 27 de enero de 1917.
[861] Reforma al artículo 24, de fecha 28 de enero de 1992, *Diario Oficial de la Federación*, pp. 3-4.
[862] Reforma al artículo 24, de fecha 19 de julio 2013, *Diario Oficial de la Federación*, primera sección, p. 2.

que a ministros y sacerdotes se les prohibió el activismo político y estas limitaciones se extendieron a la publicación o comentarios sobre asuntos políticos del país, la proscripción de asociarse con fines políticos y por supuesto se les negó el derecho a votar y ser votado.

El dictamen de la comisión[863] explicó que ante la supremacía del poder civil sobre el religioso, desaparece de las leyes el principio de que Estado e Iglesia son independientes entre sí, porque eso se reconocía implícitamente en Leyes de Reforma, al conceder personalidad jurídica de la Iglesia, por tanto, la redacción de origen negó el carácter jurídico de las agrupaciones religiosas, respetando la creencia y prácticas, pero negando a la colectividad, como persona moral, su régimen legal.[864]

Las razones por las cuales se prohibió, limitó y normó la manifestación de ideas, el voto, las publicaciones o la formación de partidos políticos a las organizaciones religiosas fue para "suprimir de un modo absoluto, el ejercicio del ministerio de un culto… de la vida política de la nación, a fin de que los referidos ministros no puedan hacer del poder moral de la creencia, el apoyo de una tendencia política".[865]

La evolución de estos principios propició la reforma que otorgó personalidad jurídica a iglesias, agrupaciones y asociaciones religiosas, y confirió el derecho a votar, pero no a ser votados los ministros de culto religiosos.[866]

Prerrogativas de la ciudadanía

Para profundizar en los derechos políticos de las y los ciudadanos, es obligado hacer una distinción entre *derechos de las personas* y *derechos de la ciudadanía*, pues no todas las personas tienen la posibilidad de detentar derechos políticos electorales, para ello deben cubrirse requisitos que la propia Constitución establece, sin embargo, esta distinción de derechos es con propósitos meramente ilustrativos, ya que los derechos hu-

[863] La Comisión dictaminadora, integrada por los diputados Paulino Machorro y Narváez, Arturo Méndez, Hilario Medina y Heriberto Jara, leyó el dictamen al pleno el 26 de enero de 1917.

[864] *Diario de los Debates del Congreso Constituyente 1916-1917*, t. III, *op. cit.*, p. 463.

[865] *Idem.*

[866] Reforma al artículo 130, de fecha 28 de enero de 1992, *Diario Oficial de la Federación*, p. 4.

manos son interrelacionados, interdependientes e indivisibles, por lo que cualquier clasificación no los separa, ni los jerarquiza, solamente los explica.[867]

La potestad de la población para decir y formar parte de la representación política es una atribución exclusiva de las y los ciudadanos mexicanos, calidad jurídica que han conferido las constituciones de nuestro país, tomando en significación tres componentes esenciales: edad, nacionalidad y modo de vivir.

Los derechos políticos son atribuciones que tiene la población de un Estado cuando se le confiere la ciudadanía; estos derechos cívicos "permiten al ciudadano vincularse con la actividad política del Estado al que pertenece su ciudadanía, interviniendo en las decisiones colectivas referentes a la forma de Estado y gobierno",[868] es claro entonces que "no todos los derechos humanos son derechos cívicos, pero todo derecho cívico será siempre derecho humano".[869] En esta lógica, los derechos políticos "corresponden [exclusivamente] a los ciudadanos mientras que los derechos [por ejemplo] de libertad y los derechos sociales son adjudicados a las personas".[870]

Las prerrogativas cívicas inherentes a las y los ciudadanos son: votar, ser votado, asociarse para conocer de los asuntos políticos del país, así como afiliarse libre e individualmente a los partidos políticos; sin embargo la Corte ha determinado que existen "otros derechos fundamentales que se encuentren estrechamente vinculados con el ejercicio de los mencionados derechos político-electorales, como podrían ser los derechos de petición, de información, de reunión o de libre expresión y difusión de las ideas".[871]

Estos derechos fueron de gran preocupación para el Constituyente de 1917, pues pretendieron en sus trabajos legislativos lograr una adecuada

[867] Franco Cuervo, Juan José, *El derecho humano al voto*, México, Comisión Nacional de los Derechos Humanos, 2016, p. 14.

[868] *Ibidem*, p. 16.

[869] *Idem.*

[870] Bovero, Michelangelo, *La protección supranacional de los derechos fundamentales y la ciudadanía*, Serie de Cuadernos de Divulgación de la Justicia Electoral, Tribunal Electoral del Poder Judicial de la Federación, 2013, p. 35.

[871] Jurisprudencia 36/2002, *Justicia Electoral. Revista del Tribunal Electoral del Poder Judicial de la Federación, Suplemento 6*, Tercera época, año 2003, pp. 40-41.

integración en la norma suprema, pues sabían que procedían de reclamos históricos que forjaron revoluciones y un sinfín de luchas cívicas.

Derecho al voto ilimitado

La discusión para lograr una redacción consensuada en lo referente al voto, se dilucidó en medio de dos doctrinas: el voto universal y el sufragio limitado, sobre este último las principales voces del Congreso se expresaron en el sentido de conceder el sufragio a quienes supieran leer y escribir exclusivamente, su principal exponente, el diputado por Jalisco Esteban B. Calderón, llegó a leer ante los constituyentes una carta del influyente revolucionario Roque Estrada Reynoso,[872] donde declara las razones teóricas y prácticas de por qué el voto no podía ser universal. Así lo formuló:

> Nuestro país posee un enorme tanto por ciento de analfabetos; de ahí que no sería razonable conceder el "voto" al individuo por sólo el hecho de haber llegado a la edad de la ciudadanía. Menos falta de razón sería conceder el "voto" por el exclusivo saber de lectura y escritura; y el ser menos falto de razón no quiere decir ser razonable. Conforme a estas brevísimas consideraciones, exclusivamente teóricas, no puede fundamentarse el sufragio universal...
> El sufragio universal [justificó desde la lógica práctica] no entraña la expresión libre y espontánea de cada uno de los sufragistas, sino la expresión de la voluntad de un pequeño grupo formulado por los agitadores; en consecuencia, ese sufragio universal es un sufragio profundamente restringido... En el sufragio es factor decisivo el sentimentalismo...
> Aunque como ya dije... saber leer y escribir no escuda a nadie en contra de la influencia sentimental y religiosa... las condiciones... de nuestro medio... nos inclinan a juzgar conveniente la restricción del sufragio. ¿Y cómo y en qué términos esta restricción?

[872] Hombre cercano a Francisco I. Madero, a su muerte se unió a las filas del constitucionalismo y llegó a ser ministro de Justicia con Venustiano Carranza; compitió en 1920 contra Álvaro Obregón por la presidencia de la República, postulado por el partido Reconstrucción Jalisciense; fue presidente de la Suprema Corte de Justicia de la Nación y en 1957 recibió la medalla de honor "Belisario Domínguez" que otorga el Senado de la República.

En mi concepto, la única que se puede hablar es la de que el votante sepa leer y escribir...[873]

El dictamen de la comisión en contraparte, mostró la postura universalista del sufragio expresada de la siguiente manera:

> No es cierto que los individuos que saben leer y escribir estén más aptos para la democracia que muchos analfabetos que son hombres conscientes... Si bien es cierto que hay grandes irregularidades en la práctica del sufragio, es precisamente por la falta de costumbre; pero esas irregularidades no pueden subsanarse... negando el voto a tres millones de hombres... aunque analfabetos... yo creo que el remedio consiste... en multiplicar la acción de la escuela... y en multiplicar la acción de la prensa sana. Éstos son los remedios que podemos hallar para subsanar estos males.[874]

Finalmente, el artículo 35 se aprobó por 136 votos; solamente cinco legisladores se manifestaron contra la fracción primera de dicho ordenamiento,[875] la cual instauró la universalidad del sufragio, pero limitando, como se estudió, el voto fememino.

Por lo que respecta al voto directo para la presidencia de la República y quienes integren el Poder Legislativo, halló siempre fidelidad; la propuesta presentada al pleno de la cámara gravitó en el sentido que el sufragio directo es el medio para proveer a los poderes públicos, además es consecuencia de las luchas armadas ocurridas por este motivo; la Comisión dictaminadora garantista de esta prerrogativa, para el caso del parlamento, propuso la "federalización de la ley electoral para continuar con los antecedentes que sobre este respecto se han observado invariablemente, y para consagrar como una adquisición definitiva nacional el voto directo".[876]

En el caso del Senado, el acuerdo fue más complejo, pues el artículo 56 establecía que la Cámara de Senadores se integra por dos miembros por cada estado y dos por el Distrito Federal, nombrados en elección directa. Sin embargo condicionaba que *la legislatura de cada estado*

[873] *Diario de los Debates del Congreso Constituyente 1916-1917*, t. III, *op. cit.*, pp. 475-478.

[874] *Ibidem*. Postura dada a conocer por el diputado sonorense, Luis G. Monzón, pp. 482-483.

[875] Los diputados fueron: Zeferino Fajardo de Tamaulipas; Francisco Labastida Izquierdo, Francisco Martín del Campo, Jorge y Carlos Villaseñor, todos ellos de Jalisco.

[876] *Diario de los Debates del Congreso Constituyente 1916-1917*, t. II, *op. cit.*, pp. 352-353.

declarara electo al que hubiera obtenido la mayoría absoluta del total de los votos que debieron emitirse, conforme a los padrones electorales, y en caso de que ningún candidato hubiere obtenido dicha mayoría elegirá entre los dos que tuvieran más votos.[877] La redacción molestó al Congreso, pues pensaron que se trataba de establecer en forma velada el voto indirecto otorgándole a las legislaturas, en definitiva, la elección cuando ningún candidato alcanzara la votación absoluta en la entidad.

La intervención y ejemplo práctico del diputado Eliseo L. Céspedes, así como la contestación del diputado Paulino Machorro y Narváez por la comisión,[878] puso en perspectiva a los legisladores, quienes al conocer el ejemplo no dudaron en rechazar la propuesta, finalmente la cámara aprueba una nueva redacción para quedar como sigue: La Cámara de Senadores se compondrá de dos miembros por cada estado y dos por el Distrito Federal, nombrados en elección directa. La legislatura de cada estado declarará electo al que hubiese obtenido la mayoría de los votos emitidos; al paso del tiempo se elimina la declaratoria de elección de la legislatura local y subsiste hasta nuestros días la votación directa a las y los miembros del Senado.

La libre asociación y participación ciudadana

El anhelo de la ciudadanía de congregarse libremente para tratar temas políticos sin ser perseguidos, fue alcanzado, a plenitud, hasta la década de los noventa,[879] cuando a la redacción de origen que establecía el derecho de *asociarse para tratar asuntos políticos del país*, se le agregó los términos *libre y pacíficamente* que ya para 1996, el parlamento consideró incorporar también la obligación de hacerlo individualmente.

[877] Dictamen de la 2ª Comisión de Constitución, dado a conocer el martes 9 de enero de 1917, *Diario de los Debates del Congreso Constituyente 1916-1917*, t. II, *op. cit.*, pp. 564.

[878] El ejemplo del diputado Céspedes fue: "resulta que si hay treinta mil individuos empadronados, se necesita que voten quince mil más uno y si no votan más que diez mil, entonces no hay mayoría...". A lo que el diputado Machorro Narváez contestó: "en caso de que no se obtenga los quince mil más uno, entonces la legislatura local elegirá". Véase la totalidad de la discusión en *Diario de los Debates del Congreso Constituyente 1916-1917*, t. II, *op. cit.*, pp. 471-564.

[879] Reforma al artículo 35, fracción III, de la CPEUM, de fecha 6 de abril de 1990 y 22 de agosto de 1996, ambas públicas en el *Diario Oficial de la Federación*, pp. 3 y 2, respectivamente.

Desde entonces el artículo 35, fracción III, vigente de la Constitución Política de los Estados Unidos Mexicanos, prescribe el derecho de la ciudadanía de asociarse individual y libremente para tomar parte en forma pacífica en los asuntos políticos del país. Antes de estas reformas, el gobierno con interpretaciones autoritarias, en algunos casos ha reprimido, perseguido y castigado a quienes se reunen para deliberar y tratar temas políticos, principalmente cuando las reuniones desembocaban en críticas para el régimen o contra determinada política pública que se hubiera implementado.

Pero serán dos cambios al artículo 35 que habrán de rediseñar la participación política de la población: el primero se refiere a la fracción II que posibilita las candidaturas de las y los ciudadanos sin necesidad de ser postulados por partido alguno, y aun cuando en el devenir histórico de la República las candidaturas independientes han existido desde 1810, éstas no estaban debidamente reguladas, pero materialmente se expresaban en las contiendas al no existir propiamente los partidos políticos, sin embargo es con "la ley electoral de 1911, en su artículo 68… precepto [que] se mantuvo… hasta 1946", la que formaliza este tipo de aspiración.[880] Pues bien, con la reforma constitucional en 2012 quedó anulado el monopolio de la representación que disfrutaban los partidos políticos, permitiendo que las y los ciudadanos puedan solicitar su registro de manera independiente para ser votados.[881]

El segundo componente de gran valía es la terminación de la exclusividad de presentar iniciativas que tenían quienes fueran representantes políticos, pues con la reforma se facultó en el proceso de iniciación de normas a la ciudadanía.[882]

Obligaciones de las y los ciudadanos

Los *inexcusables* deberes políticos de la ciudadanía de votar, desempeñar cargos de elección popular, así como la obligación del registro electoral,

[880] M. Gilas, Karolina y Soriano Cienfuegos, Carlos, *op. cit.*, p. 48.

[881] Reforma al artículo 35, fracción II, de la CPEUM, de fecha 9 de agosto de 2012, *Diario Oficial de la Federación*, p. 2.

[882] Reforma que adiciona al artículo 35, fracción VII, de la CPEUM, de fecha 10 de febrero de 2012, *Diario Oficial de la Federación*, p. 12.

ha sido tema de discusión entre los constitucionalistas de 1917, y sigue siéndolo hasta nuestros días.

El artículo 36 establece las obligaciones de las y los ciudadanos que deben poseer en materia política; desde su origen la redacción fue prácticamente igual a la establecida en la Constitución de 1857, salvo por la obligatoriedad de inscribirse en los padrones electorales que ahí se impuso; del dictamen presentado al pleno del Congreso de 1917, se conoce que los legisladores se preguntaban las razones para imponer la obligación de votar y más aún el *castigo* que se deriva del incumplimiento establecido en el artículo 38, donde se estipuló la sanción por incumplir con las obligaciones políticas antes dichas. Los legisladores de 1917 deliberaron que la pena correcta era la suspensión del derecho de votar, pues esta medida —pensaron— puede ser que con el transcurso del tiempo se convierta en una enseñanza cívica natural.[883]

En definitiva, el escrito que hasta la fecha no ha sido modificado establece que las prerrogativas de la ciudadanía se suspendan, por falta de cumplimiento, sin causa justificada, de cualquiera de las obligaciones que impone el artículo 36, esta suspensión durará un año y se impondrá además otras penas que por el mismo hecho señale la ley.[884]

De la forma de gobierno y renovación de poderes

Para el constituyente la soberanía nacional no es un dogma filosófico, sino el resultado de la evolución histórica, base esencial de los regímenes democráticos y conquista substancial del pueblo mexicano, para enfrentar de manera clara y contundente cualquier dominio absolutista; la soberanía popular se convirtió en el contrapeso natural, formal y legal para contrarrestar los dictados despóticos del gobierno.

Con base en la soberanía popular se dicta la forma de gobierno en México, el constituyente redactó que ésta sería *republicana, representativa, democrática, federal, compuesta por estados libres y soberanos, en lo concerniente a su régimen interior; pero unidos en una federación.*

[883] *Diario de los Debates del Congreso Constituyente 1916-1917*, t. III, *op. cit.*, p. 317.
[884] Artículo 38, fracción I, CPEUM.

Ante la cámara se escuchó el modelo aludido, el único comentario que la Comisión dictaminadora realizó se refiere al principio federalista, asociándolo a las luchas históricas de país y a la causa liberal; el federalismo —se dijo— se encontraba "íntimamente ligado con las glorias del partido liberal. La idea federalista era la bandera de los avanzados, como la centralista la de los retrógrados y su establecimiento... ha sido el resultado de una evolución política e histórica que se hizo indiscutible después de la guerra de Reforma".[885] El artículo que fue aprobado por unanimidad[886] encontró 95 años después la primera reforma que agregó laicidad en la configuración gubernamental,[887] ratificando con ello el carácter liberal de la nación.

Por consiguiente, la manera en que la población despliega la soberanía constituye la columna vertebral del derecho electivo mexicano, pues al considerarse que *ejerce su soberanía por medio de los poderes de la Unión en los casos de su competencia, y por los Estados en los que toca a su régimen interior*,[888] abriga este artículo la facultad electoral que da nacimiento a la democracia representativa utilizada para la integración de los poderes, con exclusión del Judicial.

Poder Ejecutivo y Legislativo. El sistema bicameral

Ha quedado claro que la mejor forma de gobernar es cuando se evita la concentración del poder en una entidad o persona; por ello la división de poderes desde la perspectiva filosófica y práctica, estimuló la realización de esta visión, que somete al control recíproco a las instituciones y permite que las arbitrariedades, los caprichos y el despotismo se disipe; México favoreció por ello, el mecanismo de contrapesos con la creación de los organismos Ejecutivo, Judicial y Legislativo, y este último conformado en un Congreso General compuesto por dos cámaras.

[885] *Diario de los Debates del Congreso Constituyente 1916-1917*, t. II, *op. cit.*, p. 194.
[886] El artículo 40 se aprobó con 169 votos a favor, ninguno en contra.
[887] Reforma que adiciona al artículo 40, CPEUM, 30 de noviembre de 2012, *Diario Oficial de la Federación*, p. 4.
[888] Artículo 41, *Diario de los Debates del Congreso Constituyente 1916-1917*, t. II, *op. cit.*, p. 196.

La diputación mexicana ha reconocido diversas transformaciones, iniciando por los requisitos de elegibilidad de quienes habrán de integrarlos, la duración del cargo, el número de integrantes y la forma de reunión.

En su origen, la propuesta legislativa de 1917, estableció que la representación nacional se elegiría cada dos años, tema que no fue impugnado sino hasta 1933, cuando se reflexionó que la permanencia de los legisladores mexicanos debía ampliarse a tres;[889] a este criterio de *necesidad de más tiempo* en la labor legislativa se incorporó el principio reeleccionista, que aun cuando se disfraza con la expresión *elección consecutiva*, la reforma de 2014 permitió que las y los diputados puedan ser electos hasta por cuatro periodos consecutivos.[890] Esta innovación, que vulneró el principio antirreeleccionista mexicano, no halló gran oposición en la sociedad mexicana a pesar del enorme descrédito que han adquirido en los últimos tiempos las y los parlamentarios.

Dentro de los requisitos de elegibilidad, la 2ª Comisión dictaminadora en 1917 intentó limitar el voto pasivo considerando en la redacción del artículo 55, que para ser integrante del Congreso se requeriría ser ciudadano mexicano, por nacimiento, en el ejercicio de sus derechos, saber leer y escribir,[891] sobre esta última restricción, los legisladores se mostraron un tanto indiferentes; Félix Palavicini, por ejemplo, dijo:

> Se sabe que para llegar al Congreso de la Unión es necesario pasar primero por el cernidor de la opinión local; que allí se discuta, se estudie, se investigue a quien se va a votar y si en una región se elige a un analfabeto, resulta que aquel distrito tiene voluntad de hacerse representar por aquel analfabeto...
> Dejemos la libertad que había en la Constitución de 57 para no poner esa vergonzosa limitación de "saber leer y escribir" para los diputados, o ponemos francamente que "hayan cursado la instrucción primaria superior", ahora bien, yo prefiero, señores diputados, que mejor no pongamos nada, porque resulta vergonzoso exhibir ante el mundo, una Constitución con esa limitación para sus altos representantes.[892]

[889] Reforma al artículo 51, CPEUM, 29 de abril de 1933, *Diario Oficial de la Federación*, p. 694.

[890] Reforma al artículo 59, CPEUM, 10 de febrero de 2014, *Diario Oficial de la Federación*, primera sección, p. 17.

[891] *Diario de los Debates del Congreso Constituyente 1916-1917*, t. II, *op. cit.*, p. 480.

[892] *Ibidem*, pp. 486-487.

En la defensa del dictamen, el diputado Paulino Machorro y Narváez explicó: "hay el inconveniente de que, habiendo realmente elecciones populares, habiendo democracia y estando organizado como están actualmente los grupos obreros, muy bien pudiera suceder que alguna vez viniera algún diputado que no supiera leer ni escribir",[893] ante ello era oportuno —justificaba la comisión— limitar a los ciudadanos en ese sentido.

Lo cierto es que para los legisladores el asunto no fue significativo, pues la discusión no fue ni prolongada ni profusa, sin embargo, destaca la intervención que sobre el particular hace el diputado Heriberto Jara, cuando trata de ilustrar sobre la importancia que un legislador sepa leer y escribir. Así lo declaró:

> Hemos puesto... el requisito de que los representantes del pueblo sepan leer y escribir, porque tenemos en cuenta que hay un porcentaje de analfabetos en nuestro país verdaderamente abrumador. Se ha dicho que en ninguno de los congresos de la República ha habido un analfabeto, ¿y esto asegura que no los tengamos después?...
> Yo soy demócrata... quería que todos tuviesen representación aquí, hasta los humildes; pero señores diputados, para la defensa del diputado y del distrito que representa, es necesario que siquiera tenga algunos conocimientos, es necesario que sepa leer y escribir lo esencial, porque de otra manera, ¿cómo un diputado daría cuenta de los dictámenes?, ¿cómo un diputado analfabeto puede hacer un mediano acopio de ideas recogidas de los autores que le ayudasen al desarrollo de la idea...?[894]

El desenlace de esta importante discusión, es cuando la comisión determina retirar de la fracción I del citado artículo, el requisito de saber leer y escribir, circunstancia que prevalece hasta nuestros días.

Otro de los elementos de ponderación fue la cantidad de integrantes que debe tener una *cámara eficaz*, no onerosa y competente; sobre el particular hubo diferendos entre la propuesta del jefe del Ejército Constitucionalista, que consideraba que por cada 100 mil habitantes o por una fracción que pase de 30 mil debería de elegirse un diputado, con lo cual se tendría un Congreso de 150 participantes aproximadamente,

[893] *Ibidem*, p. 487.
[894] *Ibidem*, pp. 505-506.

circunstancia que dividió a la 2ª Comisión dictaminadora, pero la mayoría argumentó que al conformarse con este número, no presenta "los peligros de una cámara numerosa, porque las asambleas, mientras más personal tienen, trabajan con más dificultad y perjudicando con esto el desempeño de sus funciones. Por otra parte, el presupuesto... será más reducido y parece posible la tendencia de disminuir los gastos y las cargas que pesan sobre el pueblo".

Sin embargo otros miembros de la comisión, como Heriberto Jara e Hilario Medina, refutaron que la tendencia en todo régimen democrático consiste en dar cabida amplia a los elementos populares en el manejo de la cosa pública y si el problema es presupuestal, se pronunciaban mejor por la "reducción de los sueldos que la reducción de la representación popular".[895] El asunto como era de esperarse encrespó los ánimos, el diputado Rodríguez González contradijo la idea de bajarse el sueldo, afirmando que si tomaban en consideración los 250 pesos que se pagaba a los representantes, "veremos que en estos tiempos no son ni con mucho suficientes para satisfacer las necesidades más indispensables, ya no digamos de un representante del pueblo".

En conclusión, el parlamento rechazó la propuesta de Carranza avalada por la Comisión dictaminadora, de que por cada 100 mil habitantes se eligiera un diputado, en contra parte, el pleno del Congreso votó favorablemente la reserva de los legisladores Jara y Medina para que la base para elegir a un diputado fuera de 60 mil habitantes o por una fracción que pase de 20 mil.[896]

Con la idea de sectores amplios representados, aunado al precepto de *representación con base poblacional*, la Cámara de Diputados ha venido creciendo considerablemente, pero la reforma de 1977 que estableció un nuevo sistema electoral compuesto por los principios de mayoría relativa y representación proporcional, agrandó el parlamento a pesar de establecer como límite para la formación de la asamblea, 300 diputados de mayoría relativa, electos mediante el sistema de distritos electorales uninominales y hasta 100 que serían seleccionados a través

[895] Voto particular al artículo 52, de los diputados Heriberto Jara e Hilario Medina, *Diario de los Debates del Congreso Constituyente 1916-1917*, t. II, *op. cit.*, pp. 294-295.

[896] El dictamen de la 2ª Comisión de Constitución fue rechazado por 150 legisladores contra dos, en tanto que el voto particular de Heriberto Jara e Hilario Medina, fue aprobado por 136 ciudadanos y tan sólo dos por la negativa.

del principio de representación proporcional mediante el sistema de listas regionales votadas en circunscripciones plurinominales.[897]

En la actualidad, la Cámara Baja se integra por 500 personas, de las cuales 300 son de mayoría relativa y 200 electos por la regla de la representación proporcional; es claro que tal volumen ha hecho de la Asamblea Legislativa una institución gravosa, obesa y poco funcional, curiosamente como lo previó el Constituyente de 1917.

Cámara de Senadores

La Cámara Alta en su origen se formó por dos personas por estado, incluyendo al entonces Distrito Federal; la estructura de origen emprendió cambios notables como número, permanencia, edad de sus integrantes y manera de composición. Por lo que respecta al tiempo de gestión del legislador, transitó de cuatro a seis años, la edad de 35 a 25 y la hechura de la cámara se ajustó, con la reforma de 1993, en 128 elementos, debido a que por cada estado (incluyéndose el Distrito Federal) se nombró a cuatro, de los cuales tres eran de mayoría relativa y uno más, proveniente del novedoso principio electoral de primera minoría.[898]

Actualmente la integración de la cámara proviene de un sistema electoral mixto; compuesto del principio de votación de la mayoría relativa, la primera minoría y la representación proporcional; ante ello la senaduría por disposición constitucional,[899] tiene la siguiente regla para su conformación:

a) Dos serán elegidos, en cada estado y en la Ciudad de México, según el principio de votación mayoritaria relativa;
b) Un espacio será asignado a la primera minoría, y
c) Los 32 sitiales restantes serán elegidos según el principio de representación proporcional, mediante el sistema de listas votadas en una sola circunscripción plurinominal nacional.

[897] Reforma al artículo 52, CPEUM, 6 de diciembre de 1977, *Diario Oficial de la Federación*, p. 2.
[898] Reforma al artículo 56, CPEUM, 3 de septiembre de 1993, *Diario Oficial de la Federación*, p. 4.
[899] Artículo 56, CPEUM, Vigente.

Se suma a esta evolución de la representación senatorial, la posibilidad de elección consecutiva establecida en 2014, donde se permite que la o el senador pueda volver a ser electos hasta por dos periodos consecutivos, modificación que erradicó la prohibición expresa que se tenía contemplada en la Constitución desde 1933.[900]

Poder Ejecutivo

Tres convicciones han prevalecido respecto al Poder Ejecutivo desde la concepción que hizo la revolución triunfante en la Constitución de 1917:

- La elección de quien presida la República será de manera directa:
- El Poder Ejecutivo es una autoridad suprema que se organiza en un régimen presidencialista, y
- El ideal federalista.

La creencia federalista prevaleció no sólo en el régimen político adoptado, sino también en el nombre del país, la Constitución y por supuesto en la denominación del titular del Poder Ejecutivo Federal.[901]

Así como la organización del Poder Ejecutivo mantuvo principios fundamentales como los antes expuestos, no estuvo exenta de discrepancias entre la nueva clase política respecto a temas como: nacionalidad del presidente y progenitores, la imposibilidad de ser, en caso de estar en servicio activo del ejército, y por supuesto la reelección.

La organización del Poder Ejecutivo, a principios del siglo XX, acontecía en un entorno de exigencia por parte de la clase política de materializar los principios que habían motivado las revueltas, pero también se tenía la necesidad de reconocer las aspiraciones de Venustiano Carranza, que como primer jefe del Ejército Constitucionalista y encargado del Poder Ejecutivo, deseaba convertirse en presidente constitucional.

Carranza, al momento de discutirse la nueva Constitución, concentraba prácticamente todas las esferas del poder en aquel México convulso, al ostentar al mismo tiempo, el mando como *jefe supremo de la*

[900] Reforma al artículo 59, CPEUM, 29 de abril de 1933, *Diario Oficial de la Federación*, p. 694.
[901] Artículos sin reforma, 80, 81, de la CPEUM, 5 de febrero de 1917.

revolución, primer jefe del Ejército Constitucionalista, encargado del Poder Ejecutivo de la nación e inicialista del proyecto constitucional; con estas condiciones, los legisladores estaban obligados a redactar un ordenamiento que no alterara el principio antirreeleccionista y evitar, al mismo tiempo, la ilegibilidad constitucional del líder revolucionario por ser jefe del ejército.

Ante estas circunstancias, la propuesta de redacción de los artículos 80, 81, 82 y 83, fueron presentadas por la 2ª Comisión de dictamen en paquete, pronunciándose por el ejercicio unipersonal del Poder Ejecutivo y reconociendo que los atributos del presidente, deben ser la unión por antecedentes de familia y por el conocimiento nacional, pues al ser la fuerza activa del gobierno y la alta representación de la dignidad nacional, debe estar claro en la conciencia nacional que el presidente es la encarnación de los sentimientos patrios y de las tendencias generales de la nacionalidad mexicana. Era claro que había nacido el presidencialismo mexicano, ante ello, la dictaminadora razonó que el presidente debía ser mexicano por nacimiento e hijo, a su vez, de padres mexicanos por nacimiento.[902] Este criterio se alteró en 1994, al consentirse mediante reforma constitucional que quien aspire a la presidencia de la República, pueda ser la o el ciudadano mexicano por nacimiento, y ser descendiente de madre o padre mexicano, además de haber residido en el país al menos durante 20 años.[903] Esta reforma concedió que se eligiera en el proceso electoral del 2000, al primer presidente hijo de madre extranjera.[904]

En lo que respecta a la negativa de reelección y duración de la responsabilidad, el espíritu del Constituyente de 1917 refrendó la observancia constitucional adoptada en 1857, de cuatro años de ejercicio e incorporación de la conquista revolucionaria de prohibición absoluta de "que la persona que una vez ha ejercido el alto encargo de presidente de la República, vuelva a ejercerlo".[905] Por ello la redacción de origen del artículo 83, estableció que el presidente... *nunca podrá ser reelecto.*

[902] *Diario de los Debates del Congreso Constituyente 1916-1917*, t. II, *op. cit.*, pp. 778-779.

[903] Reforma al artículo 82, fracción I, CPEUM, 1 de julio de 1994, *Diario Oficial de la Federación*, p. 2.

[904] Vicente Fox Quesada fue presidente de México (2000-2006), y su madre Mercedes Quesada era de nacionalidad española.

[905] *Diario de los Debates del Congreso Constituyente 1916-1917*, t. II, *op. cit.*, p. 779.

La incorporación del término *nunca* reveló los principales temores e intenciones de algunos constituyentes sobre la viabilidad de Venustiano Carranza, de poder convertirse en presidente, pero ahora constitucional. Por ello, el diputado Alfonso Cravioto preguntó: "¿Quiere decir esto que jamás el que sea una vez presidente, en cualquier tiempo, puede volver a ser electo, o es simplemente la prohibición para que se reelija en el periodo siguiente? [La respuesta no se hizo esperar, el diputado integrante de la comisión Paulino Machorro y Narváez precisó que] el adverbio nunca expresa que, en todo tiempo, no solo en el periodo siguiente. Es decir que en todo tiempo no podrá ser reelecto".[906]

La anterior aclaración exhibió que algunos legisladores no pensaban en una prohibición absoluta; el diputado José Franco Espinoza, por ejemplo, consideró la intención legislativa "un absurdo antidemocrático [distinto] con el principio de sufragio efectivo y no reelección; esto da a entender que no puede reelegirse… que no puede volver a ser la misma autoridad en el periodo inmediato, pero no dice de ninguna manera que no pueda serlo en otro periodo más o menos distante".[907] Otro de los legisladores que compartían esta visión fue Esteban Calderón, quien sostuvo que el principio de la no reelección no era democrático y que se había aceptado por una necesidad, en consecuencia se declaró en contra de la palabra *nunca*, porque "puede privarnos de los servicios de un gran ciudadano que se haya distinguido por su buena labor de administración".[908]

Pero quien pareciera haber visto el futuro fue el diputado Rafael Martínez de Escobar, quien sobre el tema dijo que la palabra *nunca* debía permanecer ahí, pues si se llegara a contar con un presidente, que la población esté convencida que debe volver a la presidencia, el artículo que lo prohíbe no tiene vida perpetua, y es el Congreso Nacional, con su facultad constituyente, quien puede hacer la modificación.[909]

El debate había concluido, pero se había demostrado que el concepto de la reelección, en la mente de los constituyentes, no era tan absoluto,

[906] *Diario de los Debates del Congreso Constituyente 1916-1917*, t. III, *op. cit.*, p. 83.
[907] *Idem.*
[908] *Ibidem*, p. 84.
[909] *Ibidem*, p. 85.

a pesar de haberse aprobado por unanimidad.[910] Y prueba de ello sería la pugna por el poder que desencadenó una nueva crisis política, cuando en 1927, después de ejercer el cargo de presidente de la República Álvaro Obregón, impulsó y logró transformaciones constitucionales que facultaba a quien ya hubiera sido jefe del Ejecutivo a volver a serlo.

La primera reforma consideró que siempre y cuando hubiese pasado un periodo, el presidente podría volver a postularse, es decir, la prohibición se limitaba a no ser electo para el periodo inmediato. "Pasado éste, podrá desempeñar nuevamente el cargo de presidente. Sólo por un periodo más. Terminando el segundo periodo de ejercicio quedará definitivamente incapacitado para ser electo y desempeñar el cargo de presidente en cualquier tiempo".[911]

La segunda reforma se produjo tan sólo un año después y alteró a la clase civil, política y militar, pues a pesar de continuar con la prohibición a la reelección inmediata, al derogar el párrafo que declaraba que *terminando el segundo periodo de ejercicio quedaría en definitiva incapacitado para ser electo y desempeñar el cargo de presidente en cualquier tiempo,* se descubrieron las verdaderas intencones del caudillo.

En una interpretación literal, la Constitución no prohibió que aquel que hubiera sido presidente, tras descansar el periodo inmediato que la ley le obligaba, pudiera postularse en el siguiente y así sucesivamente, actualizándose un espacio legal para permanecer largos periodos en el mando; a lo anterior se sumó el incremento de gobierno de cuatro a seis años.[912]

Las reformas constitucionales en comento permitieron que Álvaro Obregón participara y ganara las elecciones de 1928, con lo cual se violentó el espíritu de la Constitución, generándose inconformidades diversas que asociada a la guerra cristera que el gobierno afrontaba, produjo el asesinato del presidente electo.[913]

En definitiva, el cambio que cerró el paso a las ambiciones reeleccionistas se dio en 1933, al retornar el principio de la Revolución mexicana:

[910] 142 votos obtuvo la redacción del *nunca,* que se estableció en el artículo 83.

[911] Reforma al artículo 83, CPEUM, 22 de enero de 1927, *Diario Oficial de la Federación*, p. 1.

[912] La reforma al artículo 83 fue publicada en el *Diario Oficial de la Federación* el 24 de enero de 1928.

[913] Álvaro Obregón fue asesinado por José de León Toral, el 17 de julio de 1928, en el parque de la Bombilla en la Ciudad de México.

la no reelección, toda vez que la tercera reforma constitucional prohibió que la o el ciudadano que haya desempeñado el cargo de presidente, electo popularmente o con el carácter de interino provisional o sustituto, en ningún caso y por ningún motivo podrá volver a ser presidente de la República.[914]

Los gobiernos locales

El municipio libre

Como se ha estudiado, los ayuntamientos entraron en funcionamiento antes de la conquista española; desde entonces han sido espacio de poder, vinculado directamente a las necesidades de una localidad, esta relación produce una legitimación social indiscutible, pero también a lo largo de la historia fue utilizada para manipular, controlar y dominar diversos aspectos de la vida política y administrativa.

Ante ello, otra de las aportaciones importantes de la *revolución constitucional* es el *municipio libre* como régimen estructural y político independiente, dotado de personalidad jurídica, hacienda pública propia, libertad administrativa y organización política.

En esta lógica se acreditó, al momento de confeccionar las nuevas formas de organización gubernamental mexicanas, que cada municipio fuera administrado por un ayuntamiento de elección popular directa, eliminando cualquier otra autoridad intermedia entre éste y el gobierno estatal.

A pesar de que se tenía clara convicción sobre el municipio libre en lo político, las opiniones se dividieron en cuanto a la libertad financiera, recaudatoria, la injerencia del gobierno estatal a través de inspectores para vigilarlos en lo administrativo y quién sería la autoridad competente para la resolución de conflictos entre el gobierno estatal y los municipios.

El contenido del artículo 115, fracción II, precisó *que los municipios administrarán libremente su hacienda, recaudarán todos los impuestos y*

[914] Reforma al artículo 83, de fecha 29 de abril de 1933.

contribuirán a los gastos públicos del estado en la proporción y términos que señale la legislatura local. Los ejecutivos podrán nombrar inspectores para el efecto de percibir la parte que corresponde al Estado y para vigilar la contabilidad de cada municipio. Los conflictos hacendarios entre el municipio y los poderes de un Estado lo resolverá la Corte Suprema de Justicia de la Nación...

El debate sobre el particular fue intenso, provisto de principios y convicciones, la cuestión de fondo fue garantizar la libertad municipal plena en lo político, administrativo y hacendario; la 2ª Comisión de dictamen defendió su producto legislativo en voz del diputado Heriberto Jara, quien afirmaba que "no se concibe la libertad política cuando la libertad económica no está asegurada...",[915] argumentación que se consolidó con la intervención del diputado Hilario Medina, quien contundentemente expresó que "la verdadera y única base de la libertad municipal está en el manejo libre de los fondos con que debe contar el municipio".[916]

La redacción de origen de la fracción II del artículo 115 fue rechazada por la mayoría del Congreso,[917] la nueva propuesta determinó que *los municipios administrarán libremente su hacienda, la cual se formará de las contribuciones que señalen las legislaturas de los estados y que, en todo caso, serán las suficientes para atender a sus necesidades.*

El intenso debate que generó el artículo 115 al momento de nacer, fue preludio de lo que serían las siguientes reformas; dicho ordenamiento ha tenido 16 modificaciones, destacan por ejemplo la de 1933 que prohibió expresamente la reelección inmediata de presidentes municipales, regidores y síndicos,[918] misma que fue erradicada para permitir con el cambio constitucional del 2014, que las constituciones de los estados pudieran establecer *la elección consecutiva para el mismo cargo de presidentes municipales, regidores y síndicos, por un periodo adicional, siempre y cuando el periodo del mandato de los ayuntamientos no sea superior a tres años.*

[915] *Diario de los Debates del Congreso Constituyente 1916-1917*, t. III, *op. cit.*, p. 365.
[916] *Ibidem*, p. 380.
[917] La fracción II, del artículo 115, fue rechazada por 110 votos, contra 35 que se expresaron a favor.
[918] Reforma al artículo 115, CPEUM, 22 de abril de 1933, *Diario Oficial de la Federación*, p. 6.

Otra reforma fundamental fue la de 1947, que permitió el derecho al sufragio activo y pasivo femenino en elecciones municipales,[919] la de 1977 que incorporó el principio de representación proporcional en la elección de los ayuntamientos de los municipios cuya población fuera de 300 mil o más habitantes,[920] misma que se modifica en 1987 para obligar a las legislaturas locales a incorporar el principio aludido para todas las municipalidades.[921]

Otra potestad fundamental para la edilidad consistió en concederles la facultad legislativa (restringida) para expedir reglamentos, circulares, disposiciones administrativas de observancia general, bandos de policía y buen gobierno, así como una serie de servicios que pueden y deben prestar, incluyendo seguridad pública, agua potable y alumbrado público, entre otras;[922] la capacidad legislativa municipal se valida con el mandato a las legislaturas locales para la creación de una *ley marco*, un ordenamiento general que incorpore los temas municipales.[923]

Mención especial merece la estructuración político-administrativa de la Ciudad de México, la cual al ser anteriormente un Distrito Federal, su organización interior no contempló la existencia de municipios; lo interesante es que desde el origen de la Constitución existieron voces que pidieron se considerara la naturaleza municipal en su organización, proponiéndose incluso que la municipalidad de México estuviera a cargo de un ayuntamiento de elección popular, directa, a la que se dejara el libre funcionamiento como entidad municipal,[924] sin embargo, no fue sino hasta con la reforma de 2016 que se consideró como entidad federativa que goza de autonomía en todo lo concerniente a su régimen interior, organización política, administrativa y dictando que el gobierno de las demarcaciones territoriales de la Ciudad de México estén a cargo de alcaldías, las cuales son órganos político-administra-

[919] Reforma que adicionó un segundo párrafo a la fracción I, del artículo 115, CPEUM, 12 de febrero de 1947, *Diario Oficial de la Federación*, p. 3.

[920] Reforma al artículo 115, CPEUM, 6 de diciembre de 1977, *Diario Oficial de la Federación*, p. 4.

[921] Reforma al artículo 115, CPEUM, 17 de marzo de 1987, *Diario Oficial de la Federación*, pp. 3-4.

[922] Reforma al artículo 115, CPEUM, 3 de febrero de 1983, *Diario Oficial de la Federación*, pp. 6-8.

[923] Artículo 115, CPEUM, 23 de diciembre de 1999, *Diario Oficial de la Federación*, pp. 2-4.

[924] Voto particular del diputado Heriberto Jara al momento de discutirse el dictamen del artículo 73, presentado por escrito el 13 de enero de 1917. Véase documento completo en *Diario de los debates del Congreso Constituyente 1916-1917*, t. II, *op. cit.*, p. 669.

tivos que se integran por un alcalde y por un Concejo electos por votación universal, libre, secreta y directa.[925]

Los gobiernos estatales

La forma de gobierno conceptualizada de principio para los gobiernos estatales fue republicana, representativa, popular, para posteriormente incorporarse el precepto democrático y laico como es en la actualidad; por lo que respecta a los gobernadores constitucionales en la redacción de origen, se consideró que éstos no *podrán ser reelectos ni durar en su encargo más de cuatro años*, circunstancia modificada al determinarse que quien ejerza el mando estatal y cuyo origen sea la elección popular ordinaria o extraordinaria, en ningún caso y por ningún motivo, podrán volver a ocupar ese cargo ni aun con el carácter de interino, provisional o sustituto o encargados del despacho, y además se señaló que nunca podrán ser electos para el periodo inmediato, el gobernador sustituto constitucional o el designado para concluir la falta absoluta del gobernador cualquiera que sea su denominación, en la misma circunstancia se ubicó a quien hubiera fungido de gobernador interino o provisional.[926]

La tercera reforma constitucional que impacta a los gobiernos estatales consiste en la ampliación del periodo de gobierno, al incrementarse de cuatro a seis años[927] como subsiste hasta el momento.

En lo referente a los requisitos de elegibilidad para quienes aspiran a ejercer la gobernatura destaca que en la redacción de arranque se plasmó que sólo podía ser gobernador constitucional *un ciudadano mexicano por nacimiento y nativo de él o con vecindad no menor de cinco años*, sin embargo en la intención legislativa, también de origen, no contemplaba esas exigencias, pues solamente solicitaba *ser ciudadano mexicano por nacimiento;* a pesar de ello, la redacción definitiva se dio es-

[925] Véase la reforma al artículo 122 de la CPEUM, publicada en el *Diario Oficial de la Federación*, el 29 de enero de 1916.

[926] Reforma a los párrafos cuarto y quinto de la fracción III, del artículo 115, CPEUM, 29 de abril de 1933, *Diario Oficial de la Federación*, p. 695.

[927] Reforma al párrafo tercero, de la fracción III, del artículo 115, CPEUM, 8 de enero de 1943, *Diario Oficial de la Federación*, p. 2.

pacio para que quien fuera vecino de la entidad lograra aspirar a dicho cargo.

Por lo que refiere a la integración del Poder Legislativo de las entidades federativas, se consideró que la cantidad fuera proporcional al de habitantes de cada estado, pero, en todo caso, el número de diputados de la legislatura local [en aquel entonces] no podía ser menor de 15; este concepto de proporcionalidad con base en habitantes subsiste hasta la fecha, habiendo variado solamente el mínimo establecido.[928]

La convicción antirreeleccionista consecutiva para la diputación local se adopta, también, en 1933, para ser eliminada con la reforma política del 2014; antes de ello, en la década de los setenta se incorpora el sistema de diputación de minoría en la integración de las legislaturas locales.[929]

Adaptación y vigencia de la Constitución

El siguiente cuadro permite conocer el proceso de adaptación político-social, por periodo presidencial, de la Constitución de 1917, concluye con las reformas registradas del 2012 al 2018, lo cual brinda elementos adicionales para el análisis, discusión y argumentación sobre la necesidad de una nueva Constitución que organice el poder político y la regulación entre las y los mexicanos para la adecuada convivencia social.

Son tiempos de cambio, pero ninguna transformación debe alterar el espíritu e ideal de las personas que nos legaron la patria, cuyos preceptos fueron establecidos en cada uno de los ordenamientos jurídicos que le han dado vigencia a la nación mexicana, estas convicciones deben ser intocadas:

- Soberanía popular.
- Voto directo.

[928] El artículo 116, fracción II vigente, considera que no podrá ser menor de siete diputados en los estados cuya población no llegue a 400 mil habitantes; de nueve, en aquellos cuya población exceda de este número y no llegue a 800 mil habitantes, y de 11 en los estados cuya población sea superior a esta última cifra.

[929] Reforma al artículo 115, CPEUM, 6 de diciembre de 1977, *Diario Oficial de la Federación*, p. 4.

- Democracia como forma de vida.
- Democracia representativa en pluralidad.
- Democracia participativa accesible.
- Renovación periódica de poderes.
- Respeto, igualdad, tolerancia y libertad.
- La ley por encima de la voluntad discrecional del mandatario.
- Respeto y vigencia a la separación de poderes.
- Combate a la impunidad.
- Estado de derecho.
- Cumplimiento, respeto y vigencia de los derechos humanos.
- Transparencia y rendición de cuentas.

Los anteriores son principios, convicciones que son importantes y vigentes; y ninguna evolución social, ni mucho menos determinada voluntad política que se asuma como titular de la moral pública, debe ni puede alterarlos.

ACTUALIZACIÓN LEGISLATIVA POR PERIODO PRESIDENCIAL

Presidente	*Periodo de gobierno*	*Artículos reformados*
Álvaro Obregón	1920-1924	8º
Plutarco Elías Calles	1924-1928	18
Emilio Portes Gil	1928-1930	2º
Pascual Ortiz Rubio	1930-1932	4º
Abelardo L. Rodríguez	1932-1934	22
Lázaro Cárdenas del Río	1934-1940	15
Manuel Ávila Camacho	1940-1946	18
Miguel Alemán Valdés	1946-1952	20
Adolfo Ruiz Cortines	1952-1958	2º
Adolfo López Mateos	1958-1964	11
Gustavo Díaz Ordaz	1964-1970	19
Luis Echeverría Álvarez	1970-1976	40
José López Portillo	1976-1982	34
Miguel de la Madrid Hurtado	1982-1988	66
Carlos Salinas de Gortari	1988-1994	55
Ernesto Zedillo Ponce de León	1994-2000	77
Vicente Fox Quesada	2000-2006	31
Felipe Calderón Hinojosa	2006-2012	110
Enrique Peña Nieto	2012-2018	155

Fuente: Elaboración propia con información presentada por la Cámara de Diputados del H. Congreso de la Unión. Obtenido de http://www.diputados.gob.mx/LeyesBiblio/ref/cpeum_per.htm

La Carta de derechos de 1917, no sólo definió la organización política del país, la forma de instaurar el poder público, sino también el carácter en que debe entenderse a la nación, su proceso de adecuación a las realidades sociales forma parte del dinamismo que la sociedad ha impuesto y que la representación política está obligada a observar.

Esta movilidad ha perfeccionado el régimen democrático desde el momento mismo de la presentación de la Carta Magna, pues el documento publicado el 5 de febrero de 1917 terminó siendo distinto, como se ha analizado, del proyecto original de Carranza; esta característica de actualización continua se ha reiterado durante más de un siglo.

Las reformas constitucionales en materia político-electoral de 1933, con la prohibición a la reelección consecutiva y permanente de presidente de la República, senadores, diputados federales, gobernadores, munícipes, diputados locales; el establecimiento del sufragio femenino de carácter municipal en 1947, estatal en 1923, en Yucatán y finalmente de tipo general en 1953; la serie de reformas de 1977 que permitieron el acceso a la representación política de las minorías; la de 1994 con la ciudadanización de la función electoral; la de 2011 con la erradicación de los monopolios de los partidos en la representación política y nacimiento de la democracia participativa; el cambio estructural del 2014 que incorporó las elecciones consecutivas en senadurías, diputaciones y munícipes; así como las reformas del 2019 en razón de paridad de género que al modificar el artículo 2° permitieron elegir, en los municipios con población indígena representantes ante los ayuntamientos observando este principio; al igual que el cambio al artículo 41 que obliga a que la ley determine las formas y modalidades para observar dicho principio en los nombramientos de las personas titulares de las secretarías de despacho del Poder Ejecutivo federal y sus equivalentes en las entidades federativas así como en la integración de los organismos autónomos, y en esa misma condición la modificación al artículo 94, que respecto a la integración de la Suprema Corte de Justicia de la Nación, debe observase el principio de paridad de género aludido y recientemente el reconocimiento a los pueblos y comunidades afromexicanas garantizándoles su libre determinación, autonomía, desarrollo e inclusión social. Éstas son algunas de las transformaciones que han dejado huella en el sistema político mexicano y por consiguiente del régimen.

Cada una de estas reformas ha generado diversas opiniones de la intelectualidad mexicana; personas especializadas en la política, el derecho o la academia, han fijado posturas al respecto, sin embargo es coincidente una inmensa mayoría con lo que Diego Valadez considera repecto a las reformas constitucionales adoptadas a partir de 1977, las cuales son de contenido altamente democrático, dando lugar a una nueva modalidad de la vida republicana en México.[930]

Al estudiar las condiciones sociales y políticas que han prevalecido en cada etapa histórica del país, se demuestra que han sido éstas las que han cambiado sustancialmente a México; el proceso actual de transformación obliga abrir el debate, con libertad y tolerancia, sobre la necesidad de un nuevo pacto social, reflejado tal vez en una nueva Constitución.

La democracia y el derecho electoral

Al estudiar las nociones históricas de las formas de gobierno, las aportaciones de la filosofía política que mucho ayudan a entender los fenómenos de esta naturaleza, la evolución jurídica y los esfuerzos realizados por incorporar métodos efectivos y legítimos para la conformación de la representación política, se cumple con la dinámica dogmática de presentar al derecho electoral desde una perspectiva profunda.

Si bien es cierto que esta especialidad del derecho puede conceptualizarse desde diversas dimensiones, la clasificación más reconocida es la que lo ubica, por una parte, en el *sentido estricto* como sinónimo de sufragio tanto pasivo como activo, y otra, en *sentido amplio* que lo representa como el conjunto de normas constitucionales, legales, reglamentos, instituciones y principios referentes a la organización, administración y celebración de las elecciones, la constatación de validez de los resultados electorales, así como el control legal y constitucional de los mismos por medio de su impugnación.[931]

Esta visión de entender al derecho electoral en sentido amplio y estricto, obedece a que la democracia se concibe en esa misma dinámica:

[930] Valadés, Diego, *op. cit.*, p. 454.

[931] Gilas M. Karolina y Soriano Cienfuegos, Carlos, *op. cit.*, p. 15, 16.

la democracia en *sentido estricto* es una forma de gobierno, en la cual las decisiones colectivas son adoptadas por la ciudadanía mediante mecanismos de participación directa o indirecta que les confieren legitimidad a los representantes, en tanto que en *sentido amplio* es una forma de convivencia social en la que todos sus habitantes son libres e iguales, las relaciones sociales se establecen de acuerdo a mecanismos contractuales que propician desarrollo social y humano entre sus miembros, es decir, la democracia tiene diversas acepciones, todas ellas con altos contenidos doctrinarios pero también conductuales, es un término multívoco y de enorme contenido ideológico.[932]

Entonces, el derecho electoral tendrá la característica no solamente de estudiar el conjunto de normas jurídicas que regulan la democracia representativa y participativa, los derechos políticos de la ciudadanía, sino también los valores y principios de la democracia misma; la aplicación del derecho electoral deberá estar siempre en función de la vigencia y aplicación de los elementos sociales de justicia, equidad, transparencia, igualdad, certeza, imparcialidad, objetividad, libertad, tolerancia, respeto y estar por encima de cualquier interés personal o de grupo.

El derecho electoral es una disciplina autónoma porque tiene sus propias reglas, valores, principios y campo de acción, su especialización ha arrojado métodos de planeación y ejecución propia que ha permitido que la función electoral esté en constante perfeccionamiento, de hecho la creciente judicialización de los procesos electorales tiene que ver con esta travesía de ajustes de la realidad social a la norma jurídica aplicable.

El estudio de la disciplina electoral tiene dos campos de acción, claramente definidos y con regulación propia, el primero tendiente a todo lo relativo a la democracia representativa: integración y atribuciones de la autoridad responsable de los procesos, ya sea electoral o de participación ciudadana, la preparación de una elección, jornada electoral, forma de integrar la representación popular, mecanismos para dirimir controversias, procedimientos para otorgar constancias de mayorías y declaración de validez de elecciones, derechos y prerrogativas de partidos políticos, y derechos políticos por excelencia de la ciudadanía.

[932] Julio Cabrera Dircio, *Estado y democracia. Un acercamiento a la revocación de mandato*, México, Coyoacán, 2010, p. 127.

Pero también es materia del derecho electoral la denominada democracia participativa, es decir, la regulación de los procedimientos para hacer valer la opinión directa de la ciudadanía en asuntos públicos. En ese sentido serían los mecanismos, instrumentos, operación e implementación de figuras de participación ciudadana, como la iniciativa ciudadana, la revocación de mandato directo, el plebiscito, el referéndum o la consulta popular, su campo de acción.

Por ello, al entender a la democracia en sentido estricto y amplio, así como en sus dimensiones representativa y participativa, debemos por tanto estudiar al derecho electoral desde esas mismas condiciones, pues el conjunto de principios, valores y antecedentes históricos hacen posible que la dinámica de la disciplina se explique por sí misma. Así pues, una vez estudiado las nociones históricas, es decir, la parte dogmática, es posible iniciar el estudio de la democracia y el derecho electoral en el escenario práctico y actual.

Fuentes consultadas

Acta Constitutiva y de Reformas de 1847. Obtenido de http://www.ordenjuridico.gob.mx/Constitucion/1847.pdf

Advenimiento de SS.MM.II Maximiliano y Carlota al Trono de México, Documentos relativos y narración del viaje de nuestros soberanos de Miramar a Veracruz, México, La Sociedad, J.M. Andrade y F. Escalante Imprenta, 1864.

AGUILAR RIVERA, José Antonio (coord.), *Las elecciones y el gobierno representativo en México (1810-1910)*, México, Fondo de Cultura Económica, Consejo Nacional para la Cultura y las Artes, Instituto Federal Electoral, 2010.

ÁLVAREZ CÁRDENAS, Alejandro, *Poder democrático, el ciudadano evolutivo, como agente transformador*, México, Porrúa, 2015.

ARREOLA AYALA, Álvaro, *Legislación electoral y los partidos políticos en la República mexicana 1917-1945*, México, INEHRM, 2015.

ARTEAGA NAVA, Elisur, *Derecho constitucional*, 4ª ed., México, Oxford, 2013.

ASTUDILLO REYES, César, *El derecho electoral en el federalismo mexicano*, México, Secretaría de Cultura-INEHRM, UNAM, Instituto de Investigaciones Jurídicas, 2018.

BARRAGÁN, José, *Los diputados novohispanos en las Cortes de Cádiz*. Obtenido de https://archivos.juridicas.unam.mx/www/bjv/libros/8/3525/5.pdf

Base primera, adoptadas por el ejército de operaciones en Tacubaya. Obtenido de http://www.ordenjuridico.gob.mx/Constitucion/CH2.pdf

Bases de Organización Política de la República Mexicana. Obtenido de http://www.ordenjuridico.gob.mx/Constitucion/1843.pdf

BOBBIO, Norberto, *Estado, gobierno y sociedad. Por una teoría general de la política*, trad. de José F. Fernández Santillán, México, Fondo de Cultura Económica, 1989.

BOBBIO, Norberto, *La teoría de las formas de gobierno en la historia del pensamiento político*, 2ª ed., trad. de José F. Fernández Santillán, México, Fondo de Cultura Económica, 2013.

Boletín de las Leyes, núm. 138, publicado en el número 277 del Diario del Imperio, de fecha 20 de noviembre de 1865, p. 361. Obtenido de http://cdigital.dgb.uanl.mx/la/1080045869/1080045869_059.pdf

BOVERO, Michelangelo, *La protección supranacional de los derechos fundamentales y la ciudadanía*, Serie de Cuadernos de Divulgación de la Justicia Electoral, Tribunal Electoral del Poder Judicial de la Federación, 2013.

BRAVO REGIDOR, Carlos, "Elecciones de gobernadores durante el Porfiriato", en José Antonio Aguilar Rivera (coord.), *Las elecciones y el gobierno representativo en México (1810-1910)*, México, Fondo de Cultura Económica, Consejo Nacional para la Cultura y las Artes, Instituto Federal Electoral, 2010.

BRAVO, Gonzalo, *Historia de la Roma antigua*, Madrid, Alianza Editorial, 1998.

BURGOA, Ignacio, *Derecho constitucional mexicano*, 5ª ed., México, Porrúa, 1984.

BURRUEL HUERTA, Leopoldo, *Principios constitucionales desde la Constitución mexicana hasta la Corte*, México, Porrúa, 2013.

CABRERA DIRCIO, Julio, *Estado y democracia. Un acercamiento a la revocación de mandato*, México, Coyoacán, 2010.

Cámara de Diputados del H. Congreso de la Unión. Obtenido de http://www.diputados.gob.mx/LeyesBiblio/ref/cpeum_per.htm

CANO, Gabriela, "Sufragio femenino en el México posrevolucionario", en *La revolución de las mujeres en México*, México, SEP-INEHRM, 2014.

CARBALLO, M. David y Paredes Cetino, Rodrigo Néstor, *La obsidiana y el Estado teotihuacano, la producción militar y ritual en la pirámide de la luna*, trad. de Alexander J. Martin, Pittsburght-México, University of Pittsburght Center for Comparative Archaeology-Instituto de Investigaciones Antropológicas UNAM, 2011.

Carlos IV manifiesta que su previa renuncia al trono fue forzada, 1808. Obtenido de http://fernandez-xesta.es/DOCUMENTOS/GUERRA%20DE%20LA%20INDPENDENCIA/6-%20Carlos%20IV%20manifiesta%20que%20su%20previa%20renuncia%20al%20Trono%20fue%20forzada%20(1808).pdf

CARMONA DÁVILA, Doralicia, "Ordenanza Real de Intendentes y de la provincia de España de 1786", *Memoria Política de México*, Selección de textos y documentos. Obtenido de http://www.memoriapoliticademexico.org/Textos/1Independencia/1786ORI.html

Carta de protesta firmada por mujeres, dirigida a la nación mexicana y entregada a la mesa directiva del Congreso, el 5 de enero de 1917, Archivo de Congreso Constituyente 1916-1927, p. 335. Obtenido de http://www.diputados.gob.mx/Archivo_Historico/CompilacionVF30012015.pdf

CASAS, Bartolomé de las, *Brevísima relación de la destrucción de las Indias*, Biblioteca virtual Miguel de Cervantes, 2006. Obtenido de http://www.cervantesvirtual.com/obra-visor/brevsima-relacin-de-la-destruccin-de-las-indias-0/html/847e3bed-827e-4ca7-bb80-fdcde7ac955e_18.html#I_12_

CASTAÑEDA BATRES, Oscar, "Revolución mexicana y Constitución de 1917", en Miguel Ángel Porrúa (comp.), *Documentos para la historia independiente 1808-1838*, México, LXI Legislatura, Cámara de Diputados-MAPorrúa.

CASTAÑEDA DELGADO, Paulino, *La teocracia pontifical en las controversias sobre el Nuevo Mundo*, México, UNAM, Instituto de Investigaciones Jurídicas, 1996.

CASTELAZO, José R., "La administración pública en los informes presidenciales 1824-1920", en Alejandro Carrillo Castro (coord.), 200 años de Administración Pública en México, México, INAP, t. IV, vol. 1, 2011.

CHAVERO, Alfredo, *Obras históricas de Don Fernando de Alva Ixtlilxochitl*, t. I, México, Secretaría de Fomento, 1891. Obtenido de http://cdigital.dgb.uanl.mx/la/1080012502_C/1080012502_T1/1080012502_02.pdf

CICERÓN, *Sobre la república*, 2ª ed., trad. de Álvaro D'Ors, España, Editorial Gredos, 2015.

Constitución de Cádiz. Obtenido de https://archivos.juridicas.unam.mx/www/bjv/libros/5/2210/7.pdf

Constitución Federal de los Estados Unidos Mexicanos de 1857. Obtenido de http://www.ordenjuridico.gob.mx/Constitucion/CH13.pdf

Constitución Política de 1857. Obtenido de http://museodelasconstituciones.unam.mx/1917/wp-content/uploads/1874/11/13-noviembre-1874-Decreto-de-reformas-para-efuncionamiento-de-las-camaras-de-lerdo-detejada.pdf

Constitución Política de la Monarquía Española, 1812, *passim*. Obtenido de https://archivos.juridicas.unam.mx/www/bjv/libros/5/2210/7.pdf

Constitución Política de los Estados Unidos Mexicanos, Suprema Corte de Justicia de la Nación, 2019. Obtenido de https://www.scjn.gob.mx/constitucion-política-de-los-estados-unidos-mexicanos/artículos/artículo/347

Convocatoria para la elección de un Congreso Constituyente de 1855. Obtenido de http://www.memoriapoliticademexico.org/Textos/3Reforma/1855CCC.html

CORTÉS, Hernán, *Cartas de Relación*, México, Grupo Editorial Tomo, 2014.

Creelman, James, "El presidente Díaz. Héroe de las Américas", Pearson's Magazine, vol. xix, núm. 3, 1908. Obtenido de https://www.bibliotecas.tv/zapata/bibliografia/indices/entrevista_diaz_creelman01.html

De Humboldt, Alejandro, *Ensayo político sobre el reino de la Nueva España*, México, Compañía General de Ediciones.

De la Fuente, Beatriz, "Tres cabezas colosales olmecas procedentes de San Lorenzo Tenochtitlan, en el nuevo museo de antropología de Xalapa", *Revista Anales del Instituto de Investigaciones Estéticas*, vol. xv, núm. 58, México, Universidad Nacional Autónoma de México. Obtenido de http://www.analesiie.unam.mx/index.php/analesiie/article/view/1352/1339

De los Partidos Políticos, de la Ley electoral de 1911. Obtenido de https://portal.te.gob.mx/sites/default/files/Parte8.pdf

De Pina, Rafael y De Pina Vara, Rafael, *Diccionario de Derecho*, 37ª ed., México, Porrúa, 2015.

De Sahagún, Fr. Bernardino, *Historia general de las cosas de Nueva España*, 11ª ed., México, Porrúa, 2016.

Declaración en honor de los primeros héroes libertadores de la nación y los que los siguieron. Obtenido de http://www.diputados.gob.mx/LeyesBiblio/muro/pdf/mina_decre.pdf

Decreto de disolución del Poder Legislativo y convocatoria a elecciones, pp. 131-134. Obtenido de https://archivos.juridicas.unam.mx/www/bjv/libros/6/2714/17.pdf

Decreto de reforma constitucional núm. 34, a los artículos 78 y 109 de la Constitución Federal de los Estados Unidos Mexicanos de 1857. Obtenido de http://www.ordenjuridico.gob.mx/Constitucion/CH13.pdf

Diario de los Debates del Congreso Constituyente 1916-1917, 2ª ed., México, INEHRM-Secretaría de Cultura, Gobierno de la República, 2016.

Diario Oficial de la Federación, 29 de enero de 1916.

———, 24 de enero de 1928.

———, 22 de abril de 1933.

———, 29 de abril de 1933.

———, 8 de enero de 1943.

———, 12 de febrero de 1947.

———, 6 de diciembre de 1977.

———, 3 de febrero de 1983.

———, 17 de marzo de 1987.

———, 28 de enero de 1992.

———, 3 de septiembre de 1993.

———, 1 de julio de 1994.
———, 20 de julio de 2007.
———, 13 de noviembre 2007.
———, 10 de junio de 2011.
———, 10 de febrero de 2012.
———, 9 de agosto de 2012.
———, 30 de noviembre de 2012.
———, 19 de julio 2013.
———, 10 de febrero de 2014
———, 29 de enero de 2016.
———, 27 de agosto de 2018.

DÍAZ, José Francisco, *Historia del Senado romano*, Establecimiento tipográfico de Luis Tasso, España, 1867. Obtenido de http://fama2.us.es/fde/ocr/2006/historiaDelSenadoRomano.Pdf

DÍAZ, Porfirio, "Exposición de motivos de la Iniciativa de ley electoral", *Diario de los debates*, México, Cámara de Diputados del Congreso de los Estados Unidos Mexicanos, XXV Legislatura, 2° periodo, 12 de mayo de 1911. Obtenido de http://www.trife.gob.mx/sites/default/files/Parte7.pdf

Diccionario biográfico de los diputados constituyentes de 1917, México, Secretaría de Cultura, INEHRM, Siglo XXI Editores, 2016.

DOMÍNGUEZ CHÁVEZ, Humberto y Carrillo Aguilar, Rafael, *Los indígenas en la nueva sociedad colonial*, 2008. Obtenido de http://portalacademico.cch.unam.mx/materiales/prof/matdidac/sitpro/hist/mex/mex1/HMI/IndigenasCol.pdf

DUVERGER, Maurice, *Instituciones políticas y derecho constitucional*, 6ª ed., trad. de Eliseo Aja *et al.*, España, Editorial Ariel, 1980.

El Plan de la Noria. Obtenido de http://www.ordenjuridico.gob.mx/Constitucion/NORIA.pdf

El Recinto de Donceles: 100 años de historia, Instituto de Investigaciones Parlamentarias, Asamblea Legislativa del Distrito Federal, V Legislatura, 2010. Obtenido de http://www.aldf.gob.mx/archivo-e96b74fc2664957f139e32f7fe6b7d90.pdf (Consultado el 24 de octubre de 2017).

El Tratado de dominio de Matías de Paz. Obtenido de https: //archivos.juridicas.unam.mx/www/bjv/libros/2/725/16.pdf, p. 382.

Estatuto de Bayona, artículo 2°, Título II, De la Sucesión de la Corona. Obtenido de http://www.cervantesvirtual.com/obra-visor/constitucion-de-bayona-6-de-julio-1808/html/437fe325-fb92-48b7-a963-a36d6a8fd6af_2.html

Estatuto Provisional del Imperio Mexicano. Obtenido de http://www.ordenjuridico.gob.mx/Constitucion/1865.pdf

Fernández Delgado, Miguel Ángel, *El virrey Iturrigaray y el ayuntamiento de México en 1808*, México, INEHRM, 2012. Obtenido de https://inehrm.gob.mx/work/models/inehrm/Resource/439/1/images/iturrigaray.pdf

Fernando VII renuncia a la Corona, que devuelve a su padre, 1808. Obtenido de http://fernandez-xesta.es/DOCUMENTOS/GUERRA%20DE%20LA%20INDPENDENCIA/5%20Fernando%20VII%20renuncia%20a%20la%20corona,%20que%20devuelve%20a%20su%20padre%20(1808).pdf

Franco Cuervo, Juan José, *El derecho humano al voto*, México, Comisión Nacional de los Derechos Humanos, 2016.

Gaceta de Madrid, 25 de marzo de 1808, núm. 25, pp. 297-298. Obtenido de http://www.cervantesvirtual.com/obra/gazeta-de-madrid-25/

Gaceta Imperial de México, t. I, núm. 30, México, 27 de noviembre de 1821, pp. 225-226. Obtenido de http://www.memoriapoliticademexico.org/Textos/1Independencia/Imag/1821-DSC-GMT.pdf

Galeana, Patricia, "El concepto de soberanía en la definición del Estado mexicano", en Patricia Galeana (comp.), *La definición del Estado mexicano 1857-1867*, México, Archivo General de la Nación, 1999.

Garza Tarazona, Silvia y Barba Kurjack, Eduardo, "Organización social y asentamientos mayas prehispánicos", *Estudios de cultura maya*, vol. LII, México, otoño-invierno, 2018. Obtenido de https://revistas-filologicas.unam.mx/estudios-cultura-maya/index.php/ecm/article/view/563

Gilas, Karolina M. y Soriano Cienfuegos, Carlos, *Conocimiento y técnicas en materia electoral, manuales del TEPJF, derecho electoral*, México, TEPJF, 2018.

Gómez Rueda, Hernando, "Los olmecas en Tabasco", *Arqueología Mexicana*, núm. 61. Obtenido de https://arqueologiamexicana.mx/mexico-antiguo/los-olmecas-en-tabasco

González Lauck, Rebeca, *Lugares*, Instituto Nacional de Antropología e Historia. Obtenido de http://lugares.inah.gob.mx/es/zonas-arqueologicas/regiones-culturales/cultura/14352-olmeca-14352.html

González, Refugio María del y Lozano A., Teresa, "El alcalde mayor o el corregidor como jueces", *Revista de la Facultad de Derecho de México*, t. XXXV, núms. 142-144, México, UNAM. Obtenido de http://historico.juridicas.unam.mx/publica/librev/rev/facdermx/cont/142/dtr/dtr6.pdf

Gran Diccionario Náhuatl, México, Universidad Nacional Autónoma de México, 2012. Obtenido de http://www.gdn.unam.mx

GUTIÉRREZ, Oscar, "Reina roja, constancia de la jerarquía de las mujeres mayas", *El Universal*, 4 de noviembre de 2015. Obtenido de https://www.eluniversal.com.mx/articulo/cultura/patrimonio/2015/11/4/reina-roja-constancia-de-la-jerarquia-de-las-mujeres-mayas

Instituto Nacional de Antropología e Historia, Boletín, *Estudian entierro de mujer de élite descubierta en Teotihuacán*, México, INAH, 2016. Obtenido de http://www.inah.gob.mx/es/boletines/5386-estudian-entierro-de-mujer-de-elite-descubierta-en-teotihuacan

JELLINEK, Georg, *Teoría general del Estado. Grandes clásicos del derecho*, vol. 2, trad. de Nicolás Estévanez, México, Oxford, 1999.

JOSSERAND, Kathryn, "Las mujeres en los textos del maya clásicos", trad. de María J. Rodríguez-Shadow, en María J. Rodríguez-Shadow y Miriam López Hernández (comps.), *Las mujeres mayas en la antigüedad*, México, Centro de Estudios de Antropología de la Mujer, 2011.

Jurisprudencia 36/2002, Justicia Electoral, *Revista del Tribunal Electoral del Poder Judicial de la Federación*, Suplemento 6, Tercera época, 2003.

LABASTIDA MUÑOZ, Horacio, "Reforma y república restaurada", en Miguel Ángel Porrúa (comp.), *Documentos para la historia del México independiente 1808-1838*, México, LXI Legislatura, Cámara de Diputados-MAPorrúa, 2010.

LEMOINE, Ernesto, *Morelos, su vida revolucionaria a través de sus escritos y de otros testimonios de la época*, 2ª ed., México, Universidad Nacional Autónoma de México, 1991. Obtenido de https://archivos.juridicas.unam.mx/www/bjv/6/2733/5.pdf

LEMOINE, Ernesto, "Insurgencia y república federal", en Miguel Ángel Porrúa (comp.), *Documentos para la historia del México independiente 1808-1938*, México, MAPorrúa, 2010.

LEMOINE, Ernesto, *La revolución de Independencia y el liderazgo de Morelos*, México, SEP-INEHRM, 2015. Obtenido de https://www.inehrm.gob.mx/recursos/Libros/Rev_Ind_Lider_Mor.pdf

LEÓN PORTILLA, Miguel, *Crónicas indígenas. Visión de los vencidos*, 3ª ed., España, Historia 16, 1988.

LEÓN PORTILLA, Miguel *et al.*, "Mesoamérica antes de 1519", *América Latina en la época colonial*, t. I, trad. de Antonio Acosta, España, Crítica, 2002.

LESCIEUR TALAVERA, Jorge Mario, *El derecho de la política*, 3ª ed., México, Porrúa, 2000.

Ley electoral para la formación del Congreso Constituyente de los Estados Unidos Mexicanos. Obtenido de https://constitucion1917.gob.mx/work/models/Constitucion1917/Resource/251/1/images/003.pdf

Ley Orgánica Electoral de 1857. Obtenido de http://www.memoriapoliticade-mexico.org/Textos/3Reforma/1857LOE.html

Leyes Constitucionales de 1836. Obtenido de http://www.ordenjuridico.gob.mx/Constitucion/1836.pdf

Leyes Constitucionales, Primera, Segunda, Tercera, Cuarta y Sexta. Obtenido de http://www.ordenjuridico.gob.mx/Constitucion/1836.pdf

Leyes de Indias, libro II, Título XV, De las Audiencias y cancillerías reales de las Indias. Obtenido de http://www.leyes.congreso.gob.pe/Documentos/LeyIndia/0102015.pdf

López Rayón, Ignacio, "Elementos constitucionales", en Suprema Corte de Justicia de la Nación y Miguel Ángel Porrúa (eds.), *Primer proyecto constitucional para el México independiente, edición conmemorativa en el bicentenario del documento 1812-2012*, SCJN-MAPorrúa, 2012.

Madero, Francisco I., *La sucesión presidencial de 1910*, México, Editora Nacional, 2005.

Manzanilla, Linda, "Gobierno corporativo en Teotihuacan: una revisión del concepto 'palacio' aplicado a la gran urbe prehispánica", *Anales de Antropología*, vol. 35, México, 2002. Obtenido de http://www.revistas.unam.mx/index.php/antropologia/article/viewFile/14894/14192

Maquiavelo, Nicolás, *El Príncipe*, México, Leyenda, 2011.

Miranda, José, *Las ideas y las instituciones políticas mexicanas, primera parte 1521-1820*, 2ª ed., México, UNAM-Instituto de Investigaciones Jurídicas, 1978.

Montemayor, Carlos (coord.), *Diccionario del Náhuatl en el español de México*, 2ª ed., México, Gobierno del Distrito Federal-UNAM, 2013.

Montesquieu, *El espíritu de las leyes, Grandes clásicos del derecho*, vol. 5, trad. de Nicolás Estévanez, México, Oxford, 1999.

Morelos, José María, "Acta de elección del primer diputado del Congreso de Chilpancingo", en LXII Legislatura Cámara de Diputados-MAPorrúa (eds.), *El Congreso de Chilpancingo y la Constitución de Apatzingán 1813-1814*, México. Obtenido de http://biblioteca.diputados.gob.mx/janium/bv/md/LXII/CongChilpancingo.pdf

Moro, Tomás, *Utopía*, trad. de Agustín Millares Carlo, México, Fondo de Cultura Económica, 2016.

Museo de las constituciones. Obtenido de http://museodelasconstituciones.unam.mx/1917/plan-de-tacubaya-1857/

O'Gorman, Edmundo, *Historia de las divisiones territoriales de México*, 11ª ed., México, Porrúa.

Olavarría, Enrique y De Dios Arias, Juan, "México independiente 1821-1855", en Vicente Riva Palacio (coord.), *México a través de los siglos*, t. IV, 8ª ed., México, Editorial Cumbre, 1971.

Ortega, Verónica *et al.*, "Teotihuacán no fue la ciudad de los dioses, sino la ciudad del sol", *Boletín* núm. 19, México, INAH, 2018. Obtenido de http://www.inah.gob.mx/attachments/article/6850/2018_019.pdf

Ortiz de Montellano, Manuel María, *Génesis del derecho mexicano. Historia de la legislación de España en sus colonias americanas y especialmente en México*, México, reimpresión de Collections of The University of California Libraries, 1899.

Pereira Menaut, Antonio y Pereira Sáenz, Carolina, *Polis, política, poder y comunidad política*, México, Porrúa, 2015.

Pérez de los Reyes, Marco Antonio, "Evolución del derecho electoral en México, de la época prehispánica a la Constitución de 1857", *Anuario Mexicano de Historia del Derecho*, vol. X, México, UNAM-Instituto de Investigaciones Jurídicas, 1998. Obtenido de http://historico.juridicas.unam.mx/publica/librev/rev/hisder/cont/10/cnt/cnt33.pdf

Pérez de los Reyes, Marco Antonio, *Historia del derecho mexicano*, México, Oxford, 2015.

Pérez de los Reyes, Marco Antonio y García Sánchez, Inti Enrique, *1911. Las primeras elecciones de un país en transición*, México, Instituto de Investigaciones Jurídicas de la UNAM-Tribunal Electoral del Poder Judicial de la Federación. Obtenido en https://revistas-colaboracion.juridicas.unam.mx/index.php/justiciaelectoral/article/viewFile/12159/10964

Pérez Galaz, Juan de D., *Derecho y organización social de los mayas*, México, Diana, 1983.

Petit, Eugéne, *Tratado Elemental de Derecho Romano*, 25ª ed., trad. de José Fernández González, México, Porrúa, 2014.

Plan de la Ciudadela. Obtenido de http://www.ordenjuridico.gob.mx/Constitucion/CH3.pdf

Plan de Tacubaya de 1911, que reforma al de San Luis. Obtenido de http://www.memoriapoliticademexico.org/Textos/6Revolucion/1911PDT.html

Plan de Tuxtepec. Obtenido de http://museodelasconstituciones.unam.mx/1917/wp-content/uploads/1876/01/10-enero-1876-Plan-de-Tuxtepec.pdf

Ponce Alcocer, Ma. Eugenia, "Las elecciones presidenciales de 1877 a 1888", en José Antonio Aguilar Rivera (coord.), *Las elecciones y el gobierno representativo en México (1810-1910)*, México, Fondo de Cultura Económica, Consejo Nacional para la Cultura y las Artes, Instituto Federal Electoral, 2010.

Pool Cab, Noé, "Mujer y poder en el clásico maya. Entre realidad histórica y ficción antropológica", en María J. Rodríguez-Shadow y Miriam López Hernández (comps.), *Las mujeres mayas en la antigüedad*, México, Centro de Estudios de Antropología de la Mujer, 2011.

Prida, Ramón, *La nueva Ley electoral. Observaciones sobre la ley de 19 de diciembre de 1911*, México, Imp. Universal de Andrés Sánchez Juárez, 1912. Obtenido de http://www.trife.gob.mx/sites/default/files/Parte2.pdf

Primer centenario de la Constitución del pueblo mexicano 1917-2018, 7ª ed., México, H. Cámara de Diputados, LXIII Legislatura, MAPorrúa, 2018.

Rabasa, Emilio, *La Constitución y la dictadura. Estudio sobre la organización política de México*, 2ª ed., México, CONACULTA, 2015.

Real Academia Española, *Diccionario de la Lengua Española*, 23a. ed., Madrid, España, 2014. Obtenido de http://dle.rae.es/?id=IEvo12v

Real decreto del 14 de febrero de 1810. Obtenido de http://www.banrepcultural.org/sites/default/files/92543/M20JULIO_PUR5770-real-decreto-feb-14-1810.pdf

Recasens Siches, Luis, *Tratado general de sociología*, 31ª ed., México, Porrúa, 2006.

Reformas y adiciones a la Constitución Política de la República Mexicana, 5 de febrero de 1857. Obtenido de http://constitucion1917.gob.mx/es/Constitucion1917/Reforma_del_21_de_octubre_de_1887_a_los_articulos_78_y_109

Rodríguez, Sergio, "Serie grandes temas del constitucionalismo mexicano", núm. 4, *La Soberanía nacional*, 2ª ed., México, Suprema Corte de Justicia de la Nación, 2016.

Romero Flores, Jesús, *Historia del Congreso Constituyente de 1916-1917*, México, Editorial Gupy, 1985. Obtenido de http://biblioteca.diputados.gob.mx/janium/bv/dp/hist_cong_const.pdf

Rousseau, Juan Jacobo, *El contrato social*, México, Ediciones Leyenda, 2011.

Sánchez Bringas, Enrique, *Derecho constitucional*, 12ª ed., México, Porrúa, 2009.

Sánchez-Albornoz, Nicolás *et al.*, "La población de la América colonial española", en *América Latina en la época colonial*, t. II, trad. de Amalia Diéguez, Neus Escandell y Montserrat Iniesta, España, Crítica, 2002.

Sánchez-Albornoz, Nicolás *et al.*, "Las sociedades indias bajo el dominio español", en *América Latina en la época colonial*, t. II, trad. de Amalia Diéguez, Neus Escandell y Montserrat Iniesta, España, Crítica, 2002.

Sartori, Giovanni, ¿Qué es la democracia?, 2ª ed., trad. de Miguel Ángel Rodríguez, México, Nueva Imagen, 2000.

Selección Diario de los Debates de la Cámara de Diputados del Congreso de los Estados Unidos Mexicanos, XXV Legislatura, 1º periodo, 2º año, 21 de septiembre 1911, en La ley electoral de 1911. Un instrumento revolucionario, México, Tribunal Electoral del Poder Judicial de la Federación, Instituto de Investigaciones Bibliográficas de la Universidad Nacional Autónoma de México, 2012, pp. 278-279. Obtenido de https://portal.te.gob.mx/sites/default/files/Parte8.pdf

SERRA ROJAS, Andrés, *Ciencia política, la proyección actual de la teoría general del Estado*, 23ª ed., México, Porrúa, 2012.

SERRANO ÁLVAREZ, Pablo, *Porfirio Díaz y el Porfiriato. Cronología (1830-1915)*, México, INEHRM, 2012.

SIERRA, Justo, *Juárez, su obra y su tiempo*, México, MAPorrúa, Gobierno del Estado de Campeche, 2007.

SORDO CEDEÑO, Reynaldo, "Los procesos electorales del centralismo: 1836-1845", en José Antonio Aguilar Rivera (coord.), *Las elecciones y el gobierno representativo en México (1810-1910)*, México, Fondo de Cultura Económica, Consejo Nacional para la Cultura y las Artes, Instituto Federal Electoral, 2010.

SOUSTELLE, Jacques, *Los olmecas*, 2ª ed., trad. de Juan José Utrilla, México, Fondo de Cultura Económica, 1984.

SOUSTELLE, Jacques, *Los mayas*, trad. de Jorge Ferreiro, México, Fondo de Cultura Económica, 1988.

SOUSTELLE, Jacques, *La vida cotidiana de los aztecas en vísperas de la Conquista*, 2ª ed., trad. de Carlos Villegas, México, Fondo de Cultura Económica, 2014.

SZOBLIK, Katarzyna, *Entre los papeles de ocelote entono mi canto, yo Quetzalpetlatzin. El lugar de la mujer dentro de la oralidad nahua*, Estudios de Género, México, Centro de Estudios de Antropología de la Mujer, 2016.

TELLO DÍAZ, Carlos, *Formas de gobierno en las comunidades indígenas de México*. Obtenido de http://www.ine.mx/documentos/DECEYEC/vgn_investigacion/formas_de_gobierno_ comunidades.htm

TENA RAMÍREZ, Felipe, *Derecho constitucional mexicano*, 40ª ed., México, Porrúa, 2013.

Textos fundamentales del constitucionalismo mexicano, México, MAPorrúa, 2014.

Todo sobre la cultura olmeca, https://culturaolmeca.pro/organizacion-politica/

Tribunal Electoral del Poder Judicial de la Federación, *Manual sobre los derechos político-electorales de los pueblos y las comunidades indígenas*, México, 2017.

VALADÉS, Diego, "La República en México", en Héctor Fix-Zamudio y Diego Valadés (coords.), *Formación y perspectivas del Estado en México*, México, Colegio Nacional, UNAM, Instituto de Investigaciones Jurídicas, 2010. Obtenido de https://archivos.juridicas.unam.mx/www/bjv/libros/6/2873/22.pdf

VALLES RUIZ, Rosa María, "Entre palmas y rosas; diatribas y reprobación", en *La revolución de las mujeres en México*, México, INEHRM, Secretaría de Cultura, 2016.

VELÁZQUEZ, María del Carmen, "La comandancia general de las provincias internas", *Historia mexicana*, México, El Colegio de México, vol. XXVII, núm. 2. Obtenido de http://codex.colmex.mx:8991/exlibris/aleph/a18_1/apache_media/55SA3M4D5DR3ESTU4MAMUS5EGA4GLE.pdf

VIGIL, M. José, "La Reforma", t. V, en Vicente Riva Palacio (coord.), *México a través de los siglos*, 8ª ed., México, Editorial Cumbre, 1971.

VITORIA, Francisco de, *Relecciones sobre los indios y el derecho de guerra*, 3ª ed., España, Espasa-Calpe, 1975. Obtenido de http://www.uv.es/correa/troncal/resources/Relectio-priorde-indis-recenter-inventis-Vitoria.pdf

WOLDENBERG, José, *La concepción de la democracia en el constituyente de 1916-1917 con relación al de 1856-1857*, México, Secretaría de Cultura-INEHRM, 2016.

ZÁRATE, Julio, "La guerra de Independencia", en Vicente Riva Palacio (coord.), *México a través de los siglos*, 8ª ed., México, Editorial Cumbre, 1971.

Índice

El proceso editorial de la obra
Nociones históricas del derecho electoral en México.
Introducción al régimen democrático,
se terminó en la Ciudad de México durante el mes de octubre del año 2019.
La edición impresa sobre papel de fabricación ecológica
con *bulk* a 80 gramos, estuvo al cuidado de la
oficina litotipográfica de la
casa editora.

ISBN 978-607-524-325-2